"中央高校基本科研业务费专项资金"项目
浙江大学光华法学院"互联网与法学"项目

互联网法学丛书
Internet Law Series

互联网违法犯罪的法律规制

首届互联网法律大会论文集

主　编　朱新力　余伟民

副主编　高艳东　连　斌

Legal Regulation of Internet Crimes

Proceedings of the First Internet
Law Conference

ZHEJIANG UNIVERSITY PRESS
浙江大学出版社

序　言

　　2016 年 11 月 19—20 日,第一届互联网法律大会在浙江大学光华法学院小礼堂盛大召开。在本次大会上,浙江大学(光华法学院)与阿里巴巴集团宣告联合成立互联网法律研究中心。在诸多领导、专家学者、新闻媒体、企业的热情参与下,第一届互联法律大会获得圆满成功。作为本届大会重要成果之一的会议论文即将集结出版,这是值得庆贺的事情,我参加了本届大会,可以说见证了互联网法律研究中心的成立以及大会的圆满举办。研究中心主任高艳东邀我为论文集写序言,我欣然应允。

　　互联网把我们带进了一个新的时代,造就了一种全新的社会形态。在这个时代,人类的经济、社会、政治、文化生活的具体方式都迥异于此前,网络时代人与人之间、组织与组织之间、人与组织之间的关系也发生了巨大的变化。作为调节和规范人类社会关系的法律,如何应对和适应互联网时代的深刻变化以及由此带来的巨大挑战,是摆在法学界、司法界、政治界面前的重大理论和现实课题。

　　以这次互联网法律大会关注的议题"网络秩序与安全"为例,互联网经济的快速发展创造了巨大的社会价值,利用互联网进行的违法犯罪活动也随之而来。这些年的数据表明,传统犯罪发生率正在急剧下降,而新型的电信诈骗、互联网犯罪发生率在大幅度地上升。今天,英国、美国的第一大犯罪类型都是网络犯罪;在中国,网络犯罪已经占到全部犯罪的 30%,而且还在以每年 30% 的速度增长,这就是我们必须面对的互联网违法犯罪的现状。在这个新的时代,社会该如何治理,公序良俗的社会秩序如何得以形成和巩固,公平和正义如何才能得到有效实施,这些问题的解决都需要集思广益,需要全社会的有志之士、有识之士广泛参与、深入讨论、持续跟踪研究。

　　我自己的专业是经济学,本来在法学家面前,是个外行人,但 4 年的法学院院长和近 4 年的浙江省人大常委会委员经历给了我很多学习的机会,让我比一般的经济学学者更多地认识到法律的重要性和法治的重要功能,也更为强烈地意识到学术界要高度重视法治与互联网之间的相互关系。互联网导致的社会变革虽非突如其来,却势不可挡,而且发展速度日趋加快,这也要求我们在发现和解决相关问题时要有紧迫感和责任感。

互联网对我们的生活以及思维方式的影响与改变是全方位的,而法律归根结底是服务于生活的,因此,互联网当然也对整个法律制度产生了深远影响。这既包括立法,也包括司法以及执法的问题;与此同时,互联网的治理是一个全球性问题,这一点已经达成全球共识。习近平总书记在乌镇峰会开幕式的视频讲话中提出:"互联网快速发展,给人类生产生活带来深刻变化,也给人类社会带来一系列新机遇、新挑战。互联网发展是无国界、无边界的,利用好、发展好、治理好互联网必须深化网络空间国际合作,携手构建网络空间命运共同体。"

在这个意义上,我们呼吁立法机关关注互联网对法律制度形成的冲击与挑战,当穷尽解释手段仍然无法弥补法律漏洞时,应当积极立法,并与国际社会对于互联网的规制接轨。当前,互联网秩序正处于初步确立阶段,通过积极立法,基本行为规范才能加快确立。司法机关在办理涉及互联网的违法犯罪案件时,应充分考虑互联网对整个案件的影响,在不突破法律基本原则的前提下,对各个案件进行灵活处理,实现个案的公正。我们呼吁各个部门法的学者通力合作,因为互联网法律问题经常不是某一部门法所特有的问题。以最常见的灰黑产业链为例,其中既有民事侵权行为,也有行政违法行为,甚至还有刑事违法行为,如果仅仅从其中一个方面入手,显然不足以综合治理互联网违法犯罪现象。

我相信,中国特色的社会主义法治社会建设,一定不能脱离互联网这一重要因素而讨论。同样,互联网对社会的建构功能,也是不能离开法治来实现的。互联网法律或者更加重要的互联网法治社会的建设,是谁也无法忽视的一个重要命题。目前,法学界可能对这个命题还没有给予足够的重视,因此还需要我们诸多法律工作者广泛发动,积极研讨,形成切实的影响力。

浙江大学作为一所有120年办学历史的高水平大学,秉承了"求是创新"的校训,践行"知行合一"和"致良知"的阳明精神,具有"树我邦国,天下来同"的境界和海纳百川的胸怀,并充分意识到互联网时代教育和研究面临的挑战,愿意以改革的决心全面迎接和拥抱互联网时代的到来;而阿里巴巴集团虽然创业发展的时间不长,但已经形成了自己独特的企业文化和社会责任意识。浙大和阿里,是除西湖之外,杭州的两张金名片。名校和名企,一拍即合,心连心,手牵手,依托各自的优势和特色,精诚合作,致力于推动互联网法律研究和网络时代法治社会建设,其意义不言而喻,前景十分广阔。

一方面,浙江大学将加大力度支持互联网法律研究和相关学科建设,支持互联网法律研究中心这一重要平台的建设。在这个问题上,学校有着高度统一和具有前瞻性的自觉认识。浙江大学光华法学院秉承"求是厚德,明法致公"院训,以国际化、交叉性和新学科为发展特色,正在努力建设世界一流法学院。在这里,我们正全力营造以创新思想为基础的学习研究环境,致力于为学生提供优质的专业和职业伦理教育,创造与名师大家一起研修经典、探求未知、遨游实践的平台,尝试打造全球著名的国际性法学学术俱乐部。

另一方面,阿里巴巴着力运用大数据解决与社会、民生有关的问题。2016年10月,阿里巴巴公布了杭州城市数据大脑,用大数据来解决城市的拥堵问题,城市大脑的目标是让数据帮助城市做思考和决策,将杭州打造成一座能够自我调节、与人类良性互动的城市;阿里巴巴参与建设的杭州 G20 峰会智能安保系统得到了国家有关部委的肯定;智能交通、智能搜索、智能挖掘黑产的各类软件、智能识别假货及打假地图,都充分显示了阿里巴巴在大数据方面的能力;阿里巴巴还充分发挥"钉钉"智能办公移动平台功能,整合了高德地图,打造了大数据打拐的"团圆系统",该平台上线 6 个月以来,共发布失踪儿童信息 286 条,找回儿童 260名,找回儿童比例达到 90.91%。而在此过程中,互联网企业必然遇到大量的法律问题,如大数据的运用与隐私权的保护、证据的固定与保全等。

在这样的背景下,浙大和阿里共建的互联网法律研究中心是一个向全社会开放的学术平台。它应该是学术研究的中心、交流与合作的中心、信息和数据集成的中心、人才培训的中心和成果研发转化的中心。我们希望有越来越多的人关注和参与这一共同平台的建设,分享平台的资源,依托平台更好地解决理论和现实中的各种问题。

浙江大学(光华法学院)与阿里巴巴联合成立的互联网法律研究中心将定期举办互联网法律大会,并集结论文出版。本书共收录了 20 余篇论文,主题丰富,内容翔实,从理论与实践等角度全方面地探讨互联网法律问题,尤其是电子商务领域或者说新零售领域中的法律问题,代表着最前沿的学术水平。在祝贺本届大会的会议论文出版的同时,也预祝下一届会议取得圆满成功。

是为序!

浙江大学副校长　罗卫东
2017 年 8 月 28 日

目录
Contents

第三部分：互联网生态治理

第四部分：互联网金融法律研究

第一部分
互联网灰黑产业治理研究

非法"代运营"相关刑事问题探析

◎鲍　键　沈佩颖*

摘　要：当前电子商务的快速发展，催生了一批以网店经营为服务内容的"代运营"平台。本文即试图对此类平台可能涉及的刑事犯罪问题进行探讨分析。文章第一部分，针对部分代运营平台以多种手段实施诈骗的现象，认为在划定被害人范围、确定犯罪主体等方面应当慎重认定；同时提出，在明确个人犯罪的前提下，应以是否破坏市场经济秩序为依据，选择适用合同诈骗罪或诈骗罪。文章第二部分，经分析认为部分代运营平台行为人组织"炒信"服务可能构成非法经营罪。文章第三部分，经分析认为网络虚假交易行为系虚假宣传的手段之一，该行为与虚假广告行为具有相似性。对于代运营平台基于网络虚假交易行为而进行虚假宣传的，可以虚假广告罪予以评价。

关键词：代运营　诈骗　虚假交易　非法经营罪　虚假广告罪

随着互联网经济的快速发展，网店代运营平台应运而生。网店代运营，一般表现为代理公司收取运营服务费，帮助电商开办、打理店铺，双方约定的代运营项目可能涵盖注册网店、装修网店、效果营销、客服托管、进货、发货等一项或多项服务。网店代运营，提倡专业的人做专业的事。网店代运营一方面，有助于实现物尽其用、人尽其才，最大限度地增强电商的市场竞争力。另一方面，网店代运营行业的兴起，带动了一个新的产业链，客服接单、网店装修、文案制作等精密分工，进一步促进了行业的专业化发展，解决了一大批人的就业发展。因此，代运营行业对于当前市场经济的发展和和谐社会建设具有积极意义。但是，网店

---

* 鲍键，法学硕士，浙江省杭州市人民检察院公诉二处处长（主持工作）；沈佩颖，法律硕士，浙江省杭州市人民检察院助理检察员。

代运营作为一个新兴行业,市场需求大、准入门槛低,平台发展参差不齐,存在监管难度大、容易被不法分子利用的问题。为帮助代运营行业健康、绿色发展,本文拟针对代运营经营中可能涉及的刑事问题进行探讨分析。

一、代运营平台虚构服务事由可能涉嫌诈骗类犯罪

2016 年,深圳市[①]、杭州市[②]、重庆市[③]公安机关先后以涉嫌诈骗的名义打击了一批网店代运营团伙。在此类诈骗犯罪案件中,各代运营平台的诈骗手段具有多样性、复杂性、欺骗性等特点。其中,笔者发现,此类代运营平台的诈骗手段具有一定程度的相似性。本文对各类诈骗手段具体总结如下。

手段一:进行虚假包装,编纂成功案例。涉嫌诈骗犯罪的代运营平台往往具有虚假包装的手段,以此吸引客户投资。其中,部分代运营平台伪造各种荣誉,标榜自身实力,如"中国电子商务十大优秀品牌"等。经侦查机关的调查核实,此类荣誉往往都是"自制"的,甚至连颁奖机构都不真实存在。部分代运营平台选取个别较为成功的电商,对外宣传其系平台的成功案例,以此增加客户对代运营平台的运营信心。

手段二:对外虚假承诺,实为履约不能。为进一步吸引客户投资,部分代运营平台对外做出虚假承诺,标榜在短期内运营店铺至一定级别或达成一定数额的营业额。据此骗取消费者缴纳费用后,这部分非法平台根本没有按约履行代运营服务或者根本没有能力履行合同约定,往往对被害人进行消极应付或不再理睬,甚至将被害人拉入黑名单。是否按约履行了代运营服务是此类代运营平台是否构成诈骗的关键,也是司法机关认定犯罪的重点和难点。

手段三:编制诈骗剧本,骗取后续款项。部分代运营平台在实施诈骗过程中,往往对诈骗团伙成员进行内部培训,对诈骗过程中可能遇到的质疑及风险事先做出应对和防范。从已经案发的此类案件中,侦查人员发现,此类代运营平台

---

① 深圳打掉一网店代运营特大诈骗团队 刑拘 253 人[EB/OL]. [2016-10-12]. http://xw.qq.com/gd/20160621022177/GDC2016062102217700.

② "代运营"特大诈骗案破获 涉案金额高达 3000 万元[EB/OL]. [2016-10-12]. http://i.cztv.com/view/12138880.html.

③ 重庆警方打掉 12 个冒充淘宝代理运营网络诈骗团伙[EB/OL]. [2016-10-12]. http://finance.sina.cn/2016-10-12/detail-ifxwviax9565244.d.html.

往往预设了一套详细的"问答指引",即所谓的"诈骗剧本"。此类平台在骗取了投资人的首付款后,根据预设的"剧本"①,应对客户的质疑并诱骗客户增加投资以获取更好的服务,从而达到进一步套取客户款项的目的。

手段四:频繁更换"马甲",携款潜逃以避免案发。在骗得被害人的投资款后,部分代运营平台的行为人通常采用定期更换平台名称、更换公司住所地、办公点等的方式,防止案发、逃避他人的追讨。也有的行为人在诈骗既遂之后,就地分赃,直接携款潜逃。更有甚者,以恐吓、殴打的方式逼迫投资人放弃追责。此情况大大增加了被害人追讨投资款及侦查机关打击犯罪的难度。

手段五:网络虚构交易,欺骗客户投资。根据相关网络报道,以诈骗为目的的代运营平台在实施诈骗过程中往往将网络虚假交易作为达成诈骗目的的重要手段。比如,深圳市的相关团伙以"测款刷单"(本质为虚假交易)的方式向被害人骗取费用;重庆市的相关团伙"采取刷单形式,自买自卖形成虚假交易,迷惑受害人",收取高额的"代理经销费用",从而实现诈骗目的。

各代运营平台在实践中运用的手段虽不尽相同,但此类案件审查的实质均是判断代运营平台行为人对投资人的款项是否具有"非法占有的主观目的"。对此,我国刑法有关诈骗类犯罪的规定及《最高人民法院关于审理诈骗案件具体应用法律的若干问题的解释》等的司法解释做出了较为具体、明确的规定。应当说,此类案件虽然涉及了"网店代运营"等新型网络主体,具体犯罪行为过程与互联网直接相关,但在诈骗犯罪的具体认定和判断上,与传统诈骗仍具有一致性。因此,传统诈骗犯罪审查认定的经验和方法仍可在此类案件中选择性地适用。笔者认为,针对部分代运营平台涉嫌诈骗犯罪的案件,应当注重以下几个方面的问题。

(一)被害人的认定范围问题

代运营平台在实际经营过程中,主要通过网络营销寻求互联网上的客户,并主要通过互联网手段具体实施代运营行为,因此往往具有客户人数多、分布范围广等特点。同时,针对互联网客户的不同需求,代运营平台提供的具体代运营服务不尽相同,既有进货、网店进驻、装修、发货等所谓的"一站式全套服务",也有客服接单等单项的服务内容。因此,在认定部分代运营平台实施了诈骗行为的

---

① 网店代运营这样骗钱:承诺高运营额套首期费[EB/OL]. [2016-08-13]. http://3g.163.com/touch/article.html.

前提下,不能简单地将该代运营平台下所有的客户均认定为其实施诈骗活动的被害人,仍应当针对代运营平台与客户的具体服务内容及实际服务情况予以判断认定。

一方面,针对同一服务项目,平台可能仅针对部分人员实施了诈骗行为。在实践中,存在部分代运营平台,在前期运营过程中正常、规范地进行市场活动,而在一定时期后则开始实施诈骗活动的情况。在此情形下,对于前期正常经营中产生的业务量,应从诈骗数额中剔除。需要指出的是,不能简单地从约定的运营效果是否达成的角度判断代运营平台是否诈骗。若代运营平台倾尽自身实力,按照合同约定积极履行代运营业务,即使最终未能达成约定的运营效果,也难以认定其对客户的合同款具有"非法占有的主观目的"。但是,代运营平台自始主观明知客观不能达成合同约定的情况应当除外。

另一方面,针对不同服务项目,平台可能仅针对部分项目实施了诈骗行为。在实践中,部分代运营平台以实施诈骗活动为目的从事具体代运营活动,其为进一步实现诈骗目的而实施了一定的代运营行为,期间满足了一定客户群的服务要求,如帮助设立网店,对网店进行版面设计、推广等。在此种情况下,要结合代运营平台提供的服务内容、项目及获取的收益数额、被害人认知、一般理性人的考量等来进行综合判断。在有的诈骗案例中,客户仅支付了少量费用,尽管代运营公司未为其有效提升销量,但帮助其设立网店并对网店进行了版面设计,客户主观认为,根据其支付的金额,其已经获得了相等的回报,故并未认为自己受骗。在此种情况下,不宜将代运营公司行为认定为诈骗罪。如行为人收取了高额费用,但根本未提供服务,或提供的服务内容与其承诺的有很大差距时,应认定所谓的服务是为了实施诈骗的手段,依法认定其为诈骗类犯罪。

(二)犯罪主体认定问题

代运营平台一般以有限责任公司的名义从事市场活动,部分从事诈骗活动的代运营平台为增加诈骗活动的隐蔽性、可信性,往往具有法人的表象特征。此类代运营平台在行为上表现出一定的组织性,如开设公司、招揽员工、编写诈骗"剧本",并将欺骗被害人的人员进行分工,分别设置导购、助手、经理等角色以欺骗被害人等。按照最高人民法院《关于审理单位犯罪具体案件应用法律有关问题的解释》,在认定代运营平台是否构成单位犯罪时,应当从以下要素进行审查:一是平台公司的成立目的是否合法;二是平台公司是否以犯罪活动为主要业务活动;三是犯罪所得是否归平台公司所有。①

实践中,部分代运营平台在成立之初合法从事代运营活动,经营过程中产生了部分诈骗犯罪活动,但诈骗活动占公司业务总额的比重有限且非法收益由公司享有。在这种情况下,可以认定该部分代运营平台公司的单位犯罪主体身份,同时一并追究平台公司直接负责的主管人员和其他直接责任人员的刑事责任。

(三)具体罪名适用问题

代运营公司的行为人以非法占有为目的,虚构事实、隐瞒真相,以提供网络虚假交易等方式使被害人产生错误认识,并通过签订相关服务合同的手段,使被害人自愿交付财物。上述行为模式均涉嫌诈骗犯罪,但在诈骗犯罪的具体罪名适用时,却有不同的观点:

第一种观点认为,其构成合同诈骗罪。代运营平台的犯罪嫌疑人系通过签订服务合同的方式骗取被害人的财物,其行为符合《刑法》第 224 条的规定,依法应当构成合同诈骗罪。

第二种观点认为,其构成诈骗罪。代运营平台的犯罪嫌疑人虽通过签订服务合同的方式骗取被害人的财物,但从主观动机而言,行为人在实施犯罪行为之初即无履行合同的目的,签订合同仅是实施诈骗犯罪的手段之一,如浙江省高级人法院《全省法院刑事审判疑难问题研讨会纪要》所传达的:是否构成合同诈骗罪,不能仅凭合同的形式加以判定。② 所谓"刷信"不是合法的服务合同所保护的内容,因此,代运营公司犯罪行为主要侵犯的是公民的财产所有权,而非扰乱市场交易秩序,应当以诈骗罪定性处罚。

1997 年刑法修订过程中,考虑到合同诈骗侵犯客体的复杂性,同时也为适应社会主义市场经济的发展,刑法在诈骗罪的基础上增设了合同诈骗罪。两者属

---

① 最高人民法院《关于审理单位犯罪具体案件应用法律有关问题的解释》(1999 年 7 月 3 日)对《刑法》第 30 条有关单位犯罪规定中的"公司、企业、事业单位"做出进一步明确,第 2 条规定:"个人为进行违法犯罪活动而设立的公司、企业、事业单位实施犯罪的,或者公司、企业、事业单位设立后,以实施犯罪为主要活动的,不以单位犯罪论处。"第 3 条:"盗用单位名义实施犯罪,违法所得由实施犯罪的个人私分的,依照刑法有关自然人犯罪的规定定罪处罚。"

② 浙江省高院《全省法院刑事审判疑难问题研讨会纪要》(2012 年)第十点关于以租车典当或抵押借款等手段骗取他人财物行为的定性:"行为人以租赁的形式取得汽车,后采取将汽车典当抵押等非法手段骗取他人提供借款的行为,是否构成合同诈骗,不能仅凭合同的形式加以判定。行为人虽具有以合同的方式骗取他人车辆的表象,但其实施的犯罪行为主要侵犯他人财产所有权而非扰乱市场经济秩序的,不符合合同诈骗罪的本质特征,对此类行为宜以诈骗罪定性处罚。"

于法条竞合,是特殊罪名与普通罪名的关系。因此,两者在行为手段上具有诸多相似性。例如,两者均以非法占有为目的,客观上均以"虚构事实、隐瞒真相"为手段等。正是因为两个罪名之间存在的相似性,在司法实践中往往容易将两者混淆,具体罪名适用时存在诸多争议。针对部分代运营平台涉嫌诈骗犯罪的现象,笔者认为,可以从两个角度考量决定具体罪名的适用。

首先,应当明确犯罪主体。根据我国刑法规定,诈骗罪只处罚自然人,而合同诈骗单位和个人均是适格主体。因此,在认定此类代运营平台具体应适用"诈骗罪"或"合同诈骗罪"前,首先应当明确平台的主体身份,即平台是否属于刑法意义上的"单位"。若在案的证据显示,平台公司成立单位犯罪,那么在如上所述的犯罪情节之下,应当以合同诈骗罪予以规制。

其次,应当明确侵犯的法益。诈骗罪列于侵犯财产犯罪一章,侵犯的客体是公私财物所有权,系单一客体。而合同诈骗罪列于破坏社会主义市场经济秩序罪一章,侵犯的是复杂客体,即除了侵犯到公私财物的所有权外,还侵犯了市场经济秩序及国家对合同的管理制度。① 从实际案例看,代运营行为人与被害人所签署的系服务合同,即被害人根据不同"套餐",支付不同费用,以享受行为人提供的关于网店经营的不同套餐服务。该服务合同应在合同诈骗罪中合同的外延范围之内。如前所述,若认定平台公司不构成单位犯罪,而系自然人犯罪,笔者认为,应当进一步从代运营平台与客户之间签署的合同是否破坏市场经济秩序的角度予以把握。

部分代运营平台出于非法占有的目的实施诈骗行为,其主观动机当然是占有、使用被害人的财物,而根本不具实际履约的诚意和行为;但从被害人的角度而言,其系出于对行为人所提供的服务的认可及诚实信用履行合同的契约精神的信赖而交付了合同约定的款项。因此,即使行为人仅将所涉的服务合同视为诈骗手段、根本没有履约的目的,但从客观结果而言,该行为仍然对市场经济秩序造成了一定程度的破坏,是对契约精神的打击,可以将其认定为合同诈骗罪。

实践中,有部分代运营平台与被害人签署的合同的服务内容本身具有违法性,如由代运营平台提供"刷单"服务等。作为服务合同的当事人,双方对该合同的违法性主观均有明确认知。就该服务合同的形式而言,因其违反法律法规的强制性规定而自始无效,并不被市场所容许。因此,行为人以该合同实施诈骗,

---

① 高铭暄.新型经济犯罪研究[M].北京:中国方正出版社,2000:265.

认定其对市场经济秩序的破坏性存在一定困难,以适用诈骗罪为宜。

二、代运营平台虚假交易行为可能构成非法经营罪

在网络时代,电商的商誉与交易数额、受众评价等指标休戚相关。良好的网络信用是电商发展的"金名片",将直接影响消费者的消费选择和市场占有率,因此成为电商在经营过程中必须追求的重要参数。而网络虚假交易行为(俗称"炒信""刷单")可以在极短时间内快速地提高、优化电商的网络信用,因而成为部分不法代运营平台招揽客户、实施犯罪的重要手段。

在部分代运营平台的运营项目中,所谓"炒信""刷单"类的网络虚假交易业务深受部分电商的推崇。所谓网络虚假交易①(或称网络虚构交易),主要是指行为人为获取虚假交易数据、虚假商品声誉、虚假商家信用而实施的虚假交易流程、伪造物流、资金流等行为。部分代运营平台通过收取一定费用,通过在较短时间内进行虚假交易、虚假点评,帮助客户刷单至一定等级或一定信誉要求。实践中,此类代运营平台往往另行开设网站或组建通讯群组,组织人员具体实施相关网络虚假交易行为。

网络信用是消费者进行网络交易的重要参考指标。网络虚假交易行为不仅打破网络信用体系,损害消费者的合法权益,也破坏了与其他电商公平竞争的局面,对市场经济秩序、社会诚信体系均产生不利影响。对于部分代运营平台实施的组织网络虚假交易行为具有刑事规制的必要性。

笔者认为,代运营平台或其他行为人利用网站、通讯群组组织网络虚假交易的行为可以被认定为非法经营罪。根据《刑法》第225条规定,违反国家规定,从事非法经营行为,扰乱市场秩序,情节严重的,依法构成非法经营罪。构成该罪必须同时满足以下条件:一是行为具有非法性;二是行为系以营利为目的的经营行为;三是达到扰乱市场秩序且情节严重的程度。在上述条件认定中,又以非法性和是否扰乱市场秩序为认定的难点。笔者认为,部分代运营平台组织网络虚假交易行为基本符合上述特征要件,具体分析如下。

(一)组织网络虚假交易行为违反国家规定

根据《刑法》第96条规定,所谓"违反国家规定",是指违反全国人民代表大

---

① 蒋惠岭.网络刑事司法热点问题研究[M].北京:人民法院出版社,2016:65.

会及其常务委员会制定的法律和决定,国务院制定的行政法规、规定的行政措施、发布的决定和命令。而最高人民法院《关于准确理解和适用刑法中"国家规定"的有关问题的通知》第 3 条,对非法经营罪中关于"违反国家规定"的认定标准做出注意性的规定,强调适用本罪的兜底条款,即认定"其他严重扰乱市场秩序的非法经营行为"时,有关司法解释未做明确规定的,应当将其作为法律适用问题,逐级向最高人民法院请示。因此,确定非法经营罪的违法性,可以从有关国家规定或司法解释寻求违法性依据。笔者认为,认定组织网络虚假交易行为的非法性,可从经营内容违法及经营主体资格违法两个角度考量,即两种不同的定罪思路。

1. 思路一:经营内容合法性判断

依据《关于办理利用信息网络实施诽谤等刑事案件适用法律若干问题的解释》第 7 条的规定:违反国家规定,以营利为目的,通过信息网络有偿提供删除信息服务,或者明知是虚假信息,通过网络有偿提供发布信息等服务,扰乱市场秩序,达到一定数额标准的,应以非法经营罪定罪处罚。①

有人认为,部分代运营平台发布组织他人炒信的信息,尽管有谋利目的,但炒信的信息本身是真实的,而非虚假信息,因此不能适用上述规定。笔者认为,虚假交易数据、虚假商品声誉、虚假商业信誉均属于虚假信息。根据"举轻以明重"的原理,虚假信息尚且可以按照上述规定处理;若信息本身内容是为了产生虚假信息而不能适用,则犯了逻辑错误。非法代运营平台通过网站、通讯群组组织大量"刷手"进行虚假交易并在电商平台上发布好评信息,这是正向操作,而删除差评则是为了减少负面的评价,本质都是为了提升商家信誉和商品声誉。有偿删除差评可以入罪,而具有相同性质的有偿发布虚假好评,当然具有相同的违法性。主观而言,此类代运营平台对于其组织的人员在电商平台实施发布虚假信息的行为是明知的。客观而言,上述代运营平台虽不直接在电商平台发布虚假信息,但其以组织者身份组织他人通过虚假交易产生虚假信息,因此,其应当

---

① 最高人民法律、最高人民检察院(简称两高)《关于办理利用信息网络实施诽谤等刑事案件适用法律若干问题的解释》第 7 条:"违反国家规定,以营利为目的,通过信息网络有偿提供删除信息服务,或者明知是虚假信息,通过网络有偿提供发布信息等服务,扰乱市场秩序,具有下列情形之一的,属于非法经营行为'情节严重',依照《刑法》第 225 条第(四)项的规定,以非法经营罪定罪处罚:(一)个人非法经营数额在十五万元以上,或者违法所得数额在二万元以上的;(二)单位非法经营数额在十五万元以上,或者违法所得数额在五万元以上的……"

对由于产生虚假信息而扰乱市场秩序的行为承担责任。部分代运营平台有偿组织他人通过炒信提供虚假交易信息及评价的行为符合上述规定,具有违法性。

2.思路二:经营主体资格合法性判断

依据《国务院互联网信息服务管理办法》第3条、第4条规定,从事经营性互联网信息服务须取得国家许可,从事非经营性互联网信息服务须进行备案。① 部分代运营平台在其组建的网站、通讯群组发布炒信信息或者授权他人在平台上发布炒信信息,其违法性审查首先应当判断该网站、通讯群组是否通过发布信息谋取利益,进而审查其是否按照规定进行备案或者获得经营许可。其中,从事经营性互联网信息服务的,应当具有省、自治区、直辖市电信管理机构或者国务院信息产业主管部门发放的互联网信息服务增值电信业务经营许可证。实践中,因开设网站、通讯群组的门槛低、监管弱、技术要求不高且行为人一般都明知炒信行为本身处于灰色地带,此类代运营平台方通常未进行相关的备案或审批手续,因此,往往并不符合上述规定,具有违法性。

(二)组织网络虚假交易系以营利为目的的经营行为

1.组织网络虚假交易是经营行为

《现代汉语词典》中关于"经营"的解释是"筹划、组织并管理"。可见,经营行为在一定程度上强调的是组织性。非法经营罪中的经营行为亦具有组织、筹划、管理的属性。

在网络虚假交易过程中,有三类参与主体,分别是组织他人进行虚假交易的平台方、具体从事虚假交易行为的"刷手"、支付对价要求刷单的电商。其中,"刷手"和电商分别是网络虚假交易的具体行为人和获利方,但其行为缺乏组织、管理等属性,通常不属于经营行为。因此,非法经营罪的刑事规制对象应限定于虚假交易行为的组织方,如代运营平台。当然,刑法适用的过程是对客观行为的刑事评价过程,是否构成犯罪应以行为论而非单纯以身份论。网络虚假交易过程中,若"刷手"及电商的客观行为不仅仅在于从事刷单、购买刷单服务,而是积极参与经营或者协助经营,那么其亦应作为共犯承担相应刑事责任。

---

① 《国务院互联网信息服务管理办法》第3条规定:互联网信息服务分为经营性和非经营性两类。经营性互联网信息服务,是指通过互联网向上网用户有偿提供信息或者网页制作等服务活动。非经营性互联网信息服务,是指通过互联网向上网用户无偿提供具有公开性、共享性信息的服务活动。第4条规定:国家对经营性互联网信息服务实行许可制度;对非经营性互联网信息服务实行备案制度。未取得许可的或者未履行备案手续的,不得从事互联网信息服务。

2.经营行为需以营利为目的

非法经营罪中的经营行为需以盈利为目的,即行为具有牟利性,且系基于经营行为的直接获利。对于以获利为目的组织网络虚假交易的代运营平台方,自不必赘述。笔者认为值得探讨的是自助式网络虚假交易行为的组织人的牟利性评价问题。例如,某电商老板王某为实现炒信的需求,集合了一批具有相同需求的电商经营者并创设聊天群组,制定互相炒信的规则,组织电商互助式地从事虚假交易活动。作为虚假交易活动的发起人,王某未向群组成员收取任何费用或好处,但从炒信成果看,随着单品销量和商家信誉的提高,其通过该产品的大量销售获取了相应的利益。对于此类情形,笔者认为王某通过产品销售获取的利益不应直接认定为其通过组织虚假交易行为所获取的利益,不应适用非法经营罪。从社会危害性角度而言,此类自助式的炒信组织,其影响力和破坏性较专业炒信团伙相对较小,在处罚规制时亦应与通过直接组织炒信获利行为相区别。

(三)组织网络虚假交易极易扰乱市场秩序

构成非法经营罪需达到扰乱市场秩序且情节严重的程度。依据前文分析,炒信行为极易造成市场信誉、商品声誉的客观评价体系被破坏,对市场秩序的影响显而易见。两高《关于办理利用信息网络实施诽谤等刑事案件适用法律若干问题的解释》第 7 条,从"非法经营数额"及"违法所得数额"两个角度,对明知是虚假信息,通过网络有偿提供发布信息等服务,扰乱市场秩序的行为按非法经营罪定罪处罚的立案标准做出规定。① 上述标准亦可作为判断代运营平台组织网络虚假交易行为社会危害性及扰乱市场秩序严重程度的判断标准。

三、代营运平台组织虚假宣传涉嫌虚假广告罪

在网店代运营平台对外宣传的服务项目中,一项重点业务是对电商平台、产品的推广及营销。部分代运营平台为达到良好的营销效果,往往采用虚假宣传

---

① 两高《关于办理利用信息网络实施诽谤等刑事案件适用法律若干问题的解释》第 7 条规定:违反国家规定,以营利为目的,通过信息网络有偿提供删除信息服务,或者明知是虚假信息,通过网络有偿提供发布信息等服务,扰乱市场秩序,具有下列情形之一的,属于非法经营行为"情节严重",依照《刑法》第 225 条第四项的规定,以非法经营罪定罪处罚:(一)个人非法经营数额在十五万元以上,或者违法所得数额在二万元以上的。(二)单位非法经营数额在十五万元以上,或者违法所得数额在五万元以上的。实施前款规定的行为,数额达到前款规定的数额五倍以上,应当认定为《刑法》第 225 条规定的"情节特别严重"

的方式。为维护市场经济秩序和社会管理秩序,全国人大常委会发布决定指出,对于利用互联网对商品、服务做虚假宣传的行为,构成犯罪的,依照刑法有关规定追究刑事责任。① 笔者认为,部分代运营平台以网络广告等方式对网店及其经营的商品、服务进行虚假宣传且情节严重的,可以虚假广告罪予以处罚。

实践中,部分代运营平台以网络虚假交易的方式先行提高电商平台或产品的销量和评价,并以该虚假的信用进行相关宣传、推广。笔者认为,此类代运营平台以网络虚假交易方式营造虚假信用并进行虚假宣传的行为,可以虚假广告罪一罪予以处罚规制,对于手段行为之一的网络虚构交易行为可不再以非法经营罪予以评价。

虚假广告罪中的"广告"应当具备三个基本特征:其一,广告是有偿宣传;其二,广告的目的是介绍自己所推销的商品或者所提供的服务;其三,广告必须通过一定媒介和形式承载。

在部分代运营公司的宣传过程中,网络虚假交易行为系虚假宣传的手段之一,其目的是为了提升产品声誉、商家信誉,抢占市场占有率从而进一步吸引消费,这与广告的宣传行为具有相似性。针对上述特征分析,可以得出真实网络信用与广告具有差异,而部分代运营平台所试图操作的虚假网络信用与虚假广告具有相似性的结论。

(一)网络虚假交易行为与虚假广告在性质上具有相似性

1.本质特征相同

根据我国法律规定,广告是指商品经营者或者服务提供者承担费用,通过一定媒介和形式直接或者间接地介绍自己所推销的商品或者所提供的服务的商业广告。② 广义的广告是指为了某种特定需要,通过一定的媒介,公开而广泛地向公众传递信息的一种宣传手段。一切为了沟通信息、促进认识的广告形式都包

---

① 《全国人大常委会关于维护互联网安全的决定》第3条规定:"为维护社会主义市场经济和社会管理秩序,对有下列行为之一,构成犯罪的,依照刑法有关规定追究刑事责任:(一)利用互联网销售伪劣产品或者对商品、服务作假宣传……"

② 《中华人民共和国广告法》第2条:"广告主、广告经营者、广告发布者在中华人民共和国境内从事广告活动,应当遵守本法。本法所称广告,是指商品经营者或者服务提供者承担费用,通过一定媒介和形式直接或者间接地介绍自己所推销的商品或者所提供的服务的商业广告……"

括在内。① 因此,就广告的本质而言,"广告是传播商品和劳务信息的一种方式"②。

网络信用是通过消费记录及消费者评价,反映商品、服务及经营者的具体信息,通过网络消费者的点击传播相关信息。因此,网络信用的本质亦是提供、传播有效商品或服务的信息,与广告的本质特征相一致。真实的网络信用应当如实反映电商的信誉情况,包括产品销量、客户评价等,该信誉可能是积极正面的,也可能是消极、反面的。而虚假广告与虚假网络信用一样,以文过饰非的方式营造虚假的正向宣传效果。

2. 促销效果类似

根据某电商平台的规则,虚假交易是指用户通过虚构或者隐瞒交易事实、规避或者恶意利用信用记录规则、干扰或妨害信用记录秩序等不正当方式获取虚假的商品销量、店铺评分、信用积分等不当利益,妨害买家权益的行为。③ 某电商平台则规定,虚假交易是指卖家通过不正当方式提高在平台商品的销量或提高店铺评分(即炒作行为),妨害买家购物权益的行为。④

通过上述电商平台对虚假交易行为的定性,不难发现,尽管针对不同平台、产品、服务等虚假交易的方式和手段不尽相同,但行为人最终希望达成的不正当目的系"获取虚假的商品销量、店铺评分、信用积分等不当利益"。究其原因,正是商品销量、店铺评分、信用积分等网络信用直接影响消费者对产品或服务的选择,对交易的达成具有导向性作用。以淘宝平台为例,消费者搜索某类商品后,"销量优先"的排序选项可让平台直接推送销量靠前的商品供消费者选择,被推送的产品成为消费对象的可能性就大大提升。

网络信用记录了产品的销售情况、消费者对产品的评价情况,能够反映产品的质量、性能等关键信息,是产品对外宣传的手段之一。就一般网络消费习惯而言,消费者往往通过查看电商的网络信用选择卖方。良好的网络信用有利于促

---

① 倪宁. 广告学教程[M]. 北京:中国人民大学出版社,2001:3.

② 安东尼·奥格斯. 规制:法律形式与经济学理论[M]. 骆梅英译. 北京:中国人民大学出版社,2008:42.

③ 虚假交易的认定和处罚的规则与实施细则[EB/OL]. [2016-09-09]. http://rule.taobao.com/detail-113.html.

④ 什么是虚假交易? 销量炒作? [EB/OL]. [2016-09-09]. http://http.paipai.com/content/help_50401.shtml.

进商品或服务在激烈的市场竞争中脱颖而出,促成商品交易、达成买卖合同关系。而广告系通过各种形式的宣传,示范、引导受众的生活方式及商品消费。因此,网络信用与广告所承载的宣传、促销作用一致。

3.处罚依据相同

在司法实践中,有关部门将网络虚假交易行为比照虚假广告行为进行惩处。国家工商总局发布的《网络交易管理办法》明确禁止以虚假交易、删除不利评价等形式,为自己或他人提升商业信誉的行为①,同时规定上述行为按照《反不正当竞争法》第 24 条有关虚假广告行为进行处罚。可见,网络虚假交易行为与虚假广告行为被视为手段相似、危害性相当的不正当竞争行为,均属于可进行行政处罚的行为。

4.有偿实施获利

如前所述,广告是广告主体的有偿发布行为。真实网络信用的形成理论上是无偿的,系在电商的经营过程中客观形成的评价体系,无须电商支付对价。但代运营平台通过网络刷单形成的虚假网络信用都会收取费用,这就具备了有偿性的特征。

综合上述分析,笔者认为,网络虚假交易行为与虚假广告行为在本质上具有相同的社会危害性,在部分代运营平台通过网络虚假交易方式提高虚假信用并积极予以宣传、营销的情况下,可以虚假广告罪一罪对上述行为进行刑事评价。

(二)以虚假广告罪定罪的可行性分析

根据刑法规定,虚假广告罪的犯罪主体是特殊主体,只有广告主、广告经营者、广告发布者才能构成虚假广告罪。《广告法》对这三类主体做了明确的定义。② 其中,广告主和广告经营者可以是法人、经济组织或个人,而广告发布者只

---

① 《网络交易管理办法》第 19 条规定:"网络商品经营者、有关服务经营者销售商品或者服务,应当遵守《反不正当竞争法》等法律的规定,不得以不正当竞争方式损害其他经营者的合法权益、扰乱社会经济秩序。同时不得利用网络技术手段或者载体等方式,从事下列不正当竞争行为……(四)以虚假交易、删除不利评价等形式,为自己或他人提升商业信誉;(五)以交易达成后违背事实的恶意评价损害竞争对手的商业信誉……"第 53 条规定:"违反本办法第 19 条第(2)项、第(4)项规定的,按照《反不正当竞争法》第 24 条的规定处罚……"

② 《中华人民共和国广告法》第 2 条:"本法所称广告主,是指为推销商品或者提供服务,自行或者委托他人设计、制作、发布广告的法人、其他经济组织或者个人。本法所称广告经营者,是指受委托提供广告设计、制作、代理服务的法人、其他经济组织或者个人。本法所称广告发布者,是指广告主或者广告主委托的广告经营者发布广告的法人或者其他经济组织。"

能是法人或其他经济组织,个人作为广告发布者的资格被否定。

《广告法》之所以对广告发布者做出限制性规定有相应的历史背景。[①] 在1995 年《广告法》施行之时,网络广告并未出现。而我国第一例网络广告诞生于1997 年 3 月。[②] 随着互联网技术的发展和普及,个人通过私人网站、BBS、微博、朋友圈等发布广告的行为比比皆是。尤其是现在微商经济方兴未艾,个人发布的商品广告堪称"刷爆朋友圈"。在网络时代,个人有偿发布广告实际就是结合了广告主和广告发布者的双重角色;而代运营平台则承担了广告经营者和广告发布者的角色。《广告法》的规定已明显滞后于现实所需,出现了法律漏洞。有学者建议,对于自然人能否成为广告发布者的问题,不宜明令禁止,应当从行为规制的角度做出规定,只要其实施了发布广告的行为,就应当受到广告法的规制。[③] 事实上,国家工商总局出台的《互联网广告管理暂行办法》已经认可了自然人作为广告发布者的主体身份。[④] 近年来,非法经营罪因在司法实践中被过于广泛地适用而被称为"口袋罪",一直广受学界诟病。而虚假广告罪长期适用率不高,对相关虚假广告行为的打击力度不够。实际上,将部分利用网络虚假交易进行虚假宣传的行为纳入虚假广告罪的调整范围,一来能够全面打击网络虚假交易行为,避免要么构成非法经营罪、要么不构成犯罪的现象,二来可以全面评价在代运营活动中各相关主体的刑事责任问题。

在网络条件下,一旦虚假交易记录及信誉评分的数据形成,就产生对信誉体系的公示效果,实际相当于一种对外宣传的广告。因此,在市场经济条件下,将自然人主体纳入"广告发布者"的主体范围并无不当。在代运营模式下,若支付报酬要求刷单的电商及具体从事虚假交易行为的"刷手"对虚假交易信息用于虚假宣传的事实主观明知,则可以分别将其认定为广告主、广告发布者并予以惩处。因此,对于这一严重扰乱市场信用体系的行为,相比于非法经营罪仅处罚网络虚假交易行为的组织方,以虚假广告罪对网络虚假交易行为进行刑事规制,其惩处对象可能更为广泛。

网络虚假交易的犯罪情节可以参照《关于公安机关管辖的刑事案件立案追

---

① 卞耀武.中华人民共和国广告法释义及相关法律法规[M].北京:中国方正出版社,1995:22.

② 李希慧,沈元春.虚假广告罪若干问题探究[J].河北法学,2005(12).

③ 宋亚辉.广告发布主体研究——基于新媒体广告的实证分析[J].西南政法大学学报,2008(6).

④ 《互联网广告管理暂行办法》第 11 条规定:"为广告主或者广告经营者推送或者展示互联网广告,并能够核对广告内容、决定广告发布的自然人、法人或者其他组织,是互联网广告的发布者。"

诉标准的规定(二)》中有关虚假广告罪的立案标准。[①] 值得一提的是,鉴于大量网络犯罪案件,犯罪对象众多、损害后果多样、责任认定不明确、评估技术不能等客观原因,在认定"消费者造成损失"数额时,此类案件可以考虑采用等约计量的方式,而非现行普遍的精确计量方式。[②]

---

① 《关于公安机关管辖的刑事案件立案追诉标准的规定(二)》(2010年5月7日最高人民法院、最高人民检察院)第75条:"广告主、广告经营者、广告发布者违反国家规定,利用广告对商品或者服务作虚假宣传,涉嫌下列情形之一的,应予立案追诉:(一)违法所得数额在10万元以上的;(二)给单个消费者造成直接经济损失数额在5万元以上的,或者给多个消费者造成直接经济损失数额累计在20万元以上的;(三)假借预防、控制突发事件的名义,利用广告作虚假宣传,致使多人上当受骗,违法所得数额在3万元以上的;(四)虽未达到上述数额标准,但两年内因利用广告作虚假宣传,受过行政处罚2次以上,又利用广告作虚假宣传的;(五)造成人身伤残的;(六)其他情节严重的情形。"
② 蒋惠玲,范明志,李玉萍.网络刑事司法热点问题研究[M].北京:人民法院出版社,2016:156—169.

传统犯罪网络化：归责障碍、刑法应对与教义限缩

◎梁根林*

摘　要：随着信息网络技术的发展，利用信息网络作为犯罪工具、犯罪场域实施传统犯罪的态势悄然成型，传统犯罪趋向网络化，在相当程度上改变了传统犯罪的不法属性与不法程度，给刑事归责带来了诸多挑战。《刑法修正案（九）》专门规定了拒不履行信息网络安全管理义务罪、非法利用信息网络罪、帮助信息网络犯罪活动罪和编造、故意传播虚假信息罪等四个纯正网络犯罪的构成要件与法定刑，对这些挑战予以了回应，标志着我国刑法的一个专门领域即网络刑法的真正诞生。面对网络犯罪的立法扩张，我国刑法学者在致力于对立法论的客观评价和价值判断的同时，应当跳出立法中心主义的窠臼，将理论关注重点转向解释论范畴内的刑法体系内部控制。

关键字：传统犯罪网络化　归责障碍　刑法应对　教义限缩

一、网络技术的代际变迁与传统犯罪的网络化

自 20 世纪 90 年代以来，当今世界正在迅速并全面进入信息社会，网络已经覆盖了人类生活的方方面面。一般认为，信息技术与信息社会已经超越了互联网 1.0 时代，进入了互联网 2.0 时代，并正在迈向互联网 3.0 时代。如果说互联网 1.0 时代的基本特征是人与计算机网络的单向联结，缺乏人机互联、人际互动，形式上表现为桌面互联网，那么互联网 2.0 时代的本质则是互动，人机之间、人网之间、人与人之间实现全面互联，特别是以 P2P 技术为核心的"点对点"的互

---

* 梁根林，北京大学法学院教授，《中外法学》主编，北京大学廉洁社会研究中心主任。

动交流成为网络世界的基本特征,网民不再只是信息产品被动的受众,还参与信息产品的创造、传播和分享。移动技术引入互联网,桌面互联网时代演变为移动互联网时代。而所谓互联网 3.0 时代则是互联网 2.0 时代的进一步发展与超越,以电子商务、在线游戏、博客技术、虚拟财产、智能网络、云计算、物联网、"互联网＋"为标志的互联网产业化时代迅速崛起,网络的价值化、数据资产化、全面互联化、安全核心化、生态重构化、虚实结合化等渐成互联网 3.0 时代的基本特征。

信息技术与信息社会在根本上改变了人类的生产、生活与交往方式,提升了人类的生产效能,娱乐了人类的生活,便捷了人类的交往,并且信息技术还在以几何级的速度迅速发展,还将在更大的规模与量级上左右与改变人类社会的生存与发展方向。但是,信息技术的发展亦伴随着与日俱增的被滥用的技术风险、人为风险与制度风险,互联网的风险规制、管理和控制变得更加迫切、重要而复杂。如何应对信息技术的发展,对互联网进行科学、必要、合理的治理,在技术创新与法律规制的平衡中制定和完善相应的技术控制与法律治理规则,日益成为一个全球性的共同挑战。特别是随着网络技术的发展、网络使用的便捷化以及网络 2.0 时代、3.0 时代的到来,利用信息网络作为犯罪工具、犯罪场域实施传统犯罪的态势悄然成型,一度被认为高技术、高智能甚至"高大上"的网络犯罪渐趋常态化。传统犯罪趋向网络化,网络犯罪趋向常态化,正在改变着中国的基本犯罪态势与结构,利用信息网络实施开设赌场、聚众赌博、电信网络诈骗、P2P 非法集资、金融诈骗,传播淫秽色情信息,侵犯著作权,窃取、非法提供、买卖个人信息,编造、传播谣言,侮辱诽谤、煽动仇恨对立,蛊惑极端主义、恐怖主义,发布制贩毒品、枪支等非法信息等违法犯罪活动,越来越成为当下信息网络风险规制乃至整个社会治理、犯罪控制面临的最为突出问题。因此,如何在继续完善在互联网 1.0 时代就已经出现并不断升级的针对计算机信息系统的攻击与破坏行为的同时,进一步针对具有传统犯罪网络化、网络犯罪常态化特点的网络不法行为进行有效规制,特别是如何规制"互联网＋"时代互联网业者的非法经营行为,就成为当代信息社会刑法必须直面和正视的一个时代挑战,并因此全面催生并型塑了当代刑法的一个新兴领域即旨在规制网络犯罪的网络刑法。①

---

① 于志刚.网络思维的演变与网络犯罪的制裁思路[J].中外法学,2014(4).

二、传统犯罪网络化:不法变异与归责障碍

一般而言,传统犯罪的网络化,特别是利用网络作为犯罪工具或者在网络空间实施的传统犯罪,主要关乎犯罪工具或者犯罪场域的改变,在总体上不会改变传统犯罪的构造及其所决定的不法与罪责内涵。因此,刑法分则教义学原理基本上仍然可以适用于利用网络作为犯罪工具或者犯罪场域的传统犯罪。尽管如此,还是应当充分注意,传统犯罪的网络化在相当程度上改变了传统犯罪的不法属性与不法程度,给刑事归责带来了诸多挑战甚至归责障碍。

(一)犯罪总量与不法程度较之在物理空间实施的同类犯罪呈现几何级数增长

仅以问题最为突出的网络电信诈骗为例,不法分子利用四网(互联网、手机、电视、电话)合一、移动互联的信息技术特点,窃取、买卖公民个人信息,使用任意显号软件、VOIP 电话技术,设置伪基站、诈骗网站,假冒网上银行,冒充电信、银行、公安、司法等部门,设置骗局,拨打恐吓威胁电话,群发虚假信息、电子邮件,对公众实施远程、不接触、点对面、地毯式或者精准式诈骗,特别是进行虚假金融理财、身份冒充诈骗、推销违法业务诈骗、推销假冒伪劣商品、虚假中奖诈骗、充值优惠诈骗、推销虚假医药产品诈骗,诱使、胁迫受害人汇转资金,已经成为当下诈骗犯罪最为常见和突出的诈骗行为类型,并且其骗术还在不断创新,令人防不胜防,大量社会底层民众,特别是戒备心理不强、防范能力脆弱的退休老人纷纷中招,网络诈骗给国民财产安全与生活安宁带来巨大威胁。根据 360 互联网安全中心以 2016 年 8 月份 360 手机卫士各项安全数据为基础形成的《2016 年中国电信诈骗形势分析报告》,仅 360 手机卫士当月拦截的诈骗电话就高达 4.45 亿次,平均每天 1435 万次,估计每天至少有 10 万以上的境内外不法分子主要通过固定电话、移动电话与网络平台,专门或者主要针对中国民众实施电信网络诈骗。① 如果严格套用诈骗罪构成要件,每一次拨打诈骗电话或者发送诈骗信息的行为理论上都是诈骗罪的实行行为,只要以骗取数额巨大的公私财物为目的,法理上都可以构成一个独立的诈骗罪。就此而论,我国年度实际发生的电信诈骗案件总量可能是一个天文数字。

---

① 360 互联网安全中心. 2016 年中国电信诈骗形势分析报告[R/OL]. [2006-09-07]. http://zt.360. cn/1101061855.php? dtid=1101061451&did=490024605.

在现代金融、信息社会特别是互联网金融的背景下，不仅电信诈骗犯罪案件的发案数量较之传统诈骗罪呈现几何级数增长，而且诈骗犯罪涉案金额往往特别巨大，远非传统的在线下物理空间主要通过面对面的虚构事实、隐瞒真相使被害人产生认识错误并基于认识错误而自愿交付财物的方式实施的传统诈骗可以相提并论。2016年公安部挂牌督办的贵州都匀"12.29"特大电信诈骗案单笔诈骗涉案金额就高达1.17亿人民币，来自台湾地区与大陆地区的62名犯罪嫌疑人经过专业培训与专业分工，形成由主要犯罪嫌疑人即"金主"集中控制、"话务组"（负责招募话务员并实施电话诈骗）、"车卡组"（负责提供公民个人信息和拆分资金银行卡）、"水房组"（负责指挥提现、资金拆分和支付实施犯罪费用）分工协作、流水作业的严密犯罪组织与犯罪作业链条。他们远赴乌干达搭建具有透传功能的网络语音呼叫平台，通过国际透传线路、层层关口转接、任意改号软件和远程操控等技术手段，利用非法获取的公民个人信息，冒充银行、公安、检察机关工作人员，致电贵州都匀市经济开发区建设局财务主管兼出纳杨某（女），借口杨某信用卡涉嫌恶意透支，警方需要对其掌握的账号进行清查，向其发送"协查通报"，威胁其已经被警方通缉，随后诱骗其登录所谓"最高人民检察院"网站，按照指令点击下载相关软件，插入其自己持有的单位账户资金U盾，配合对方执行所谓"清查"程序，将1.17亿元人民币资金存入"警方"的安全账户，这些资金随后即被犯罪嫌疑人迅速转移至一级账户67个、二级账户204个、三级账户6573个、四级账户2163个、五级账户127个，并迅速拆分至若干银行卡，在我国台湾地区取现。[①] 电信网络诈骗包括其他利用网络作为犯罪工具或者犯罪场域实施的传统犯罪不法程度的几何级数增长由此可见一斑。

（二）犯罪预备行为的不法属性发生异化

利用网络实施传统犯罪，尽管没有改变所实施的传统犯罪本身的基本构造和不法属性，但是还是促使网络犯罪的预备行为与实行行为的界定发生了微妙的变化。[②] 首先是网络犯罪预备行为的不法属性与刑法评价的改变。中国刑法虽然一般性地处罚预备犯，但是司法实务基于实践理性一般并不处罚预备犯，因为预备行为并未构成对刑法所要保护的特定法益的现实危险。但是，网络犯罪

---

① 贵州侦破近年单笔最大电信诈骗案，深挖案件百余起[EB/OL].[2016-04-23].http://news.cpd.com.cn/n3559/c32875054/content.html.

② 阎二鹏.犯罪的网络异化现象评析及其刑法应对路径[J].法治研究，2015（3）.

的预备行为,诸如为实施网络诈骗而设置钓鱼网站,建立通讯群组,发布中奖、返现、优惠等欺诈信息,在性质上均为利用网络实施诈骗罪的预备行为。与线下物理空间的诈骗预备行为不同,这些网站、通讯群组一旦联网或者欺诈信息一旦通过网络发布,就会在网络空间无限弥散。虽然随着网民防范网络诈骗意识和能力的提高,这些网络诈骗预备行为可能不会使绝大多数网民实际受骗上当,但是它一方面弥散性地降低了社会信任关系,造成了国民对成为潜在的网络诈骗被害人的普遍紧张心理;另一方面则可能导致为数众多的缺乏必要戒备心理和防范能力的网民实际产生错误认识,并可能基于错误认识而随时处分其财产。就此而论,网络诈骗预备行为对他人财产法益的安全威胁就不再是虚妄的,而是现实的;不再是个别的,而是涉众的。因此,网络诈骗预备行为的刑法评价客观上就需要有别于线下实施的诈骗犯罪预备行为,对前者予以普遍处罚的必要性和正当性就应得到更为明确的承认。近年来,中国的司法实务基于这种实践理性加强了对网络诈骗等犯罪预备行为的刑事归责[①],但是在具体操作中仍然面临着形式预备犯的刑事归责普遍面临的诸多困境。[②]

(三)犯罪参与的刑事归责面临障碍

利用网络实施传统犯罪的团伙作案模式决定了利用网络实施的传统犯罪一般构成共同犯罪。共同犯罪本来就是世界各国公认的刑法理论与实务最为黑暗的篇章。由于网络技术特点以及由此决定的网络共同犯罪的特殊性,网络共同犯罪的认定更成为刑法理论与实务难以逾越的一个现代困境。其中包括但不限于以下主要问题:

(1)按照传统共同犯罪理论,犯罪参与人之间应当具有双向或者多向的意思联络,基于单向的意思联络而帮助或者参与他人犯罪的片面共犯的可罚性成为问题。如果否定片面共犯的可罚性,网络犯罪中司空见惯的出于单向意思联络

---

① 2011年3月1日两高《关于办理诈骗刑事案件具体应用法律若干问题的解释》第5条规定形式上排除了诈骗罪预备行为的可罚性,诈骗未遂,也只是以数额巨大的财物为诈骗目标的,或者具有其他严重情节的,才应当定罪处罚。但是,该解释同时规定,利用发送短信、拨打电话、互联网等电信技术手段对不特定多数人实施诈骗,诈骗数额难以查证,但是具有发送诈骗信息五千条以上、拨打诈骗电话五百人次以上情形之一,或者诈骗手段恶劣、危害严重的,应当以诈骗罪(未遂)定罪处罚。鉴于预备行为与实行行为的界限即实行的着手本身就是困扰刑法理论与实务的一大难题,网络预备行为与实行行为的界限更加难以界定,司法实务根据正文所述网络诈骗预备行为处罚的必要性和正当性的考虑,干脆直接将网络诈骗预备行为以诈骗罪的未遂犯定罪处罚。

② 梁根林.预备犯普遍处罚原则的困境与突围[J].中国法学,2011(2).

即"明知"他人实施犯罪而提供技术支持、广告推广、支付服务等帮助行为，或者直接参与他人犯罪的情形，就难以被认定为共同犯罪。中国刑法理论与实务通说基于犯罪共同说并不承认片面共犯，但是出于处罚网络犯罪的必要性考虑，司法实务不得不在事实上基于行为共同说肯定了片面共犯；对诸如网络平台、网络技术、网络空间、网络广告与在线支付等服务的提供者明知使用者实施犯罪仍然提供上述服务的，司法解释明确要求对提供者应当以使用者实施的犯罪的共犯论处。① 司法解释出于刑事归责的实际需要做出的司法解释缺乏刑法共同犯罪理论通说的支持，至少面临着犯罪共同说与行为共同说法理逻辑的论证不足的诘问。

（2）尽管犯罪参与体系本身存在着区分制与单一制之争，但是，区分制无疑是相对更为有力的学说。根据区分制犯罪参与体系，一般认为只有直接实施实行行为的正犯才是共同犯罪的核心人物，帮助他人实施犯罪的帮助犯仅仅是共同犯罪的次要角色。只有正犯的实行行为才是定罪量刑的基本根据，帮助犯的帮助行为仅仅是刑罚扩张事由，其可罚性从属于正犯。一般而言，在区分制犯罪参与体系下的上述理论命题基本可以解释线下物理世界实施的传统共同犯罪，对于网络空间中网络服务提供者与使用者共同参与的网络犯罪，也具有相当的解释力。例如，当网络服务提供者只是为他人利用网络实施犯罪，提供网络浅度链接、网络存储空间、服务器托管、通讯传输通道、广告推广或者费用结算等服务或者帮助的，对网络服务帮助行为以所帮助正犯实施之罪的共犯予以刑事归责，这大体符合网络共同犯罪中各犯罪参与人对犯罪加功与角色分工的实际。但是，随着信息技术特别是 P2P 技术的发展，网络服务提供者明知他人实施犯罪（如设置淫秽色情视频网站、传播淫秽物品）而为其提供深度链接（即绕过被链接的淫秽色情视频网站首页，直接链接到分页的链接方式）的，或者提供基于流媒体和 P2P 技术的播放器和播放软件，为他人传播淫秽色情视频提供支持的，形式上看似传播淫秽物品帮助行为的提供深度链接或者播放平台行为，在淫秽物品

---

① 参见 2010 年 8 月 31 日两高《关于办理网络赌博犯罪案件适用法律若干问题的意见》网络赌博解释第 2 条规定；2004 年 9 月 3 日两高《关于办理利用互联网、移动通讯终端、声讯台制作、复制、出版、贩卖、传播淫秽电子信息刑事案件具体应用法律若干问题的解释》第 7 条；2010 年 2 月 2 日两高《关于办理利用互联网、移动通讯终端、声讯台制作、复制、出版、贩卖、传播淫秽电子信息刑事案件具体应用法律若干问题的解释（二）》第 7 条。根据上述司法解释，只要肯定存在着"明知"这一单向犯意联系，即可对网络服务提供者以所服务或者帮助的开设赌场罪，制作、复制、出版、贩卖、传播淫秽物品牟利罪的共同犯罪论处。

传播过程中就不再仅仅居于次要或者辅助的角色,而是实际发挥着关键和支配性的作用,帮助行为的正犯化就成为刑法对此类网络服务帮助行为予以充分评价的现实需要。基于这样的刑法评价与处罚冲动,两高甚至颁布司法解释,将电信业务经营者、互联网信息服务提供者的网络服务帮助行为直接认定为传播淫秽物品牟利罪的正犯。① 但是,这样的能动司法解释却面临着犯罪参与理论正犯教义学原理的质疑。

(3)在区分制犯罪参与体系的语境中,对于共犯的可罚性尽管存在着共犯从属性说与共犯独立性说理论之争,但是共犯从属性说无疑是当下说明共犯可罚性的理论通说。按照共犯从属性理论,共犯对于正犯具有从属性,共犯的成立及可罚性从属于正犯的成立与可罚性,只有在正犯已构成犯罪并具有可罚性的情况下,共犯才从属于正犯而成立并具有可罚性。为了回应共犯独立性说针对共犯从属性说提出的批评,特别是为了解决共犯的刑法评价不足与处罚空白,麦耶发展出了包括最小限度从属、限制从属、极端从属、最极端从属在内的共犯从属性程度理论。其中,限制从属是相对宽松的共犯从属性理论,最小限度从属是最为宽松的共犯从属理论。前者是为多数国家学说与判例所接受的共犯从属性理论,当正犯的行为该当构成要件并具有违法性时,共犯才能成立,正犯的责任阻却不影响共犯的成立及可罚性。后者并未成为多数国家学说与判例的通说,共犯的成立,以正犯的行为该当构成要件为已足,即使正犯的缺乏违法性与责任,也无碍于共犯的成立。无论是根据限制从属理论还是根据最小限度从属理论,共犯的成立及其可罚性至少必须以正犯的行为该当构成要件为前提条件,"没有正犯就没有共犯"因而就成为共犯从属性说的经典表述。但是,在网络犯罪的团伙作案模式与复杂、精细的技术所确定的犯罪分工中,为正犯实施犯罪提供网络链接、网络存储空间、服务器托管、通信传输通道、广告推广或者费用结算的帮助者相对容易确定,并且很多就是取得互联网经营许可的互联网企业,而被帮助的正犯作为犯罪行为的直接实行行为人,不仅服务器可能设置在境外,而且其人可能也躲避在境外,神龙见首不见尾。因此,对网络共同犯罪进行刑事归责时,经常面临提供网络服务的帮助犯被追诉而正犯却逍遥法外无法追究的困境。随着P2P技术的发展,这一困境又出现了新的情况。由于P2P是一种点对点,以直接

---

① 参见 2010 年 2 月 2 日两高《关于办理利用互联网、移动通讯终端、声讯台制作、复制、出版、贩卖、传播淫秽电子信息刑事案件具体应用法律若干问题的解释(二)》第 6 条、第 7 条。

共享、交互和去中心化为核心的网络结构,每一个节点(peer)同时具有信息消费、信息提供和信息通信功能,信息传输、资源共享与服务提供可以在节点之间直接进行,而无须目前主流客户端/服务器(Client/Server)结构中间环节和服务器的介入。这一技术如被运用于侵犯著作权作品或者传播淫秽视频信息,就会导致大量的侵犯著作权作品、淫秽视频信息直接在众多节点上的用户之间直接、匿名、分散地交互传播与分享。在北京市海淀区法院审理的"快播案"中,被告人快播公司正是利用 P2P 和流媒体技术开发了号称万能播放器的快播播放器,提供给散布于世界各地的淫秽色情视频网站以及网络用户使用,致使大量的淫秽色情视频在各个节点和用户之间得以直接上传与分享。在"快播案"追诉过程中,没有一个直接上传与分享淫秽色情视频的网站站长与用户被追诉,警方和检方对快播公司及其主要负责人以传播淫秽物品牟利罪立案侦查与提起公诉,被告人快播公司及其主要负责人则以只做技术不做内容,没有直接上传淫秽色情视频,不知大量淫秽色情视频通过其播放器得以传播和分享为由进行辩护。尽管检方以前述两高司法解释第 7 条为指控的规范依据,但该案还是面临着诸如提供快播播放器的行为是否属于不具可罚性的中立帮助行为[①];如果是具有可罚性的帮助行为,不追究上传、分享淫秽色情视频的实行者即正犯的刑事责任,却直接追究作为帮助者的刑事责任,可能面临着违反"没有正犯就没有共犯"的犯罪参与原理;快播公司对播放器用户上传、分享淫秽视频的行为(危险源)是否处于保证人地位;以传播淫秽物品牟利罪的不纯正不作为犯,追究其刑事责任,在不作为犯教义学原理上是否能够得到支持等一系列刑法理论研究与法律适用的困境。[②]

(四)国别管辖权冲突严重

由于网络的无国界、无边界、虚拟性特性,传统犯罪网络化通常显现出跨国界、无边界、远程作案的特点,特别是跨国、跨境作案成为突出问题,犯罪行为发生地、犯罪结果发生地多元化,由此造成根据属地管辖原则确定的管辖权冲突;境内外不法分子相互勾结,结成网络犯罪团伙实施网络犯罪,由此导致根据属人管辖原则确定的管辖权冲突;被害人分布于信息网络所及世界的各个角落,由此导致根据保护原则确定的管辖权冲突;如果利用网络实施的犯罪属于国际犯罪,

---

① 车浩.谁为互联网时代的中立行为买单?[J].中国法律评论,2015(1).

② 车浩.法律无需掌声,也不能嘲弄[J/OL].中国法律评论微信公众号,2016-01-22.

则还涉及根据普遍管辖原则确定的管辖权冲突。而各国在与网络犯罪相关的刑事实体法、程序法与证据法具体规定之间的法律冲突以及执法与司法策略、力度差异，以及相关刑事司法互助协定与刑事司法合作的缺失，则会进一步加剧网络犯罪的管辖权冲突。尽管鉴于网络犯罪无国界的特点，中外刑法理论与实务就网络犯罪的国别管辖权提出了诸如新主权理论、普遍管辖权理论、网址所在地原则、服务器所在地原则、结果地限制说、双重可罚性说、有限管辖原则、实害联系原则等各种学说或主张①，但迄今为止，上述所有理论、学说或主张都未成为调整和规制网络犯罪国际管辖权冲突的共识。相反地，调整和规制网络犯罪的唯一国际公约《布达佩斯网络犯罪公约》第 22 条对网络犯罪的管辖权却规定了完全背离网络犯罪无国界特点的属地管辖优先原则和属人管辖优先原则，对国别管辖权冲突仅概括规定了各缔约国可以通过妥善协商决定谁享有最适当的管辖权。② 此外，该公约虽然规定应将非法进入、非法截取、数据干扰、系统干扰、设备滥用、伪造电脑资料、电脑诈骗、儿童色情犯罪、侵犯著作权及相关权利行为犯罪化，但其入罪条件与我国刑法规定亦存在重大出入。由于上述原因，我国尚未甚至亦无意加入该公约，由此导致我国对国际网络犯罪刑事归责的管辖、追诉难度进一步加剧。

（五）电子数据的特殊性导致通过网络实施的传统犯罪证明难度大

利用网络实施的传统犯罪多为团伙作案，一般是通过网络进行远程、不接触甚至跨国界的分工作业，犯罪证据多为易删除、易篡改、易灭失，甚至阅后即焚的电子数据，难以及时收集和固定。即使收集和固定了电子数据，往往也难以具体确定作案流程中与每一道工序相关的电子数据之间构成确实、充分排除合理怀疑的完整证据链。2012 年修订的《刑事诉讼法》第 48 条首次将电子数据纳入法定证据种类，但未根据电子数据的特点对电子数据的收集、审查、认定等做出特别规定。2012 年 12 月 20 日发布的最高人民法院《关于适用〈中华人民共和国刑事诉讼法〉的解释》第 93 条和第 94 条对电子数据的形式及其收集、审查、鉴定和认定做出了一般规定，但仍然无法凸显电子数据不同于传统证据种类，包括视听资料的特性及其对电子数据的收集、审查、鉴定和认定的制约，因而，利用网络实

---

① 于志刚.缔结和参加网络犯罪国际公约的中国立场[J].政法论坛,2015(5).
② 《布达佩斯网络犯罪公约》是由 26 个欧洲委员会成员国以及美国、加拿大、日本和南非等 30 个国家于 2001 年 11 月在布达佩斯签署的地区性国际公约。

施传统犯罪案件电子数据的收集、审查、鉴定和认定始终是制约对网络犯罪进行充分、有效刑事归责的一个重大实践问题。有鉴于此，最高人民法院、最高人民检察院和公安部于 2016 年 9 月联合下发《关于办理刑事案件收集提取和审查判断电子数据若干问题的规定》，首次以专门司法解释的形式对刑事诉讼中电子数据的存在形式，电子数据的收集、提取、审查和认定做出具体规定。该解释将电子数据界定为"案件发生过程中形成的，以数字化形式存储、处理、传输的，能够证明案件事实的数据"，规定了电子数据的 4 种主要存在形式，具体规定了保护电子数据的完整性、审查网络身份与现实身份的同一性的方法，审查电子数据真实性与完整性的要求，是解决网络犯罪包括利用网络实施的传统犯罪的证明困难、指导司法机关有效追诉网络犯罪的重要规范性文件。尽管如此，由于网络犯罪电子数据的自身特性特别是电子数据的无国界性、易灭失性、海量性等特性，网络犯罪电子数据的收集、审查、认定仍将是制约对网络犯罪予以刑事追诉最为重大的司法实务难题。

三、传统犯罪网络化的刑法应对：纯正网络犯罪的创制

传统犯罪网络化导致的犯罪不法程度几何级数增长、预备行为与犯罪参与不法属性的异化、管辖冲突、证明困难，使得对通过网络实施传统犯罪的刑事归责困难变得日益突出，而互联网产业链与网络犯罪利益链相互叠加而形成的网络犯罪产业链，则带来了新的更为重大的安全威胁与犯罪挑战。尽管我国司法解释与刑法理论为消除对传统犯罪网络化刑事归责的障碍，不断对传统理论与法条文义进行突破，但是，还是难以从根本上对网络犯罪的刑事归责进行正当化与合法化的说明与论证。因此，《刑法修正案（九）》超越 1997 年《刑法》第 287 条利用网络作为犯罪工具实施传统犯罪的注意性规定，专门规定了拒不履行信息网络管理义务罪、非法利用信息网络罪、帮助网络犯罪活动罪和编造、故意传播虚假信息罪等四个纯正网络犯罪的构成要件与法定刑。我国刑法对利用信息网络实施传统犯罪的刑法规制，从没有实体性内容的 1997 年《刑法》第 287 条的注意性规定，到《刑法修正案（九）》专门增设 4 个纯正网络犯罪构成要件与法定刑的立法变迁，既反映了信息网络技术从 2.0 时代到 3.0 时代的代际变迁对于传统犯罪网络化的技术主导，也标志着我国刑法的一个专门领域即网络刑法的真正诞生。

（一）强化信息网络服务提供者的法律责任，增设拒不履行信息网络安全管理义务罪

在当代信息社会，现代信息技术与网络空间的发展伴随着与日俱增的网络安全风险，网络系统安全与网络信息安全已经直接关系到国家安全。同时，在互联化产业化背景下，网络服务提供者受利益驱动，拒不履行法律、行政法规设定的网络安全管理义务，放任甚至纵容违法犯罪信息在信息网络传播，违法犯罪活动通过信息网络平台得以实施的现象十分突出，后果非常严重，不仅严重妨害互联网产业的健康发展，而且直接威胁社会治理与国家安全。因此，基于对网络服务提供者、网络服务接受者与网络服务监管者共同建设一个健康有序的网络世界与信息社会的期待，立法者认为有必要动用刑罚手段进一步强化网络服务提供者的信息网络安全管理义务，规范网络服务与网络运营秩序，保障网络运行安全和网络信息安全。《刑法修正案（九）》第 28 条以《刑法》第 286 条之一的序列，规定了拒不履行信息网络安全管理义务罪，将网络服务提供者不履行法律、行政法规规定的信息网络安全管理义务，经监管部门责令采取改正措施而拒不改正，导致特定危害结果发生的行为，作为义务犯规定了独立的构成要件与法定刑。

根据《刑法》第 286 条之一的规定，犯拒不履行信息网络安全管理义务罪，同时构成其他犯罪的，依照处罚较重的规定定罪处罚。这是关于本罪的想象竞合犯从一重罪论处的规定。网络服务提供者拒不履行信息网络安全管理义务，纵容、放任非法信息通过其网络空间传播的行为，可能同时构成诸如宣扬恐怖主义、极端主义，煽动实施恐怖活动罪等恐怖活动犯罪，侵犯著作权罪，传播淫秽物品（牟利）罪，泄漏国家秘密罪，侵犯公民个人信息罪，帮助毁灭、伪造证据罪，侮辱，诽谤等犯罪，这些属于想象竞合犯，应当从一重罪论处。

（二）预备行为实行化，增设非法利用信息网络罪

网络的无边际性、网络信息传输的即时性、瞬间性、弥散性，决定了网络违法犯罪活动具有跨地域、跨国界、涉众性，证据收集、事实认定与法律适用存在诸多困难。网络犯罪预备行为不仅可能威胁重大、众多法益，其法益侵害危险较之传统犯罪预备，具有倍增性、现实性、不可控性，刑法提前干预的必要性凸显。尽管中国刑法允许处罚形式预备犯，但是形式预备犯的可罚性在理论与实务上面临诸多困境，而以形式预备犯处罚网络犯罪预备行为，则遭遇比一般形式预备犯更为严重的障碍。为充分保护法益，维护网络秩序，防患于未然，立法者认为有必要针对准备网络违法犯罪活动的特点，以实质预备犯的形式对其做出专门规定，使得对该犯罪的刑事归责更具针对性,更加便利控方有效地指控犯罪。因此,《刑法修正案(九)》第 29 条以《刑法》第 287 条的序列,增设了非法利用信息网络罪,将设立信息网络用于实施违法犯罪活动的网站、通讯群组,为实施诈骗等违法犯罪活动发布信息且情节严重的行为,作为实质预备犯规定了独立的犯罪构成与法定刑。

根据《刑法》第 287 条之一第 2 款的规定,犯非法利用信息网络罪,同时构成其他犯罪的,例如发布极其露骨地描述性行为或者其他淫秽色情的信息招嫖的,情节严重的,其行为即同时构成非法利用信息网络罪和传播淫秽物品(牟利)罪,应当择一重罪定罪处罚。如果实施非法利用信息网络罪后又将所准备的网络犯罪付诸实施的,如设置钓鱼网站后窃取、记录他人的网银账户、密码,又实际骗取他人钱财数额较大的,则构成非法利用信息网络罪和诈骗罪,应当予以数罪并罚。

(三)帮助行为正犯化,增设作为拟制正犯的帮助信息网络犯罪活动罪

互联网产业化与"互联网+"时代的利益驱动,导致网络犯罪在许多情况下形成错综复杂、跨地域、跨领域甚至跨国界的灰黑产业链与犯罪利益链,犯罪参与人地位、角色多元,作业分工精细、隐秘,功能上紧密协作,操作相对独立,导致侦办难、取证难,追诉成本高。网络服务或者帮助行为,特别是视频网站深度链接行为呈现"帮助行为独立化""依附行为主动化"的趋势[1],其作用较之传统犯罪的帮助行为发生质变,甚至居于整个网络犯罪流程的核心和支配地位。网络犯罪团伙作案常态模式中共同犯罪的刑事归责遭遇严重挑战,如何界定帮助行为与实行行为,如何证明犯罪参与者之间的犯意联系,刑事追诉实务中经常面临的"没有正犯的共犯"困境,以及刑法理论与实务上关于网络服务是否中立的帮助行为,网络服务提供者是否对网络服务使用者处于保证人地位之争等诸多问题,在客观上都对有效追诉网络犯罪特别是网络共同犯罪产生了妨害。即使司法解释做出了前述多重努力,仍然难以有效破解网络犯罪刑事归责面临的困境与挑战。因此,跳出解释论的窠臼,回避而非突破犯罪参与归责原理,通过新的刑事立法,针对网络犯罪活动的帮助行为予以专门刑法规制,将信息网络服务提供商、广告经营者以及第三方支付结算服务提供者,明知他人实施网络犯罪活动而为其提供互联网接入、服务器托管、网络存储、通信传输、广告推广、支付结算等

---

① 于志刚.网络空间中犯罪帮助行为的制裁体系与完善思路[J].中国法学,2016(2).

帮助行为拟制为正犯,规定独立的犯罪构成与法定刑,就成为立法者的重要策略选择。因此,《刑法修正案(九)》第 29 条以《刑法》第 287 条之二的序列规定了帮助信息网络犯罪活动罪,将明知他人利用信息网络实施犯罪,为其犯罪提供互联网接入、服务器托管、网络存储、通讯传输等技术支持,或者提供广告推广、支付结算等帮助,情节严重的行为,作为拟制正犯,规定了独立的犯罪构成与法定刑。网络犯罪帮助行为的正犯化[①],是中国刑法在风险刑法、安全刑法、预防刑法等积极刑法立法观的主导下,严密刑事法网,严格刑事责任,扩张刑罚处罚范围,减轻控方证明责任,以有效控制网络空间风险、加强网络秩序监管、保障网络安全的典型立法例。

(四)将司法解释超前规定立法化,增设编造、故意传播虚假信息罪

为了治理信息网络空间的乱象、规范网络活动秩序,2013 年 9 月 2 日最高人民法院、最高人民检察院颁布的《关于办理利用信息网络实施诽谤等刑事案件适用法律若干问题的解释》第 5 条曾经规定:"编造虚假信息,或者明知是编造的虚假信息,在信息网络上散布,或者组织、指使人员在信息网络上散布,起哄闹事,造成公共秩序严重混乱的,依照《刑法》第 293 条第 1 款第(4)项的规定,以寻衅滋事罪定罪处罚。"这一规定为了填补对利用信息网络造谣、传谣予以刑事归责的法律漏洞,将在网络空间造谣、传谣的行为解释为《刑法》第 293 条第 1 款第(4)项规定的"在公共场所起哄闹事,造成公共场所秩序严重混乱",从而以寻衅滋事罪对其定罪处罚。但是,此前两高于 2013 年 7 月 15 日通过的《关于办理寻衅滋事刑事案件适用法律若干问题的解释》第 5 条在解释该条款时则规定:"在车站、码头、机场、医院、商场、公园、影剧院、展览会、运动场或者其他公共场所起哄闹事,应当根据公共场所的性质、公共活动的重要程度、公共场所的人数、起哄闹事的时间、公共场所受影响的范围与程度等因素,综合判断是否造成公共场所秩序严重混乱。"也就是说,2013 年 7 月 15 日的司法解释将"公共场所"限定于现实物理空间的公共场所,而 2013 年 9 月 2 日的司法解释则将"公共场所"扩展至

---

① 参见阎二鹏. 共犯行为正犯化及其反思[J]. 国家检察官学院学报,2013(5);徐松林. 视频搜索网站深度链接行为的刑法规制[J]. 知识产权,2014(11).

张明楷教授反对这一判断,他认为,《刑法》第 287 条之二第 1 款并没有将帮助犯提升为正犯,只是对其规定了独立的法定刑,而不再适用刑法总则关于帮助犯(从犯)的处罚规定;并且认为,这是根据共犯从属性原理、相关犯罪的法益保护以及相关行为是否侵犯法益及其侵犯程度得出的结论(参见张明楷. 刑法学(第五版)[M]. 北京:法律出版社,2016:1051—1054)。

网络空间这一虚拟的公共场所。司法解释对于"公共场所"范围的立场突变，引发了学界关于是否违反罪刑法定的质疑和争议。① 为了化解这一合法性与合体系性争议，为惩治利用信息网络或者其他媒体造谣、传谣提供明确的处罚依据，《刑法修正案（九）》第 32 条以《刑法》第 291 条之一的序列，增设了编造、故意传播虚假信息罪，对编造虚假的险情、疫情、灾情、警情，在信息网络或者其他媒体上传播，或者明知是上述虚假信息，故意在信息网络或者其他媒体上传播，严重扰乱社会秩序的行为，规定了独立的犯罪构成与法定刑。《刑法修正案（九）》生效后，利用信息网络或者其他媒体造谣、传谣的行为，原则即不得再根据司法解释以寻衅滋事罪论处。

由此可见，《刑法修正案（九）》在 1997 年《刑法》针对计算机信息系统犯罪以及利用计算机信息系统作为犯罪工具的注意性规定基础上，通过设置拒不履行信息网络安全管理义务罪这一纯粹违反命令规范的义务犯，将网络服务提供者全面纳入网络刑法规制对象，一般性地赋予其对网络安全危险源的刑事保证人地位，追究其拒不履行信息网络安全管理义务的刑事责任；通过预备行为实行化与帮助行为正犯化等立法技术的运用，设置作为实质预备犯的非法利用信息网络罪和作为实质帮助犯的帮助信息网络犯罪活动罪，两者本质上都是仅以网络违法犯罪预备行为或者网络犯罪活动帮助行为对网络安全及相关法益的抽象危险为归责根据的抽象危险犯，从而构建了规制网络犯罪，包括针对计算机信息系统的网络犯罪、利用网络作为犯罪工具的网络犯罪以及在信息网络场域实施的网络犯罪的网络刑法体系，为维护信息网络管理秩序、保障信息网络安全、依法惩治网络犯罪提供了相对严密而明确的法律依据。同时，《刑法修正案（九）》还在《刑法》第 291 条之一规定的编造、故意传播虚假恐怖信息罪之外，新增编造、故意传统虚假信息罪，使利用信息网络或者其他媒体造谣、传谣的行为基本上与寻衅滋事罪脱钩，避免了对此类网络犯罪行为予以刑事归责在合法性上的争议。

通过上述刑法修正，我国刑法不仅得以对互联网服务提供者的拒不履行信息网络安全管理义务的经营行为进行全面规制，更使得对网络犯罪的干预起点大幅前置，处罚范围大幅扩张，检方指控难度大幅降低，被告人被定罪的概率大

---

① 肯定司法解释的意见参见周光权. 为惩治网络诽谤等犯罪提供法律标尺[N]. 人民日报，2013-09-11(4)；质疑司法解释违反罪刑法定原则的意见参见张明楷. 刑法学（第五版）[M]. 北京：法律出版社，2016：1065—1067.

幅提高。《刑法修正案(九)》这一重大刑法修正,凸显了我国刑法在"风险刑法""干预刑法""预防刑法""安全刑法"甚至"敌人刑法"理念主导下,在犯罪化立场上已经由过去本于刑法辅助性法益保护机能与最后手段法的体系定位而呈现的消极立法、被动立法、谦抑立法,向积极立法、主动立法、扩张立法的转向;刑事立法的活性化已然是我国刑法学者不可回避的一个立法走向,并且如上所述,必须承认刑事立法的活性化在总体上具有客观必然性,符合信息社会网络治理的实践理性。①

四、纯正网络犯罪的刑法教义限缩
——以拒不履行信息网络管理义务罪为切入点

正视网络犯罪刑法规制所展现的我国刑事立法活性化立法走向,既不意味着刑法理论和司法实务只能宿命地、机械地解释和适用实定刑法条文,也不表明对刑法立法活性化这一立法走向的简单背书。面对包括网络犯罪的刑法规制在内的我国刑事立法活性化的立法走向,我国刑法学者在致力于对立法论进行客观评价和价值判断的同时,应当跳出立法中心主义的窠臼,将理论关注重点转向解释论范畴内的刑法体系内部控制。在我看来,这种刑法体系内部控制的要义在于,一方面,刑法理论应当努力构建科学的犯罪论体系,在尊重实定刑法条文的规范效力与规范内涵的基础上,发挥其追求逻辑自洽、功能自足、体系一致且有效、限制刑法适用从而实现个案公正的限制科学的教义学功能②,对实定刑法进行符合刑事政策的目标设定、刑法规范的保护目的和刑法教义逻辑的分析和限缩,为司法实务正确适用刑法、公正处理个案,提供具有足够说服力的理论支持;另一方面,司法者也不仅仅是"法律的代言人",而是应与立法者"分工协力确定什么样的行为可罚"。③ 司法实务不能机械、教条地套用三段论演绎推理逻辑,在法条与事实之间进行涵摄,而必须根据刑法规范的保护目的与刑法教义逻辑,

---

① 关于中国学者对我国积极刑法立法的全面肯定性评价,参见周光权.积极刑法立法观在中国的确立[J].法学研究,2016(4).

② 关于刑法学作为限制科学的属性、功能和使命可参见埃里克·希尔根多夫.德国刑法学:从传统到现代[M].江溯,黄笑岩译.北京:北京大学出版社,2015:193—197.

③ 梁根林,埃里克·希尔根多夫.中德刑法学者的对话:罪刑法定与刑法解释[M].北京:北京大学出版社,2013:124.

结合个案的具体情况予以具体判断,将符合构成要件、违法且有责因而真正值得刑罚处罚的行为予以定罪量刑。

鉴于《刑法修正案(九)》将纯正网络犯罪刑法规制锋芒主要指向网络服务提供者,这里仅以拒不履行网络安全管理义务罪为例说明:面对立法的扩张与活性化,刑法理论如何在坚守罪刑法定原则、尊重实定刑法规范效力的前提下,通过对实定刑法条文的刑法教义分析,特别是合乎体系、逻辑与目的的刑法教义限缩,合理地限定网络服务提供者的刑事归责范围,并适当地界定限制网络服务提供者的刑事归责的切入点。

根据《刑法修正案(九)》对《刑法》第 286 条之一的规定,拒不履行信息网络安全管理义务罪,是指信息网络服务提供者不履行法律、行政法规规定的信息网络安全管理义务,经监管部门责令采取改正措施而拒不改正,导致特定危害结果发生的行为。如果运用刑法教义学原理对该罪进行教义分析,其内涵或可归纳为以下几点:(1)本罪是义务犯,不法的内涵在于违反法律、行政法规设定的信息网络安全管理义务;(2)本罪是法定犯,行为方式是不履行法律、行政法规规定的信息网络安全管理业务,经监管部门责令采取改正措施而拒不改正;(3)本罪是情节犯,信息网络服务提供者拒不履行信息网络安全管理义务,导致法定的危害结果发生或有其他严重情节;(4)本罪是身份犯,行为主体是信息网络服务提供者;(5)本罪是故意犯,责任形式是故意。

必须承认,在当今信息化与互联网产业化时代,为了控制传统犯罪网络化、网络犯罪传统化态势的蔓延,通过刑法的网络风险规制与网络犯罪控制的重点已经指向网络服务提供者。网络服务提供者无论是提供通道服务、链接服务、存储服务、搜索引擎服务的 ISP,还是提供网络信息内容服务的 ICP,都不再是纯粹的商业活动经营者,法律、行政法规对其设定了广泛的信息网络安全监管义务,因而 ISP 和 ICP 在法律上都兼具网络服务提供者与网络安全管理者双重主体形象。网络服务提供者如果缺乏身份认同意识和企业社会责任,明知他人利用其提供的信息网络服务实施违法犯罪,拒不履行信息网络管理义务,继续提供信息网络服务,也不是什么绝对不可罚的技术中立或者价值中立的帮助行为,符合《刑法》第 286 条之一规定不法构成要件与责任要素的,原则上即构成立法者专门为其量身定制的拒不履行网络安全管理义务罪。司法实践对于互联网服务提供者拒不履行信息网络管理义务的行为予以定罪处罚,自有其实定刑法的规范依据与刑法教义逻辑的支持。

但是,刑法教义学对拒不履行信息网络安全管理义务罪的关注,绝不应当止于根据实定刑法条文的规定进行合体系与合逻辑的分析,尚需结合信息社会信息技术创新、"互联网＋"时代产业发展以及宪法所保障的国民网络言论与表达自由等一系列刑事政策的目标设定,进行进一步的合目的性思考。互联网产业化后风起云涌的信息社会治理,在强化互联网服务提供者网络服务经营行为法律责任的同时,必须始终警惕国家对网络服务提供行为的不当或者过度刑法干预,不当或过度干预必然导致诸如妨害技术创新、产业发展、压缩宪法保障的网络自由表达与言论空间等新的刑法制度风险。因此,如何既有效地规范网络管理秩序、保障国家网络安全,又充分保障信息技术创新、互联网产业发展以及国民网络言论与表达自由,是对网络服务提供者进行刑法规制时必须直面的重大刑事政策问题,也是刑事政策导向的目的理性的刑法教义学必须进一步思考的基本教义学问题。

对网络服务提供者的刑法规制,必须充分考虑信息网络服务的技术特性、宪法所保护的信息自由和言论自由、技术创新与产业发展等构成要件之外的技术性、宪法性和公共政策性因素对本罪的教义学限制。亦即,必须兼顾通过刑法规制维护网络管理秩序的客观需要与网络服务提供者对他人利用信息网络实施犯罪进行技术控制的可能性,实现刑法规制与技术特性的融合;必须兼顾网络安全、网络秩序的维护与网络表达和言论自由、信息技术创新、"互联网＋"时代互联网产业的发展,不能苛求网络服务提供者过于沉重的网络安全管理义务;必须兼顾刑法干预与网络服务提供者的安全管理、监管部门的行政监管,刑法干预仅仅是网络服务提供者自身的安全管理、监管部门的行政监管失灵后的最后手段。总之,必须从技术合理性与可能性出发,限制对网络服务提供者刑事归责的边界,力求为网络自由、技术创新与产业发展谋取充足的空间和明确的边界,在网络安全维护与网络自由保障之间实现平衡。[①] 只有这样,对网络服务提供者的刑事归责才能具备可靠的技术基础、充分的法理根据,符合宪法化的刑事政策目标设定。[②]

基于这一前置性思考,网络服务提供者的刑事保证人地位判定,就成为刑法教义学限缩网络服务提供者刑事归责的关键所在。刑法教义学需要明确的是,

---

① 王华伟.网络服务提供者的刑法责任比较研究[J].环球法律评论,2016(4).
② 张翔.刑法体系的合宪性调控——以"李斯特鸿沟"为视角[J].法学研究,2016(4).

在刑事保证人义务实质化已成学界共识的语境下,法律、行政法规规定的信息网路运行安全与网络信息安全义务,并不当然产生刑法上的刑事保证人地位。迄今为止,尽管刑法教义学理论上对于刑事保证人地位产生的实质根据存在不同的理论解读(先行行为说、紧密的生活关系说、组织管辖说、制度管辖说、危险源监督说等),但危险源监督说无疑是其中最为有力的学说。根据危险源监督说,"对于危险源的监督,产生了保护他人法益不受来自自己控制领域的危险威胁的义务。这种对于危险源的控制是不作为犯的义务。这种保证人义务的根据在于,复杂社会系统中的秩序必须依赖于(处分权人所管理的)特定空间和特定控制领域的安全"①。如果采纳危险源监督说对本罪进行教义学分析,就需要进一步具体检验,我国现行法律、行政法规为网络服务提供者设定的信息网络安全管理义务,作为刑事保证人地位的判断依据,是否过于宽泛和严格,是否需要根据网络服务的不同类型予以区别对待?法律和行政法规对网络服务提供者信息网络安全管理义务的类型化设定,是否需要以相应的信息技术以及由此决定的控制可能性为根据?法律、行政法规设定的信息网络安全义务的违反在什么情况下才能建构网络服务提供者的刑事保证人地位?一言以蔽之,《刑法》第286条之一所称的法律、行政法规规定的信息网络安全管理义务,是否需要结合网络技术与网络犯罪的特点,根据刑事保证人地位的刑法教义学原理予以适当的限缩?

危险源监督说对上述问题的答案是肯定而明确的,在法律、行政法规一般性地赋予信息网络服务提供者宽泛的行政法上的信息网络安全管理义务的前提下,应当以信息网络服务提供者对信息网络安全危险源是否能够进行技术与事实控制为基础,具体判断能否赋予其刑法上的刑事保证人地位。也就是说,关于信息网络服务提供者能否对危险源进行事实控制的任何法律探讨,都必须首先对服务提供者行为的技术可能性进行分析,根据其信息网络服务功能进行类型化区分。② 信息网络服务类型不同,支撑该信息网络服务的技术特性与技术控制可能性有别,刑法上能够期待信息网络服务提供者履行的安全管理义务亦应当有所不同。信息网络服务提供者是否具有刑事保证人地位,因而就必须根据信

---

① 乌尔里希·齐白.网络服务提供者的刑法责任——刑法总论中的核心问题[J].王华伟译.刑法论丛,2016(4).

② 埃里克·希尔根多夫.德国刑法学:从传统到现代[M].江溯,黄笑岩译.北京大学出版社,2015:366—370.

息网络服务的具体情况予以分别把握。[①]

网络内容服务提供者的信息网络服务就是制作、上传信息网络的内容,能够对其制作、上传的内容进行事实控制,自然有义务保证其提供的信息网络内容的合法合规,防止侵权、违法、犯罪信息通过其提供的网络平台传播。否则,不仅可能构成本罪的正犯,而且可能构成侵犯著作权罪、传播淫秽物品(牟利)罪等的正犯,如此则应当依照竞合犯的原理,从一重罪论处。因此,信息网络内容服务提供者的刑事归责通常不是刑法教义学争议的问题。

代理缓存服务提供者和存储服务提供者,通过其服务器或者云存储等方式,为他人提供信息数据存储服务,能够对服务器或者云存储的空间进行物理或者远程的事实控制,他们知道储存空间存在不法信息内容后,也有能力删除存储的内容,或者封锁通道。因此,网络存储服务提供者对存储的信息数据,不仅负有法律、行政法规规定的安全管理义务,而且对可能存在的不法信息内容作为网络安全危险源处于刑事保证人地位。当然,由于服务器特别是云存储的信息数据的海量性以及信息数据可能被采取了加密措施,网络存储服务提供者的刑事保证人地位并不当然导致对其在未尽信息安全管理义务的不作为的刑事归责。无论是根据避风港原则,还是根据《刑法》第 286 条之一规定的构成要件,网络存储服务提供者只有在监管部门责令采取改正措施后拒不改正的情况下,才能被实际予以刑事归责。这意味着,对网络存储服务提供者予以刑事归责的前提是,其对于服务器或者云存储空间中存储的不法内容是明知的,接到责令改正的通知后有及时予以删除、屏蔽的法律义务与技术可能,却仍然不予删除或者屏蔽。

网络接入服务提供者提供网络服务的接入通道或者信息传输服务。由于网络传输信息的海量性、信息数据的加密设置以及对传输内容进行即时控制的不可能性,特别是宪法所保护的信息自由、言论自由以及国民隐私所期待的保护电子通讯私密性等原因,单纯提供网络通道或接入服务的网络接入服务提供者,不可能对通过其网络通道传输的内容进行控制。甚至在被监管部门发现存在不法信息内容、责令采取改正措施后,也仍然没有技术对不法信息内容予以完全删除或者屏蔽,除非其被迫停业或者彻底转型。更为重要的是,单纯提供网络通道或接入服务的网络服务提供者不仅在技术上不具有全面过滤、控制、封锁互联网上

---

① 王华伟.网络服务提供者的刑法责任比较研究[J].环球法律评论,2016(4).

传输的信息内容的可能性，而且在公共政策上也不应当这么做。[①] 因此，不能形式化地根据法律、行政法规规定的信息网络安全管理业务，赋予网络接入服务提供者对不法信息内容作为危险源的刑事保证人地位。只要网络接入服务提供者提供的仅仅是纯粹的通道提供服务和纯粹的数据传输服务，其对于互联网上第三方传播不法信息的阻止，由于技术与事实控制的不可能性以及公共政策上的不妥当性，就不能被赋予刑事保证人义务。当然，如果接入服务提供者提供的不是纯粹的数据传输，而是同时对信息和接收人进行了选择或者加工，如对传输的数据标注了水印，这意味着其可以对数据进行操纵和即时分析，而且也不存在侵犯电子通讯私密性的问题，此时接入服务提供者就具有了保证人地位，其行为甚至可以被认为是传播不法信息的作为犯的直接正犯。[②]

搜索引擎服务提供者不可能对链接的内容特别是不法信息内容进行主动和完全的控制。因此，虽然法律、行政法规一般性地设定了搜索引擎服务提供者的信息网络安全管理义务，但是，并不能当然产生搜索引擎服务提供者对其链接的不法信息内容予以阻止的刑事保证人地位，对于搜索引擎服务服务提供商的刑事归责因而总是例外。各国法律包括中国刑法事实上都参照"通知＋删除"规则，在发现并通知搜索引擎服务提供商删除或者封锁不法信息内容后，搜索引擎服务提供商明知存在具体而确定的不法信息内容的，才赋予其对违法链接和相关内容予以拦截或者封锁的刑事保证人地位。当然，搜索引擎技术的最新发展可能不断改变搜索引擎服务提供商的刑事归责范围。特别是随着功能日益强大的自动化日常检查技术的迅速发展，如果未来搜索引擎在技术上可能对内容进行自动定位与识别，搜索引擎服务提供商对不法信息内容进行拦截和封锁的刑事保证人地位就可能被一般性地得到肯定。[③] 但是，即便如此，根据中国《刑法》第286条之一对搜索引擎服务提供商不履行拦截或封锁不法信息义务的行为，仍然必须满足"经责令采取改正措施而拒不改正"的要求，因而造成法定严重结果或有其他严重情节的，才能以拒不履行信息网络安全管理义务罪予以刑事归责。

---

① 陈兴良. 刑事法评论（第37卷）：犯罪的阶层论[M]. 北京：北京大学出版社，2016：193.
② 乌尔里希·齐白，王华伟. 网络服务提供者的刑法责任——刑法总论中的核心问题[J]. 刑法论丛，2016(4).
③ 乌尔里希·齐白，王华伟. 网络服务提供者的刑法责任——刑法总论中的核心问题[J]. 刑法论丛，2016(4).

　　信息网络服务提供者的刑事保证人地位的确定,只是对网络服务提供者以本罪予以刑事归责的基础。在此基础上,应当根据刑法教义学的论证逻辑与归责路径,进一步依次、具体判断网络服务提供者不履行信息网络安全管理义务的不作为与危害结果之间的归因与归责、该特定网络服务提供者是否具有事实上的具体行为可能性以及规范上的期待可能性,以进一步限缩刑事归责的范围。如此,方能根据《刑法》第 286 条之一的规定,对网络服务提供者以拒不履行信息网络安全管理义务罪进行必要且合理的刑事归责。限于篇幅,本文不再一一赘述。

本文原载于《法学》2017 年第 2 期

当前电信网络新型诈骗犯罪的调研分析

◎李忠强　孟红艳　张晓东*

摘　要：在互联网时代，网络、通信业突飞猛进，新型电信网络诈骗犯罪也呈几何级数增长。此类犯罪具有作案隐蔽性强、资金流向复杂、团伙产业化突出、产业链活跃等新特点，给公众人身财产安全、社会和谐稳定带来了前所未有的负面冲击。由于当前在打击和治理电信网络新型诈骗犯罪过程中存在技术限制、法律法规不够健全完善，相关行业内部管理不够规范的现实困境，为有效惩防新型电信网络诈骗犯罪，本文立足于司法实践，提出了四项对策，具体对策包括：强化专业化、系统化办理，深化司法协作、行业监管，严格相关机构管理责任，运用大数据维护网络安全。

关键词：电信网络诈骗　案件特点　现实困境　惩防对策　大数据

近年来，随着电子金融、电子商务等行业迅速崛起，电信网络新型诈骗犯罪呈井喷增长。仅 2016 年上半年，我国电信诈骗案就达 28.7 万起，造成损失 80 余亿元。[①]据浙江省义乌市人民检察院统计，2016 年 1—9 月，该院公诉部门共受理审查起诉电信网络新型诈骗案件 32 件 82 人；其中，涉嫌诈骗犯罪 17 件 50 人，涉嫌妨害信用卡管理、扰乱无线电管理秩序、侵犯公民个人信息等关联犯罪 15 件 32 人。电信网络新型诈骗犯罪相比于传统犯罪具有更大的欺骗性、隐蔽性和危害性，需引起高度重视。本文基于对义乌市人民检察院办案情况的调查分析，重点探讨电信网络新型诈骗犯罪的问题及应对。

---

*　李忠强，浙江省人民检察院法律政策研究室副主任；孟红艳，义乌市人民检察院检察官；张晓东，义乌市人民检察院办公室副主任。

①　闫雨.防范电信诈骗需要"全流程"屏障[N].人民日报，2016-10-20.

一、当前电信网络新型诈骗案件的特点

(一)作案隐蔽性强,手段不断翻新

此类案件中,犯罪分子通常利用短信、微信、电话、网络等通信手段与被害人建立联系,在虚拟空间中作案,既无传统意义上的作案现场,亦无有形的痕迹物证可查,因而隐蔽性极强。被害人与犯罪分子的联系,仅限于电话号码和银行账号,案发后一般均无法直接指认嫌疑人。同时,该类案件作案方式极具多样性,包括利用银行卡资金归集业务掠财、借助钓鱼网站出售游戏装备实施诈骗、利用企业 E 店宝软件非法获取公民个人信息倒卖牟利、冒充理财分析师通过"推荐股票"吸金诈骗、冒充国家工作人员实施电信诈骗等。如 2016 年 3 月 5 日,被害人倪俊通过网络搜索兼职时,根据网站广告添加 QQ 账号名称为"石英"的企业客服。被害人根据对方提供的刷单链接进行操作,用其账户支付 125 元,得到返还130 元。接着,被害人在利益诱使下,又先后通过链接刷单人民币 17000 元。联系对方要求返现时,却发现自己已被拉黑。

(二)资金流向复杂,追款难度加大

电信网络新型诈骗犯罪行为人大多采取异地间遥控作案,盗用他人的身份证明或利用虚假的信用资料在多家电信营业点或银行分理处开户,而后巧立名目诱骗受害人汇款或者网银转账以骗取受害人的钱款,再通过海量的银行卡,将巨额赃款通过网银层层分解转至几十个下级银行账户后迅速进行提现,导致资金流向十分复杂,给侦查机关破案和追赃带来很大难度。比如,犯罪嫌疑人吕承孝自 2016 年 3 月初以来,向他人购买大量居民身份证,以数十元至数百元不等的报酬,招募范永强、吕成波、吕建军数十人。他们在义乌、台州等地,用这些身份证到多家银行网点申办银行卡,再将 100 余张银行卡售卖给电信诈骗团伙。近年来,越来越多的诈骗分子为逃避打击,将诈骗窝点设在马来西亚、柬埔寨等地。这类案件的侦办,往往需要公安部协调,如果不是特别重大的案件,地方公安部门由于鞭长莫及,往往难以侦办。

(三)团伙化、产业化、地域性突出

为提高"效率",电信网络诈骗犯罪分子往往结成分工协作的犯罪团伙。义乌市检察院受理审查起诉的电信网络新型诈骗案件 32 件 82 人的人数与件数对比,即反映出这一特点。在电信诈骗超低投入、超高回报的巨额利益诱惑下,目前一些地方已经形成专业化、团伙化、集约化特征明显的电信诈骗村,电信网络诈骗俨然成为当地"支柱产业"。公安机关侦办诈骗犯罪团伙案件,不仅需要刑侦、技侦、网警三部门紧密配合,外出抓捕更需当地警方配合。然而,基于"地方利益"因素,外地公安机关前去侦查取证时常遭遇各种阻力,个别地方甚至出现村民暴力抗法事件。

(四)风险低、"复制"快,上下"产业链"活跃

电信网络诈骗具有机动性强、反侦查能力强的特点,对社会上少数好逸恶劳而梦想一夜暴富的青年人具有很强的诱惑力。比如,利用伪基站群发诈骗短信,只需花几千元购买一套伪基站设备用于群发诈骗短信,即可将诱饵大面积辐射开去,而后"坐收渔利"。同时,与电信诈骗相关的违法犯罪活动也比较猖獗,相关"产业链"比较活跃。由于公民个人信息保护存在诸多安全隐患,诈骗分子可以轻而易举地非法获取、窃取公民个人信息用于诈骗活动。一些网店客服或者商家刻意将买家信息作为"副产品",批量打包卖给犯罪分子;另有一些犯罪分子通过向网店商家的网站系统植入木马程序,盗取其电脑内的客户信息。比如,在杨强、张开海等 7 人非法获取计算机信息系统数据案中,犯罪嫌疑人杨强和张开海等人潜入义乌市某电子商务有限公司内,将事先准备好的木马程序植入该公司电脑,非法获取该公司订单数据 4161 条。

二、打击和治理电信网络新型诈骗犯罪的现实困境

(一)司法部门打击电信网络诈骗犯罪存在技术限制,电子证据取证难

尽管目前不少地方都设立了反诈骗中心,整合了通信、银行等部门资源,但涉及一些网络平台电子证据的取证,司法部门对电子证据的收集取证能力和技术还有待进一步提高。目前实践中部分案件就由于司法部门的技术限制,案件关键证据未能及时提取到位而被犯罪分子删改或灭失。电信网络诈骗犯罪作为新型犯罪,诈骗方式不断更新,公安检察部门由于人力、物力、技术的限制,在打击电信网络诈骗犯罪的取证过程中,常面临取证的无奈,一些电子证据的取证能否及时到位,很大程度上取决于相关网络服务提供者能否对侦查取证积极配合。这就要求司法部门主动加强与网络服务提供者的合作,确保及时准确从网络服务器上发现和固定证据。在司法部门与本地的一些互联网企业或者网络服务提供者的合作方面,浙江一直走在全国前列,已取得一定的成效,为司法部门取证

办案提供了便利条件,并且仍有巨大的合作空间。

(二)法律法规不够健全、完善,给有效打击相关犯罪带来障碍

当前,电信网络诈骗犯罪已经形成环环相扣的利益链条,其犯罪手段和各个犯罪环节涉及多种关联罪名,如利用伪基站群发诈骗短信的行为,非法获取、出售公民个人信息行为以及非法买卖、伪造银行卡、伪造身份证等行为往往交织在一起。在司法实践中,关联罪名的办理主要存在以下难点。

一是伪基站群发诈骗短信行为罪名认定方面的问题。针对开设"伪基站"等严重扰乱无线电秩序,侵犯公民权益的情况,《刑法修正案(九)》修改了《刑法》第288条扰乱无线电管理秩序罪,取消了"经责令停止使用后拒不停止使用"的规定,降低了犯罪构成门槛;并将"造成严重后果"改为"情节严重";增加了一档刑罚。根据2011年4月8日两高《关于办理诈骗刑事案件具体应用法律若干问题的解释》第5条规定,利用短信对不特定多数人实施诈骗,诈骗数额难以查证,但发送诈骗信息5000条以上的,应被认定为诈骗罪(未遂)。然而,问题在于,首先,虽然修改后刑法降低了入罪门槛,但规定的标准不够全面;司法解释同样没有对定罪条数标准、"情节特别严重"的条数标准加以明确,导致司法实践出现困难。其次,伪基站发送诈骗短信的条数和对正常通信的干扰在鉴定上不够严密科学。犯罪分子可以随意更改、删除伪基站发送诈骗短信的条数记录,查扣的伪基站常被更改、删除条数,诈骗短信条数记录通常只是以"现存"数量为准,这就有轻纵犯罪之虞。对正常通信干扰的认定,目前往往是依据移动的伪基站监控平台调取的数据,反映该段时间导致用户通信受阻的数量和时间,但事实上此监控数据难以准确反映伪基站对正常通信的实害(若该范围内有其他干扰通信的因素出现,也会导致用户通信受阻)。比如犯罪嫌疑人蒋利民扰乱无线电通信管理秩序案,蒋将伪基站设备安装于租来的轿车上,利用伪基站设备,冒充农业银行95599号码发送诈骗短信,移动的伪基站监控平台调取的数据显示,这起案件共导致15027个用户通信受阻,导致移动公司正常通信中断250.45小时。而在蒋利民处查扣的伪基站设备上显示发送诈骗短信3123条,两个证据之间无法互相印证。二是侵犯公民个人信息犯罪方面的问题。对于犯罪行为人非法获取公民个人信息后向诈骗分子出售的行为,《刑法》第253条第1款规定,侵犯公民个人信息罪情节严重的,处3年以下有期徒刑,情节特别严重的,处3年以上7年以下有期徒刑。但由于缺乏入罪门槛和情节特别严重的规定,无论非法获取多少条,在目前的司法实践中都以3年以下量刑,这同样有违罪责刑相适应原则。三是利用开设赌博网站进行电信诈骗方面的问题。主要是在此罪与彼罪之间如何定性上存在争议,如对开设的网络赌场设置极低赢率,但网站老板在拉人赌博时谎称赌博可以获利赚钱,且网站老板无能力支付可能输掉的巨额赌资的情形,究竟应认定其为开设赌场罪还是诈骗罪,在理论和实践中均存在很大争议,有待相关司法解释加以明确。

(三)相关行业内部管理不够规范,给诈骗活动提供契机

从办理的案件情况看,一些商家内部管理不规范,缺乏外部有效监管,客观上导致公民大量私人信息、客户信息泄露。部分商业银行在银行卡办理环节存在把关不严、审查流于形式的问题,犯罪分子可以冒用他人身份办理银行卡,这导致犯罪分子诈骗成本低廉。公民身份证遗失之后,即使原持有人补办了新的身份证,原证仍可继续使用,这等于给犯罪分子盗用他人身份信息开了"绿灯"。此外,线路承包(转包)行为缺乏制约及监管。线路承包商的转包网络线路行为缺乏监管,部分线路承包商向通信基础运营商(移动、联通、电信等公司)承包网络线路资源之后,随意转租给他人经营,自己坐收管理费的现象比较普遍。犯罪分子可以租用多个安装有 VOS 系统的国际服务器对接,诈骗电话改号后的网络信号通过多级服务器流转,通过租用的国际或国内运营商进入市话网,"落地"到受害人手机上(即所谓"线路透传"),这种智能化作案手段不仅节约了犯罪成本,而且加大了破案难度。从公安机关办案情况看,2014 年 12 月以来,浙江省金华地区连续发生数起利用"透传线路"改号方式冒充政法人员打电话给受害人,以受害人涉嫌犯罪为由,要求受害人将本人账户内的资金转移到所谓的"安全账户"验资进行电信诈骗的案件,其中义乌、东阳等地的 4 起案件涉及金额逾千万元。

三、加强惩防电信网络新型诈骗犯罪的对策

(一)切实更新办案理念,强化专业化系统化办理

高检院、公安部针对近期国内连续发生的数起电信网络诈骗导致被害人死亡的案件,已部署在全国深入开展打击治理电信网络诈骗专项工作。为此,办案人员一是要抓住专项工作契机,切实增强打击电信网络诈骗违法犯罪的使命感、责任感;应科学认识和把握互联网业态的内涵与外延,充分认识到"互联网金融是一个谱系的概念,包括因互联网技术和互联网精神的影响,从传统银行、证券、

保险、交易所等金融中介到一般均衡对应的无金融中介或市场情形之间的所有金融交易和组织形式"[①]，以牢固树立专业化、系统化打击电信网络诈骗的指导思想，避免条块分割、各自为战。二是要在切实更新办案理念的同时，创新办案方式方法，加大办案力度。由于电信网络诈骗案件本身具有较强的专业性，易成为检察官办案的知识"盲区"，故应探索并推行检察官定人联络侦查部门的做法，完善专业化办案机制和侦、捕、诉的衔接，实行跨领域的专业化办理，必要时成立专案小组，集中力量高效办理，坚持露头就打、决不手软。要加大对整个犯罪链条的打击力度，铲除专门为诈骗团伙非法获取公民信息、买卖银行账户等作案环节，扩大打击效果，同时强化对涉案赃款的追缴，努力为被害群众挽回财产损失。三是要完善办案机制，积极推进防范、打击、治理一体化工作格局的形成。电信网络诈骗案件侦破后，公安机关应提前通报检察机关侦监部门，在案件事实认定、证据采信、法律适用等环节加强协调沟通。公安、检察机关应通过不定期召开捕诉联席会议等途径加强会商，就发案规律、证据采信、办理难点等问题共同探讨，总结经验。

（二）突出问题导向，深化司法协作、行业监管

习近平总书记在中央政治局第三十六次集体学习时强调："要严密防范网络犯罪特别是新型网络犯罪，维护人民群众利益和社会和谐稳定。"[②]由于金融的专业性与互联网的隐秘性交织，司法机关查处电信网络新型诈骗案件时不仅面临难以采集、保全完整的电子证据问题，而且涉案财产追回率普遍较低。对此，一是政法机关要站在社会治理的战略高度，结合办案，密切与易被电信诈骗犯罪所利用的部门行业联系，督促移动、电信、联通等通信运营商及商业银行分理机构落实通信、银行业办卡实名制，探索建立跨省信息资源共享机制，提升防范电信网络诈骗犯罪整体效能。二是要进一步健全对重点行业的监管。工信部门应加大对线路承包商的监管力度，规范网络线路承包商的违法转包经营行为，鉴于电话转接业务已经被犯罪分子大范围利用于诈骗犯罪的现实，工信部门应加大督查力度，定期对网络线路承包商的资质进行审核，提高准入门槛，规范业务运行。三是坚持"除恶务尽"，加强关联犯罪打击治理。在依法打击电信网络诈骗犯罪的同时，必须强化对上下游关联犯罪的惩治。同时，应注重监督、深挖相关系统

---

① 谢平，邹传伟，刘海二.互联网金融手册[M].北京：中国人民大学出版社，2014：1.
② 提高网络管理水平　严密防范新型网络犯罪[N].北京青年报，2016-10-10.

内与电信网络诈骗分子相互勾结的"内鬼",依法严厉惩治共同犯罪或关联犯罪。

(三)严格相关机构管理责任,切实堵塞制度漏洞

电信诈骗中涉及的两个关键因素——个人信息和财产,两者往往不在执法者直接控制范围内。这就需要电信运营商、掌握海量数据的网站和金融机构等实体健全完善管理制度,切实维护用户的信息和财产安全。一是完善个人信息监管制度,确保信息源头安全。公民个人信息以数据形式存储于相关系统或平台之中,相关机构、部门负有不可推卸的主体责任。应尽快完善信息的使用及管理制度,凡不按规定查询、复制相关信息者,要追究其责任。我国目前尽管有《电话用户真实身份信息登记规定》《个人存款账户实名制规定》等规范要求银行和电信企业推行实名制开户,但通信、金融机构应建立必要的自我约束机制,在办理开户、银行卡、电子支付等业务时,翔实地审查开户人、办卡人的个人信息,使电话卡、银行卡信息与现实中的人能够准确对应。二是区分不同情况,确保公平合理归责、问责。对于银行、网络平台等没有尽到"注意义务"的,在被害人提出诉讼时,应采行"举证责任倒置"的原则,由银行或电信部门对自己不存在过错承担举证责任,而不是由相对弱势的被害人提供银行或电信部门存在过错的依据。根据《关于防范和打击电信网络诈骗犯罪的通告》,电信企业要严格落实电话用户真实身份信息登记制度,应于 2016 年 10 月底以前使电话实名率达到 96%,年底达到 100%。为配合实名制落实并保证实际效果,应探索建立公安机关、银行、电信部门信息交流、共享机制,可以从建立一些基础性的、相对简单的信息交流机制入手,如"建立公安部门将公民个人身份证丢失情况通报银行、电信企业机制,以及银行、电信企业收到公民身份证丢失情况通报后,启动实名制开户或对证件丢失后开设的银行账户、电信用户进行实名核实工作机制"[①],等等。

(四)发挥"互联网+"思维与技术优势,运用"大数据"维护网络安全

电信网络诈骗作为新型犯罪,诈骗方式不断更新,犯罪分子研析人性弱点,利用技术手段设计各种场景,且参与其中的犯罪分子具有"非接触性"。为有效遏制犯罪,应把"互联网+"技术优势的发挥提上重要议程。一是要树立"互联网+"思维,注重利用大数据分析、云计算和云存储方式,斩断黑色产业链。探索建立网络犯罪大数据监测预警平台,对通过网络进行的非正常转账、集中提现等资金异动情形及时监测预警。二是公安、检察机关应加强与相关信息平台的联

---

① 刘金林.对电信诈骗损失,银行、电信企业或担责[N].检察日报,2016-09-28.

系协作。网络犯罪既有隐秘的一面,亦有留痕的一面,通常在网络服务器上都有用户的登录时间、IP 地址等详细记录,取证能否及时到位,很大程度上取决于相关网络服务商能否对侦查取证积极配合。这就要求公安、检察机关主动加强与网络服务商的联系,确保及时、准确从网络服务器上发现和固定证据。在经常性工作机制方面,可与国内知名网络服务商建立数据合作,将其数据搭载入网络犯罪大数据监测平台,利用网络服务商中的用户信用历史、行为偏好、履约能力、身份特质、人脉关系等大数据,增强协同打击网络电信诈骗犯罪的能力,推进电信网络诈骗犯罪的系统治理、源头治理和综合治理。三是开发移动终端 APP,精准识别、过滤、屏蔽诈骗信息。可借鉴手机银行、掌上营业厅等移动终端 APP 的应用技术,基于安卓和苹果 IOS 系统探索研发掌上政法机关预防打击诈骗犯罪的智能 APP。用户安装软件后,软件对诈骗短信及电话、网页进行自动识别、过滤、拦截、屏蔽,并将相关诈骗信息自动反馈到公安机关,这不仅可以将预防电信网络诈骗这一公共服务延伸到市民掌端,且便于公安部门及时发现案件线索。四是运用"互联网+",完善技术防控。在网络犯罪案件中,大量证据以电子证据形式呈现,犯罪分子可以通过删除电脑记录、删除账户等方式毁灭关键证据,尤其是在近年办理的案件中,犯罪分子通过毁灭证据以逃避打击的现象尤为突出。鉴于此,应切实提高公安机关网监部门搜集电子证据的技术水平,引入高科技手段,对被删除的网络数据进行恢复,对网络犯罪案件的电子证据加以固定。

电子商务领域个人信息犯罪行为的刑法规制

——以侵犯公民个人信息罪为视角

◎王肃之[*]

摘　要：在电子商务领域，公民个人信息的刑法保护存在现实的困境，侵犯公民个人信息罪在行为方式规制上存在一定问题。对于侵犯公民个人信息犯罪行为类型，学界虽然进行了一定的研究，但是目前没有形成统一和有效的解决思路。需要以非法利用行为为中心构建完整的行为方式体系，以有效打击该类犯罪行为。

关键词：电子商务领域　公民个人信息　非法利用行为　非法购买行为

随着信息技术的发展，从原子社会迈入信息社会是我们必须面对的社会现实。在信息社会中，由于信息的普遍性和传播性，公民个人信息不再仅关乎公民个人的重大人身、财产权益。在信息社会中，电子商务迅速发展，为经济交往与公众生活提供了极大的便利，但也伴生着大量侵犯公民个人信息的行为，除了侵害公民个人权益，还可能严重侵害社会公共安全甚至国家安全。为回应侵犯公民个人信息犯罪的一再蔓延，《刑法修正案（七）》增设、《刑法修正案（九）》修改了侵犯公民个人信息犯罪，这虽然有利于打击侵犯公民个人信息犯罪，但是仍存在一定不足，有必要深入研究。

一、电子商务发展与公民个人信息犯罪演变

在经历了农业社会、工业社会之后，人类社会不可避免地进入信息社会。在

---

*　王肃之，武汉大学法学院刑法学博士研究生。

不断演变、发展的科技时代,关于信息和隐私的威胁持续蔓延。[①] 特别是在电子商务领域,侵犯公民个人信息犯罪正在挑战基于传统社会构建起来的刑法体系。

(一)信息社会与电子商务的发展

信息社会与传统社会不同,其通过信息的流动、共享,建立起来一个看不见但是却真实存在的映射社会。在信息社会中,传统的中央控制模式被弱化,以用户需求为中心汇聚成的巨大信息流成为信息社会最重要的社会内容。正在兴起的信息社会正在创造新的经济、文化和政治形态,但它同时也引发了新的风险。这些新的机会和风险正对我们的法律制度构成新挑战。[②] 在信息化的浪潮中,不仅物被信息化,人也处在被信息化的过程中,个人信息除了一直以来的记录功能,更成为人身、财产的内容甚至尺度,与公民重大人身、财产法益相关联。每年在全球范围内有大约 10 亿的信息数据泄露记录并且导致近 60 亿美元的经济损失。[③]

一般认为,电子商务是指在信息社会中,通过掌握信息技术所进行的商业事务活动,不仅包括通过买卖直接带来利润的事务,而且包括产生对产品和服务的需求,提供销售支持和客户服务,促进业务伙伴之间通信支持,处理利润产生的事务(如售后服务)等。[④] 事实上,电子商务随着互联网的进步正飞速发展。其目前已经包括企业与消费者之间的电子商务(Business to Consumer,B2C)、企业与企业之间的电子商务(Business to Business,B2B)、消费者与消费者之间的电子商务(Consumer to Consumer,C2C)。C2C 商务平台就是通过为买卖双方提供一个在线交易平台,使卖方可以主动提供商品上网拍卖,而买方可以自行选择商品进行竞价、线下商务与互联网之间的电子商务(Online to Offline,O2O)等多种模式。据产业信息网发布的《2015—2022 年中国电子商务市场全景调研及投资战略咨询报告》显示,2014 年中国电子商务市场交易规模 12.3 万亿元,增长21.3%。随着电子商务的普及,参与电子商务活动的公民个人不可避免地提供

---

① J. Desiree Dodd. Data Security Law-State Statutory Requirements for Protecting Personal Data [J]. American Journal of Trial Advocacy,2015(38).

② 乌尔里希・齐白. 全球风险社会与信息社会中的刑法——21 世纪刑法模式的转换[M]. 周遵友,江溯译. 北京:中国法制出版社,2012:273.

③ Charlotte A. Tschider. Experimenting with Privacy:Driving Efficiency Through a State-Informed Federal Data Breach Notification and Data Protection Law[J]. Tulane Journal of Technology&Intellectual Property,2015(18).

④ 赵廷光,皮勇.电子商务与计算机犯罪[J].法学杂志,2000(2).

各种信息,诸如登记信息、送货地址、联系方式甚至身份证明等,这些信息被电子商务企业获取之后不乏被其非法利用或者提供。

(二)电子商务领域的个人信息犯罪

如今,电子商务领域侵犯公民个人信息犯罪呈现出产业链化的趋势。之前就有学者指出,虚拟犯罪可以被看作是一个整体的产业链。[①] 就侵犯公民个人信息犯罪而言,其产业链化的趋势更加明显,如出卖或泄露公民个人信息,已经形成"源头、信息贩子、购买者""一条龙"黑色产业链。在黑色产业链中,非法利用行为是核心,犯罪行为被细化分解为若干碎片,不同团伙承担不同分工,上下游之间只是一种陌生的服务提供关系,甚至根本不用见面。这样一种产业链化的趋势导致电子商务领域侵犯公民个人信息犯罪出现了重大发展变化。

第一,行为多样化。在电子商务领域,个人信息的挖掘利用已经成为包括搜集、保存、流转、利用在内的体系,为公民个人信息的被害发生提供了巨大的空间。其一,非法获取公民个人信息。在电子商务活动中,公民个人信息的产生不可避免,保存期限也十分之久,这为通过购买、窃取等各种方式非法获取公民个人信息提供了土壤。其二,非法公开公民个人信息。电子商务领域公民个人信息的价值愈发彰显,无论是经济价值还是非经济价值,都成为非法流转、非法公开公民个人信息的重要动因。其三,非法利用公民个人信息。数据挖掘的信息增值过程不仅推动了信息产业的发展,也使非法利用公民个人信息行为一再发生,如利用短信群发器和基站向用户发送短信来牟利。这些行为活动不是出售、非法提供而是非法使用公民个人信息。[②]

第二,对象多样化。在这样的完整的犯罪产业链下,电子商务领域中任何公民的任何个人信息都时刻处于被侵犯的危险之中。其一,与人身有关的个人信息,包括地址、私人电话号码等。在有的案件中,个人信息倒卖十分猖獗,一个电话号码可能被卖5次。有的在网上销售的含有收货地址等个人信息的快递单只卖5角一条。其二,与财产有关的个人信息,包括网络银行账号、第三方支付账号等。2014年央视就曾曝光,可有效使用的支付宝账号一个只卖2元钱。而网络银行用户资料被倒卖、个人网银被随意登录的事件也时有发生。其三,与行为

① Howard Rush, Erika Kraemer-Mbula. Cybercrime: A Value Chain Approach[J]. International Journal of Value Chain Management,2014(2).

② 赵秉志.公民个人信息刑法保护问题研究[J].华东政法大学学报,2014(1).

有关的个人信息,包括 Cookies 信息、定位信息等。早在 2013 年,央视"3.15"晚会就曝光,众多不法互联网广告商、网络搜索企业,均通过 Cookies 暗中跟踪用户的上网行为和用户隐私信息。在北京最大倒卖公民个人信息案中,被倒卖的公民个人信息就包括手机定位信息。此外,其他类型公民个人信息被侵犯的程度与风险也在不断提升。

第三,侵害群体化。在电子商务领域侵犯公民个人信息犯罪所侵犯的信息范畴早已突破"个人"的范畴。在几乎所有的非法获取公民个人信息案件中,涉案的信息数量往往十分巨大,少则几万条,多则数百万条,有的甚至达 3 亿多条。例如,2009 年,某案犯罪嫌疑人获取的股民资料、长沙车主、北京车主等公民个人信息高达 3000 余万条。2013 年 8 月,河北省张家口市公安局侦破一起特大公民个人信息泄露案,从犯罪嫌疑人手中查获 1000 余万条公民个人信息,缴获 500 余张银行卡,近百台电脑。2014 年 12 月,上海浦东法院判决了一起银行前员工林荣(化名)利用任职期间工作便利,获取 95 万余条客户信息,并部分出售牟利的刑事案件。在以上案件中,被害人数量均十分巨大,其危害十分严重。

(三)公民个人信息刑法保护的反思

随着电子商务的发展,立法者也在努力通过修正《刑法》,增设相关罪名来保护个人信息。《刑法》第 253 条之一规定了侵犯公民个人信息罪。该罪最早由《刑法修正案(七)》规定于《刑法》第四章"侵犯公民人身权利、民主权利罪"增设,原来是规制"国家机关或者金融、电信、交通、教育、医疗"等单位及其工作人员出售和非法提供公民个人信息的行为。《刑法修正案(九)》对该条做出修改,将犯罪主体扩展为一般主体,并且规定"将在履行职责或者提供服务过程中获得的公民个人信息,出售或者提供给他人的"从重处罚。但是,这一罪名无法对公民个人信息提供完整的保护,特别是在行为范围方面存在问题。

事实上,上述电子商务领域的该类犯罪已经深刻影响着其行为类型,非法利用公民个人信息的行为已经深刻地影响了该类犯罪的行为体系。在信息时代到来以前,公民个人信息的存储和利用都十分不易,更多的是以档案的形式存在,难以对其进行利用,更无法造成损害。随着电子商务的发展,在信息化网络化环境下,个人信息往往与重大生命、财产安全相关联。在世界范围内,通过获取个人身份信息假冒他人已经促使诈骗者成为职业盗贼。[①] 随着大数据技术的发展,

---

① Chris Edwards. Ending Identity Theft and Cyber Crime[J]. Biometric Technology Today,2014(2).

特别是数据挖掘利用技术的提升,个人信息利用的利益也越来越大,非法利用行为已经在事实上重构了侵犯公民个人信息行为的体系,其不但成为体系中的重要行为之一,而且成为体系的核心行为,成为非法获取、非法提供行为的目的和前提。随着基于共同意思之下以实行行为为核心的传统共同犯罪模式向基于各自利益之下以分工负责为形式的产业链共同犯罪模式转变,即便是非法公开、非法获取的公民个人信息,其后续的利用行为往往是不同主体基于不同目的而实施,仅通过评价非法公开、非法获取行为已经不能全面、有效地规制侵犯公民信息的犯罪,且由于非法利用信息数量的巨大和利用行为与下游犯罪的分离,通过盗窃罪、诈骗罪等下游犯罪的罪刑规则也无法对于非法利用行为进行全面评价,因而需要重新考虑侵犯公民个人信息犯罪行为的体系。

二、侵犯公民个人信息犯罪的行为方式分析

如前所述,在电子商务领域中的犯罪产业链化的影响下,侵犯公民个人信息犯罪已经从以获取行为为中心转向以利用行为为中心。有关部门需要根据这一现实变化,立足现有规定,厘清有关的理论争议,设定全面、科学的行为方式体系。关于侵犯公民个人信息罪的行为方式,争议问题是:非法利用公民个人信息的行为是否应该在刑法中予以规定,购买公民个人信息的行为是否有必要做出独立的规定。

(一)非法利用公民个人信息行为

目前非法利用公民个人信息的行为没有被规定为犯罪,对其如何做出规定,主要有两种观点。一种观点认为,非法利用个人信息的人只能是通过正当手段获取个人信息的人,否则获取个人信息的行为也可以以非法获取公民个人信息罪而定罪量刑。[①] 另一种观点认为,根据我国《刑法》第253条之一的规定,对于合法或者非法获取公民个人信息的单位和个人非法利用个人信息的行为,目前还不能追究刑事责任。但是,这种情况在现实生活中却变得愈来愈严重,建议将非法利用个人信息的行为入罪。[②]

我们认为,这两种观点均存在不足。前一种观点存在较大的缺陷,根据这种

---

① 吴袤弘.个人信息的刑法保护研究[M].上海:上海社会科学院出版社,2014:182.

② 赵秉志.公民个人信息刑法保护问题研究[J].华东政法大学学报,2014(1).

观点,非法利用公民个人信息的行为主体应该限定为合法获取公民个人信息的主体,其之所以需要被处以刑罚是因为利用行为的非法,而不是因为获取公民个人信息手段的非法。作为侵犯公民个人信息犯罪的核心行为,非法利用行为的主体既可能无权合法获取公民个人信息,也可能有权合法获取公民个人信息。虽然以往非法利用行为的实施主体以合法获取公民个人信息的主体为典型,但是随着该罪的产业链化,非法获取行为的后续利用行为也应当被独立评价,因为非法获取行为的后续利用行为往往由不同主体基于不同目的实施,其与非法获取行为的分离愈发明显,社会危害性也有区别,需要在规定非法利用行为时对此予以考虑。也就是说,非法利用行为的实施主体已经从合法获取公民个人信息的主体扩展到非法获取公民个人信息的主体,然而前一种观点对于上述变化没有做出充分考虑。后一种观点认识到"对于合法或者非法获取公民个人信息的单位和个人非法利用个人信息的行为"均应追究刑事责任,无疑更为全面。不过该观点认为非法利用行为的主体就是非法获取行为的主体则未必妥当。如前所述,在该罪产业链化的背景下,非法获取主体与非法利用主体的分离愈发普遍,该非法获取行为的后续利用行为往往是另外的主体基于另外的目的实施,应注意对非法利用行为做出独立评价。

《刑法修正案(九)》在该罪行为方式的规定上总体沿用了原有的表述,就出售、提供公民个人信息行为而言,只是将原来"非法提供"中的"非法"删除,包括"出售"和"提供"两种行为,却没有对非法利用行为做出规定,修正案依然存在立法疏漏。

(二)购买公民个人信息的行为

对于购买公民个人信息的行为应如何规制,主要有两种观点。一种观点认为,通过对"其他方法"的解释就可以包括购买公民个人信息的行为。所谓"其他方法",是指除窃取之外,包括采取欺骗、威胁等不正当手段获取公民的信息,或擅自录入禁止录入的信息,违反规定采集禁止采集的信息等。[①] 立法者也采用了这样的解释,认为"以其他方法非法获取"包括购买、欺骗等方式非法获取公民个人信息的行为。[②] 另一种观点则认为,司法实践中对于购买公民个人信息的行为

---

① 朱平.论信用信息权利的刑法保护[J].法律适用,2013(11).
② 全国人大常委会法制工作委员会.中华人民共和国刑法释义(第5版)[M].北京:法律出版社,2011:458.

是否构成犯罪存在分歧,有必要从立法上对于购买公民个人信息的行为加以规定。如果不将与出售对应的购买行为规定为犯罪,则无法建立两罪之间的链接,起不到相应的遏制作用。[①]

我们认为第二种观点更为可取。购买公民个人信息的行为在非法获取公民个人信息的行为中最为典型,而且最为恶劣,应当在《刑法》中明确予以规定,只有这样才能有效地打击日益泛滥的该种行为。而且在以利益纽带的侵犯公民个人信息犯罪产业链中,购买行为是最具有根本意义的行为,正所谓"没有买卖就没有伤害",没有理由对其不做出明确规定。而且从刑法理论上讲,出售公民个人信息的行为和购买公民个人信息的行为可以被理解为对向犯。对向犯是指以存在二人以上的对向性参与行为为要件的必要共犯形态。[②] 既然已经对出售行为做出规定,则也应该对比其更严重的购买这一对向行为做出规定。遗憾的是,《刑法修正案(九)》对于非法获取公民个人信息的行为沿用了原有表述,依旧规定"窃取或者以其他方法非法获取",没有对购买行为做出明确规定。此外,虽然这两种观点形式上差异较大,但是经过深入分析可以发现两者并非不可统一,即在《刑法》对购买行为做出单独规定之前将其解释为"其他方法"并无不妥。

三、电子商务领域个人信息犯罪的行为体系完善

全面规制电子商务领域侵犯公民个人信息的犯罪行为,需要在侵犯公民个人信息罪的基础上构建合理的行为方式体系,而这一体系不可凭空构建,必须基于其实行行为转向以非法利用为核心的现实状况。我们认为,应该以非法利用行为为核心构建侵犯公民个人信息犯罪的行为体系,并以侵犯公民个人信息罪为例说明在具体规范设计上如何处理好以下问题。

(一)科学设置侵犯公民个人信息犯罪的罪状结构

在考虑非法利用行为的前提下,对于侵犯公民个人信息犯罪的罪状如何规定,目前主要有两种观点。

一种观点认为,对于不是出售、非法提供而是非法使用公民个人信息的行

---

① 张磊.司法实践中侵犯公民个人信息犯罪的疑难问题及其对策[J].当代法学,2011(1).
② 钱叶六.对向犯若干问题研究[J].法商研究,2011(6).

为,可在我国《刑法》第 253 条之一第 2 款①,规定"非法利用"的行为,即该款可表述为"非法获取、利用他人个人信息,情节严重的,依照前款的规定处罚"。② 这种观点看似合理,但是却忽略了一个关键问题,就是侵犯公民个人信息行为的犯罪主体在立法中的意义。犯罪主体是犯罪构成必备的要件之一,不符合特殊主体条件的人,不能构成特殊主体的犯罪。③ 对于侵犯公民个人信息犯罪而言,不同侵犯行为的犯罪主体存在差别,非法获取行为的主体无权合法获取公民个人信息,否则何必再非法获取? 如前所述,非法利用行为的主体可能有权或无权合法获取公民个人信息,其与非法获取行为的主体范围并不一致。《刑法》第 253 条之一第 1 款规制的是有权主体侵犯公民个人信息的行为,第 2 款规制的是该类主体的加重情节,第 3 款规制的是无权主体非法获取公民个人信息的行为。如果认可这种观点,就只能认为非法利用公民个人信息的行为与非法获取公民个人信息的行为是并列关系,而这显然与该罪的实际情况不符,会导致立法和司法的混乱。所以,从犯罪主体角度考虑,在《刑法》第 253 条之一第 3 款对非法利用行为做出规定不妥。

另一种观点认为,应在刑法中增设非法利用个人信息罪,作为第 253 条之二:"有义务为他人保密之人,未经授权而利用在履行职责或提供服务过程中获悉的他人个人信息的,处二年以下有期徒刑或者拘役,并处或者单处罚金。"④根据这种观点,非法利用公民个人信息的行为应与第 253 条之一并列,作为独立条文规定。这种观点也存在较大问题。一方面,这种观点会导致立法规定的失衡。立法语言文字应该是所有语言文字中最为严谨、规范的一种,规定剥夺公民的自由、财产甚至生命的刑事立法语言更应如此。⑤ 从侵犯公民个人信息的行为方式上来说,非法搜集、非法利用和非法提供是三种并列的侵犯方式,如果将非法利用行为与其他两种行为分别规定,就会由于立法表达的不合理导致条文规定的失衡。另一方面,这种观点会导致立法成本的增加。根据经济学理论,刑事法立法者是具有理性的。刑事立法及此后的刑事司法、守法必然耗费社会资源,带来

---

① 该观点提出于《刑法修正案(九)》出台之前,按照现在的规定可以认为该观点拟在我国《刑法》第253 条之一第 3 款增设"非法利用"行为。

② 赵秉志.公民个人信息刑法保护问题研究[J].华东政法大学学报,2014(1).

③ 高铭暄,马克昌.刑法学[M].北京:北京大学出版社,高等教育出版社,2011:83.

④ 吴苌弘.个人信息的刑法保护研究[M].上海:上海社会科学院出版社,2014:185.

⑤ 屈学武.刑法改革的进路[M].北京:中国政法大学出版社,2012:184.

一定的收益(或无收益)。① 刑事立法除了要实现立法目的,也要兼顾立法成本,对于上述非法利用行为在原条文中做出并列规定就可以解决问题,再新设条文无疑会不必要地增加立法成本。

此外,这两种观点在理解非法利用公民个人信息行为时,都没有对非法获取公民个人信息行为的后续利用行为的主体独立性做出必要考虑。在侵犯公民个人信息犯罪产业链化的背景下,侵犯公民个人信息的犯罪行为分工日益细密,非法获取行为与非法利用行为的社会危害性、实施主体均不相同。特别是随着电子商务的发展,非法利用行为越来越成为侵犯公民个人信息犯罪的核心行为,因为归根到底如果不能对非法获取的公民个人信息加以利用,非法获取行为就毫无意义可言。所以,侵犯公民个人信息犯罪的立法重心应当从规范非法公开、非法获取行为转向规范非法利用行为。在这一关键问题上,前面两种观点都无法提供合理的解释。我们认为,应在对于非法公开、非法获取和非法利用这三种行为科学分析的基础上,构建合理的罪状结构:非法公开公民个人信息的主体是有权获取该信息的主体,其非法在于公开行为的非法;非法获取公民个人信息的主体是无权获取该信息的主体,其获取行为本身非法;非法利用公民个人信息的主体既包括有权获取该信息的主体,也包括无权获取该信息的主体。所以,这三种行为的主体存在区别,在罪状表述上不宜合并,应该予以分列,并且规定配套的法定刑。而且,非法利用公民个人信息的行为在该罪产业链中居于核心地位,在罪状表述时应优先予以列举。

(二)合理设计非法利用公民个人信息行为的条款

正因为非法利用公民个人信息的行为对于整个犯罪产业链具有至关重要的作用,我们认为应将非法利用公民个人信息的行为单列一款,而且作为该条第 1 款。在具体条款设计上,还有以下两个问题需要探讨。

第一个问题是,在入罪的前提条件上,是采用"违反国家有关规定""非法"的表述,还是不设置条件? 我们倾向于采用第一种表述,即将罪状表述为"违反国家有关规定利用公民个人信息"。在信息社会,信息数据必须被挖掘甚至被深度挖掘才能产生社会效益,合法利用信息数据的行为不但不应当被处罚,反而为社会发展所必须,刑法必须处理好对公民个人信息的必要保护与为促进社会发展对公民个人信息的必要让渡之间的平衡,不能将所有利用公民个人信息的行为

---

① 谢地,杜莉,吕岩峰.法经济学[M].北京:科学出版社,2009:109.

规定为犯罪，以"违反国家有关规定"作为门槛是较为恰当的。"非法"的表述则过于模糊，不利于司法实践掌握，如果对于其中的"法"做出不同的解释，很可能导致司法的混乱。而且如果将"非法"中的"法"理解为法律的话，无疑会放任相当一部分非法利用公民个人信息的行为。不设置条件显然更不可取，其易于导致司法的恣意和擅断。从立法实际来看，目前《刑法》第 253 条之一第 1 款、第 2 款在前提条件设置上都采用了"违反国家有关规定"的表述。我们认可这样一种前提条件设置思路，认为应采取"违反国家有关规定"的表述。

第二个问题是，法定刑应该如何规定？目前对于非法获取公民个人信息的行为"依照第 1 款的规定处罚"，即依照非法公开公民个人信息的规定处罚，那么对于非法利用公民个人信息的行为是否也可以做这样的规定？我们认为，对公民个人信息的非法利用行为与非法获取行为不可同日而语。如前所述，在侵犯公民个人信息犯罪产业链化的背景下，非法利用行为是各种侵犯公民个人信息行为的核心行为，如果没有非法利用的行为，非法获取、非法公开的行为就无法存在。而且从现实来看，非法利用公民个人信息行为的社会危害性显然也最为严重，对其不能简单地参照非法获取公民个人信息行为的规定，需要基于对侵犯公民个人信息犯罪行为方式与法定刑关系的系统考虑做出恰当规定：一方面，要充分体现非法利用行为在侵犯公民个人信息犯罪产业链中的核心地位，并予以重点打击，因此在法定刑设置上，非法利用行为的刑罚应该重于非法提供行为、非法获取行为。而对于非法提供行为、非法获取行为目前有"处三年以下有期徒刑或者拘役，并处或者单处罚金"和"处三年以上七年以下有期徒刑，并处罚金"两个量刑区间，非法利用行为的刑罚规定应该比其更重。另一方面，要充分考虑罪刑的适应以及刑罚的均衡。我们认为对其应设置"处五年以下有期徒刑或者拘役，并处或者单处罚金"和"处五年以上十年以下有期徒刑，并处罚金"两个量刑区间。此外，有关履行职责、提供服务的主体侵犯公民个人信息的从重处罚条款也应加入有关非法利用行为的规定。

（三）有效规制非法购买公民个人信息的行为

前面已经说明了购买行为从解释为"其他方法"上升到立法单独规定的必要性，这里还需要讨论两个问题。

第一个问题是购买行为是否应当与窃取行为并列？我们认为，购买行为与窃取行为并列，再辅之以"其他方法"的兜底表述是比较恰当的。在现有刑法体系内，"窃取"多与"收买"相提并论，如《刑法》第 110 条规定"为境外的机构、组织、人员窃取、刺探、收买、非法提供国家机密或者情报的"，《刑法》第177条第2款规定"窃取、收买或者非法提供他人信用卡信息资料的"等。[①] 而且，《刑法修正案（九）》将"非法提供"改为"出售"和"提供"，对出售公民个人信息的行为做出明确规定，显示了立法者对打击买卖公民个人信息行为的严厉态度。从现有立法来看，对于对向行为均做出处罚的规定在《刑法》第二章、第三章、第四章、第六章、第八章中均大量存在，将购买公民个人信息的行为在《刑法》中与对向的出售行为同时规定不违背刑事立法的一贯态度。

第二个问题是在立法时采取"非法购买"的表述还是"购买"的表述？我们认为，采取"购买"的表述较为恰当。公民个人信息与公民的重大人身、财产法益具有紧密的关联。像个人健康信息、个人身份信息、商业秘密、知识产权以及个人财务数据，都是敏感的、受保护的、私密的个人信息。[②] 公民个人信息并非商品，不能任意买卖，何况是买卖大量的他人信息。也就是说，买卖行为本身即非法。从语义上讲，"非法"本身就是不必要的重复，所以在该条中对于"窃取"就没有做"非法"的限定。明确性要求制定刑法的语言必须是肯定的而不是游移不定的、清楚的而不是模糊不清的、简单的而不是复杂烦冗的，准确性要求制定刑法的语言必须符合实际地描摹事物，毫无歧义地传递价值，逻辑严密地设定规范。[③] 或许立法者对于类似问题已有关注，所以才在《刑法修正案（九）》中将侵犯公民个人信息犯罪中的"非法提供"修改为"提供"。此外，如果采用了"非法购买"的表述也可能导致不必要的误解和给犯罪提供逃避处罚的空间——《刑法》只处罚"非法"购买公民个人信息的行为，不处罚"合法"购买公民个人信息的行为。而事实上，凡是购买公民个人信息的行为均为非法。

综上所述，我们认为在《刑法》中应当对侵犯公民信息罪的规定做如下调整，即将原第253条之一修改为：

违反国家有关规定，利用公民个人信息，情节严重的，处五年以下有期徒刑或者拘役，并处或者单处罚金；情节特别严重的，处五年以上十年以下有期徒刑，并处罚金。

违反国家有关规定，向他人出售或者提供公民个人信息，情节严重的，处三

① "侵犯公民人格权犯罪"课题组. 论侵犯公民个人信息犯罪的司法规定[J]. 政治与法律，2012(11).

② Ravi Sen, Sharad Borle. Estimating the Contextual Risk of Data Breach: An Empirical Approach [J]. Journal of Management Information Systems，2015(32).

③ 周少华. 立法技术与刑法之适应性[J]. 国家检察官学院学报，2011(3).

年以下有期徒刑或者拘役,并处或者单处罚金;情节特别严重的,处三年以上七年以下有期徒刑,并处罚金。

违反国家有关规定,将在履行职责或者提供服务过程中获得的公民个人信息,利用或者向他人出售、提供的,分别依照第1款、第2款的规定从重处罚。

窃取、购买或者以其他方法非法获取公民个人信息的,依照第2款的规定处罚。

单位犯前四款罪的,对单位判处罚金,并对其直接负责的主管人员和其他直接责任人员,依照各该款的规定处罚。

此外,通过刑法手段有效地规制电子商务领域的侵犯公民个人信息犯罪势在必行,所以现行《刑法》在修正时不断加大对其惩治的力度,在这一过程中,需要细致分析该罪的行为,并且做出科学、合理的规定。但是刑法手段并不是保护公民个人信息的唯一手段,也不是首选手段,刑法需要与相关法律共同配合、相互补充,才能有效地保护公民个人信息,进而保护公共信息安全。打击个人信息犯罪行为不应止于刑罚手段,还应将行政责任、刑事责任、民事责任三者对接,全面杜绝个人信息的泄露。[①] 需要立足《刑法》《关于维护互联网安全的决定》《关于加强网络信息保护的决定》《侵权责任法》等现有立法并对其进行完善,同时及时制定《网络安全法》《个人信息保护法》等相关法律,使民事责任、刑事责任、行政责任相互衔接,共同构成完善的保护公民个人信息的法律体系。

---

① 刁胜先,张强强.云计算视野的个人信息与刑法保护[J].重庆社会科学,2012(4).

倒卖虚假认证账户相关行为的法律责任定性分析

◎夏家品　沈希竹*

摘　要:倒卖虚假认证账户相关行为,是与网络平台密切相关的违法犯罪活动之一。本文通过对倒卖虚假认证账户相关行为的定义、行为模式、社会危害性的梳理,试图分析此类行为的民事责任、行政责任、刑事责任,并在此基础上提出立法建议,以期规范治理倒卖虚假认证账户相关行为。

关键词:倒卖　虚假认证账户　行政责任　刑事责任　立法构想

2016 年,重庆市工商行政管理局南岸区分局查处了全国工商系统首例网络交易平台虚假认证案,涉案公司重庆宇佳盛信息咨询有限公司私下从事虚假认证、倒卖账户、虚构交易等行为。针对虚构交易行为,重庆市工商局南岸区分局做出责令停止违法行为,并处罚款 1.5 万元的行政处罚决定;而对于虚假认证及部分账户涉嫌诈骗的行为,则有待进一步侦查办理。①网络平台自诞生之初便是一把双刃剑,其在提供多样化商品、信息与便捷服务的同时,亦成为各类违法犯罪活动滋生的温床。前述案例中涉及的账户虚假认证行为,便是与网络平台密切相关的违法犯罪活动之一。本文试图从阐述危害公共利益和个人利益的倒卖虚假认证账户相关行为入手,剖析此类行为的法律责任,特别是行政责任和刑事责任,最终提出治理此类行为的相关立法建议。

---

*　夏家品,浙江腾智律师事务所副主任、高级合伙人;沈希竹,浙江腾智律师事务所互联网部律师。

①　重庆工商查处全国首例网络店铺虚假认证案[EB/OL].[2016-06-15]. http://cq.people.com.cn/n2/2016/0615/c365405-28511410.html.

一、倒卖虚假认证账户相关行为概述

(一)虚假认证的定义

根据《中华人民共和国认证认可条例》第 2 条规定,认证的原始含义是指"由认证机构证明产品、服务、管理体系符合相关技术规范、相关技术规范的强制性要求或者标准的合格评定活动"。由该条款延伸可得,广义的认证应包括各类机构或公司证明产品、服务、体系、主体资格等符合某类规范和要求的合格评定活动。

随着互联网的普及,以淘宝网为代表的各大第三方交易平台、以微信和微博为代表的自媒体用户激增,其中不乏利用网络平台从事非法活动的行为人,网络交易秩序、网络信息传播秩序、公众信用体系因此受到威胁。在此现状之下,账户实名认证应运而生,各网络平台一般通过验证审核用户的身份信息,以评定用户主体资格的真实性。本文所涉及的认证,皆取狭义的认证定义,即第三方交易平台、自媒体等网络平台证明账户具有真实主体资格的评定活动;本文探讨的虚假认证定义为:行为人以谋取非法利益为目的,违反国家法律法规规定和平台规则,通过伪造、变造、买卖或直接使用他人身份信息,进行网络平台账户实名认证的行为。他人身份信息目前没有统一的定义,笔者认为《中华人民共和国网络安全法(草案)》[以下简称《网络安全法(草案)》]中关于公民个人信息的定义比较准确,故本文取此定义:指以电子或者其他方式记录的公民的姓名、出生日期、身份证件号码、个人生物识别信息、职业、住址、电话号码等个人身份信息,以及其他能够单独或者与其他信息结合能够识别公民个人身份的各种信息。

(二)倒卖虚假认证账户相关行为的行为模式

行为人通过伪造、变造、买卖或直接使用身份信息进行账户实名认证的行为,通常是其实施倒卖虚假认证账户或从事其他违法犯罪活动前的准备工作。通过对现有案例的梳理与分析,倒卖虚假认证账户相关行为通常可分为认证前、认证时、认证后 3 个阶段的行为。[①]

1.认证前:行为人倒卖虚假认证账户前需要大量网络平台身份信息。这些信息一般通过以下方式获得。

---

① 李明.非法获取他人身份证件骗取互联网账号认证的司法认定[J].人民司法,2016(16).

（1）以个人名义或借助公司外壳,在校园、社区和网络上发布大量兼职广告,以招聘兼职的方式吸引学生、老年人等可能尚未在网络平台注册实名账户的群体,主动向行为人提供他们的身份证（正反面）及其他证件信息,以及本人手持身份证或当天报纸的照片。由于该类人群相对而言法律意识比较淡薄且抵挡金钱诱惑的能力较弱,即使他们会对行为人注册账户的目的产生怀疑,但还是极易受行为人利用而主动出卖身份信息。

（2）直接前往互联网尚未普及的偏远地区的农村、工厂、学校等区域购买身份信息①,或向培训机构、银行职员、国家工作人员等多方批量购买身份信息,此种方式可直接获取大量身份信息以供账户实名认证使用。

（3）通过假冒商家送赠品、因中奖而需提供个人信息领奖等各种方式骗取公民身份信息。

（4）伪造、变造公民身份信息,具体表现为行为人利用修图软件对已获取的身份信息照片进行修改、合成,从而获取更多虚假的身份信息。

2.认证时:行为人利用上述第（1）种行为获取身份信息时,一般会指导"兼职者"们自行完成注册并通过账户实名认证,然后向"兼职者"们发放几十元至几百元不等的报酬。行为人利用上述第（2）至（4）种行为获取身份信息时,一般会自行利用上述信息批量注册虚假认证账户。

3.认证后:行为人在获得大量实名认证账户后,一般从事两种获取非法利益的行为:一是直接将账户出卖给他人以直接牟利;二是利用此类虚假认证账户从事违反法律法规和破坏网络秩序的活动,包括但不限于诈骗、销售伪劣商品、虚构交易、恶意评价、发布违禁信息、洗钱,以及人为地增加粉丝量、阅读量、点击量等。②

（三）倒卖虚假认证账户相关行为的社会危害性

网络账户是公民个人所有且用于购物、发表言论、阅读、社交等网络活动的虚拟账户,容易被不法行为人利用以从事非法活动。倒卖虚假认证账户将会产生社会危害性,主要包括以下方面。

1.危害他人身份信息的安全,破坏公民身份信息管理秩序。行为人故意通

---

① 使用他人身份证件进行虚假认证的认定［EB/OL］.［2015-11-20］. http://china. findlaw. cn/bianhu/gezuibianhu/fhsfglcxz/lrggcxz/wcbcjmsfzz/1251959. html.

② 使用他人身份证件进行虚假认证的认定［EB/OL］.［2015-11-20］. http://china. findlaw. cn/bianhu/gezuibianhu/fhsfglcxz/lrggcxz/wcbcjmsfzz/1251959. html.

过购买、骗取、伪造、变造等行为获取身份信息的行为,一是会对他人身份信息安全产生极大威胁,大量公民个人身份信息因此被泄露并可能被不法行为人用于从事犯罪活动,影响被泄露人的正常工作与生活;二是会破坏公民身份管理的正常秩序,大量伪造、变造的虚假身份证件充斥于社会生活之中,无疑会极大地增加身份识别及管控等成本。

2. 破坏网络交易秩序。通过购买虚假认证账户的行为人或自行注册虚假认证账户的行为人,如果从事虚构交易、增加商品浏览量等行为,将会损害公平竞争的网络市场环境,侵犯消费者的知情权、公平交易权、选择权等合法权益;如果从事销售假冒伪劣商品、销售违法违禁品、诈骗等行为,由于账户实际控制者与实名认证者不一致,执法部门难以核实经营者的真实身份,导致对此类行为监管困难,消费者也会因难以找到真正的销售者而导致其安全权、求偿权等合法权益受到侵害。

3. 操纵舆论并误导公众。除网络交易充斥大量虚假认证行为外,行为人可通过大量虚假认证账户人为地炮制舆论,舆论失真不仅将严重阻碍公众对真相的认识,使错误信息被片面放大,破坏诚信经营原则与正当竞争机制,而且还可能会造成决策者的决策失误。[①] 一方面,不明真相的公众因被舆论煽动而对某些个人、群体或事件发起攻击,扰乱网络言论秩序,最终形成以暴制暴的恶劣网络环境。另一方面,行为人可利用虚假认证账户炒作微信、微博等自媒体发布内容的阅读量、点击量、点赞数等,提升公众号、加V微博账户等的公众影响力,从而诱导公众做出诸如购买商品、服务及其他对行为人有利可图的各类行为。

4. 诱发、掩饰多种犯罪活动。虚假认证账户乃是依赖身份信息而存在的网络账户,利用此类账户从事违法犯罪活动则会因为信息不对称而导致查处难度增加,犯罪活动打击难度及成本增加是倒卖虚假认证账户引发的又一严重的社会危害。例如,行为人可通过虚假认证账户从事诈骗、盗窃活动,利用虚假认证账户发布低价商品后利用 QQ 向网络消费者发送钓鱼网站,骗取交易款项或窃取其银行卡内资金;又如,行为人可通过虚假认证账户销售伪劣商品、违法违禁品,通过虚假认证账户掩饰其犯罪行为。

---

① 张巍.涉网络犯罪相关行为刑法规制研究[D].上海:华东政法大学,2014.

二、倒卖虚假认证账户相关行为的民事责任与行政责任

(一)倒卖虚假认证账户相关行为的民事责任分析

倒卖虚假认证账户相关行为在民事责任方面,涉及的主要是侵权责任,具体表现为以下几种行为。

1. 非法获取身份信息而致他人姓名权受侵害。《民法通则》第 99 条规定:"公民享有姓名权,有权决定、使用和依照规定改变自己的姓名,禁止他人干涉、盗用、假冒。"行为人在购买信息后使用他人真实姓名注册各类账户的行为,应被视为对他人此后在同一网络平台上使用自己姓名注册账户权利的侵害;行为人采用欺骗手段获取他人信息并进行实名认证的行为,应被视为对他人姓名的盗用,故上述行为皆是对他人姓名权的直接侵害。

2. 利用虚假认证账户操纵舆论而致他人名誉权受侵害。《民法通则》第 101 条规定:"公民、法人享有名誉权,公民的人格尊严受法律保护,禁止用侮辱、诽谤等方式损害公民、法人的名誉。"行为人利用虚假认证账户发表侮辱、诽谤他人的言论,并增加该言论的回复量、阅读量、支持量、点赞量等,使公众误信该等言论,造成对他人社会评价的降低的行为,应被视为对他人名誉权的直接侵害。

3. 利用虚假认证账户销售伪劣商品而致他人生命权、身体权、健康权受侵害。《民法通则》第 98 条规定:"公民享有生命健康权。"行为人利用虚假认证账户销售假冒伪劣商品、违法违禁品,使他人因购买及使用此类产品而患严重疾病、残疾或死亡的,应被视为对他人生命权、身体权、健康权的直接侵害。

4. 利用虚假认证账户从事骗取、窃取他人财产而致财产所有权受侵害。《民法通则》第 71 条规定:"财产所有权是指所有人依法对自己的财产享有占有、使用、收益和处分的权利。"行为人通过虚假认证账户骗取、盗窃、转移他人财产的行为,应被视为对他人财产所有权的直接侵害。

除上述侵权行为外,仍有许多尚未罗列及目前不具典型性的侵权行为。侵权行为因其表现形式不同,适用的侵权责任也不同,《侵权责任法》对此已有规定,故不再赘述。

(二)倒卖虚假认证账户相关行为的行政责任分析

倒卖虚假认证账户相关行为的行政责任是指在虚假认证账户的注册、认证、买卖过程中由于出现了行政违法行为所应承担的法律责任。目前,关于倒卖虚

假认证账户相关行为应承担的行政责任,并无专门法律规定,故行为人实施该类行为应承担的行政责任及责任承担方式需据实确定。下面,结合前文所述的倒卖虚假认证账户相关行为的行为模式,来探讨相应行政责任及责任承担方式。

1. 以虚假认证为目的非法获取、使用身份信息行为以及出售虚假认证账户行为的行政责任

因将在下文展开关于利用虚假认证账户从事违法活动之情形的论述,故在此先探讨单一的非法获取、使用行为以及出售行为的行政责任。获取一般包括购买、骗取、伪造、变造等行为;使用是将身份信息用于账户实名认证的行为;出售行为指出售虚假认证账户以牟利的行为。

《中华人民共和国居民身份证法》(以下简称《身份证法》)对获取、使用、出售行为均有所涉及,其中第 17 条明确规定了与身份信息相关的两种行政违法行为:一是冒用他人居民身份证或者使用骗领的居民身份证的行为;二是购买、出售、使用伪造、变造的居民身份证的行为;对此两种行为,由公安机关处 200 元以上 1000 元以下罚款,或者处 10 日以下拘留,有违法所得的,没收违法所得。《互联网用户账号名称管理规定》(以下简称《管理规定》)第 7 条对使用行为做出明确规定:互联网信息服务使用者以虚假信息骗取账号名称注册的行为属于违法行为,互联网信息服务提供者应当采取通知限期改正、暂停使用、注销登记等措施。故公众可根据该条款,向"中国互联网违法和不良信息举报中心"举报以虚假信息注册账户的违法行为。但除此之外,《管理规定》并没有针对账户虚假认证的行为作相应行政处罚措施的规定。

《身份证法》第 19 条、《电信和互联网用户个人信息保护规定》第 10 条、《网络预约出租汽车经营服务管理暂行办法》第 37 条第 2 款从身份信息的源头出发,针对身份信息泄露和直接出售行为规定相应行政处罚措施,包括责令限期改正、警告、拘留、罚款、没收违法所得措施。

具体来说,《管理规定》虽然将使用虚假信息骗取注册的行为认定的违法行为,但并未就此制定处罚措施,不能对违法使用行为起到规制作用;《身份证法》未对骗取身份证行为、出售载有身份证信息的虚假认证账号行为的行政责任做出规定,无法追究此类行为人的行政责任。身份信息除身份证信息外,还包括其他各种能够识别个人身份的信息,对于获取、使用此类信息及出售利用此类信息实名认证的行为,目前没有具体法律规定而无法直接追究其行政责任。

2. 利用虚假认证账户破坏网络交易秩序、侵害消费者合法权益相关的违法行为及行政责任

在账户虚假认证产业链之中,获取身份信息及注册、出售虚假认证账户行为是行为人后续利用虚假认证账户的基础,行为人真实目的是在网络交易中从事虚构交易、恶意评价、销售伪劣商品等违法行为。

《网络交易管理办法》第 7 条第 2 款要求从事网络商品交易的自然人,应当通过第三方交易平台开展经营活动,并向第三方交易平台提交其姓名、地址、有效身份证明、有效联系方式等真实身份信息。第 50 条针对该行为规定行政处罚措施,即予以警告,责令改正,拒不改正的,处以 1 万元以上 3 万元以下的罚款。第 19 条第(4)项与第(5)项分别认定了虚构交易、删除不利评价、恶意评价系违法行为,并在第 53 条中规定:对虚构交易与删除不利评价应责令停止违法行为,消除影响,可以根据情节处以 1 万元以上 20 万元以下的罚款;对恶意评价行为,予以警告,责令改正,并处 1 万元以上 3 万元以下的罚款。《中华人民共和国消费者权益保护法》(以下简称《消法》)第 56 条对十类销售商品或服务中存在的违法行为,在其他法律、法规对处罚机关和处罚方式未做规定的情况下,规定可由工商行政管理部门或者其他有关行政部门责令改正,可以根据情节单处或者并处警告、没收违法所得、处以违法所得一倍以上十倍以下的罚款;没有违法所得的,处以 50 万元以下的罚款;情节严重的,责令停业整顿、吊销营业执照。此外,《中华人民共和国反不正当竞争法》《侵害消费者权益行为处罚办法》《网络商品和服务集中促销活动管理暂行规定》等法律法规也对上述虚构交易等行为做出了相关规定。

法律本身的滞后性,在规制日新月异的网络行为及模式时,滞后性体现得更为突出。《网络交易管理办法》立法时虚构交易等违法问题已较为突出,《消法》亦只能对目前典型性的交易不法行为进行罗列,行为人如利用虚假认证账户从事未纳入法律规制范畴内的行为,便无法引用上述法律规定而直接追究其相应行政责任。

3. 利用虚假认证账户散布谣言,侮辱、诽谤他人,以及侵犯财产权利的违法行为及行政责任

利用虚假认证账户散布谣言,侮辱、诽谤他人,以及侵犯财产权利的违法行为有多种表现形式,一般未构成犯罪的即按照《中华人民共和国治安管理处罚法》处以警告、罚款、拘留、吊销营业执照处罚。故本文不做赘述。

三、倒卖虚假认证账户相关行为的刑事责任

(一)仅提供身份信息行为的刑责分析

对于不参与账户虚假认证及倒卖行为,而只负责为账户虚假认证提供身份信息的行为,可能涉嫌的犯罪有侵犯公民个人信息罪与伪造、变造、买卖身份证件罪。

1.侵犯公民个人信息罪

《刑法》第 253 条之一规定,侵犯公民个人信息罪是指违反国家有关规定,向他人出售或者提供公民个人信息情节严重的行为,以及窃取或者以其他方法非法获取公民个人信息情节严重的行为。该条由《刑法修正案(七)》增设并由《刑法修正案(九)》修订。该罪的构成要件中,主体是一般主体,即年满 16 周岁具有刑事责任能力的自然人(一般主体的概念下同),单位可以构成该罪;主观方面是故意,一般为直接故意,即明知其行为会侵犯公民个人信息权,但是为获得经济利益或其他目的,仍然去实施该行为;客体是公民个人身份信息安全、自由和公民身份管理秩序;客观方面表现为违反国家有关规定向他人出售或提供公民个人信息情节严重的行为,以及窃取或者以其他方法非法获取公民个人信息情节严重的行为。

向账户虚假认证行为人出售或提供公民个人信息,以及先窃取或以其他方法获取公民个人信息再出售或提供的行为,只要达到情节严重的程度,即可以适用侵犯公民个人信息罪定罪量刑。但关于该罪情节严重和情节特别严重的标准目前尚无立法解释或司法解释就此做出规定,根据判例检索结果,"实践中多采用侵犯公民个人信息的数量的单一标准,但单纯的只以数量为认定'情节严重'的标准不能体现个案中法益被侵犯的严重程度"①。有学者认为,"从学理解释的角度来看,目前基本达成的共识是:情节严重一般包括出售、非法获取、提供公民个人信息数量较多、获利数额较大以及公民个人信息被非法提供、出售给他人后,给公民造成了经济上的损失,或者严重影响到公民个人正常生活,或者被用

---

① 韦尧瀚.侵犯公民个人信息罪在司法认定中的若干问题研究——兼评《刑法修正案(九)》第 17 条[J].北京邮电大学学报(社会科学版),2016(1).

于进行违法犯罪活动等情形"①。除此之外,笔者认为标准还应包括信息隐秘程度、扩散时间与空间范围、被害人精神伤害等。

本文在分析行政责任时,梳理现有行政法规后发现,现有行政法规无法涵盖所有提供身份信息的违法行为并予行政处罚,故在《刑法》及立法解释、司法解释未对侵犯公民个人信息罪情节严重、情节特别严重制定判断标准的情况下,容易产生法律规制的空白地带,即某些提供身份信息的行为既无法追究其行政责任,又因情节严重标准不明确无法追究其刑事责任。行为人大可利用此漏洞继续从事提供身份信息的不法行为,肆意游走于法律的边缘而牟取利益。

2.伪造、变造、买卖身份证件罪

《刑法》第 280 条第 3 款规定,伪造、变造、买卖身份证件罪是指伪造、变造、买卖居民身份证、护照、社会保障卡、驾驶证等依法可以用于证明身份的证件的行为。该条经《刑法修正案(九)》修订,将犯罪对象从身份证扩大到身份证件,同时明确买卖身份证件的行为构成买卖身份证件罪。该罪的构成要件中,主体是一般主体;主观方面是故意且只能是直接故意,即明知是伪造、变造身份证件的行为而实施该行为,并希望将意欲伪造、变造的身份证件伪造、变造出来,或明知买卖身份证件会侵害国家居民身份证管理制度,仍然从事买卖身份证件的行为;客体是国家各身份证件管理制度;客观方面表现为伪造、变造、买卖身份证件的行为。

该罪与侵犯公民个人信息罪不同,属于行为犯,只要从事伪造、变造、买卖身份证件的行为,即构成该罪。结合提供身份信息行为分析,身份证件是身份信息的载体,将身份证件或经伪造、变造的身份证件出售给账户虚假认证行为人,应当被认定构成伪造、变造、买卖身份证件罪。

3.侵犯公民个人信息罪与伪造、变造、买卖身份证件罪并罚

行为人如果在为账户虚假认证提供身份信息时,既提供、出售了公民个人信息,又从事了伪造、变造、买卖身份证件行为,且均达到两罪的定罪标准时,则应以侵犯公民个人信息罪与伪造、变造、买卖身份证件罪并罚。

(二)利用身份信息进行账户虚假认证并出售牟利行为的刑责分析

利用身份信息进行账户虚假认证并出卖牟利行为,可能涉嫌的罪名有使用

---

① 侵犯公民个人信息的违法犯罪认定标准[EB/OL].[2016-03-23].http://china.findlaw.cn/bianhu/fanzuileixingzwfz1261663.html.

虚假身份证件罪、侵犯公民个人信息罪。

1.利用伪造、变造或窃取他人的身份证件进行认证并出售牟利的行为

《刑法》第 280 条之一规定,使用虚假身份证件罪是指行为人在依照国家规定应当提供真实身份的活动中,使用伪造、变造的或者盗用他人的居民身份证、护照、驾驶证等依法可以用于证明身份的证件情节严重的行为。该罪的构成要件中,主体为一般主体;主观方面是故意,而且只能是直接故意,即行为人明知使用的是伪造、变造的或者盗用他人的居民身份证、护照、驾驶证等虚假身份证件或将产生危害社会的结果,而仍然使用的;客体是社会公共信用及国家各身份证件管理制度;客观方面表现为在依照国家规定应当提供真实身份的活动中,使用伪造、变造的或者盗用他人的居民身份证、护照、驾驶证等虚假身份证件情节严重的行为。

上文提及的《管理规定》第 7 条明确指出,利用虚假信息进行账户注册的行为违法,故而在网络平台上进行账户注册和实名认证可理解为是依照国家规定应当提供真实身份活动。在利用身份信息进行账户虚假认证的行为过程中,如果使用的是伪造、变造或者从他人处窃取的身份证件,那么只要达到情节严重的程度即可构成使用虚假身份证件罪。但与侵犯公民个人信息罪中探讨的内容一样,使用虚假身份证件罪之情节严重的标准并不明确,亦会产生无法追究法律责任的法律空白。而此后的出售虚假认证账户牟利的行为,虚假认证账户含有的是他人的身份信息,符合侵犯公民个人信息罪的犯罪构成要件,应被认定为侵犯公民个人信息罪(〔2014〕深龙法刑初字第 2461 号刑事判决书即如此认定)。

2.利用其他方式取得身份证件进行认证并出售牟利的行为

使用身份证件罪的表现形式中没有包括购买、骗取、获赠、利用职务之便取得身份证件等方式,所以以这些方式取得的身份信息用于以实名认证的行为,便无法以使用虚假身份证件罪定罪量刑。行为人的此种行为,可认定为以其他方法非法获取公民个人信息以及向他人出售或提供公民个人信息的行为,与侵犯公民个人信息罪客观方面的表现形式相吻合,只要达到情节严重的标准,即构成侵犯公民个人信息罪。但侵犯公民个人信息罪并不能评价此行为中账户虚假认证的行为,这是目前的又一法律空白。

(三)先进行账户虚假认证再从事犯罪活动的行为

部分行为人为了从事诈骗、敲诈勒索等犯罪活动而预备进行账户虚假认证行为,笔者认为,这一情形属于牵连犯,应被认定为一罪。以先进行账户虚假认

证再从事诈骗罪的行为为例,行为人是为了进行诈骗进行账户虚假认证的行为,且紧接着使用虚假认证而成的账户实施了诈骗行为,构成使用虚假身份证件罪或侵犯公民个人信息罪(手段行为)与诈骗罪(目的行为)的牵连,应择一重处罚。《刑法》第280条之一即明确规定使用虚假身份证件同时构成其他犯罪的,依照处罚较重的规定定罪处罚。

四、关于倒卖虚假认证账户相关行为法律责任的立法建议

诚如前述,倒卖虚假认证账户相关行为侵害他人民事权利的,可依据相应的法律法规追究其民事责任;而针对较为严重的倒卖虚假认证账户行为,虽然可依据现行法律和行政法规等追究行为人的行政责任和刑事责任,但法律规定并不全面,部分倒卖虚假认证账户相关行为并无相应的行政责任与刑事责任。

例如,关于利用"电子化"的身份证件进行账户虚假认证的行为中,"电子化"的身份证件究竟应定性为身份证件还是身份信息的问题。[①] 行为人在进行账户虚假认证时,可能会对身份证件的照片进行修改,而该行为并不符合侵犯公民个人信息罪伪造以及变造身份证件罪,使用虚假身份证件罪似乎也不能评价该行为,相关规定的缺失从而成为行为人可以利用的漏洞之一。又如,本文文首提及的以"招兼职"方式指导他人进行账户实名认证再将账户收购过来的行为,该行为不符合伪造、变造、买卖身份证件罪和使用虚假身份证件罪的构成要件,仅有可能用侵犯公民个人信息罪评价该行为,但其准确性亦有待进一步探讨。诸如此类的问题尚有许多,故倒卖虚假认证账户相关行为应当有相应的行政法规和刑法规定予以规范。

笔者认为,应当针对倒卖虚假认证账户相关行为设置递进法律责任,即首先适用行政法规追究行为人行政责任,达到定罪标准的,再根据《刑法》追究行为人的刑事责任。《网络安全法(草案)》第38条规定:"任何个人和组织不得窃取或者以其他非法方式获取公民个人信息,不得出售或者非法向他人提供公民个人信息。"第54条规定:"违反本法规定,窃取或者以其他方式非法获取、出售或者非法向他人提供公民个人信息,尚不构成犯罪的,由公安机关没收违法所得,并

---

① 使用他人身份证件进行虚假认证的认定[EB/OL]. [2015-11-20]. http://china. findlaw. cn/bianhu/gezuibianhu/fhsfglcxz/lrggcxz/wcbcjmsfzz/1251959. html.

处违法所得一倍以上十倍以下罚款,没有违法所得的,处五十万元以下罚款。"尽管《网络安全法(草案)》目前尚未正式生效,但立法者已经关注到了网络平台使用过程中侵犯公民个人信息的行为,且就法律责任设置了阶梯,将行政责任与刑事责任紧密地衔接起来。故笔者认为,应当在《网络安全法》或其他具有同等效力的法律法规中,针对倒卖虚假认证的相关行为专设一条:任何个人和组织不得利用公民个人信息进行或指导他人进行账户虚假实名认证,不得以牟利为目的出售或非法向他人提供虚假认证账户;同时设置法律责任条款:违反本法规定,利用公民个人信息进行或指导他人进行账户虚假实名认证或以牟利为目的出售或非法向他人提供虚假认证账户,尚不构成犯罪的,由某某行政机关没收违法所得,并处违法所得某倍罚款,没有违法所得的,处某万元以下罚款。在《刑法》中,应有与行政法规相应条款对该行为进行调整,条文可设置如下。第 1 款:利用公民个人信息进行或指导他人进行账户虚假实名认证,情节严重的,处某某刑罚,情节特别严重的,处某某刑罚;第 2 款:将在履行职责或者提供服务过程中获得的公民个人信息进行账户虚假实名认证的,依照前款的规定从重处罚;第 3 款:以牟利为目的出售或向他人非法提供虚假实名认证账户的,依照第 1 款的规定处罚;第 4 款:单位犯前三款罪的,对单位判处罚金,并对其直接负责的主管人员和其他直接责任人员,依照各该款的规定处罚。

公民身份信息对于公民的重要性不言而喻,我国也正从理论到政策、从立法到司法等对保障公民身份信息安全进行了有益探索。刑法是保障机制中的最后一道防线,应发挥其应有的功能,并与《侵权责任法》等民事法律规范、行政法规进行完美衔接,以有效打击倒卖虚假认证账户的相关行为。不断完善行政法规和刑法规范,依据新兴违法犯罪行为新设相应的罪刑,规范是保障公民身份信息安全不可或缺的手段。

刑法教义学视角下流量劫持行为的定性探究[*]

◎叶良芳^{**}

摘　要:流量劫持,是强制用户访问某些网站或网页的行为。根据对用户上网自主权侵犯程度的不同,可以将其划分为域名劫持和链路劫持两种类型。域名劫持行为,通过修改用户的计算机信息系统数据,使用户根本不能访问目标网站或网页,既触犯了非法控制计算机信息系统罪,又触犯了破坏计算机信息系统罪。对此,应按想象竞合犯的处断原则,以破坏计算机信息系统罪论处。链路劫持行为,虽对用户上网造成一定的干扰,但用户仍能访问目标网站或网页,法益侵害程度较低,且不能充足相关犯罪的构成要件,因而不应以犯罪论处。但这种行为侵犯了网络服务提供商的公平竞争利益,构成了不正当竞争。

关键词:流量劫持　域名劫持　链路劫持　非法控制计算机信息系统罪破坏计算机信息系统罪

一、问题的提出

2015年5月20日,全国首例流量劫持案在上海市浦东新区人民法院宣判。被告人付某、黄某被认定犯有破坏计算机信息系统罪,均被判处有期徒刑并适用缓刑,作案工具和违法所得予以没收(以下简称付某案)。该案的基本事实为:2013年年底至2014年10月,付某、黄某等人租赁多台服务器,使用恶意代码修改互联网用户路由器的DNS设置,进而使用户登录"2345.com"等导航网站时跳转至

---

　　* 　基金项目:本文系国家"2011计划"司法文明协同创新中心研究成果、2016年国家社科基金重点项目"风险社会视阈下刑事立法科学性研究"(16AFX009)的阶段性成果。

　　** 　叶良芳,浙江大学光华法学院教授,博士生导师,法学博士。

其设置的"5w.com"导航网站,付某、黄某等人再将获取的互联网用户流量出售给杭州久尚科技有限公司(系"5w.com"导航网站所有者),违法所得合754762.34元。①

2015年11月11日,全国第二例流量劫持案在重庆市渝北区人民法院宣判。被告人施某、唐某、高某、李某被认定犯有非法控制计算机信息系统罪,被判处轻重不等的有期徒刑(含适用缓刑)及并处罚金,违法所得予以追缴(以下简称施某案)。该案指控的事实有以下四项。(1)2013年,施某接受李某的邀约,商定由施某利用其作为某有限公司重庆网络监控维护中心核心平台部员工的职务便利,进入该公司的DNS系统实施DNS域名劫持,成功后以0.5万元/天支付施某报酬。2013年4—6月期间,施某在该公司的DNS系统中修改域名解析配置文件,将需要劫持的网站域名指向由高某等人所发IP地址;为此,高某与李某分别获得利润7万元,高某与李某按约定支付施某现金7万元。(2)2014年2—7月期间,施某采用同样方法,将需要劫持的网站域名指向高某所发的IP地址;为此,高某获取收益共计11.3451万元,高某向施某支付报酬共计39.5万元。(3)2013年10—12月、2014年3—5月以及2014年8—10月期间,施某采用同样方法,将需要劫持的网站域名指向李某所发的IP地址;为此,李某获取非法利益7万元,李某向施某支付报酬共计35.91万元。(4)2014年7月,唐某在互联网上结识赵某,二人商定由唐某负责收集"××××""××××""×××导航"和"××××"4个网站域名的IP访问流量,赵某由此获得上述网站的推广费后支付唐某相应的报酬。之后,唐某邀约施某采取DNS流量劫持的方式获取上述4个网站域名的IP访问流量。2014年9—12月期间,施某在其公司的DNS系统中修改域名解析配置文件,当该公司的互联网用户直接访问"××××""××××""×××导航"和"××××"四个网站域名时,经过施某修改的DNS系统会自动加入推广商的代码,致使用户实际是通过赵某提供的网站域名访问到上述4个网站。为此,"××××""××××""×××导航"和"××××"4个网站将根据访问量支付赵某推广费,赵某再向唐某支付报酬共计164.71934万元,唐某向施某支付报酬共计74.69万元。②

上述两个案例开创了对流量劫持行为追究刑事责任的先河,具有十分重要

---

① 付某某、黄乙破坏计算机信息系统案—审判决书(〔2015〕浦刑初字第1460号)[EB/OL]. [2016-06-20]. http://wenshu. court. gov. cn/content/content? DocID=89496fcc-189d-49e2-8c53-2bdf19d51434.

② 施硕等非法控制计算机信息系统案—审判决书(〔2015〕渝北法刑初字第00666号)[EB/OL]. [2015-11-11]. http://www. panjueshu. com/wenshu/ee3a18defced3146. html.

的启示意义。"法院的刑罚判决表明,劫持流量行为不但违法,而且构成犯罪,始作俑者将为此付出被判刑的沉重代价。"①然而,在刑法教义学视野下,一个绕不开的问题是:对于流量劫持的行为,究竟应以破坏计算机信息系统罪定性还是应以非法获取计算机信息系统数据、非法控制计算机信息系统罪定性? 在施某案中,前三项指控事实与付某案指控的事实基本相同(区别仅在于修改用户 DNS 时所用的服务器是行为人租赁的还是其任职公司的,这显然不属于构成事实,不应影响定性),属于"同案"。但同案何以不同判,定性完全不同?② 施某案第四项指控事实,具有不同于前三项指控事实的特点(前三项是域名劫持,第四项是链路劫持),法院做同样定性,是否在犯罪构成上能够证成? 诸如此类的问题,均需要厘清和解决。

二、流量劫持的含义及其类型

通常认为,所谓"流量劫持",是指通过利用各种恶意软件修改浏览器、锁定主页或不停弹出新窗口等方式,强制网络用户访问某些网站或网页,从而造成用户流量被迫流向特定网站或网页的情形。比如,明明想要打开 A 网站,却莫名其妙地跳转到 B 网站;明明锁定 C 网页为默认主页,却鬼使神差地变成了 D 网页;明明想要下载 E 软件,下载完后却发现变成了 F 软件;明明想要打开一个应用,却跳出一大堆烦人的广告……诸如此类,都是流量劫持行为。流量劫持与"偷流量"有着本质不同。所谓"偷流量",是指未经合法用户的许可,私自通过其网络通道访问互联网,造成其流量损失的情形。简言之,偷流量相当于"盗窃",是对网络用户流量的秘密窃取行为;流量劫持相当于"绑架",是对网络用户流量的公然强制行为。

目前,在互联网空间中,流量劫持者、流量中介人、流量购买方,已经形成了一条庞大的地下黑色流量产业链。据不完全统计,全国每日仅以 DNS 劫持这种方式劫持流量的 IP 就有近千万个。流量劫持之所以困扰互联网多年,乃至成为一个久治不愈的顽疾,与其背后巨大的经济利益有着密切的关联。众所周知,所

---

① 张智全. 流量劫持入刑彰显样本意义[N]. 法制日报,2015-11-13(7).

② 有学者亦指出,同为以 DNS 攻击实施的"流量劫持"危害行为,两个有罪判决的定性存在较大差异。这导致同案同判的效果终至落空,不利于法治的统一。参见孙道萃."流量劫持"的刑法规制及完善[J]. 中国检察官,2016(4).

谓"流量",是指互联网中的访问量。流量相当于一个互联网入口,而互联网入口能够决定用户的行为习惯和上网方式。在大数据时代,互联网入口具有极高的经济价值。例如,目前各种手机应用软件的基本模式就是根据下载量来计算推广费用。假设一个应用网站的界面独立访客数量为每日 20 万人次,则只要有 5％的访客点击下载所推荐的应用软件,那么推广商仅凭这一个推荐就有 20 万元的回报。下载量取决于点击量,点击量取决于访问量。这正是一些不法分子劫持用户的流量,强制其访问特定网站或网页的原因。

　　流量劫持有多种表现形态,从不同的角度可以进行不同的划分。例如,以实施主体为分类标准,可以将其划分为网络服务提供商的劫持和第三方劫持;以劫持技术为分类标准,可以将其划分为 DNS 劫持、CDN 劫持、网关劫持等。考虑到本文主要探讨流量劫持的刑事定性问题,因而所采用的分类标准是行为的危害后果,即根据危害后果的轻重程度不同,将其分为域名劫持和链路劫持。域名劫持,是指不法分子通过 DNS 劫持、植入插件等手段,强制用户偏离目标网站或网页,进入指定的网站或网页的情形。这是一种针对 DNS 解析的常见劫持方式。正常情况下,用户在浏览器输入网址,向网络运营商发出一个 HTTP 请求,后者通过域名解析,提供网络服务器的 IP 地址,将用户导向预定的网站或网页。但在域名解析被劫持的情况下,目标域名被恶意地解析到其他 IP 地址,用户被迫进入其他网站或网页,无法正常上网。链路劫持,是指不法分子通过误导性广告、下拉框、菜单或者关键词等手段,诱导用户先经过中间网站或网页,然后进入目标网站或网页的情形。这种劫持主要针对明文传输的内容发生。当用户发起 HTTP 请求,服务器返回页面内容时,需要经过一个中间网络,页面内容被篡改或加塞,强行插入弹窗或者广告等,造成访问干扰。在域名劫持的情形下,用户根本不能进入目标网站或网页,实现不了预期的上网目的,其上网自主权被严重侵害。但在链路劫持的情况下,用户虽然被诱导进入中间网站或网页,但仍能到达目标网站或网页,上网自主权并没有被侵害。从刑法教义学的视角,需要研究的是这两种劫持行为是否构成犯罪及其触犯的具体罪名。

三、应认定域名劫持行为为破坏计算机信息系统罪

　　在付某案和施某案(前三项指控事实)中,行为人均实施了使用恶意代码修改互联网用户路由器的 DNS 设置的行为,从而强制使用户进入指定的网站,未

能实现预期的上网目的。这种流量劫持行为,严重侵犯了用户的上网自主权,因而应当归属于域名劫持(法院称其为"DNS 域名劫持")。对于这种劫持行为,浦东新区法院将其认定为破坏计算机信息系统罪,而渝北区法院却将其认定为非法控制计算机信息系统罪。究竟哪一个法院的定性是正确的呢?对此,需要结合刑法条文和相关司法解释进行具体分析。

根据《刑法》第 285 条第 2 款的规定,非法获取计算机信息系统数据、非法控制计算机信息系统罪,是指违反国家规定,侵入国家事务、国防建设、尖端科学技术领域以外的计算机信息系统或者采用其他技术手段,获取该计算机信息系统中存储、处理或者传输的数据,或者对该计算机信息系统实施非法控制,情节严重的行为。据此,该罪的客观行为有两种表现:一是获取计算机系统中存储、处理或者传输的数据;二是对计算机信息系统实施非法控制。根据《刑法》第 286 条第 1 款的规定,破坏计算机信息系统罪,是指违反国家规定,对计算机信息系统功能进行删除、修改、增加、干扰,造成计算机信息系统不能正常运行,或者对计算机信息系统中存储、处理或者传输的数据和应用程序进行删除、修改、增加的操作,或者故意制作、传播计算机病毒等破坏性程序,影响计算机系统正常运行,后果严重的行为。据此,该罪的客观行为有三种表现:一是对计算机信息系统功能进行删除、修改、增加、干扰,造成计算机信息系统不能正常运行;二是对计算机信息系统中存储、处理或者传输的数据和应用程序进行删除、修改、增加的操作;三是故意制作、传播计算机病毒等破坏性程序,影响计算机系统正常运行。

比较上述两个罪名的行为类型,两者的界限还是比较清晰的,即非法获取计算机信息系统数据、非法控制计算机信息系统罪的特点在于控制,即将他人的计算机信息系统(包括其中的数据)当作本人所有而加以使用或操作,至于有无破坏、干扰计算机信息系统的正常运行则在所不问;而破坏计算机信息系统的特点在于破坏,即损坏他人的计算机信息系统的软件或硬件,使其不能正常运行,至于是否控制他人计算机信息系统则在所不问。申言之,在非法侵入计算机信息系统后,并未破坏计算机信息系统的功能或者数据,而是通过控制计算机信息系统实施特定操作的行为,则属于"非法控制计算机信息系统"。[①] 例如,"获取数据"的行为,原则上应当被认定为非法获取计算机信息系统数据罪;而"修改数据

① 喻海松.《关于办理危害计算机信息系统安全刑事案件应用法律若干问题的解释》的理解与适用[J].人民司法,2011(19).

和程序"的行为,"制作、传播病毒"的行为以及"删除、修改"计算机系统本身功能的行为,原则上应当被认定为破坏计算机信息系统罪。复杂的是"非法控制计算机信息系统"的定性问题。所谓"非法控制",是指通过各种技术手段,使得他人的计算机信息系统处于行为人的掌控之下,能够接受其发出的指令,完成相应的操作活动。① 根据控制的程度不同,非法控制可以被划分为完全控制和不完全控制。② 不完全控制虽然未彻底排除权利人的控制权,但在一定程度上影响其操作,因而也是一种非法控制。例如,通过在他人的计算机信息系统中植入木马程序,指挥实施网络攻击活动等。木马程序是一种基于远程控制的黑客工具,其特点是隐蔽性和非授权性。计算机信息系统被植入木马后,系统本身的运行没有任何问题,但系统的控制权已被部分剥离。

然而,现实情况更加扑朔迷离。从司法实践来看,除了单纯的非法控制行为或单纯的破坏行为外,还存在这两种行为交错并存的现象。非法控制行为,既可能是通过破坏计算机信息系统而实现非法控制,也可能是不通过破坏计算机信息系统而实现非法控制。同样,破坏行为,既可能是通过破坏计算机信息系统,进一步实现对其非法控制;也可能仅仅是破坏计算机信息系统,造成其功能全部或部分紊乱,但并不对计算机信息系统本身进行控制。本文认为,对于不通过破坏计算机信息系统而实现非法控制的,应归属于非法控制计算机信息系统行为;对于仅实施破坏计算机信息系统行为但未非法控制的,应归属于破坏计算机信息系统行为;对于通过破坏计算机信息系统进而实现非法控制的,则应归属于破坏计算机信息系统行为。之所以做如此界定,是因为破坏行为注重的是行为手段,非法控制则强调的是结果状态,刑法评价的侧重点不同,因而设置了不同的罪名。但是,破坏行为可能带来控制后果,控制后果也可能是破坏行为所致,因此,二者在同一行为事实中完全可能同时并存。当非法控制计算机信息系统这一结果状态是破坏计算机信息系统的行为造成的,就构成了想象竞合。对此,根据想象竞合犯的处断原则,应当择一重罪处断。比较《刑法》第 285 条和第 286 条的法定刑设置,破坏计算机信息系统罪的法定刑明显重于非法控制计算机信

---

① 全国人大常委会法制工作委员会刑法室.《中华人民共和国刑法》条文说明、立法理由和相关规定[M].北京:北京大学出版社,2009:591.

② 有学者认为,所谓非法控制,是指未经授权地控制他人计算机的行为。非法控制一般包括不妨害计算机信息系统的正常使用和排除权利人对计算机信息系统的控制这两种情形。参见于志刚,于冲.网络犯罪的裁判经验与学理思辨[M].北京:中国法制出版社,2013:78.

息系统罪,因而在行为事实触犯这两个罪名时,应当以破坏计算机信息系统罪论处。

在付某案和施某案(前三项指控事实)中,行为人使用恶意代码修改互联网用户路由器的 DNS 设置,从而导致用户上网时被强制引导到指定的网站,不能正常上网。从某种角度来看,既然用户上网总是被"绑架",不能自由地浏览网页,这当然是被非法控制了。事实上,行为人已经控制了用户的计算机系统的域名解析系统,且后果严重,因此,触犯了非法控制计算机信息系统罪。但是,行为人使用恶意代码修改互联网用户路由器的 DNS 设置,是否又属于《刑法》第 286条规定的破坏计算机信息系统的行为呢?这需要进一步分析。首先,可以肯定的是,这是一种破坏计算机信息系统的行为,关键看其是否为《刑法》第 286 条所涵摄。其次,行为人并未传播计算机病毒等程序,因而其行为显然不属于"故意制作、传播计算机病毒等破坏性程序"。再次,行为人使用恶意代码修改用户路由器的 DNS 设置(其中有存储的数据),这属于"对计算机信息系统中存储、处理或者传输的数据和应用程序进行删除、修改、增加的操作"。最后,行为人修改用户路由器的 DNS 设置,又是通过操控网络服务提供商的计算机终端进行的,是对网络服务提供商的计算机系统功能的修改和干扰,因而也可以被认定为"对计算机信息系统功能进行删除、修改、增加、干扰"。所以,行为人的行为完全可以被《刑法》第 286 条所涵摄。需要说明的是,虽然修改 DNS 设置的行为直接针对的是域名解析服务器、路由器等基础设施,而非计算机信息系统本身,但这些设施是计算机信息系统正常运行的必不可少的附属设备,因而对这些设施功能的破坏,完全可以被认定为对计算机信息系统功能的破坏。对此,2011 年 8 月 1 日最高人民法院、最高人民检察院联合发布的《关于办理危害计算机信息系统安全刑事案件应用法律若干问题的解释》第 4 条第 1 款亦明确规定,"对二十台以上计算机信息系统中存储、处理或者传输的数据进行删除、修改、增加操作的""造成为一百台以上计算机信息系统提供域名解析、身份认证、计费等基础服务或者为一万以上用户提供服务的计算机信息系统不能正常运行累计一小时以上的",属于破坏计算机信息系统功能、数据或者应用程序的行为。综上,这一行为破坏了计算机信息系统的正常功能,又触犯了破坏计算机信息系统罪。行为人基于争抢客户流量的非法目的,实施了一个犯罪行为,但触犯了两个不同的罪名,应当根据想象竞合犯的处罚原则,以破坏计算机信息系统罪这一重罪论处。

四、应认定链路劫持行为为不正当竞争行为

在施某案（第四项指控事实）中，行为人通过修改域名解析配置文件，诱导用户通过其指定的网站域名访问目标网站。在这种情形下，用户上网并不存在实际的障碍，上网目的仍能实现，只是被强制"借道"。这种流量劫持行为，并不妨碍用户的上网自主权，因而应当归属于链路劫持（法院称其为"流量劫持"）。

对于这种链路劫持行为，渝北区法院认定为非法控制计算机信息系统罪，这是否准确，值得进一步探究。如前所述，非法控制计算机信息系统罪的特点，在于完全或部分操控他人的计算机信息系统的控制权。而在施某案中，是否开机、是否关机、是否上网、上哪个网站等，均完全取决于用户的意愿，行为人没有任何干预的能力。行为人所能干预的，是在用户上网时，强制其经过特定的通道——指定的网站域名，但对用户的上网速度、浏览体验、费用支付等并无任何实际的影响。考虑到这种"搭便车"行为对用户的计算机信息系统的操作和运行的控制极其微弱，对用户上网自主权的侵犯几乎没有，因而不宜认定其为非法控制计算机信息系统罪。

但是，对于这种链路劫持行为，是否可以认定为破坏计算机信息系统罪呢？本文亦持否定观点。如上所述，破坏计算机信息系统罪在客观方面必须实施《刑法》第286条规定的特定的三种行为之一，而链路劫持行为并未制作、传播计算机病毒等破坏性程序，因而不属于该罪的第三种行为类型。另外，这一行为也不属于该罪的第一种和第二种行为类型。根据《刑法》第286条的规定，无论是对计算机信息系统功能进行删除、修改、增加、干扰，还是对计算机信息系统中存储、处理或者传输的数据和应用程序进行删除、修改、增加操作，均必须"后果严重"，才构成犯罪。在施某案中，行为人在DNS系统中修改域名解析配置文件，强行加入推广商代码，这应属于"对计算机信息功能进行修改"和"对计算机系统中存储的数据进行修改"，但由于这一修改并未造成计算机信息系统不能正常运行，用户仍能正常上网，因而不具备"后果严重"的要件，不应被认定为破坏计算机信息系统罪。

当然，这种链路劫持行为干扰了网络服务提供商的合法经营活动，分流了其网络客户访问量，侵犯了其商业利益，故应被认定为不正当竞争。在施某案中，如果没有行为人的修改域名配置文件的行为，用户上网则将全部经过网络服务

提供商提供的域名网站而非行为人提供的域名网站,网络服务提供商的交易机会将大大增加,因而,这种行为构成了不正当竞争,应按反不正当竞争法处理。

应当注意的是,施某案中的链路劫持行为具有一定的特殊性,即其是通过修改计算机信息系统功能来达成分流客户的目的。这种行为对计算机信息系统的功能是有影响的,具有一定的"破坏性"。实践中,更常见的链路劫持行为则缺乏这种轻度的"破坏性",因而危害性更低,如通过带有误导性的广告、插标、下拉提示词、吸附悬浮窗等方式诱导用户进入特定网站,从而达到分流客户的目的。最典型的是将竞争对手的产品或服务的关键词作为自己的检索关键词,如百度诉奇虎360案、天猫和淘宝诉"帮5淘"案等。在这种情形下,用户对进入行为人诱导的网站、购买行为人推荐的商品,是存在明确的认知的,并不存在错误混淆,亦即用户的上网自主权并未受到任何侵犯,只是在上网的途中被"强制推销",因而更不宜被认定为犯罪。但是,这种在他人区域内任意争抢交易机会的行为,破坏了公平竞争秩序,侵犯了他人的商业利益,构成不正当竞争。"这种行为即使没有导致消费者发生混淆,但在客观上会使得消费者发生'分流',从而在减少他人商业机会的基础上增加自己的出场概率,实为'从竞争对手那里抢夺商业机会',此消彼长,一举两得。"①对于这种不正当竞争行为,予以一定的监管是必要的,但尚无必要动用刑法。尤需强调的是,根据现行法律规定,对于这种行为,并没有一个合适的罪名可以适用。

五、结　语

长期以来,对于流量劫持行为,网络服务提供商主要依靠技术监管和民事诉讼手段来维护合法权益。从有效治理的角度考察,充分发挥行政法、民商法的事前规制和事后救济的功能,仍应是今后努力的方向。当然,刑法的事后威慑功能,也是不可或缺的。但是,在决定是否动用刑法时,应当秉承法条至上、规则主义和严格解释原则,抑制刑事类推和宽泛解释的冲动,这也是刑法教义学的要义所在。"刑法教义学将现行刑法视为信仰的来源,现行刑法的规定既是刑法教义学者的解释对象,也是解释根据。在解释刑法时,不允许以非法律的东西为基

---

① 袁博.论"流量劫持"的民刑法律责任[N].上海法治报,2015-11-03(B5).

础。对刑法教义学者而言,现行刑法就是《圣经》。"[1]流量劫持行为表现形态多样,危害程度不一,在对个案刑事归责时,既要对照行为事实能否为刑法法条所涵摄,又要考察解释结论能否维护法规范的效力。[2]

① 冯军.刑法教义学的立场和方法[J].中外法学,2014(1).
② 例如,对于《刑法》第285条和第286条中的"计算机信息系统中存储、处理或者传输的数据"的考量。

互联网金融灰色产业链的寄生模式 与治理策略

◎周建达*

摘　要：互联网金融灰色产业链是指在互联网金融交易过程中，借助金融企业管理上的疏漏或法律法规上的漏洞，围绕金融交易环节为互联网交易主体或相关违法犯罪分子非法提供公民个人信息、虚假证明文件、网络病毒及恶意软件等危害互联网金融安全的商品或服务，以达到非法牟利目的的地下产业链条。较强的行业依附性、主观的非法牟利性、严重的金融危害性以及行为边界的模糊性，是互联网金融灰色产业链的显著特征。从其生发角度来看，主要存在着制度倒逼型、商业合作型、犯罪辅助型及仿冒诈骗型等种寄生模式。因此，应从多元主体角度对之综合施策。

关键词：互联网金融　灰色产业链　寄生模式　金融安全

一、问题的提出

随着互联网技术的普及应用和金融市场的有序开放，依托于电子支付、云计算、社交网络以及搜索引擎等互联网工具而发展起来的资金融通、支付及信息中介等新兴互联网金融业务异军突起，成为市场经济交往活动中最为活跃也最具主导性的中坚力量。①但紧随而至的非法集资、金融诈骗等关联犯罪也令人猝不

＊　周建达，浙江警察学院省级一流学科公安学侦查方向学术带头人，浙江警察学院经济犯罪侦防研究中心副秘书长，法学博士、博士后，中国法治现代化研究院特邀研究员，浙江大学金融经济犯罪研究中心兼职研究员。

①　谢平，邹传伟.互联网金融模式研究[J].金融研究，2012(12).

及防,特别是灰色产业链对相关金融犯罪起到了推波助澜的作用。所谓互联网金融灰色产业链,一般是指在互联网金融交易过程中,借助金融企业管理上的疏漏或法律法规上的漏洞,围绕金融交易环节,为互联网交易主体或有关违法犯罪分子非法提供公民个人信息、虚假证明文件和网络病毒及恶意软件等危害互联网金融安全的商品或服务,以达到非法牟利目的的地下产业链条。较强的行业依附性、主观的非法牟利性、严重的金融危害性以及行为边界的模糊性,是互联网金融灰色产业链的显著特征。近年来,互联网金融灰色产业链对互联网金融安全的蚕食异常疯狂,严重破坏互联网金融交易秩序并时刻威胁互联网金融用户的信息和财产安全,亟待加以专门的研究和系统化的治理。

二、互联网金融灰色产业链的寄生模式

当前,互联网金融灰色产业链几乎渗透至互联网金融交易的各个环节,其利益链跨度之大、内部结构之复杂、综合治理难度之大,可谓空前。为此,必须摸清该产业链的行业寄生规律,把握其利益链条的生成机制,以使整个反互联网金融灰色产业链斗争能够有的放矢。下文将采取模式分析法,通过对互联网金融灰色产业链的寄生模式的探讨,以期总结出若干基本的犯罪规律。

(一)制度倒逼型灰色产业链寄生模式

尽管绝大部分灰色产业链源生自金融交易主体与灰色产业链从业者之间畸形的商业合作以及部分违法犯罪分子的直接需求,但也有一些则是源自国家政策和制度的反向倒逼。以盛行于P2P网贷交易过程中的"征信代查"为例。[①] 在P2P网贷交易中,互联网金融企业对交易对象个人征信情况的把控情况,不仅直接决定着该笔交易的成败,而且深刻关联到互联网金融企业的整体经营风险。按理,互联网金融企业只要向国家有关个人征信采集和管理部门缴纳一定的信息查阅费用后,即可依法获取相关交易当事人的征信情况,从而在较短的时间为是否以及在多大程度上向该笔互联网金融业务服务对象提供贷款做出判断。但在当下中国,一方面,国家层面的系统性的公民个人征信体系迟迟未见建立,以致各个涉及个人征信信息的单位和部门只能各自为战并划地为界;另一方面,诸如中国人民银行这类掌握着最为丰富的个人征信数据的单位,其基于对非银行

---

① 陈家林.揭秘个人信用报告背后利益链[N].杭州日报,2012-08-24(C1).

性的互联网金融企业的行业竞争的排斥或者金融信贷垄断，而拒不向 P2P 金融企业开放系统端口。于是，相关互联网金融企业不得不转而另谋出路。在此背景下，一些以各种合法或者非法手段掌握公民个人征信信息的个人或者企业便干起了"征信代查"的营生，他们少则向互联网金融查询客户收取几十元每条不等的费用，多则能从其查询客户手中获取数百元每条的利润。而在法律法规层面，2013 年 3 月国家虽然出台了《征信业管理条例》，但纵观该条例，其并未就该类行为做出应有的法律规制。可见，这一灰色产业链的生发，除了相关从业者的非法或违规逐利性使然，国家系统性征信制度的匮乏以及金融主管部门对新兴互联网金融行业的政策歧视性待遇是造成该灰色产业链泛滥的罪魁祸首。

（二）商业合作型灰色产业链寄生模式

在更为普遍的场合，互联网金融企业与灰色产业链从业者的主动性商业合作，是催生诸如"职业刷粉""职业好评或差评"等互联网金融灰色产业链的始作俑者。随着近年来电子商务平台和移动互联网客户服务端延伸金融业务的创新和开发，传统的金融市场不仅引来了新的更具竞争力的对手，旧有以金融企业为中心的金融交易评价模式，正日益被以金融服务对象为中心或者说讲求客户服务体验的金融交易评价模式所替代。特别是在互联网金融竞争日趋激烈的今天，客户的评价已经成为衡量一个互联网金融企业信誉的重要标杆，进而构成企业核心竞争力的一个重要组成部分。因此，在越来越倡导客户体验或者评价可视化的互联网金融操作平台上，能够获得更多、更好的客户评价至关重要。于是，一部分互联网金融企业千方百计地主动寻求一种旨在累积其客户良好评价的途径。相应地，在传统的网络空间和手机互联网上催生了诸如"职业刷粉""职业好评或差评"等灰色产业链，并在互联网金融企业与该类人群建立了一种秘而不宣的灰色商业合作模式。① 依托于这种灰色的商业合作，互联网金融企业通过灰色产业链向从业者支付少量的劳务报酬，除了能够实现自身客户信誉的显著"提升"外，还能利用竞业者的可视化客户体验统计漏洞，对其实行"逆淘汰"式的商业打压。另外，由于目前"职业刷粉""职业好评或差评"等灰色产业尚未被纳入法律规制范围，其行为的法律边界极为模糊，加之目前一些互联网金融企业的客户评价系统或多或少地存在着制度漏洞，以至于相关从业者足不出户，即可

---

① "职业修改差评师"昨被判刑 5 年［EB/OL］.［2015-01-24］. http://hznews. hangzhou. com. cn/shehui/content/2015-01/24/content_5624426. htm.

"日进斗金"。类似的"一本万利"以及少数互联网金融企业的巨大的市场需求，无不加速该类灰色产业链的扩展与蔓延。

(三)犯罪辅助型灰色产业链寄生模式

为了有效防范类似的安全风险，几乎每一家互联网金融企业都会不遗余力地完善和实时更新自身的网络安全系统，最大限度地抵御非法网络入侵。但百密总有一疏。不少犯罪分子看到了这一点，他们或利用自己已经掌握的计算机知识，不断地制造各种攻击性的木马病毒和恶意软件，或者利用各种渠道购买和销售相关的恶意软件和病毒，有的甚至暗地里经营起了专门性的"黑客培训服务"，从而为直接实施互联网金融计算机入侵的犯罪分子提供帮助。[①] 表面上看，这类行为比直接使用木马病毒或恶意软件对互联网金融企业的计算机系统和金融客户的个人客户端实施攻击的行为危害性要小得多，但事实上，该类灰色产业链的整体危害绝不亚于此。试想，如果没有该类灰色产业链的技术支持和软件供给，那些觊觎互联网金融利益的犯罪分子又何尝能够实行得了其犯罪行为。因此，《刑法》第 285 条和第 286 条分别就非法侵入计算及信息系统罪，非法获取计算机信息系统数据、非法控制计算机信息系统罪、提供侵入、非法控制计算机信息系统的程序、工具罪以及破坏计算机信息系统罪对该类行为做出了明确的规定。此外，不得不提的是，在犯罪辅助型的寄生模式中，还存在着几类与互联网金融安全紧密关联的灰色产业链，典型的如非法买卖公民个人信息、非法制售居民身份证件以及非法倒卖信用卡等。与制售木马病毒和恶意软件等高智商的犯罪辅助型灰色产业链相比，非法买卖公民个人信息、非法制售居民身份证件及非法倒卖信用卡等灰色产业链虽然技术含量不高，但其对互联网金融安全的冲击却也不可小觑。我国《刑法》第 177 条、第 253 条、第 283 条对此尽管有明确的规定，但在现实中，一方面，该类违法犯罪的需求较大，且有关犯罪团伙在多数情况下组织严密、分工明确，刑事打击难度较大；另一方面，少数涉案地区长期的行政不作为，甚至形成了相关产业链的地方保护主义，也在客观上加剧了该类灰色产业链的蔓延。

(四)仿冒诈骗型灰色产业链寄生模式

如果说上述三种寄生模式下的互联网金融灰色产业链，尚且只是游走在违

---

① 病毒灰色产业链调查［EB/OL］.［2010-02-25］. http://www.cnii.com.cn/20080623/ca613144.htm.

法犯罪的边缘,因而我们只能将其法律界定为"灰色",那么时下一系列仿冒诈骗型寄生模式下的灰色产业链,则因其具有对互联网金融企业及其客户的直接犯罪作用,故可以将其明确界定为"黑色"产业链或犯罪产业链。类似的黑色产业链主要包括仿冒互联网金融企业网站进行"钓鱼"的黑色产业链、假冒新闻媒体记者实施敲诈勒索的黑色产业链以及盗窃互联网金融企业或其客户金融账号及密码实施资金窃取的黑色产业链等不一而足。[①] 但概括起来,类似产业链主要利用了互联网金融企业工作人员及其客户的薄弱防范意识,并借机实施疯狂的侵犯财产犯罪行为。以仿冒互联网金融企业网站进行"钓鱼"的黑色产业链为例。由于在许多场合下,互联网金融企业的客户在金融交易的过程中缺乏仔细核对交易平台网址的意识,并且习惯于通过搜索引擎检索到网站后直接登录进行金融交易,由此给犯罪分子留下了仿冒互联网金融企业网站进行"钓鱼"的可乘之机。更有甚者利用相关恶意软件破解第三方支付交易平台配套的社交工具账号密码,仿冒当事人向其客户群体发送诸如"冲业绩返回现金"等名目的信息,诱骗被害人的钱财。此外,值得关注的是,鉴于互联网金融企业及其客户对自身商业信誉的高度重视,近年来个别无良的媒体记者或假冒媒体记者以所谓的"媒体曝光""事件揭露""新闻诽谤"等为借口,对互联网金融企业及其客户明目张胆地实施敲诈勒索,而一些被害的互联网金融企业及其客户本着"多一事不如少一事"或"花钱消灾"的心理,让犯罪分子屡次得手,由此滋生了一个以假冒新闻媒体记者甚至媒体记者本身参与的针对互联网金融的敲诈勒索黑色产业链,严重危害互联网金融秩序,侵犯有关企业和客户的财产安全。可见,在互联网金融时代,轻信心理实在要不得。

三、互联网金融灰色产业链的治理策略

当下互联网金融灰色产业链并非是简单、孤立的一类违法犯罪现象,而是一种游走在法律边缘地带并带有极为顽固和贪婪特性的非法产业集群。其复杂的行业寄生模式决定了,对该类灰色产业链只有采取源头治理、系统治理、综合治理和依法治理的思路,才能从根本上遏制其扩张和蔓延的苗头,从而净化互联网

---

① 聚集网络黑灰产业链:规模超千亿 病毒式扩张[EB/OL]. [2015-08-28]. http://www.china. com.cn/legal/2015-08/28/content_36438364.htm.

金融从业环境。鉴于此,必须整合多方治理资源,多措并举地对互联网金融灰色产业链加以严密的安全风险防范。

(一)政府层面应落实对互联网金融企业的平等保护

现代市场经济需要一个有限、阳光、法治和开放的责任政府。所谓责任政府,即要求政府必须富于责任、勇于担当,尤其是在那些单纯依靠市民社会和市场经济无法有效解决问题的场合,政府应当及时在场,有力地履行其公共管理和社会服务职责。制度倒逼型的互联网金融灰色产业链寄生模式充分表明,当前我国互联网金融行业所遭遇的灰色产业链的巨大冲击,与政府的不作为或不当作为有着密切的关系。这其中,固然有政府管理能力滞后的原因,即当前政府落后的管理方式难以适应互联网金融行业创新的需要。但另一个更为重要的原因是,一些政府管理部门对非银行性互联网金融企业仍然存在着某些观念上的歧视,突出表现为政策制定和法律执行上的非均衡对待,以致互联网金融企业难以得到法律的平等保护,并在一定程度上助长了灰色产业链的扩张。应当说,这是值得深刻检讨的。任何政府部门管理者绝不能以互联网金融创新对传统金融行业的故步自封所带来的冲击为借口,对其加以非平等性的法律保护,甚至肆意地打压其发展。这不仅因为,对非公有制经济进行平等保护是明载于我国《宪法》中的制度规训,更因为鼓励企业创新发展是历届中央政府对中国企业的铮铮誓言。因此,当前我国金融主管部门必须革新理念、消除偏见,适应十八届三中全会提出的推进国家治理体系和治理能力现代化的要求,大力深化金融业管理体制改革,着力提升金融业管理和服务能力。具体来讲,一是要在有关法律和政策的制定、执行中不折不扣地对互联网金融企业予以平等的保护,绝不因其所有制等问题对其进行恶意非难和刁难。二是要加紧调研并制定和完善关涉互联网金融行业健康发展和安全保障的法律法规。就当前而言,关键是要尽快制定有关互联网金融行业的行业技术标准、行业竞业竞争法则。三是要尽快落实对互联网金融行业的经营监管责任。其中重点是要对恶性竞争予以有力的规制,包括对依托互联网金融灰色产业链进行不当竞争予以严厉惩戒。四是要在公共服务和资源共享中,为互联网金融企业提供更为开放、更加高效和积极的政府服务。在此方面,重点是要开放已有的征信数据查询,并在此基础上做好全国性的征信业务的系统数据库建设等。

(二)执法部门应提高对互联网灰色产业的打击实效

从犯罪治理的角度来看,打击虽然不是治理的最终的目的,甚至不是最有效的治理办法,但在违法犯罪高发的情势下,及时有效地打击却是最为有力的犯罪控制手段。当前互联网金融灰色产业链复杂的寄生模式和顽固的行业依附性充分表明,单靠某一执法部门显然无法从根本上有效遏制该类违法犯罪行为的扩展和蔓延。因此,必须以系统治理和综合治理理念为指导,完善相关违法犯罪的惩治机制,从而提高违法犯罪的打击实效。具体来讲,一是上下联动,构建专门性的互联网金融灰色产业链打击领导机制。当前互联网金融灰色产业链呈现出跨地域性、跨行业性等特征,其不仅违法犯罪链条长,而且从业人员众多、牵涉面甚广。因此,地方性、小规模化的短期运动式打击往往难以取得实效,因为在一波打击浪潮过后,相关违法犯罪极易卷土重来,甚至比此前更为凶猛。鉴于此,必须要全面统筹、全盘考虑,加强有关专项打击的组织领导,从宏观上把握互联网金融灰色产业链的打击目标和方向。二是齐抓共管,建立紧密型的互联网金融灰色产业链打击协作机制。当前互联网金融灰色产业链已经渗透到第三方支付、资金融通和信息中介等新兴互联网金融产业的各个交易环节,其作案手段和工具获取横跨移动通信、互联网、广告传媒、银行证券、金融财会等诸多行业。因此,必须建立一个各有关行业广泛参与的、能够实现横向联合与纵向协助的、一体化的、合成性的打击协作机制。三是落实主体,建立责任型的互联网金融灰色产业链打击追责机制。必须在多部门协作的基础上,落实区块或行业性治理的主体责任。通过落实分工、明确责任、奖惩结合,才能有效带动综合治理和系统治理步向务实。四是要后续跟进,建立长效性的互联网金融灰色产业链打击观测机制。互联网金融灰色产业链高额的犯罪回报、简便易学的犯罪手法、低概率的犯罪打击极易导致违法犯罪分子在遭受一两次打击后重操旧业。为此,必须要在打击处理的基础上,做好人员信息入库、行业准入禁止等后续工作,为对涉案人员接受处罚后表现的行为观测和再犯预警打好基础。

(三)行业组织应加强对互联网金融企业的自律监管

商业合作型互联网金融灰色产业链寄生模式充分表明,在互联网金融灰色产业链肆虐的当下,一部分互联网金融企业自身就是该灰色产业链的灾难制造者,或者说至少是灾难制造者的"帮凶"。正是由于部分互联网金融企业自律能力的不强,才导致商业合作型互联网金融灰色产业链的泛滥,而该灰色产业链的泛滥又进一步反向制约着互联网金融企业自身的发展和金融交易的安全。可见,加强互联网企业的从业监管已经到了时不我待的地步。但遗憾的是,当前我国互联网金融创新总体走在了市场监管的前列。在此背景下,面对互联网金融灰色产业链的巨大冲击风险和少数互联网金融企业的行为失范,坐等市场监管部门革新管理理念、变革管理体制、提高管理能力后对其加以管束,显然既不现实也为时过晚。而单纯依靠互联网金融企业的"自知之明",显然也既不稳妥也不可靠,因为在巨大的商业利益以及激烈的市场竞争背后,我们很难期望其能够做到"洁身自好"。鉴于此,互联网金融行业必须在政府缺乏监管、企业难以负重的情况下,充分发挥组织力量,做好对互联网金融企业的行业约束。具体来讲,一是要积极依托互联网金融行业组织的凝聚力,就互联网金融相关业务的执行标准问题达成行业共识,并加紧制定行业性统一标准,以便为日后官方层面制定行业性的标准奠定基础。二是要充分依托互联网金融行业组织的对话平台,就互联网金融相关业务的评价体系问题进行充分的磋商,设法推动行业性统一评价体系的建立,并积极引入第三方评价机制,以从根本上防止各种利用互联网金融灰色产业链进行商业自我标榜和商业互相攻击的行为。三是要大力依靠互联网金融行业组织的监管机制,有效推动行业性竞业竞争行为准则及其惩戒机制的建立,以最大限度地遏制互联网金融企业利用灰色产业链进行恶性的商业竞争。四是要充分发挥互联网金融行业组织的服务功能,积极促成互联网金融企业在客户征信资料等方面建立行业性的资源共享战略机制,以有效解决当前互联网金融业务经营过程中的公共资源不足,以及过度依赖灰色产业链的困境。

(四)金融企业应提高对互联网金融风险的抵御能力

在互联网金融灰色产业链的系统整治过程中,互联网金融企业有义务也有责任自觉参与其中。首先,互联网金融企业是互联网金融市场最为活跃、最为重要的市场主体,其不仅是互联网金融安全的直接受益者,而且应当是互联网金融安全的重要维护力量。这既是市场经济"有回报必须有投入"的游戏规则使然,更是互联网金融企业维护其切身利益的必要之举。其次,由于互联网金融企业在日常经营中更加直接、全面地接触金融安全风险,因而对于风险的源头、生发、扩散及防范更富有应对经验。因此,它们是互联网金融安全风险最有力并且也是最不可或缺的抵御力量。当前,互联网金融企业可以通过下述渠道,参与灰色产业链的治理和金融风险的防控:一是提高企业自律意识,自觉抵制灰色产业链的不当诱惑。当前,互联网金融市场的竞争日趋白热化,在市场缺乏有效监管、行业组织管束薄弱、执法部门打击有限、不法分子跃跃欲试的当下,互联网金融企业更需一份责任担当意识、一种合法经营自觉与一颗诚信敬业之心。二是加强金融交易监管,防范灰色产业链的隐性渗透。互联网金融灰色产业链的蔓延在一定程度上与互联网金融企业自身的监管不到位有关,突出表现在对客户的征信风险评估不严、对交易环节的某些不当操作的纵容等。因此,互联网金融企业必须进一步完善企业内部制度建设,加强员工执业培训和安全教育,落实金融交易各个环节的直接责任。三是加大安全防范投入,筑牢灰色产业链的防范堤坝。相比于传统线下的金融交易,互联网金融交易的网络安全风险更大。特别是一些小微型互联网金融企业往往低估互联网金融安全的不法冲击,因而在硬件和技术投入上进行了不当的资本节制,以致最终酿成大祸。鉴于此,必须进一步重申金融安全投入的重要性。四是做好客户风险提示,斩断灰色产业链的盗骗黑手。如果说维护互联网金融交易客户的资金安全是互联网金融企业义不容辞的职责,那么做好互联网金融交易客户的安全提示则是互联网金融企业进行金融交易的必要程序。互联网金融企业应在金融交易中切实做好安全风险提示和预警,并在客户遭受灰色产业不法侵害后应当积极协助其进行事后救济,以从根本上斩断灰色产业链的黑手。

涉"伪基站"刑事案件的证据审查与法律适用

◎朱冠琳　姜　琪*

摘　要：本文主要针对当前日益严重的涉"伪基站"刑事犯罪问题展开研究，从"伪基站"的技术原理和最新的发展变化出发，对涉"伪基站"刑事案件在证据审查上的突出难点进行分析，并结合司法实践论述了涉"伪基站"刑事案件在法律适用上的若干问题，以期为该类新型犯罪的司法审查提供法律论证和参考。

关键词：伪基站　证据审查　法律适用

自2012年开始，利用"伪基站"实施的违法犯罪活动在全国范围内陆续出现，"伪基站"问题开始得到关注。2013年，公安机关在全国各地展开了专项执法活动，抓获了一批利用"伪基站"实施犯罪的团伙及犯罪嫌疑人。作为一项利用通信网络技术漏洞所实施的侵害公共通信和公民个人网络信息安全的新型犯罪，其社会危害性日益凸显。这类犯罪在技术手段上的日新月异以及犯罪自身的隐蔽性等特点，直接导致司法实践中对该类案件进行侦查取证和司法审查的难度不断加大，涉"伪基站"刑事案件的证据审查和法律适用问题日益凸显。

一、涉"伪基站"刑事案件的发展现状

（一）"伪基站"的技术原理探析

相对于中国移动等电信运营商架设的正常基站，"伪基站"能够搜取周边一定半径范围内的手机信号，之后使用任意号码，如冒充银行号码，强行向其影响

---

* 朱冠琳，杭州市西湖区人民法院刑事审判庭助理审判员；姜琪，杭州市西湖区人民检察院公诉科助理检察员。

范围内的手机发送短信息。在工作原理上,"伪基站"主要是利用目前 GSM 网络单向鉴权的漏洞(即仅有网络对用户手机的鉴别,用户手机对网络不进行鉴别),使用与正常网络相同频率且强度更强的信号,设置不同的 LAC(Location Area Code,通信位置区域识别码),诱骗用户手机进入"伪基站"网络并发送短信;随后,"伪基站"变换另一个 LAC 并拒绝该用户手机更新请求,将该用户手机踢出"伪基站"网络,具体为以下过程:

(1)用户手机探测到"伪基站"信号,重选到"伪基站"的广播频点,随后手机发起第一次位置更新请求,"伪基站"向手机提取了 IMSI(International Mobile Subscriber Identification Number,国际移动用户识别码)和 IMEI(International Mobile Equipment Identity,国际移动设备识别码),后位置更新成功,登记在"伪基站"下 LAC1。

(2)"伪基站"向手机发送垃圾广告短信,手机收到垃圾短信。

(3)由于用户手机处于上一次位置更新过程中,"伪基站"将原来的 LAC1 修改为另一个 LAC2,其他参数未修改,待用户手机的定时器超时后,由于手机中存储的 LAC1 和伪基站的 LAC2 不同,手机又向"伪基站"做了一次位置更新,但这次位置更新被"伪基站"拒绝。

(4)随后用户手机回到正常 GSM 网络。

以上流程还反映出"伪基站"运行的一个技术特征:因为"伪基站"变换 LAC 后会根据其已记录的手机的 IMSI 和 IMEI 信息来拒绝或接受手机的位置更新请求,所以每部手机或每个号码在同一时间段只能进入一次"伪基站"网络,只能收到一次短信。

(二)涉"伪基站"刑事案件的最新发展

自 2014 年以来,因公安机关的严厉打击,涉"伪基站"刑事案件的数量在全国各地都已经呈现出下降的明显趋势。但是,自 2015 年以来,各地"伪基站"不断升级的犯罪技术手段对这类案件在侦查时的鉴别、定位、抓捕、取证都提出了新的挑战,如使用技术手段来隐藏或不断变换"伪基站"设备识别信息,设计自毁程序销毁后台保存的发送数据,使用手机无线网络登录操作网页替代笔记本电脑控制"伪基站",将"伪基站"做得更袖珍从而直接安装进汽车的驾驶面板内,等等。犯罪分子通过信息技术的不断革新和犯罪方式的日趋隐蔽来逃避公安机关的侦查,这给这类犯罪的侦查和司法审查认定都带来了极大的困难。

自 2016 年以来,涉"伪基站"案件大有死灰复燃之势。360 安全卫士发布的

《2016 中国"伪基站"短信研究报告》显示：2016 年 3 月,仅安装 360 手机卫士的手机就自动拦截各类通过"伪基站"发送的短信 1.1 亿条,平均每天拦截"伪基站"短信约 354.8 万条。其中,89.4％为中国移动用户,9.5％为中国联通用户,近 1.1％为中国电信用户。在"伪基站"短信的内容上,广告推销类短信数量占比高达 41.3％;其次为违法信息类短信 33.8％;诈骗短信 24.0％。而在诈骗类"伪基站"短信中,身份冒充类"伪基站"短信占比为 93.8％,打款诈骗类占比为 1.7％、电商网站欺诈类占比为 0.7％。① 通过"伪基站"等手段实施的电信网络诈骗在当下也得到了社会各界的普遍关注,如何更好地运用司法手段,依法有效地惩治涉"伪基站"犯罪也成为刑事司法实践中的重要课题。

二、涉"伪基站"刑事案件的证据审查

(一)证据审查的难点之一:用户中断通信的认定

在 2015 年《刑法修正案(九)》修改扰乱无线电通信管理秩序罪的入罪标准之前,司法实践中打击"伪基站"所常用的罪名为破坏公用电信设施罪。② 以笔者所在地区办理的"伪基站"刑事案件为例,认定破坏公用电信设施罪的关键客观证据有三方面:一是省市级无线电监测站对公安机关查获的设备进行检测,出具报告认定该设备是否为无线电设备、是否占用公共 GSM 网络频段、是否为"伪基站";二是公安机关对查获的"伪基站"设备中的笔记本电脑进行电子勘验,提取笔记本电脑中记录的 IMSI 信息,用于认定被"伪基站"网络拉入的手机用户数量;三是当地中国移动公司对"伪基站"的原理出具情况说明,证实只要被"伪基站"网络拉入,正常通信就会被中断数秒钟。

在此类案件的审理过程中,犯罪嫌疑人、被告人及辩护人通常会提出辩解称:"伪基站"仅是用于群发短信的,对用户通信影响很小,没有意识到会中断用户通信。因此,中国移动等电信运营商出具的情况说明往往就成为案件争议的焦点。首先,辩方会提出中国移动公司等电信运营商系具有利害关系的一方,由其出具"伪基站"是否导致中断的情况说明在证据形式上并不合法,根据最高人民法院《关于审理破坏公用电信设施刑事案件具体应用法律若干问题的解释》第

---

① 该报告所在网址,http://news.163.com/16/0429/08/BLQ9JKRH00014Q4P.html。
② 在本文第三部分"法律适用"中会详细论述。

5条规定："本解释中规定的公用电信设施的范围、用户数、通信中断和严重障碍的标准和时间长度,依据国家行业主管部门的有关规定确定",应由中立第三方或电信行业主管部门出具该说明。其次,辩方会提出无线电监测站仅对查扣设备是否为"伪基站"出具意见,但并未明确"伪基站"是否会中断用户通信,而中国移动在对查扣设备未经过任何测试的情况下,就对具体个案中的设备出具会导致中断的说明,在证据关联性上存在问题。

针对查扣的"伪基站"设备是否会中断通信的问题,若不了解"伪基站"的工作原理就会在证据的认定上带来困难。但只要了解"伪基站"的工作原理,该问题其实就迎刃而解了。前述"伪基站"的基本原理已经说明"伪基站"只有诱骗用户手机进入"伪基站"网络才能发送短信,这必然导致用户手机与正常网络脱离,虽然脱网时间有长有短,但是脱网是一个不争的事实,这是一个技术定理,无须证明。因此,只要无线电监测站认定设备为"伪基站",该设备一旦工作就会中断用户通信,而中国移动等电信运营商出具的情况说明仅是阐明"伪基站"的工作原理,是帮助司法人员了解该技术特征的辅助说明而已,并非鉴定意见、电子证据之类的定罪证据。

当然,在前述的司法解释中,对于破坏公用电信设施罪的入罪和法定刑升格规定了一些量化的标准,如"造成二千以上不满一万用户通信中断一小时以上","造成网间通信严重障碍,一日内累计二小时以上不满十二小时的"。对于该类具体量化的认定标准在审查中则必须由具备资质的机构和部门按照国家行业主管部门的有关规定确定。

(二)证据审查的难点之二:发送短信和中断用户数量的认定

根据当前的司法实践,犯罪分子为了躲避打击会设计自毁程序定时销毁"伪基站"后台发送数据,或者使用智能手机连接无线网络登录网页对"伪基站"进行操控,一旦设备断电公安机关便难以对手机进行电子勘验以提取发送数据。因此,目前在笔者所在地区,确定"伪基站"中断用户数量主要依靠中国移动等电信运营商的"后台统计数据"。由于"伪基站"是独立的网络系统,其和正常网络没有任何连接,只能通过用户和"伪基站"及正常网络的位置更新信令特征来分析,而"伪基站"的 LAC 和正常基站的 LAC 不一样,且在"伪基站"覆盖区域的正常网络的基站小区位置更新频繁,通过对这些特征进行统计分析,就可以确定"伪基站"的位置及受影响(中断)的用户数量。

但问题也随之出现了,之前受"伪基站"影响中断用户数量(IMSI)的数据来自公安机关查扣的犯罪嫌疑人、被告人所使用的"伪基站"设备，证据形式为电子勘验之后获得的电子证据，而现在却只能依靠电信运营商提供的"后台统计数据"。对于该证据，在司法审查中存在以下几个问题。

首先，在真实性上，由于"伪基站"严重影响正常网络通信，电信运营商相当于被害人或者有一定利害关系的证人，其提供统计数据的多少直接影响着对被告人的定罪和量刑，所以在证据真实性上存在一定的瑕疵。

其次，在关联性上，需要先介绍一下中国移动公司获取"后台统计数据"的方法：中国移动工作人员先根据公安机关查获犯罪嫌疑人时所使用工程手机号码（工程手机用于查询周围正常基站 LAC 等数据供"伪基站"使用）或随身携带的自用手机号码来确定犯罪嫌疑人的活动时间、轨迹，然后综合统计该轨迹上更新频繁的小区的用户和返回异常 LAC 的用户，删除一些无法区分部分，最终获得犯罪嫌疑人使用"伪基站"所中断的用户数量。虽然进入"伪基站"网络的用户所返回的 LAC 必定是异常数字编码，但是该 LAC 是随时发生变化的，且号码也是随机生成的，所以难以真正关联到该部"伪基站"上，只能说明犯罪嫌疑人经过该区域时有多少用户返回异常 LAC，所以一旦该区域出现两台以上"伪基站"或其他不明干扰，就难以区分"伪基站"真正影响的用户。因此审查时，只有在排除其他"伪基站"活动等外因情况下，统计获得的返回异常 LAC 的用户数量，才能被视作受该"伪基站"影响而中断的用户数量，并以此作为定罪量刑的依据。

再次，在合法性上，电信运营商提供的"后台统计数据"不仅是一个查询结果，还是对查询结果进行分析、判断、筛选之后获得的结果，很明显这是一个经过人为加工之后的结果，但对该分析统计过程（时间、地点、方法、操作人）既没有任何说明，也没有提供分析统计所依据的技术标准，过程不透明。2016 年最高人民法院、最高人民检察院、公安部联合出台的《关于办理刑事案件收集提取和审查判断电子数据若干问题的规定》对于电子数据的收集和提取做出了明确的规范，例如第 13 条规定："调取电子数据，应当制作调取证据通知书，注明需要调取电子数据的相关信息，通知电子数据持有人、网络服务提供者或者有关部门执行。"第 14 条规定："收集、提取电子数据，应当制作笔录，记录案由、对象、内容、收集、提取电子数据的时间、地点、方法、过程，并附电子数据清单，注明类别、文件格式、完整性校验值等，由侦查人员、电子数据持有人（提供人）签名或者盖章；电子数据持有人（提供人）无法签名或者拒绝签名的，应当在笔录中注明，由见证人签名或者盖章。有条件的，应当对相关活动进行录像。"第 15 条规定："收集、提取电子数据,应当根据刑事诉讼法的规定,由符合条件的人员担任见证人。由于客观原因无法由符合条件的人员担任见证人的,应当在笔录中注明情况,并对相关活动进行录像。"目前涉"伪基站"刑事案件中的"后台统计数据"往往只加盖了中国移动等电信运营商的部门公章,在证据的合法性上存在瑕疵。未来对于这一证据应当严格按照前述规范的要求制作相关笔录,记录数据筛选和提取的过程,并进行录音、录像,同时应当邀请见证人进行见证,充分做到依法规范取证,逐步完善对该类证据的合法收集和提取,以利于案件的审查认定。

最后,该"后台统计数据"只证实中断用户数量,却无法确定发送短信数量。在以往案件中,公安机关可以从"伪基站"所用的笔记本电脑中提取到 IMSI,即为"伪基站"在发送短信成功后所记录的 IMSI,所以有多少个 IMSI 就意味着有多少个用户被"伪基站"网络吸入继而脱离了正常网络(即多少用户被中断通信),同时也意味着这些用户收到了"伪基站"发送的短信,两者可以被等同视之。但是目前通过电信运营商后台统计获取的仅是脱离正常网络的异常用户数量,其并不能完全等同为"伪基站"所发送短信的数量,因为如果"伪基站"的信号发射装置处在工作状态,但是行为人并没有编辑发送短信,就会出现用户手机被吸入"伪基站"网络但并没有收到短信的情况,所以此情况下两者不能再被等同视之。而发送短信的数量又是目前在认定非法利用"伪基站"发送诈骗短信从而可能构成诈骗罪的相关案件中据以定罪的重要依据。在目前技术手段尚无法依据"后台统计数据"直接认定发送短信数量的情况下,只能根据案件中的其他证据予以认定。由于目前这类案件中的行为人大多会通过手机对发送数量进行截图并将截图发送给"上家"以汇报工作成果,因而目前可以通过对行为人的手机进行电子勘验,发现相关短信数量的截图,并结合行为人的供述对发送短信数量予以认定。

三、涉"伪基站"刑事案件的法律适用

(一)涉"伪基站"刑事案件法律适用的发展沿革

关于涉"伪基站"刑事案件的法律适用问题,在"伪基站"问题凸显之初就引起了司法机关的高度重视。2013 年,公安部刑事侦查局就曾向最高人民法院研究室去函征求关于非法生产、销售、使用"伪基站"行为定性的意见,最高人民法院研究室在复函中提出:对于生产、销售"伪基站"设备的行为,如果"伪基站"设备经有关部门依法认定为"窃听、窃照等专用间谍器材的,可以认定为当时的非法生产、销售间谍专用器材罪①;对于使用"伪基站"设备群发短信的行为,由于该行为以非法占用电信频率的方式,破坏正在使用中的公用无线通信网络,在较大范围内较长时间造成用户通信中断,严重危害公共安全的,可以以破坏公用电信设施罪定罪处罚;对利用"伪基站"设备经营广告短信群发业务的定性,认为不宜认定为非法经营罪。

2014 年,针对日益猖獗的非法生产、销售、使用"伪基站"设备违法犯罪活动,最高人民法院、最高人民检察院、公安部、国家安全部联合发布了《关于依法办理非法生产销售使用"伪基站"设备案件的意见》,在该文件中对涉"伪基站"犯罪的行为定性进行了明确:对非法生产、销售"伪基站"设备达到一定标准的,以非法经营罪定罪处罚,其中如果"伪基站"设备经鉴定为专用间谍器材的,以当时的非法生产、销售间谍专用器材罪追究刑事责任;同时构成非法经营罪的,以非法经营罪追究刑事责任。对非法使用"伪基站"设备干扰公用电信网络信号,危害公共安全的,以破坏公用电信设施罪追究刑事责任;同时构成虚假广告罪、非法获取公民个人信息罪②、破坏计算机信息系统罪、扰乱无线电通信管理秩序罪的,依照处罚较重的规定追究刑事责任。

从涉"伪基站"案件的司法实践看,非法使用"伪基站"群发短信的行为是实践中较为常见的被查处的案件类型。行为人主要是利用"伪基站"的工作原理,通过非法占用移动通信频率,局部阻断移动通信网络信号的方式,在短时间内强行向不特定多数用户大量群发短信牟利。在非法使用"伪基站"群发短信的行为中,其目的大多出于投放广告以获利,广告内容本身多为真实广告,不涉及虚假广告;同时对于使用"伪基站"过程中可能获取的用户手机号码等信息亦在当时不被认为是公民个人信息;"伪基站"设备的运行虽然会对用户手机系统造成短暂的干扰,但一般不会对手机系统的功能进行删除或者修改。因此,在之前的非法使用"伪基站"犯罪中很少涉及虚假广告罪、非法获取公民个人信息罪、破坏计算机信息系统罪等罪名。

非法使用"伪基站"的行为在实践中较多触犯的是破坏公用电信设施罪或者

---

① 该罪名已经被《刑法修正案(九)》修正为:"非法生产、销售专用间谍器材或者窃听、窃照专用器材的,处三年以下有期徒刑、拘役或者管制,并处或者单处罚金;情节严重的,处三年以上七年以下有期徒刑,并处罚金。"罪名也被修正为:非法生产、销售专用间谍器材、窃听、窃照专用器材罪。

② 该罪名已经被《刑法修正案(九)》修正为:侵犯公民个人信息罪。

扰乱无线电通信管理秩序罪。但实际上,从具体的罪状看,非法使用"伪基站"的行为更符合扰乱无线电通信管理秩序罪所规定的行为方式,但由于在 2015 年通过的《刑法修正案(九)》施行之前的扰乱无线电通信管理秩序罪要求行为人必须要经过主管部门责令停止使用后拒不停止使用,且造成严重后果的,才能够追究刑事责任。这一规定,有利于行政管理和刑事处罚之间的衔接,符合当时的实际情况,但由于涉"伪基站"违法犯罪案件数量的快速增长,实践中监管部门很难做到实时管理,在行为被查处时已经造成了严重后果。[①] 该前置条件的存在导致很多案件无法以该罪名追究刑事责任。反观破坏公用电信设施罪,最高人民法院《关于审理破坏公用电信设施刑事案件具体应用法律若干问题的解释》第 1 条明确规定:采用截断通信线路、损毁通信设备或者删除、修改、增加电信网计算机信息系统中存储、处理或者传输的数据和应用程序等手段,故意破坏正在使用的公用电信设施,具备所列举情形之一的,以破坏公用电信设施罪定罪处罚。从"伪基站"的工作原理出发,其非法占用移动通信频率,局部阻断移动通信网络信号的方式可以被理解为"截断通信线路"的手段,而且往往会造成大量用户的通信中断,危害公共通信安全。因此,在《刑法修正案(九)》出台之前,对非法使用"伪基站"发送短信的行为大部分是以破坏公用电信设施罪追究刑事责任。然而,毕竟扰乱无线电通信管理秩序罪是更为符合行为特征的罪名,根据实践所反映的情况,立法机关也认为应当对该罪名进行修正以适应司法实践的需要。2015 年通过的《刑法修正案(九)》对扰乱无线电通信管理秩序罪进行了修正,取消了原先所规定的"经责令停止使用后拒不停止使用"的前置条件,降低了入罪门槛,同时将原来所要求的"造成严重后果"修改为"情节严重",并增加了"情节特别严重"一档刑罚。这就使得非法使用"伪基站"发送信息的行为完全可以依照修正后的扰乱无线电通信管理秩序罪定罪处罚。

(二)涉"伪基站"刑事案件的新旧法选择适用问题

由于《刑法修正案(九)》对扰乱无线电通信管理秩序罪进行了修正,对非法使用"伪基站"发送短信的常见犯罪行为,如果行为发生在修正案实施之后的,无疑应当适用扰乱无线电通信管理秩序罪追究刑事责任。但对于行为发生在修正案实施之前,却又在修正案实施之后被追究责任的案件,如何适用法律则存在争议。

---

① 全国人大常委会法制工作委员会刑法室.《刑法修正案(九)》最新问答[M].北京:法律出版社,2015:107.

以实践中的一则案件为例：2014年3月27日至6月1日，被告人袁某作为某广告公司法定代表人，对外承揽房产广告短信群发业务，擅自购买二套"伪基站"设备并安排他人驾车运载和操作"伪基站"设备，在某市多个区域向周边不特定中国移动用户群发房地产广告短信共计93500条。同年6月1日，其所指使的人员在驾车发送广告短信时被公安机关当场抓获，现场查获"伪基站"设备。本案公诉机关于2016年向人民法院提起公诉，指控罪名为扰乱无线电通信管理秩序罪。法院经审理后将罪名变更，按照破坏公用电信设施罪追究被告人的刑事责任。公诉机关之所以按照现行的扰乱无线电通讯管理秩序罪起诉，是因为认为被告人的行为在其行为时是符合《刑法》第124条破坏公用电信设施罪的构成要件，但由于《刑法修正案（九）》对扰乱无线电通信管理秩序罪进行了修正，使得被告人的行为目前也可以按照扰乱无线电通信管理秩序罪定罪处罚，由于破坏公用电信设施罪要重于扰乱无线电通信管理秩序罪，因此按照从旧兼从轻原则对被告人适用较轻的扰乱无线电通信管理秩序罪。但法院经审理认为，这种对刑法从旧兼从轻原则的理解是不恰当的。如果按照该意见，即被告人的行为是同时符合破坏公用电信设施罪和扰乱无线电通信管理秩序罪两个罪的构成要件的，但目前刑法并没有删除破坏公用电信设施罪，在该罪仍存在于现行刑法的情况下，不论是按照从一重处罚的原则进行认定，还是按照前述最高人民法院、最高人民检察院、公安部、国家安全部《关于依法办理非法生产销售使用"伪基站"设备案件的意见》中的有关规定，对被告人的行为都应当以较重的破坏公用电信设施罪追究刑事责任。

从旧兼从轻原则一般是在不存在竞合的情形下，单纯地对修正前后行为所适用单一罪名进行轻重比较。因此，假设在不存在破坏公用电信设施罪的情况下，如果要正确适用从旧兼从轻原则，本案则要与修正前的扰乱无线电通信管理秩序罪进行比较。但是，根据修正前该罪的内容，要求行为人"经责令停止使用后拒不停止使用"，但本案中被告人袁某在被公安机关立案侦查前从未被有关部门责令停止使用，更不存在拒不停止使用的情形。那么如果依据行为时的规定，被告人的行为不成立扰乱无线电通信管理秩序罪，行为时的处理结果必然要轻于现行法律。但如果行为存在竞合，即在刑法修正前或者修正后，一个行为符合多个犯罪构成，则要对案件进行具体分析，不能简单地以较轻罪名论处。例如，依本案的情况，被告人的行为符合修正前的A罪构成，同时又符合修正后的A罪和B罪，这时不能仅因为B罪轻于A罪，就按直接按照B罪认定。这无疑会造成案件处理上的逻辑矛盾；更重要的是会导致对于一个同时触犯两个甚至更多罪名的行为，可以由于刑法修正的原因而人为选择较轻的罪名处罚，从而使从一重论处的准则在实质上被架空。作为新类型刑事犯罪，涉"伪基站"刑事案件的相关罪名不断被修正，在新旧法适用中必然会出现各种难题，在法律适用上必须以案件事实为基础，从实质上把握，准确适用罪名，以达到罪责刑相适应。

（三）利用"伪基站"发送诈骗短信的行为定性

"伪基站"虽然在发展之初主要被违法犯罪分子用于群发短信进行广告宣传，但随着电信诈骗的愈演愈烈，"伪基站"技术在目前更多地演变为诈骗团伙用来批量发送诈骗短信的有效工具。利用"伪基站"发送诈骗短信的行为本身，必然符合修正后的扰乱无线电通信管理秩序罪的犯罪构成。但同时，由于该行为所发送的系诈骗短信，该行为可能同时会触犯诈骗罪。最高人民法院、最高人民检察院于 2011 年颁布的《关于办理诈骗刑事案件具体应用法律若干问题的解释》第 5 条中明确规定，利用发送短信、拨打电话、互联网等电信技术手段对不特定多数人实施诈骗，诈骗数额难以查证，但发送诈骗信息五千条以上的[①]，应当被认定为《刑法》第 266 条规定的"其他严重情节"，以诈骗罪（未遂）定罪处罚；数量达到该标准十倍以上的，或者诈骗手段特别恶劣、危害特别严重的，应当被认定为《刑法》第 266 条规定的"其他特别严重情节"，以诈骗罪（未遂）定罪处罚。因此，对于利用"伪基站"发送诈骗短信的行为究竟是认定扰乱无线电通信管理秩序罪还是诈骗罪就成为实践中进行法律适用时必须判断的一个问题。从前述有关诈骗罪的司法解释的文义理解，该条文的制定主要是针对在犯罪分子利用电信网络技术手段对不特定人群实施诈骗的过程中，该技术手段的特殊性以及被害人大量分散的特点导致很多案件的诈骗数额难以查证的情况。在这种情况下则转而以发送的短信数量或者拨打的电话次数等处于犯罪前端、较为容易查证的角度进行认定，并以诈骗罪（未遂）定罪处罚，将有利于对该类犯罪的司法操作。但这是否就意味着只要行为人发送了诈骗短信，就可以以该条款直接按照诈骗罪定罪处罚？答案是否定的。

以目前的司法经验看，实践中查获的使用"伪基站"大量发送诈骗短信的行为人存在一个显著的特征，即绝大多数行为人系受雇用、被利用实施发送诈骗短信的行为，行为人的被动性明显。很多行为人都是通过网络和所谓的"上家"取

---

① 该司法解释还规定了其他两种情形：拨打诈骗电话五百人次以上的；诈骗手段恶劣、危害严重的。

得联系,在利益报酬的驱动下,按照"上家"的指示驾车前往犯罪地,并在"上家"教授下迅速掌握了本就相对简单的"伪基站"操作办法,然后机械地开始发送短信的行为,并与"上家"结算工资。多数行为人对短信内容本身可能系诈骗短信是具有明知的,但对"上家"的情况、"伪基站"设备、短信的来源、后续在有被害人按照相关短信操作后如何进一步实施诈骗获取赃款等具体情况一无所知。对实践中查获的大量这类行为人如何适用法律则必须根据案情具体分析,不能简单套用前述规定。司法解释虽然对这类行为认定诈骗罪做出了特殊规定,但其隐含的前提依然是行为人是对不特定多数人"实施诈骗",其行为是符合诈骗罪的犯罪构成的。而对这类仅受雇用操作"伪基站"发送诈骗短信的行为人成立诈骗罪的前提是必须在明知短信为诈骗信息的同时存在与其他实施诈骗的行为人的意思联络或者共同犯意。具体可以分为三种情形。(1)行为人本就是诈骗犯罪团伙的一员或者在事前就与实施诈骗的其他人达成诈骗的共谋,仅是出于分工不同,由其负责实施操作"伪基站"发送诈骗短信这一犯罪环节,对该类行为人无疑可以认定其为诈骗罪的共犯。(2)行为人在事前并没有与实施诈骗的其他人存在共谋,仅是出于赚取报酬的目的接受他人雇用,实施操作"伪基站"发送短信的行为,但在行为人通过短信内容判断出所发送的可能系诈骗短信后,其又与他人就此进行过意思联络,或者在所获取的报酬明显超出正常收入的情况下,可以认定行为人与其他人达成了事中的共同犯意,亦可以成立诈骗罪的共犯。(3)行为人在事前并没有与实施诈骗的其他人存在共谋,仅是出于赚取正常报酬的目的接受他人雇用实施操作"伪基站"发送短信的行为,其虽在行为过程中通过短信内容判断出所发送的可能系诈骗短信,但此后并没有与他人进行过意思联络,仍旧正常获取劳务报酬,更对后续的诈骗实施并不知情。对这类行为人既不能认定其具有非法占有的故意,也无法认定其与其他实施诈骗的人存在共同犯意。他们在主观上只是认识到该短信可能系诈骗短信,但目的仍旧是获取正常的劳务报酬,只是对利用"伪基站"群发短信、破坏正常通信秩序的行为本身存在间接故意[①],行为应当以扰乱无线电通信管理秩序罪认定,而不宜简单将其认定为诈骗罪。

　　在行为人使用"伪基站"大量发送诈骗短信的行为同时可以被认定为扰乱无

----

① 《刑事审判参考》第957号指导案例也对将被告人使用"伪基站"向不特定用户发送短信的主观方面认定为间接故意予以肯定。

线电通信管理秩序罪和诈骗罪的情况下,需要按照从一重罪论处的原则进行比较判断。修正后的扰乱无线电通信管理秩序罪设置了两档法定刑:"对情节严重的,处三年以下有期徒刑、拘役或者管制,并处或者单处罚金;对情节特别严重的,处三年以上七年以下有期徒刑,并处罚金。"而诈骗罪本身设置了三档法定刑:"对数额较大的,处三年以下有期徒刑、拘役或者管制,并处或者单处罚金;对数额巨大或者有其他严重情节的,处三年以上十年以下有期徒刑,并处罚金;对数额特别巨大或者有其他特别严重情节的,处十年以上有期徒刑或者无期徒刑,并处罚金或者没收财产。"从前述有关诈骗罪的司法解释的规定看,发送诈骗信息五千条以上的,就应当被认定为诈骗罪所规定的"其他严重情节",即要在三年以上十年以下有期徒刑内量刑;达到五万条以上的,就应当认定诈骗罪的"其他特别严重情节",在十年以上有期徒刑量刑。如果这样理解的话,则无论如何适用都将是诈骗罪更重,也不会存在选择适用的问题。但是,比较二罪法定刑的高低不能仅看两罪的最高刑或者最低刑,而是应当考虑其行为所适用的法定刑幅度,以及其行为按照不同的罪名可能被判处的刑罚,决定罪名的认定,从而达到量刑的均衡。① 因此,由于司法解释对这种情况下的诈骗罪明确规定应认定为未遂,如果按照未遂对行为人可以减轻处罚的原则,则会重新出现与扰乱无线电通信管理秩序罪进行比较的问题。但是,由于刑法修正后将扰乱无线电通信管理秩序罪的量刑按照情节轻重做出区分,但具体如何判断该罪中的"情节严重"和"情节特别严重"尚有待明确,目前也没有出台司法解释进行具体量化,人民法院只能在具体审判实践中根据案情具体把握。

(四)涉"伪基站"刑事案件的其他法律竞合问题

实际上,除了前面着重论述的司法实践中存在的破坏公用电信设施罪、扰乱无线电通信管理秩序罪和诈骗罪之间的竞合与选择适用的问题之外,涉"伪基站"刑事案件,特别是实践中多发的非法使用"伪基站"发送短信的行为可能还会触及其他罪名,产生法律上的竞合问题。

1. 侵犯公民个人信息罪。《刑法修正案(九)》对原先《刑法》第253条之一的出售、非法提供公民个人信息罪和非法获取公民个人信息罪进行了修正,将向他人出售或者提供公民个人信息,窃取或者以其他方法非法获取公民个人信息的行为统一规定为侵犯公民个人信息罪。具体到非法使用"伪基站"发送短信的行

---

① 臧德胜.法官如何思考——刑事审判思维与方法[M].北京:中国法制出版社,2016:16.

为，根据实践中在查获"伪基站"后对其的勘验检查可以发现，"伪基站"在发送短信的同时会获取手机用户的 IMSI 和 IMEI 信息。IMSI 和 IMEI 分别为用户和手机的国际通用唯一识别码，相当于通信网络中用户和手机的身份证。对于该信息是否属于公民个人信息，最高人民法院研究室在前述关于非法生产、销售、使用"伪基站"行为定性的复函中曾明确，这类信息不属于公民个人信息。但是，如果站在当今互联网信息高速发展的视角上，淘宝、支付宝等网络工具的使用已经越发普及和深入公民的个人生活，原本传统意义上的手机号码、邮箱等仅仅只是作为一个联络的工具，但随着时代的发展，通过手机号码、邮箱等信息注册淘宝、支付宝账户，进行网络购物和金融支付的情况已经极其普遍，相关信息已经逐渐伴随互联网金融的发展演变成为能够准确识别公民个人身份，同时深刻影响公民财产安全的个人信息。因此，将手机号码等信息纳入公民个人信息的保护范畴也是必然的选择。如果能够明确该类信息的属性，则利用"伪基站"获取相关信息的行为则同样可能构成侵犯公民个人信息罪。

2. 非法获取计算机信息系统数据罪和非法控制计算机信息系统罪。最高人民法院、最高人民检察院《关于办理危害计算机信息系统安全刑事案件应用法律若干问题的解释》将"计算机信息系统"和"计算机系统"定义为具备自动处理数据功能的系统，包括计算机、网络设备、通信设备、自动化控制设备等。可见，目前普及的智能手机已经明确被认定为计算机信息系统。从"伪基站"的工作原理可知，"伪基站"采用技术手段诱骗移动用户的手机进入"伪基站"网络，造成移动用户与正常网络的脱离，不仅能向移动用户发送短信，还能拦截和窃取用户和正常网络交换的信息数据，比如账号密码、身份验证码、网络支付信息等。用户手机明显是一个独立计算机信息系统，尤其是目前广泛使用的智能手机，"伪基站"不仅非法侵入用户计算机信息系统，同时也非法获取了计算机信息系统内的数据，对信息网络安全和公民财产权威胁巨大。根据司法解释的相关规定，非法获取计算机信息系统数据或者非法控制计算机信息系统的入罪标准，可以以获取的身份认证信息数量或者控制的计算机信息系统数量进行认定。因此，非法使用"伪基站"的行为同样可能构成非法获取计算机信息系统数据罪和非法控制计算机信息系统罪。

3. 非法利用信息网络罪。《刑法修正案（九）》在《刑法》第 287 条后增加了一条，以作为第 287 条之一，并将罪名确定为非法利用信息网络罪，具体内容为："利用信息网络实施下列行为之一，情节严重的，处三年以下有期徒刑或者拘役，并处或者单处罚金:(1)设立用于实施诈骗、传授犯罪方法、制作或者销售违禁物品、管制物品等违法犯罪活动的网站、通讯群组的;(2)发布有关制作或者销售毒品、枪支、淫秽物品等违禁物品、管制物品或者其他违法犯罪信息的;(3)为实施诈骗等违法犯罪活动发布信息的。"该罪名实质是对网络犯罪预备行为独立入罪,将预备行为实行化,以适应惩治这类犯罪的需要。[①] 实践中利用"伪基站"发送诈骗短信,意图进一步实施诈骗的行为则符合该条款中所列举的第 3 项,即利用信息网络为实施诈骗等违法犯罪活动发布信息,因此同样可能构成新设立的非法利用信息网络罪。

综上可见,涉"伪基站"刑事案件在法律适用上的问题复杂,可能涉及多个罪名,且罪名与罪名之间如何选择适用往往也成为司法实践的难题。实务部门需要在具体案情基础上更好地把握法律实质,依法准确适用法律,以实现罪责刑相一致。

[①] 喻海松.网络犯罪的立法扩张与司法适用[J].法律适用,2016(9).

第二部分
互联网司法程序研究

电子商务领域犯罪立案管辖问题研究

——以 S 地区案件为样本分析

◎范苑苑　高庆盛*

摘　要:在当今时代,电子商务在全球范围内飞速发展;与此同时,电子商务领域犯罪也日益凸显,给社会经济秩序带来了极大危害。现行法律的适用面临许多困惑和挑战,特别是传统立案、管辖制度难以适应电商网络犯罪的现实惩治需要。为此,本文选取 2015 年至 2016 年 10 月 S 地区电商领域犯罪案件为样本,综合运用实地调研、数据分析、比较研究等方法,从办理电子商务领域犯罪案件遇到的立案难、管辖乱等问题入手,对现有网络犯罪刑事管辖权的各种学说进行了简要分析,进而提出电商领域案件立案、管辖的对策和建议。

关键词:电子商务　网络犯罪　立案　管辖

在信息时代背景下,以互联网为载体的电子商务,在全球范围内快速发展,呈高速增长态势。据统计,2014 年我国电子商务交易额达 16.39 万亿元,2015 年交易额达 18.3 万亿元,电子商务产业被誉为"朝阳产业,绿色产业",推动我国经济向快节奏、高效益、可持续方向发展。但我们也清醒地看到,电子商务在创造巨额利润的同时,也衍生出形形色色的新类型犯罪,严重危害电子商务秩序和安全;但因互联网开放性、国际性、科技性特征,传统法律在电子商务领域的适用过程中遇到诸多困惑和挑战,如电子商务领域常见的"小额多笔"犯罪涉及的立案难、管辖难等问题,妨碍司法机关惩治犯罪和保护电商健康发展。本文拟通过梳理 2015 年以来 S 市检察机关办理的涉及电子商务领域网络犯罪案件情况,着重就电子商务领域犯罪立案、管辖问题开展探讨,并进一步提出对策和建议。

* 范苑苑,杭州市人民检察院侦查监督处干部;高庆盛,杭州市人民检察院侦查监督处副处长。

一、S 地区电子商务犯罪概况分析

据不完全统计,2015 年至 2016 年 10 月,S 地区受理审查逮捕涉及电子商务犯罪案件数为 93 件 156 人。此类案件总体上呈现以下特点。

一是犯罪主体年轻化、多样化、结伙化。由于互联网运用需要一定的技术和知识,而一定程度上中青年对该技术的接受能力较强,故活跃在电子商务领域的主要力量为中青年人员。据统计,犯罪嫌疑人中 70 后 7 人,80 后 92 人,90 后 57 人,普遍年龄偏轻。另外,随着计算机技术的发展及网络的普及,能够熟练操作计算机和网络的群体不再限于过去以高智商、高学历等为代表的专业人员,近两年数据反映出犯罪主体趋向多样化,犯罪嫌疑人的学历从小学至本科学历者皆而有之,主体身份有个人,有网商,有无业人员,也有公司人员。同时发现,2015 年和 2016 年,该领域犯罪结伙作案有 35 件,占案件总数的 39%,比例较高。结伙情况不似传统犯罪般双方具备“感情基础”,不少犯罪嫌疑人之间并不熟悉,且关系松散,系通过网络认识,达成“共同需求”,结伙呈随机性。

二是网络的虚拟性决定了电子商务犯罪隐蔽性强。例如,张三等 5 人非法获取计算机信息系统数据、非法控制计算机信息系统数据案,该案犯罪嫌疑人为内部人员,他们把“木马”程序植入淘宝商家操作系统中并将其隐蔽起来,使之在特定的时间和特定条件下被激活执行,由于其为内部人员,实施犯罪行为后易销毁作案痕迹,其罪行难以被发现和追究,具有极强隐蔽性。又如,实践中存在网商以合法形式掩盖非法目的的情况,如李四非法经营案,其开设的网店以销售“运动袜”“土鸡蛋”等产品掩盖其销售假烟的事实,而买卖双方则是通过 QQ 沟通联络,隐藏性极强。

三是电子商务领域犯罪朝产业化方向发展。信息网络技术的特点决定网络诈骗犯罪行为的实施,需要网站平台、资金流转、技术支持等多个环节才能完成,近年案件情况显示,部分电子商务犯罪已形成制造、贩卖、传播、使用、盗号、销赃的作案流水线并形成利益链条,而一个技术环节又能同时为其他大量的犯罪活动提供帮助。这些缺乏共同的犯罪故意和目的的不同环节之间形成错综复杂的关系,如在王五诈骗案中,王五是该产业链中的“丢单手”,另有“秒单手”“平台站长”等各环节人员,各身份者根据专长专门负责某个环节,且以虚拟身份联络,联系方式限于网络。内部人员监守自盗也是部分案件中一个特殊的情节。内部人员和外部人员勾结作案,完成犯罪的可能性更高,危害后果更加严重。此类犯罪朝产业化方向发展的一个重要原因是,低成本低风险,高产出高利润。网络上充斥着大量"黑客"论坛,兜售盗号木马、用户信息,甚至还专门传授"黑客"技术。只要花极少的钱,很多犯罪分子摇身一变,就可成为一名"黑客",进而获取巨额利润。但是,因产业链条上各环节人员之间关系松散、随机,故在该犯罪产业链条上,个案的破案则难以打击整条产业链。

四是犯罪行为跨地域,危害后果严重。网络将全球近 200 个国家的数以亿计的用户联系在一起,它给人们生活带来便利的同时,也为跨地域、跨国界实施电子商务犯罪提供了可能和方便。犯罪嫌疑人只要拥有一台联网的终端机,就可以操控千里之外的信息网络而实施犯罪,这使得任何人均可以通过网络将触角伸向世界的每个角落,因此常常出现犯罪行为的实施地与犯罪结果地出现相分离的情况。此外,电子商务作为一种商品经济活动,其目的是实现交易,获取经济利益,这一属性使大量社会财富集中于电子商务系统之内,一旦遭到犯罪攻击,不仅造成严重经济损失,而且对知识产权、个人隐私甚至国家安全带来巨大威胁。

五是移动互联网犯罪已成趋势,手机支付安全堪忧。由于智能手机的普及,我国已进入移动互联网时代。在电商领域范围内,移动互联网犯罪表现为针对移动支付的犯罪,如犯罪嫌疑人利用手机安全漏洞,被害人安全防护知识的缺乏,以及手机被盗丢失等手段,进行盗窃、诈骗等犯罪。

二、办理电商领域犯罪案件存在立案管辖方面的难题

电子商务的迅速崛起和急速扩张,显示出强大的生命力和利益空间,正是在电子商务带来巨大利益的诱惑力的背景下,电子商务领域面临着越来越多的违法犯罪的挑战。但近几年 S 地区受理、审查、逮捕电商领域犯罪案件数,相对于每年受理案件总数达 9000 件而言,所占比例较低。究其原因,除了该领域犯罪人群需要一定的计算机技术,行为较为隐蔽,不易被发现之外,司法实践中,部分案件存在的立案难、管辖难等问题也是一个重要原因。

(一)实践中"小额多笔"电子商务犯罪立案难的问题

我国《刑诉法》第 110 条规定了立案标准。刑事立案条件有两个:一是事实条件:有犯罪事实的发生;二是法律条件:需追究刑事责任。在符合以上两个条

件的情况下,便应当立案,启动诉讼程序,追究刑事责任,使犯罪分子受到应有的惩罚。但在司法实践中,公安机关在刚接到报案信息时,案件事实很模糊,证据也不是很充足,在这种情况下很难判断是否需要追究其刑事责任。虽然立案主体可以通过初查手段来进行审查和调查,但鉴于在此阶段不能适用强制措施,以及犯罪手段的隐蔽性、高科技性、复杂性等特点,要想搜集较为全面的证据,查清案件事实,弄清真相,需通过立案后的侦查手段,才能做到。故在此阶段就查明一切的想法与科学常理不相符,否则侦查阶段的存在又有何意义呢?立案标准设定过高,有些案件需要反复调查,才能符合标准,有些侦查人员为了简单省事,便把刑事案件作为治安案件来处理,以罚代刑,这使一些犯罪分子逃避法律制裁,从而助长其嚣张气焰;同时,因侦查机关实行以立案的数量、破案率作为绩效考核标准,为达到工作绩效,完成相应的工作量,立案机关在办案过程中对于决定立案都十分的小心谨慎。故法律规定的立案标准过高,不具有切实可靠的操作性。

电商领域中涉及"小额多笔"的犯罪,这类犯罪的特点是涉案金额小、办案难度大、成本高、周期长,公安机关受到人力、物力、财力等因素制约,通常会以单个案件涉案数额达不到立案标准或以案件管辖范围不确定为由不予受理。例如,在犯罪嫌疑人陈某等人诈骗案中,被害人刘某某所在地为S市,被害人邓某则在内蒙古呼伦贝尔市,被害人易某在辽宁省鞍山市,这些被害人被骗的数额均为三四千元,单个被害人的数额均达不到刑事立案标准;又如,在犯罪嫌疑人朱某某等人诈骗案中,被害人分布在全国各地,而他们的被骗数额基本上不超过3000元。正因为网络诈骗案件中单个被害人被骗数额不多,可能只有一两千元,甚至几百元,此类被害人报案,因被骗数额未达刑事犯罪构罪标准,受理公安机关往往不会将其立为刑事案件进行侦查。即使单个被害人的被骗数额达到构罪标准,鉴于数额不是很大,且犯罪行为地基本不在同一地区,抓捕行动存在困难。同时,因电商领域诈骗犯罪的被害人与行骗人均没有真实实体接触,大部分是通过网络进行文字沟通,或者声音上的接触,绝大多数行骗人都不会将自己的真实身份、真实容貌暴露给被害人,导致被害人无法对行骗人进行指认,也给侦查机关的查证带来巨大的困难,造成被害人报案难、求助难的问题,长此以往,必将使隐案大量堆积。在网络世界中,此类型案件并非是单一或者偶然现象,"小额多笔"一旦累加则数额非常巨大,且地域非常分散,调查成本非常高,且由于在电商领域犯罪中犯罪嫌疑人往往使用批量注册或虚假认证的恶意账号或买来的账号实施犯罪,查找犯罪嫌疑人需要较长周期,尤其是团伙作案甚至是不同分工的团伙配合作案的,查找周期就更长,受害人数就会急剧增加,犯罪后果就会更为严重。另外,由于未立案案件不能采取技侦手段,更加缺乏追查手段,往往致使案件陷入"不立案找不到犯罪嫌疑人,找不到犯罪嫌疑人又立不了案"的死循环,严重影响了打击犯罪的及时性,大部分网络诈骗案件的报案最终结果往往是只登记在当地公安机关的受案登记表上,甚或被排除在刑事司法程序之外。

(二)司法实践中存在电商领域犯罪管辖乱的问题

网络空间具有虚拟性、无限延展性、远程控制性和跨地域性等特征,同时由于无线科技的发展,我国现已进入移动互联网时代,更加剧了犯罪空间遍布多地的情况。犯罪嫌疑人与被害人所在地的分离、被害人财产损失地与犯罪结果发生地的分离、被分割方的计算机系统所在地与嫌疑人实施犯罪行为网络地的分离等,导致一个案件的管辖联结点增多。在此状态下,传统管辖理论仅解决的是各地有无管辖权的问题,但在司法实践中,对于那些小额多笔、被害人众多、跨平台跨地域或者有组织、有分工、需要经营的案件,在管辖方面仍存在以下问题。

第一,最先接受报案地管辖存在困难。电商领域诈骗案件一般由被害人报案发现,被害人第一时间都是向其所在的本地公安机关报案,但因为网络犯罪作案人员擅于隐藏,且取证困难,被害人所在地的公安机关对于追踪、侦查犯罪嫌疑人的下落及犯罪事实存在现实困难。在小额多笔的案件中,有管辖权的公安机关在接受被害人报案后,往往因案件未达立案标准且无相关侦查手段而以行政案件立案,导致多地被害人在其本地报案,但均无法刑事立案,各地公安机关间也无沟通的渠道,造成大量"小额多笔"隐案大量积压。

固然,两高《关于办理网络犯罪案件适用刑事诉讼程序若干问题的意见》规定,有多个犯罪地的网络犯罪案件,由最初受理的公安机关或者主要犯罪地公安机关侦查管辖。由最初受理的公安机关管辖,有便于被害人维权、方便诉讼之考量,但往往在实践中这种"由最初受理的公安机关管辖"操作性不强,未能发挥预期的效果。比如,在某地办理的 69 人网络诈骗案中,犯罪嫌疑人作案时所在地、被害人使用终端的所在地、犯罪嫌疑人诈骗被害人使用的软件、程序的服务器所在地即腾讯 QQ 服务器所在地都有管辖权,被害人财产通过网络流失、流失平台或程序的服务器所在地也具有管辖权。虽然管辖地虽然多,但是因为网络犯罪案件取证困难、繁杂,愿意管辖的公安机关很少。被害人一般向本地公安机关报案,但被害人所在地的公安机关恰恰是所有具有管辖权的公安机关中侦查中最为困难的。该 69 人网络诈骗案涉及的被害人中仅 1 人在 S 市上网被骗,该被害人被骗案涉及的犯罪嫌疑人仅 3 人,也就是说对于另外 60 余人犯罪嫌疑人,S 市公安机关并无实际的管辖权,而且对于身处全国各地的犯罪嫌疑人侦查起来困难重重。

第二,案件主要犯罪地众多,导致管辖相互推诿或"各家自扫门前雪"。实践中存在管辖权机关因不了解技术手段、取证难度大、办案成本高等不愿意受理报案、受理后迟迟不肯立案的情况,导致案件最终不了了之;或者,有些管辖机关会建议被害人向服务器或网络平台所在地公安机关报案,导致案件量过于集中,也不利于各地公安机关打击电商领域犯罪能力的提升。另外,在多地均有管辖权的情况下,多名被害人向不同地区公安机关报案,但因各地公安机关间缺乏沟通机制,各地公安机关各自立案,未将相关犯罪事实移送给最初受理的公安机关,这种情况并不是没有发生,如在马某某买卖枪支弹药案中,马某某是在网络上贩卖仿真枪,S 市司法机关仅就其卖给 S 市买家枪支的犯罪事实进行侦查、起诉、判决,与此同时,外省 N 市公安司法机关则对涉及他们地区买家的犯罪事实另行侦查、起诉和判决,这种办案方式有浪费司法资源之嫌。

第三,在跨区域、团伙犯罪中,犯罪嫌疑人具体实施犯罪行为的地理位置所属公安机关管辖存在困难。犯罪时嫌疑人所使用的 IP 地址具有唯一性和确定性,这便于确定网络犯罪的管辖权,但是犯罪嫌疑人可能是团伙作案,多名犯罪嫌疑人并不在同一个行政区域内,往往是天南海北,相距千里。因此,一个犯罪嫌疑人所在行政区域的公安机关虽然具有管辖权,但操作不便;且在大部分案件中被害人并不清楚嫌疑人的具体地理位置,并不能向嫌疑人具体所在地的公安机关报案。因此,犯罪嫌疑人实施具体犯罪行为的实际地理位置的公安机关虽然有管辖权,但形同虚设。

第四,特殊情况下,异地管辖跨省、自治区、直辖市的重大电商领域犯罪案件由公安部商请最高检、最高法指定管辖在实践中存在困难。如曾遇到的电商领域诈骗案件,因案件中涉及多个跨省犯罪区域,本着及时打击犯罪的需要,公安机关均将上述案件暂予立案侦查,而管辖问题则均待公安部指定。电商领域犯罪的多数案件均存在跨省问题,如都要公安部协调并不现实,且耗时长,不利于及时打击犯罪。

三、完善电子商务领域犯罪立案管辖制度的意见建议

(一)电子商务领域犯罪立案制度完善建议

理想的价值追求想要得到实现,需要设计科学合理的制度再加上切实可行的操作。① 立案程序的存在体现了立法者的价值追求,但在司法实践中,存在立案标准设定过高与司法实践相脱节的现象,电商领域"小额多笔"犯罪立案难的问题尤为突出。我国的刑事立案标准为"有犯罪事实发生,需要追究刑事责任",与发达国家相比较,我国立案标准均高于这些发达国家的标准,但无论是何法系国家,对于立案程序均非常重视。本文对下列国家的立案标准进行分析。

英美法系国家的立案标准是"合理怀疑",在英美法系国家,由于不将侦查程序视为一个独立的诉讼程序阶段,而是将其视为控诉的准备阶段,因此没有专门的关于启动侦查程序的规定。一般来说,对特定公民实施逮捕就标志着刑事诉讼的正式开始(由于捕押分离,逮捕并不意味着羁押)。如果警察在执行职务的过程中发现犯罪行为和犯罪嫌疑人,并有合理根据相信犯罪事实就是该犯罪嫌疑人犯下的,便可以逮捕该犯罪嫌疑人。除了现行犯或紧急情形下的无证逮捕之外,还有基于犯罪发生之后经过调查而明确犯罪嫌疑人,然后对其采取的逮捕。因此,这种模式也被称为"对人的随机型启动模式"②。但刑事诉讼的真正启动是基于调查程序的启动,在英、美等国家,当警察有理由认为犯罪事实已经发生的时候,就可以开始进行调查活动,侦查程序实际上完全由警察机关自行决定。因此,侦查程序的启动本质上仍属于随机型启动模式的范畴。

德、日两国立案的要求是"知悉犯罪"。在日本,侦查活动的开始,较为明确地依赖于各种犯罪信息的传达,这种传达的手段在日本刑事法律中有明确的界定,比如有告诉、告发、控告、自首等。除此之外,一些专门的法律也规定了侦查机关直接发现的线索等几种类型,这种类型也是法律明确予以规定的,比如日本法律定义下的职务侵权、尸体的发现,等等。③ 德国《刑事诉讼法》第159条规定,通过告发或者其他途径,检察院一旦了解到有犯罪嫌疑行为时,应该对事情情况

---

① 严新龙,张琦.刑事诉讼程序启动探讨——兼论侦查程序改革[J].法学论丛,2016(9).
② 冯露.我国刑事诉讼启动模式改革构想[J].福建公安高等专科学校学报,2006(4).
③ 淞尾浩也.日本刑事诉讼法[M].丁相顺译.北京:中国人民大学出版社,2005:42.

进行调查,以决定是否起诉。所以,德国的调查程序的启动是基于检察官掌握的某些犯罪行为的信息,犯罪信息的记载,或受害人的控诉申请而提出的动议。①

意大利相关法律规定,无论以何种途径获取了何种可能存在犯罪的消息后,对犯罪的侦查行为即宣告开始,且侦查活动由检察官或者司法警察进行。警察在经过上述初步侦查活动后,如认为案件需要进一步侦破,就必须整理材料、调取证据、写明报告,并将报告移送检察官审核,这种审核是实体的审核,需要对案件的证据进行移送,证据也包括可能出现的或者现有的证据。与我国不同的是,在检察官收到证据之后,侦查期限就开始计算。

上述国家的立案程序的发起标准均不如我国严格,也有国内学者认为我国应效仿国外采取这种随机型启动模式。但笔者认为虽然我国的立案程序存在着一些缺陷,但也绝不是简单的取消立案程序所能解决的。因为从我国的基本国情和现存的司法体制的角度出发,立案程序的取消会使刑事诉讼的权能分配受到影响。龙宗智教授有一个著名的"相对合理主义"论断,即"在一个不尽如人意的法治环境中,在多方面条件的制约下,我们无论是制度改革还是程序操作,都只能追求一种相对合理,不能企求尽善尽美"。他主张我们的司法改革应当坚持"渐进论"和"较好论",即我们必须采取渐进的改良方式,而不是"一步到位",我们的司法改革应当"不求最好,只求较好",不能企求司法脱离现实达到理想的合理化程度,而是在确保改革的有效性的前提下,使其在原来的基础上前进一步,达到一种相对的合理性。② 笔者赞同这一观点。我国的法治建设在一定程度上还处于或将长期处于初级阶段,为解决把立案程序运用到司法实践的过程中出现的一系列问题,我们采取以下措施来完善我国的立案程序。

第一,降低立案标准,将其定位为"有证据证明有犯罪事实"。良好的立案制度必须有输入和过滤两大功能,我国相对较高的立案标准势必弱化了刑事诉讼启动程序的案件输入功能,"有证据,有犯罪事实,需要追究刑事责任"的规定增加了立案的成本和难度。立案制度设计是为了及时处理案件保护当事人的权益,因此对于电子商务领域犯罪立案的条件,我们应该充分借鉴随机立案程序的优点,降低立案的标准。笔者认为电子商务犯罪立案的条件可以放宽为"有证据证明有犯罪事实"这一个条件即可。因为立案是案件受理的最初的阶段,对于是

---

① 宋冰.美国与德国司法制度及司法程序[M].北京:中国政法大学出版社,1998:365.
② 龙宗智.论司法改革中的相对合理主义[J].中国社会科学,1999(2).

否要追究当事人的责任,需要通过以后案件的侦查来判断,这符合人们的基本认识规律;尤其对于一些案件情况尚不明朗的边缘型案件,只有立案后进行侦查才能真正了解案件的具体情况,才能对相关的犯罪做出准确的处理。同时,这个标准与日本的以"认为存在犯罪并有充足的理由"作为侦查的开始,有相同的制度设计初衷。如此,电商领域"小额多笔"犯罪,只要发生了多笔"小额"犯罪事实,即使单笔犯罪事实未达立案标准,也可先行立案侦查,而通过立案采取的后续侦查行为保证了查处电商领域犯罪的及时性,有利于证据的固定,防止危害的扩大。

第二,加强"小额多笔"犯罪的立案监督的问题。有权力就需要有监督,权力的健康的运行需要相应的监督机制来进行制约,我国刑诉法赋予检察机关对立案活动的监督权便很好地体现了这一点。降低立案标准并不意味着立案权的泛滥。我们可以扩大信息来源以加强检察机关知情权,加强检察机关与立案主体的信息共享制度建设,针对公安机关接受"小额多笔"报案以行政案件受案的案件,建立备案审查制度,即在公安机关做不立案或者撤案的决定后,应当及时把相关的案卷材料抄送检察机关,然后再由检察机关的工作人员对抄送过来的法律文书进行审查,约束侦查机关的立案权。而对于公安机关针对"小额多笔"案件犯罪立案会导致刑事追诉面扩大的担心,这可以通过后续强制措施和诉讼程序推进的严格把握进行制约,对于经查达不到刑事追诉标准的及时撤案。

第三,建议在全国范围内设立"统一受案平台"。鉴于立案标准修改仍有待时日,当前最为可行、最为便利的做法为由"网络犯罪统一受案平台"集中受理报案、举报,由该平台集中受案,自行甄别归类,当达到某一具体立案条件时,可提示某一办案部门受理此案。此外,摒弃传统司法实践中网络犯罪必须明确犯罪嫌疑人真实身份,并找到其户籍地或落脚点才立案的不当做法,可以以相关"网络账号"进行立案,在统一受理平台显示该账号的犯罪行为已达到立案条件时,及时立案,该账号的犯罪证据也由该"统一受案平台"集中收集,如此,"小额多笔"犯罪的立案问题则迎刃而解。

(二)电子商务犯罪管辖制度完善建议

与传统犯罪不同,在司法实践中,网络犯罪管辖权的适用面临着诸多困境。由于网络犯罪行为地和结果地的不确定性和跨地域性,采用属地主义、属人主义、普遍管辖的管辖原则不能解决网络犯罪的刑事管辖,导致了网络犯罪刑事管辖权的冲突。笔者认为网络犯罪的行为方式虽然发生了一定的变化,但行为的实质是不变的。故对网络犯罪的管辖确定,应在我国原有的管辖确定原则的基础上加入对网络技术特性的考虑,针对上文概括的实践中出现的管辖问题,建立一种既适合于传统行为方式,又适用于网络行为方式的管辖权模式。

1. 完善国内网络犯罪案件管辖权方面的建议

首先,坚持属地管辖。网络犯罪刑事管辖权首先要坚持我国《刑法》所规定的地域管辖确立的基础,两高一部将"用于实施犯罪行为的网站服务器所在地、网络接入地,网站建立者、管理者所在地,被侵害的计算机信息系统和管理者所在地,犯罪嫌疑人、被害人使用的计算机信息系统所在地,被害人被侵害时所在地,被害人财产遭受损失地、犯罪嫌疑人居住地"作为确定管辖权的依据。

确定犯罪地,首先在于网络犯罪嫌疑人在实施网络犯罪时期计算机终端所在地或行为人目标所在地的 ICP 服务器,服务器通常会记录和保存下行为人的行为,同时其也是互联网行为必须经过的设备;IP 地址在一定时间内是较为固定的,也是互联网行为必须经过的设备。与此同时,可以将 IP 地址作为重要的依据。IP 地址作为计算机用户上网时唯一分配的地址,可以方便地确认行为人计算机的位置,由此通过 IP 地址所在的服务器确定网络犯罪的管辖较为现实。但由于科技发展,出现了越来越多的职能终端和无线局域网,行为人可以通过破解程序或网络技术对 IP 地址进行隐藏或修改,仅仅通过 IP 地址确定管辖往往遇到困难,因此 IP 地址需要结合服务器,共同找到犯罪地。在犯罪结果地方面,除上述依据之外,还应考虑行为人主观上意图侵害的最终目的地,综合衡量。

其次,坚持先理为优、实际经营的指定管辖基础。针对两高一部的规定造成管辖权联结点过多,导致管辖争议的情况,笔者建议,在处理上坚持先理为优,即以立案时间为节点优先获得案件管辖权,该做法可最大限度地解决这一矛盾的存在,提高侦办此类案件的效率,符合诉讼精神。但针对实践中存在的一些情况,如最先立案地是被害人所在地,故被害人被侵害时所在地公安机关取得该案优先管辖权,然而该案涉及多地,另有其他涉案相关地区侦查机关已就该案线索投入大量的人力、物力,掌握大量的证据,但因立案时间后于最先立案地而丧失立案侦查的权利,此种情况必然造成实质司法资源的大量浪费,建议以对案件线索经营的深度和广度为标准,由公安部进一步指定管辖。

最后,兼顾便利原则。除了要遵循"实际经营"和"先理为优"原则外,还应当考虑"便利"原则,该原则包括两层含义:较浅层面上的"便利"在于成本的降低或者效率的提高;而较深层面上的"便利"则是指公平、正义价值的最终实现。如果一地区的司法机关对于某一网络犯罪案件的侦查、起诉和审判是极不方便的,需要耗费过多的人力、物力、财力,而由另一地区司法机关管辖更为方便,且对有效打击犯罪并无过多负面影响的话,则应将案件的管辖权转移给后一个地区。

2. 关于境外侵害我国公民的网络犯罪案件的管辖权理论的建议

首先,坚持有限管辖原则与实害联系原则相结合,将其作为我国针对跨境网络犯罪主张管辖权的理论基础。一国对于网络跨国网络犯罪的刑事管辖权的主张正是一国司法主权的体现,只要该国遭受到网络犯罪的实际侵害,就可以主张管辖权,维护自身司法主权与维护本国民众的利益,这是各国在此类案件中尤其重视的因素。然而过分强调司法主权,势必造成国与国之间的管辖冲突,也不利于打击网络犯罪的效率和互联网的健康发展。由此,将实害联系原则与有限管辖原则相结合,较为符合我国的实际需要,也较为符合目前比较受到认可的"主客观相一致的实害联系原则"。当然,为了有效保证本国公民的安全,对于境外严重的行为也可运用普遍管辖原则进行管辖。

其次,建立健全管辖权磋商制度。上述管辖原则主张本国管辖权的同时,势必造成管辖权的积极冲突,同时可能造成犯罪人遭受多国重复惩处的状况,故建议在管辖权国家间对于犯罪行为地、犯罪结果发生地达成一致标准的前提下,从有利于全案查处的角度出发,协商确定管辖国。另外,也可以事前积极与某些国家就网络犯罪的管辖达成协议,一旦发生管辖权争议,即按该协议处理,节省磋商成本。

最后,由国际社会协商制定一部为世界上大多数国家认可的国际公约,是解决网络犯罪管辖权冲突问题的有效途径。我国应更加积极地参与到世界范围内的打击网络犯罪合作中。可参照 2001 年欧洲通过的《网络犯罪公约》,吸收借鉴其中的先进理念和做法。制定国际公约,约定对于在国际上造成特别重大影响的网络犯罪案件,或者审判国明显有可能处理不公的案件,享有刑事管辖权的任何一国均可申请将该案交由国际法院来审理。而国际公约的执行,一般是由国家依据国际公约或多边、双边达成的协议,并以国内法的形式予以规定管辖。对于具有国际性因素的网络犯罪案件,只要是加入了国际互联网或公约协约的国家,原则上均应享有刑事管辖权。但是,对于那些有明确指向的犯罪目标国,或者虽然没有明确的犯罪目标国但已形成实际受害国的网络犯罪案件,则应考虑这些国家享有优先管辖权。

论网络知识产权案件中对于刷单辩解举证责任倒置的适用

——以苟某某假冒注册商案为例

◎高　瑛*

摘　要：网络知识产权犯罪越来越频发，特别在电商领域假冒注册商标犯罪等。由于网络知识产权犯罪不同于传统刑事犯罪的特征，且大量存在刷单、虚假销售等现象，导致公诉机关在此类案件中的举证困难。因此，笔者提出在此类案件中引入举证责任倒置的原则，以期解决公诉机关在某些方面的举证困难问题。

关键词：网络知识产权犯罪　刷单　举证责任倒置

一、基本案情

2014年，被告人苟某某在淘宝网上开设了"中国高端品牌直销""史密斯热水器直销网"等网店，以被告人岳某某的身份信息注册了网店名下旺旺ID"远鸿商贸88"，以岳某某朋友李静文的身份信息注册了网店名下旺旺ID"品牌电器购物城"，以苟某某姐姐苟芙蓉的身份信息注册了网店名下旺旺ID"真善美商贸88"，并在网店页面设置了"老板电器""史密斯电器"关键词等。2014年8月至2015年1月24日，被告人苟某某购买白机贴上老板电器、史密斯电器的商标后通过上述淘宝店铺销售给他人。被告人岳某某在明知苟某某系假冒注册商标的情况下仍参与网店的经营。从2014年8月至2015年1月24日案发，根据从阿里巴巴调取的支付宝交易记录，其中涉及老板电器的交易成功的记录有2036条，金额共计178万余元；涉及史密斯家电的交易成功的记录有188条，金额共计9万

---

* 高瑛，杭州市余杭区人民检察院未成年人刑事检察科副科长。

余元。支付宝交易记录中有多笔100元、200元、300元等的低额整数记录。从调取的苟某某、岳某某及相关亲友的银行明细看，有多笔108元、208元、305元、410元等钱款的支出，疑似支付刷单款项。苟某某本人供述称上述钱款均是支付刷单费用。故在具体计算金额时将上述款项予以扣除，剩余金额160余万。公安机关在该160余万的交易额中，从浙江省内及浙江省外抽样询问了9位证人证言，9名证人均称其是真实交易，且向公安机关出示提供了相关电器，被证实均系假冒商标商品。被扣押的自2014年12月至2015年1月案发日止的销售服务单共计70余万元。销售服务单是给顾客的销售凭证。被告人苟某某在侦查阶段前期多份笔录中均称开具销售服务单的均系真实交易；后期其得知销售服务单金额有70余万后，辩称自己销售额仅有50余万。根据淘宝交易数据，扣除低额刷单部分销售金额后，对应的扣押到销售服务单的最后两个月的交易金额也系70余万。有关部门经对扣押的销售服务单和淘宝后台交易数据进行单笔逐一比对后，发现销售服务单和淘宝交易数据基本一一对应。故印证了苟某某关于其前期销售的服务单均系真实交易的供述，也印证至少案发前两个月除低额刷单交易外，其余以真实交易价格的交易均系真实交易。被告人苟某某承认从2014年8月开始销售，但辩解真实交易数额仅50万左右，其余均为刷单交易，部分刷单是以商品实际交易价格刷的，是让刷手或亲友刷的。但是经多次讯问，被告人苟某某一直拒不提供有效可查依据。苟某某称不能指出交易记录中的哪些是以真实交易价格的刷单交易，拒不提供自己的QQ等交流工具的账号密码，辩称自己是通过百度端口和刷手联系的，但不知相关账号密码等，其也拒不提供任何有关刷手的信息和联系方式，辩解款项是以现金转账的方式支付的等，阻断了可查线索。被告人岳某某仅第一份供述认罪，该份笔录没有反映刷单情况，后续笔录不认罪，均辩称自己没有参与网店经营管理，不清楚具体情况。根据2015年10月浙江省《关于印发办理侵犯知识产权刑事案件适用法律若干问题会议纪要的通知》第3条规定：在互联网上销售假冒注册商标的商品犯罪，现场无遗留假冒商品的，不能仅凭犯罪嫌疑人供述与电子交易记录账目、销售记录等能相互印证进行简单认定，需对购买者进行抽样取证和取样鉴定；如被告人提出销售记录中存在虚假交易，或部分商品系非假冒商品，应要求被告人就此提供证据或证据线索，并就此进行核查。故公诉机关认为，苟某某提出该辩解，但不能提供证据或证据线索，且根据淘宝交易记录、抽样调取的证言、销售服务单等证据，亦未反映出有以实际交易价格刷单的情况，故不采信其辩解，认定其销售金额为150余万元。

二、一审判决

本案在依法提取公诉后,在一审开庭过程中,被告人岳某某继续不认罪。被告人苟某某提出新辩解,称自己现在能够指出具体哪些交易记录是以真实交易价格刷单的,并指出其中一个刷单人系其亲友,并提供了该亲友的具体姓名。后根据苟某某指出的以真实价格刷单的交易记录,侦查机关又抽样调取了 3 名证人证言。3 名证人均称是真实交易,且出示提供了具体购买的商品,公安机关拍照固定,证实均系假冒商标商品。根据苟某某提供的证人,公安机关远赴深圳调取其证言,该证人否认帮苟某某刷单;且淘宝交易记录也无该证人的购买记录。二次开庭过程中,公诉机关依法出示了新调取的证据,并认为被告人的辩解不成立,本案应依法认定两被告人的销售金额是 150 余万。但是,在二次开庭过程中,被告人苟某某再次提出新辩解,称和刷手不是通过之前供述到的百度端口联系的,而是通过 QQ 联系的,并愿意提供之前一直不愿意提供的 QQ 密码。公诉机关当庭指出苟某某一再的辩解不可信,建议不采纳其辩解。后法院刑事判决书对被告人苟某某、岳某某假冒注册商标一案做出判决:被告人苟某某、岳某某构成假冒注册商标罪。公诉机关指控的罪名成立,但指控二被告人的实际销售金额约 150 万元的依据不足,在案证据证实被告人苟某某、岳某某销售假冒注册商标的商品金额应为 70 余万元,故公诉机关指控的犯罪数额有误,本院予以更正。据此判决被告人苟某某犯假冒注册商标罪且系主犯,判处有期徒刑 4 年 3 个月,并处罚金人民币 40 万元;被告人岳某某犯假冒注册商标罪且系从犯,判处有期徒刑 1 年 10 个月,并处罚金人民币 10 万元。根据该判决内容,该 70 余万的认定仅是根据有销售服务单的交易金额,对于没有扣押到销售服务单的其余交易全盘予以否定。

三、检察机关抗诉

检察机关经依法审查后认为,一审判决事实认定错误,且量刑不当。具体理由如下:

(一)一审判决认定事实错误,且判决逻辑矛盾。1. 该判决认定有悖客观事实。判决书认定被告人苟某某、岳某某假冒注册商标非法经营的时间为 2014 年

8月至2015年1月24日,淘宝交易记录显示期间经营状况连续稳定,而判决书认定的70余万元的非法经营额仅系2014年12月至2015年1月2个月的非法经营额,若按照一审判决,二被告人在2014年8月至11月长达4个月的非法经营额为零,这显然违背本案客观事实。2.该判决书在证据采信上前后矛盾。一方面,采信被告人苟某某辩解,认定其有以真实交易价格刷单的情况,因无法区分真实交易和刷单的情况,故对于2014年12月之前的交易金额全部扣除。另一方面,对于最后两个月的销售数据,被告人苟某某有同样的辩解,但判决书又否定其辩解,对销售金额全部予以否定。综上,该判决书否定前几个月肯定后两个月的内容,违背本案犯罪行为连续连贯的客观事实。

(二)一审判决对证据的采信标准错误,且会直接影响今后对类似犯罪案件的依法处理。1.一审判决对于证据的证明标准把握错误。该判决书认定有罪与否,是以有没有所谓的销售服务单为区分标准。销售服务单在本案中并不是直接证据,更不是据以认定犯罪事实成立与否的核心证据和关键证据,其虽可以作为定罪的辅助性证据,但在本案的证据体系中处于可有可无的地位,根本不能作为区分罪与非罪的判决依据。实践中,淘宝卖家对于销售服务单想开就开,想开多就开多,想开少就开少,即便开具也会存在真真假假或及时销毁等情况。故该判决书将销售服务单作为区分罪与非罪及认定犯罪数额多少的关键依据,不仅证据标准把握错误,直接导致本案认定事实错误;而且此先例一开,今后凡是涉及网上交易的此类案件,依此证据标准都将处于不能依法认定为犯罪的司法困境。2.一审判决采信被告人苟某某的辩解不符合相关规定,且与本案客观性证据不符。网上交易中存在的刷单交易仿真度越来越高,手段日益隐蔽,导致司法机关难以查证。为此相关司法规定已经明确:若被告人提出销售记录中存在虚假交易,或部分商品系非假冒商品,应要求被告人就此提供证据或证据线索,并就此进行核查。这一否定性举证责任倒置的规定,既保障了被告人的权利,又有利于打击犯罪。虽然本案被告人苟某某在归案之初就提出有以真实交易刷单情况的辩解,但在此后6个多月的侦查、审查起诉阶段,均无法提出刷单的交易记录、刷手信息及刷单流程等可供查证的证据或证据线索,即便是在第一次庭审中指出刷单记录、提供刷手信息,为此休庭后经查证也均不属实。在第二次庭审过程中,被告人苟某某又推翻之前的供述,提出新的所谓证据线索。前期的侦查已经充分证实被告人苟某某多次反复无常的辩解是虚假的狡辩,而一审判决采信被告人苟某某的虚假狡辩,不采信查证属实的证据是错误的。3.根据最高人民法院、最高人民检察院、公安部《关于办理侵犯知识产权刑事案件适用法律若干问题的意见》(2011 年 1 月 10 日)的规定,公安机关在办理侵犯知识产权刑事案件时,可以根据工作需要抽样取证。本案公安机关根据淘宝交易记录,前后共抽取了 12 位消费者证言并拍摄了实物照片,均证实其所购买的电器系假冒注册商标商品的事实。前述 12 位证人中有 3 位证人的购买时间均在 2014 年 8 月至 2014 年 11 月期间,这充分证实被告人苟某某在此期间是有假冒注册商标的行为的。但一审判决仅列举了前述证人证言,但却没有将其作为定罪依据。12 位证人中的另 9 位证人的购买时间是 2014 年 12 月至 2015 年 1 月,一审判决、二审裁定依法将其证言作为定案依据。同样是抽样取证的证言,审判机关部分采用、部分否定的做法是相互矛盾的。4. 一审判决实际制造了一个新诉讼程序漏洞。若被告人在二审阶段提出销售服务单也存在虚假交易,依照一审判决的逻辑和认定标准,连这 70 余万也无法认定。一审判决片面采信被告人无止境的辩解,实际助长了被告人滥用辩护权以达到逃避处罚的风气,将导致今后类案无法做出客观的结论性判决。

(三)一审判决事实认定错误导致对被告人苟某某的量刑偏轻。1. 一审判决认定数额与犯罪事实有重大偏差。根据现有证据,依法可认定被告人非法经营假冒老板电器公司注册商标的商品金额共计 150 万元左右,非法经营假冒史密斯公司注册商标的商品共计 6 万元左右,但判决仅认定非法经营数额为 70 余万,属于与事实有重大偏差,该偏差直接影响量刑。2. 本案被告人苟某某的认罪态度恶劣。一方面,在有确实充分证据证实同案人员岳某某共同参与网店经营的情况下,苟某某仍一直拒不交代岳某某的犯罪行为。另一方面,在侦查、审查、起诉长达半年多的时间内,在多次针对性讯问的情况下,被告人苟某某拒不提供关于刷单的可查线索,在进入审判阶段后又一而再、再而三地提出各种所谓线索,经查证均不属实,严重干扰司法活动。对于被告人苟某某此类挑衅司法权威、藐视司法威严的行为,在量刑上应当从重处罚,而不是纵容其得逞。3. 知识产权犯罪仍然猖獗,严重影响市场经济特别是网络经济的有序发展,司法机关应加大对侵犯知识产权犯罪的打击力度,为实体企业和电子商务发展保驾护航。本案被侵权的商标均是中国驰名商标,属于行业内的领导品牌,这融入了企业多年的心血,在消费群体中具有良好的信誉和口碑。被告人苟某某肆无忌惮地以三无产品假冒驰名商标的商品并在全国各地大肆销售,不仅影响了该两家企业的销量,更损害了两家企业多年苦心经营的商业信誉,并罔顾消费者的安全,该行为具有严重的社会危害性。一审判决未有效实现罪责相适应的刑法原则。

四、二审判决

在杭州市余杭区人民检察院提出抗诉后,杭州市人民检察院依法支持抗诉,并在二审审理期间,补充调取了被告人苟某某全部的 QQ 聊天记录。经查看,相关聊天内容仅能反映出有以 100 元、200 元等低额刷单的情况存在,并不存在被告人苟某某所辩解的以真实交易价格刷单的聊天记录。但二审中院经审理后,仍裁定驳回抗诉,维持原判。理由如下:根据侦查机关扣押在案的涉案电器销售服务单(白色联)、涉案电器购买者的证言及其提供的销售服务单(红色联)、支付宝交易记录及被告人苟某某的供述等互为印证的证据,原判对于本案犯罪数额的认定,符合刑事证据的采纳标准与规则。抗诉机关提出的本案犯罪数额认定方法,不足以排除合理怀疑。

五、评析意见

网络科技已经深深影响了我们的日常生活,日渐改变着我们的生活方式,在经济社会发展中扮演着不可或缺的角色。同时,网络科技也是一把双刃剑,在信息时代给人们带来"一网而知天下"的极大方便的同时,科技的发展也导致了新型经济犯罪的产生,计算机网络犯罪尤其网络知识产权犯罪是摆在我们面前的一个比较突出的问题。

(一)网络知识产权犯罪的特征

网络知识产权犯罪,即互联网环境下的知识产权犯罪、网上知识产权犯罪,是指以互联网为工具而实施的严重侵害他人知识产权的行为,如果某项知识产权的载体仅仅存在于网络上,则网络知识产权犯罪也包括以承载知识产权的网络为攻击目标的犯罪活动。[①] 该类案件在以前极少出现,但近年来却是频繁发生。由于网络环境的特殊性,网络知识产权犯罪呈现出与传统知识产权犯罪不同的特征,以本案假冒注册商标罪为例。

① 刘行星.网络知识产权犯罪研究[J].兰州学刊,2006(6).

1. 高智能性

网络知识产权犯罪区别于传统犯罪的特征之一在于，网络知识产权犯罪的犯罪主体往往具有一定的文化水平，能熟练掌握网络等高科技技术手段。网络知识产权犯罪的主体呈现出高智能化等特点。

2. 犯罪地域广

由于网络具有无边界的特点，网络犯罪冲破了地域的限制，已经失去了地理上的界限。在本案中，行为人通过淘宝网等网上购物平台出售假冒注册商标的商品，犯罪分子侵犯的其中一个商标权被害人住所在杭州市余杭区，犯罪分子本人在深圳，其买家分布在内蒙古、江苏及浙江等全国各地，分布地域广，若要求司法机关逐一取证，将给司法办案人员的办案带来困扰。在互联网经济时代，随着移动互联网的普及，行为人只要通过手机、电脑等能接入网络的工具，就能实施此类犯罪，即使在千里之外也能完成犯罪行为，从而突破地域的限制。

3. 社会危害性大

我们国家现在知识产权发展速度之快举世瞩目，我国可以说是世界上知识产权发展最快的国家，相信不久的将来我国就将迎来知识产权时代。在我国知识产权发展的重要时期，对于知识产权的合理有效的保护显得尤为重要，网络知识产权保护是其中的关键组成部分。然而，互联网经济时代背景下网络知识产权犯罪的频繁发生，犯罪金额之大，不仅侵害了消费者的合法权益，扰乱了市场，也侵害了被侵权人通过自己长期努力得来的财富，严重影响了对于知识产权的有效保护，打击了社会发展知识产权的积极性，社会危害性极大。

4. 网络刷单现象严重，取证困难

在本案中，犯罪嫌疑人以刷单为理由，辩解称犯罪数额并未达到公诉机关认定的数值。淘宝刷单是指淘宝店铺为了使单品或者店铺获得较高的淘宝搜索排名而采取的一种作弊行为，常见的为销售作假。因此，通过刷单产生的非法经营数额应从表面的非法经营数额中扣除。在现实实践中，网络刷单团队通过部分小众网络通信工具，与店铺联系、发放消息，若犯罪嫌疑人未向办案人员提供通信工具的账号密码等初步线索，办案人员将很难进行调查取证。

另外，在实践中，网上售假案件的侵权人往往自己不储藏实物，在有买家时才进货，直接邮寄给买家。在此种情况下，司法机关的取证工作难以展开。在本案中，商家销售厨房电器、热水器等行为即为此种情形，犯罪嫌疑人销售的是电器等可以长时间重复使用的非消耗品，司法机关尚可以调取到物证，但如果犯罪嫌疑人所假冒、销售的是食品等日常消耗品，司法部门更难以调取到实物证据。

（二）网络知识产权犯罪中举证责任倒置的必要性和可能性

传统的刑事诉讼理论中，要求公诉一方提出被告一方有罪的排他性证据。但是由于网络知识产权犯罪的特殊性，此种传统的举证责任制度已无法应对，如一味承袭传统刑事诉讼的规则，势必导致有相当数量的网络侵犯知识产权者逃脱刑事追究，或罚不当罪（如本案中犯罪嫌疑人以刷单辩解，试图减轻非法经营数额的认定，从而获得较轻的刑罚处罚），从而最终导致网络侵犯知识产权的行为更为肆无忌惮，知识产权的发展环境更加恶劣，市场环境被扰乱，网络环境也更加污浊。

在网络侵犯知识产权犯罪中设立举证责任倒置的原则，具有现实的必要性和可能性，以本案为例。

第一，由于网络知识产权犯罪隐蔽性强，司法工作人员对其难以了解和掌握，如果恪守传统的刑事诉讼中完全由公诉机关举证的原则，则势必因发现、获取和收集证据的困难而导致相当一部分网络知识产权的犯罪逃脱法律的制裁。

第二，网络知识产权犯罪行为跨地区性强，取证困难催生举证责任倒置原则在此类案件中的运用。我们认为在一般犯罪控诉中，控诉方通常都是特定的国家机关，而被控诉一方通常是自然人、法人或其他组织，相比较而言，作为控诉方的国家机关总是处于优势地位，而被控诉方处于必须服从国家强制力的劣势地位。因此，在证明犯罪成立的问题上，控诉方负有相当重大的责任。但在网络知识产权犯罪中，由于跨区域性强、隐蔽性强、取证困难等特点，传统的刑事诉讼举证规则使办案人员的办案有障碍。以本案为例，对于嫌疑人一再提出的辩解，如控诉方要彻底证明，则只有对每个消费者予以取证，以证实其是否真的购买侵权产品，这将是一个极其耗费人力、物力和精力的工程，严重消耗司法资源，降低办案效率。此外，案例中所涉及的商品是厨房电器、热水器等非消品，所以一般使用时间较长，尚能调取到相关商品。但如果是衣服、食品等较短期消耗商品，则调取到商品的可能性则大大降低，如未调取到有关商品，即使联系到相关消费者，也不能有效证实其是否真的购买商品。因为，如果是刷单者，本着有利于自己的辩解，也不可能承认存在虚假交易。如此，非法经营数额将难以确认。

另外，现在此类案件频发，办案效率和传统刑事诉讼举证规则之间的矛盾难以调和。我们设想，在此类案件中，公诉方根据嫌疑人供述、电子交易记录账目、销售记录以及对购买者的抽样取证和抽样鉴定确定嫌疑人犯罪构成以及犯罪金额,如果嫌疑人提出存在刷单行为或者虚假销售行为,嫌疑人需提出通信记录、银行转账记录等初步证据以供司法机关查证核实,若嫌疑人拒不提供或根据其供述查证不属实,则应以公诉机关认定之数额定罪量刑。这将大大提高司法机关的办案效率,也使非法经营数额的确认更加科学,被告人得到应有的惩罚,罚当其罪。

第三,在我国现有刑事诉讼中,存在确立举证责任倒置的先例。当法律允许进行"罪错推定"时,被告人应负客观的证明责任。在刑事诉讼中,为维护某种更为重要的利益,同时根据被告人的证明能力,法律允许在特定情况下,由公诉方首先进行基础证明后,证明无罪的责任便转移到被告人身上。如果被告人不能证明或没有合理证明,则可能承担有罪的诉讼结果。[①]《刑法》第395条规定了巨额财产来源不明罪,即要求犯罪被告对其明显超出合法收入部分的财产,负有举证说明其合法来源的责任,否则将承担有罪的法律后果。

第四,国外对于举证责任倒置也做出了相关规定。在英、美、法国家,控诉方的举证必须完全排除合理怀疑,而对被告的举证之要求所证明的盖然性与对方相当即可。虽然被告的举证要求较低,但其仍负有一定的举证责任。德国20世纪90年代颁布的《反有组织犯罪法》,在举证责任上,要求被告人就某些辩护主张举证,否则就被推定有罪。

(三)针对嫌疑人的刷单辩解引入举证责任倒置原则之设想

举证责任倒置在此类案件中的运用应注意以下几点。

1. *举证责任倒置的前提是公诉机关必须证明侵权行为的存在*

在有关巨额财产来源不明罪的规定中,公诉机关虽不具有证明财产来源不明的责任,但公诉机关必须先证明行为人的财产与支出明显超过合法收入且差额巨大。网络侵犯知识产权犯罪同样也应由公诉机关先负证明侵权行为存在且不存在刷单行为的事实责任,如抽样调查均证实消费者有实际购买行为,嫌疑人名下的银行、财付通等账户并没有异常支出,消费者评价正常等。

2. *举证责任倒置是被告方在一定范围内负"自证无罪"的责任*

对于刷单辩解的举证责任倒置,实质上是减轻公诉方证明被告方有罪的责任,而在一定范围内要求被告方提出"自证无罪"的证据。2015年4月14日,浙江省高级人民法院、浙江省人民检察院、浙江省公安厅发布的《关于印发办理侵

---

① 潘慧庆.刑事诉讼中的举证责任倒置[J].法制与社会,2007(5).

犯知识产权刑事案件适用法律若干问题会议纪要的通知》第 3 条规定:在互联网上销售假冒注册商标的商品犯罪,现场无遗留假冒商品的,不能仅凭犯罪嫌疑人供述与电子交易记录账目、销售记录等相互印证进行简单认定,需对购买者进行抽样取证和取样鉴定。如被告人提出销售记录中存在虚假交易,或部分商品系非假冒商品,应要求被告人就此提供证据或证据线索,并就此进行核查。根据该条规定,在公诉一方提出证据证明侵权且没有刷单行为后,若被告方提出销售存在刷单行为,就要求被告提供证据或证据线索,配合公诉机关进行核查,否则将承担刑事责任。虽然刷单现象大量存在且做得越来越隐蔽,但仍是有可查线索的,例如刷单群体、钱款走向、聊天平台、聊天信息等。对控方来说,如果嫌疑人不提供相关线索,控方很难进行调查;但对嫌疑人来说,只要其实施了该行为,就可以提供相关线索。在此种情况下,被告人只需根据不同情况,提出任一证据即可,如该证据经查证属实,则辩解成立。

当然,举证责任倒置原则需谨慎运用。举证责任的倒置并不意味着免除公诉一方的全部举证责任。公诉方如果无法提供证据证明侵害知识产权犯罪的成立,那么要求被告一方证明其存在刷单、虚假销售等行为就无从谈起。此外,当被告方提供线索或初步证据后,对这些线索和证据的调查、核实和判断的责任应由公诉机关承担。因为公诉机关可以运用其侦查手段,对被告方提供的线索和材料予以辨别和判断,以排除合理怀疑。①

---

① 王懿.试论在污染环境犯罪中设立举证责任倒置的原则[J].犯罪研究,2004(6).

刑案中电子取证的规范基础与实证分析

◎胡　铭　王　林*

摘　要：从规范层面看，我国刑事诉讼法对电子数据的搜查并未做明确规定，电子数据提交原则以"原始载体说"为主。基于裁判文书的实证分析显示，实践中对电子数据的提取主要以勘验、检查、鉴定的形式进行，但这些控权较为宽松的取证措施并不能承担起公民隐私权益保护的重任；实践中以书面形式代替电子证据"原件"展示的做法，实质上限制了被告方辩护权的行使。完善电子数据搜查制度和展示制度，完善非法证据排除规则和最佳证据规则等在电子取证中的运用，应是未来电子证据制度改革的重点。

关键词：互联网　电子数据　取证规则　司法控制

互联网时代在给人们带来新的生活方式和行为模式的同时，也滋生了网络诈骗、网络赌博、网络色情等违法犯罪活动。电子数据作为广泛存在的证据种类已经正式入法[1]，并成为打击网络违法犯罪的有力武器。然而，我们不仅关心结果，更关心产生结果的过程，据此认定犯罪事实的电子证据是如何产生的、应当遵循怎样的规范、具备哪些要求，这便涉及电子取证的问题。电子取证问题不仅仅涉及对犯罪的有效追诉，有效控制犯罪的面向，同时也涉及被追诉人的相关权利保障，正当法律程序的面向。这也是当前互联网安全治理的重要课题。[2]本文

---

　*　胡铭，浙江大学光华法学院副院长，教授，博士生导师；王林，浙江大学光华法学院刑事诉讼法专业研究生。

　①　2012年我国《刑事诉讼法》修改，电子数据正式入法，第48条规定的八大类证据中包括视听资料、电子数据。

　②　2016年10月1日开始实施的《关于办理刑事案件收集提取和审查判断电子数据若干问题的规定》正是在该领域的积极探索。

尝试从规范的立场解读文本中的电子取证,然后通过实证研究来审视实践中的电子取证,游走于规范和现实之间,审视刑事案件电子取证存在的问题,并提出相应的完善措施。

一、我国电子取证的规范基础

(一)作为电子取证主要方法的搜查

在司法实践中,电子取证的主要方法是搜查。多数国家的刑事诉讼法所规定的搜查、扣押措施是针对有形物品的,即在很多国家或地区,存储的计算机数据不被视为有形物品,因此,除非保护存储计算机数据的介质,使用传统的搜查、扣押措施不能保护计算机数据的安全。[1] 2001 年我国台湾地区关于搜索的表述为:"于被告之身体、物及住宅或他处,必要时得搜索。对于第三人之身体、物件及住宅或其他处所,以有相当理由可信为被告或应扣押之物存在时为限,得搜索之。"[2]在日本,与记录媒体(磁盘)不同的电磁记录(无形信息)本身不是有形物品(参见日本刑事诉讼法第 99 条第 1 款),因此不能成为搜查查封的对象(通说)。[3]另外,仅就美国联邦宪法第四修正案的表面词义来看[4],搜查的对象也应为实物,包括人身、住宅、文件及财产。

我国《刑事诉讼法》第 134 条规定,为了收集犯罪证据,侦查人员可以对犯罪嫌疑人以及可能隐藏犯罪证据的人的身体、物品、住处和其他有关的地方进行搜查。问题是这里的"其他有关的地方"是否可包括电子虚拟空间?人民检察院《刑事诉讼规则》第 222 条规定:"人民检察院在搜查前,应当了解……搜查……周围环境……";第 226 条规定,在搜查时遇到阻碍的,可以强制进行搜查,对以暴力、威胁方法阻碍搜查的,可以由司法警察将其带离现场;第 227 条规定,搜查时应当指派专人严密注视搜查现场的动向,等等。诸如此类的规定似乎隐含了一个前提:搜查是针对实体物品进行的,必须存在于现实的场域之中。

---

[1] 皮勇.刑事诉讼中的电子证据规则研究[M].北京:中国人民公安大学出版社,2005:119.

[2] 林钰雄.搜索扣押注释书[M].台北:元照出版有限公司,2001:330.

[3] 田口守一.刑事诉讼法[M].于秀峰译.北京:中国政法大学出版社,2010:87.

[4] 美国宪法第四修正案规定如下:"公民的人身、住宅、文件和财产的安全受法律保护,不受非法搜查、扣押。基于合理的原因并有宣誓和确认,而且是特定的地点被搜查、特定的物品被扣押或者特定的人被采取强制措施的,不经批准也可以实施搜查、扣押。"

事实上,对电子数据的搜查一般要经过两个阶段:第一阶段是进入特定的现实场所搜寻并扣押电子数据存储设备;第二阶段则是对存储设备中难以感知的电子数据进行搜查。[①] 第一阶段搜查扣押介质只是手段而已,通过对介质进行搜索,发现相应电子数据才是实质。不过,随着现代网络信息技术的发展,与犯罪有关的电子数据可能越来越多地被人为分散于网络空间之中,反取证手段的运用、网络犯罪的隐蔽性以及广阔的地域性等,都使得通过确定存储设备来搜寻数据信息的做法面临挑战。

针对电子数据的搜查,可以做广义的解释。"若是电磁记录存在于某个实体之'物'(如电脑磁碟或磁片)者,本来就可以被'物件'的概念所包含。"[②]但是,传统的搜查规则主要保护的是权利人的财产权,而电子数据的搜查主要涉及权利人的隐私权。何况网络技术日新月异,电磁记录可能只存在于网络空间,实体不明,且一旦损坏就无从追踪,并且警察凭借嫌疑人网络账号而抽丝剥茧的事例也不在少数。

从规范的角度看,笔者认为我国目前并无对电子数据搜查的特别规定。[③] 2016 年的《关于办理刑事案件收集提取和审查判断电子数据若干问题的规定》回避了"搜查"一词,而是继续采用"收集与提取"的传统表述方式,这也表明我们尚未把电子数据纳入搜查的范围。对电子数据收集提取,目前主要以勘验、检查、鉴定等方式进行。公安部制定的《计算机犯罪现场勘验与电子证据检查规则》规定了对电子证据的勘验、检查;《公安机关电子数据鉴定规则》《人民检察院电子证据鉴定程序规则(试行)》则是电子数据鉴定的有关规定。[④] 此外,2009 年发改委、司法部发布的《司法鉴定收费管理办法》规定,电子数据鉴定包括了数据库数据恢复、现场数据获取、网络数据获取等在内的 21 个项目[⑤],这从一个侧面说明,鉴定是电子取证的一种重要手段。

---

① 陈永生.电子数据搜查、扣押的法律规制[J].现代法学,2014(5).

② 林钰雄.刑事诉讼法(上册)[M].北京:中国人民大学出版社,2005:300.

③ 我国《刑事诉讼法》第 141 条只规定了邮件、电报的交检扣押。

④ 《计算机犯罪现场勘验与电子证据检查规则》具体规定了电子证据勘验、检查的实施主体,电子证据的固定与封存,电子证据的现场勘验检查,电子证据远程勘验,电子证据检查以及电子证据勘验检查记录的相关要求等。《公安机关电子数据鉴定规则》《人民检察院电子证据鉴定程序规则(试行)》规定了电子证据鉴定的范围、种类,委托受理,检验鉴定的具体程序,鉴定文书等内容。

⑤ 有学者将电子数据司法鉴定分为两类:以"发现证据"为目标的鉴定和以"评估证据"为目标的鉴定。参见杜志淳,廖根为.电子数据司法鉴定主要类型及其定位[J].犯罪研究,2014(1).

(二)电子数据在法庭审判中提交的形式要求

电子证据原件制度在我国是一个尚未得到根本解决的理论问题,反映在立法层面上,即出现了几种不同的立法例模式,主要有"原始载体说""功能等同说""拟制原件说"等。①

在刑事诉讼领域,2014 年《关于办理网络犯罪案件适用刑事诉讼程序若干问题的意见》第 14 条规定:"收集、提取电子数据,能够获取原始存储介质的,应当封存原始存储介质。""具有下列情形之一,无法获取原始存储介质的,可以提取电子数据",这似乎重申了最高人民法院此前"原始载体"的看法。2016 年《关于办理刑事案件收集提取和审查判断电子数据若干问题的规定》第 8 条、第 9 条再次强调了这一点。

至于刑事司法实务中常见的打印件问题,《关于办理死刑案件审查判断证据若干问题的规定》第 29 条规定:"对于电子邮件、电子数据交换、网上聊天记录、网络博客、手机短信、电子签名、域名等电子证据,应当主要审查以下内容:(1)该电子证据存储磁盘、存储光盘等可移动存储介质是否与打印件一并提交。"该条确立了存储介质与打印件双举证的原则。②但是《关于办理网络犯罪案件适用刑事诉讼程序若干问题的意见》第 17 条存在一定变化,"对文档、图片、网页等可以直接展示的电子数据,可以不随案移送电子数据打印件,但应当附有展示方法说明和展示工具;人民法院、人民检察院因设备等条件限制无法直接展示电子数据的,公安机关应当随案移送打印件"。2016 年《关于办理刑事案件收集提取和审查判断电子数据若干问题的规定》第 18 条对此又稍做变更,即设备等条件限制的,移送打印件也不再是必选项,而是与"或者附有展示方法说明和展示工具"所并列的二选一项目。打印件的作用从规范上进一步被削弱。对这里的打印件应当做广义理解,还包括截图、幻灯、照片等,打印件并非必需,起到的作用只是帮助法官直观了解相关证据,单单打印件自身并不能作为证据使用。根据《关于办理网络犯罪案件适用刑事诉讼程序若干问题的意见》以及《关于办理刑事案件收集提取和审查判断电子数据若干问题的规定》,对网络犯罪案件的电子证据形式要求可归见表 1。

---

① 最高人民法院《关于民事诉讼证据的若干规定》第 22 条、《关于行政诉讼证据若干问题的规定》第 12 条两个条文明确地将电子证据的原始载体与复制件并列起来,采"原始载体说";我国《电子签名法》第 5 条采"功能等同说";国家质检总局《出入境检验检疫行政处罚程序规定》第 19 条采"拟制原件说"。

② 刘品新.电子证据的收集与运用——以"两个证据规定"为解读[J].证据学论坛,2011(16).

表 1 网络犯罪案件对电子证据的形式要求

原始存储介质	电子数据复制件	无法直接展示的:打印件或展示方法说明和展示工具	提取笔录(含封存笔录或说明笔录);录像(数据检查必须对介质拆封录像,其他按规定)
或者提取的电子数据(不能获取原始存储介质的情况下)		冻结的电子数据:清单、查看工具和方法的说明	

二、关于电子取证的实证分析

(一)概述与方法

在刑事案件电子取证问题上,我国学界现有研究多以比较研究和理论思辨为主,对外国电子取证的相关制度进行了介绍,如电子数据搜查、电子证据保管锁链等,而对电子取证进行实证研究的成果尚不多见。本文尝试通过对刑事判决书的经验分析,关注我国电子取证的现实问题并展开实证研究。

以网络犯罪刑事判决书为分析样本的主要优点是:第一,裁判文书公开,研究资源易于获得且素材丰富①,而侦查机关内部的第一手侦查资讯受限于保密的需要往往难以获得;第二,裁判文书内容涉及控、辩、裁三方,可以较好地反映电子取证在刑事诉讼过程中涉及的多方面问题。当然,该研究方法也有其局限性:裁判文书数量浩如烟海,并且质量参差不齐,从中挑选合适的样本并展开统计分析的工作量很大,这也迫使笔者对样本的数量进行适当限制;同时,裁判文书因为是法院审判阶段制作的法律文书,所以追诉机关侦查过程中的细节情况以及部分信息可能难以全面、具体地反映。

笔者在中国裁判文书网(http://wenshu. court. gov. cn)②上以"互联网""电子数据"为关键词,以"刑事"案由进行检索,显示共有 1320 个相关案件(截至2016 年 4 月 6 日),对裁判文书以时间由近及远为顺序进行筛选。在仔细查阅中,排除了部分与互联网犯罪实际无关的案件,并以裁判文书中证据部分罗列是

---

① 胡铭,自正法. 司法透明指数:理论、局限与完善[J]. 浙江大学学报(人文社会科学版),2015(6).
② 之所以选择中国裁判文书网,是考虑到该网站的权威性。2013 年 7 月 1 日,按照最高人民法院的工作部署,全国法院统一、权威的裁判文书公开平台——中国裁判文书网正式开通。同日,《最高人民法院裁判文书上网公布暂行办法》生效实施。经过多年的不断努力,中国裁判文书网现已成为全球最大的裁判文书公开平台,人民法院裁判文书公开工作取得了显著成绩。

否清晰、详细,是否含有可资辨识的侦查机关电子取证情况介绍等方面作为主要筛选标准,逐一将合适样本纳入样本库中,当样本容量达到100时停止继续收集,实际参阅数量约为检索裁判文书总量的1/3。查阅的大部分案件因为判决书过于简单、无实质性内容、不能详细反映证据情况以及侦查机关取证行为等而被排除出样本库。对于所有符合标准的裁判文书,笔者将该裁判的基本信息制表记录,并以数据分析软件进行统计分析。

(二)结果分析

1.电子取证方式

互联网犯罪案件通常都会不可避免地涉及电子证据问题,并且同一个案件中涉及的电子证据通常也并不唯一,表现形式也很多样,因此对不同类型的电子证据运用的取证手段在实践中是多种多样的。笔者对样本库的100个案件中不同电子取证方式出现的次数进行统计,形成统计表(见图1)。图1显示,将电子证据载体介质进行扣押,然后送检验鉴定是运用次数最多的手段,其次是电子证据的远程勘验,之后是截图、刻录光盘、电子数据检查、向有关机构调取(包括互联网公司、电商、银行等)、打印等。

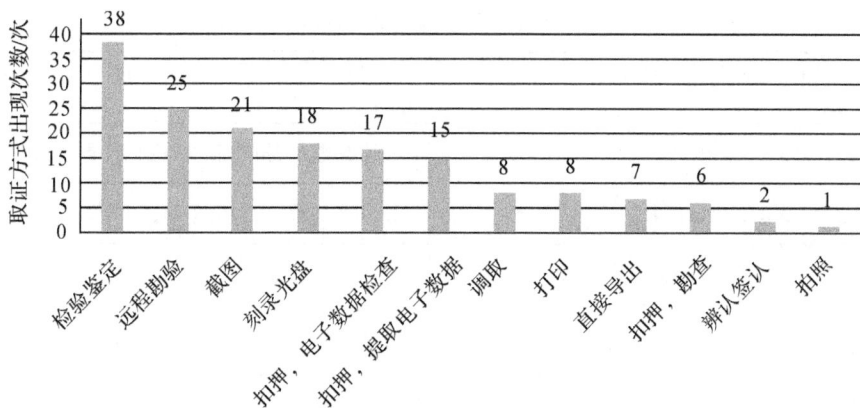

图1 各取证方式运用次数

检验鉴定在电子数据中的广泛采用,有其现实原因。《关于办理网络犯罪案件适用刑事诉讼程序若干问题的意见》第18条规定:"对电子数据涉及的专门性问题难以确定的,由司法鉴定机构出具鉴定意见,或者由公安部指定的机构出具检验报告。"电子数据具有高科技性,对电子数据的取证技术要求较高,由鉴定机构具备相关专业知识并且得到国家资质认可的专业技术人员做出,不仅能够弥补侦查人员相关知识的欠缺,而且还可以减轻其自身取证的工作负担。鉴定意见被认为是证明价值建立在特别的科学知识或者科学原则基础之上的科学证据[1],通常被法院认为具有较高的证明力,所以备受侦查人员的青睐。

远程勘验是指通过网络对远程目标系统实施勘验,以提取、固定远程目标系统的状态和存留的电子数据。[2] 远程勘验和截图分列第二、第三位,笔者认为这与互联网的发展和普及是密不可分的,传统的设备、介质中证据的提取越来越多地转变为对动态流动的网络证据的获取、保全。

实际上,如果将图 1 中反映出的司法实践中各式各样的取证方式再进行归纳,检验鉴定、勘验、检查这三种形式显然是适用最为广泛的,如实践中"截图"多数也是在勘验或检查过程中实施的一种行为。而搜查在电子取证中的适用并不多见,可能是因为法律存在空白,样本中仅见对其存储介质进行搜查扣押。

2.电子证据运用形式

电子证据运用形式,主要是指追诉机关提交法院审判阶段的电子数据的表现形式。通过对裁判文书的整理,现将其中涉及的电子证据运用形式摘录如下(见表 2)。

表 2　电子证据运用形式实例(法院审判阶段)

1.扣押清单,调取证据通知书,鉴定报告,提取笔录	9.电脑等物证,搜查笔录、扣押清单,鉴定报告,打印件
2.远程勘验工作记录	10.搜查笔录、扣押清单,检验报告,打印件
3.光盘,提取笔录,打印件	11.搜查笔录、扣押清单,打印件
4.扣押清单,截图,检验工作记录	12.电脑等物证
5.扣押清单,截图,远程勘验工作记录,检查工作记录	13.搜查笔录、扣押清单,光盘,打印件
6.电脑等物证,远程勘验工作记录,鉴定报告	14.远程勘验记录,检查记录
7.光盘,现场勘查记录,远程勘验工作记录,打印件	15.光盘,打印件,鉴定报告,检查笔录,保全材料
8.搜查笔录、扣押清单,提取笔录,打印件	16.光盘,远程勘验笔录,打印件

---

① 胡铭.鉴定人出庭与专家辅助人角色定位之实证研究[J].法学研究,2014(4).

② 参见公安机关《计算机犯罪现场勘验与电子证据检查规则》第 3 条的规定。

17. 远程勘验工作记录，检验报告，情况说明，打印件	20. 扣押清单，提取笔录，打印件
18. 搜查笔录、扣押清单、鉴定报告	21. 搜查笔录、扣押清单、鉴定报告，检查笔录，辨认笔录，打印件
19. 勘查笔录，光盘，打印件	22. 电脑物证，扣押清单，打印件

…………

实证研究表明，在接近一半的案件中，电子证据都有打印件的形式存在；只有一成左右的案件中会存在电子证据的原始载体；三成左右的案件中会有电子证据的复制件（光盘）；六成案件中的电子证据完全是以书面形式呈现的（见图 2）。

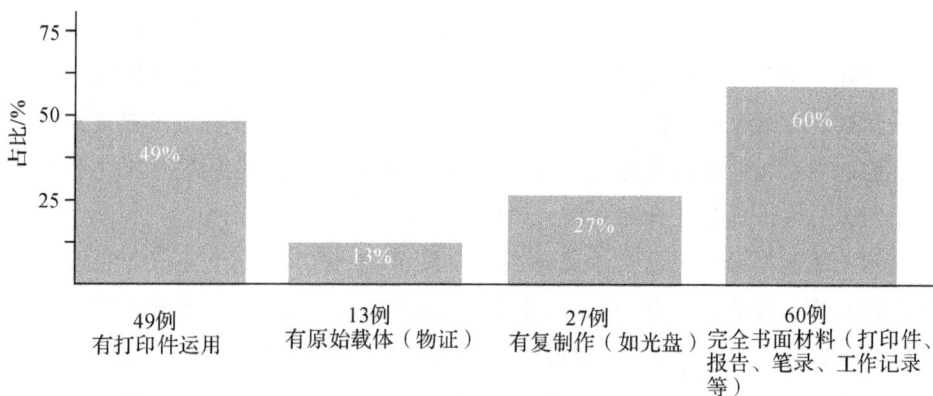

图 2　电子证据运用形式（法院审判阶段）

这表明《关于办理网络犯罪案件适用刑事诉讼程序若干问题的意见》中对网络犯罪案件的电子证据形式要求，在实践中并未被严格遵照执行。尤其值得注意的是，在法院审判阶段，居然有高达 60% 的案件中的电子数据最后完全以转化为检控方书面材料的形式呈现。这说明追诉机关在电子取证的过程中，很大程度上仍把电子数据作为传统的证据形态来收集，这在法庭质证过程中留下了极大隐患，也为法官的当庭认证制造了障碍。

3. 异议及采纳

实证统计表明（见图 3、图 4），有 17% 的案件中出现了被告方对控方电子证据提出质疑的情况，其中包括对电子证据提取和固定程序合法性的质疑，对电子证据鉴定意见合法性的质疑，对电子证据原始性、真实性的质疑，对依据电子证

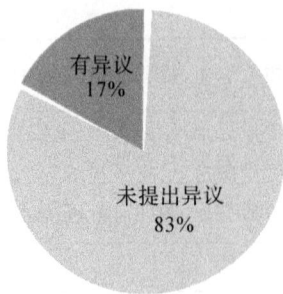

图 3　电子证据异议率　　　　　图 4　辩方异议成功率

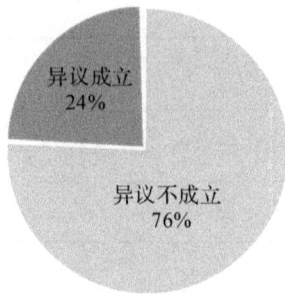

据得出的犯罪数额是否准确的质疑等。其中,有 24% 的被告方异议获得了法院支持,如其中有 3 例是被告方准确分析电子数据信息从而使得法庭对犯罪数额做出从轻认定,1 例是法庭采纳了电子数据提取时程序严重不合法的质证意见,从而排除了据此认定的犯罪金额。从表面来看,被告方对电子数据的质疑和法庭采信被告方意见的比例并不高,但是如果放在我国刑事案件中,在被告方对控方证据的质疑比例普遍较低的背景下,实际上这个比例已经很高。①这说明我国电子数据的取证规范化尚存在较大的提升空间。

从上述数据以及裁判文书具体的内容显示,被告方对电子证据合法性的质疑占据异议总数的大部分,异议的主要理由有两类:一是指出"没有鉴定人员签名""送检人显示为无"等举证瑕疵;二是没有多少具体线索的一般性地质疑"程序不合法"。法庭不采信上述异议,主要的理由也可分为两种:一种是法院按照普通物证的非法证据排除进行判断,通过追诉机关"必要说明""合理解释",很容易对证据合法性进行补正②;另一种是法院以被告方"非法取证问题未提供线索或者材料"为由而否定。

这表明在我国刑事案件中,被告方在法庭中相对弱势,且质证能力存在极大缺陷,特别是在刑事案件辩护率较低的情况下,被告方面对较为专业的电子数据,往往是质疑意愿强烈但质证能力不足。同时,这和电子数据在法庭上的呈现

---

① 笔者曾经做过的一项实证研究显示,在我国刑事审判中,被告方针对控方提出的绝大多数证据(侦查阶段获得的证据)并未表示异议。在 100 起样本案件的众多证据中,被告方提出异议的证据仅 78 份,占总量的 5%。参见胡铭.审判中心、庭审实质化与刑事司法改革——基于庭审实录和裁判文书的实证研究[J].法学家,2016(4).

② 2016 年《关于办理刑事案件收集提取和审查判断电子数据若干问题的规定》第 27、28 条对电子数据的非法证据排除问题做出了明确规定,第 27 条涉及瑕疵补正情形,第 28 条则为强制排除情形。

方式是有关系的。通常只有获得了电子数据原始载体或者其完整备份,在对数据进行仔细研究及分析的基础上,才能够发现控方电子证据的不真实、不完整之处,进而提出有效质证意见。如果被告方只能获得控方提供的书面材料,仅凭这些电子数据转换件,被告方能够对控方电子证据的客观性和真实性提出有力质疑的可能性是微乎其微的。而这种以书面形式呈现的电子证据,本身的公信力不足,提升了被告方质疑的可能性。这便很容易进入一种恶性循环,被告方对电子数据的异议率高,但异议的效果不彰,反过来又影响到裁判的公信力。

三、电子取证中的现实问题:规避与替代

(一)电子数据搜查的规避

上文的实证研究显示,在隐私权保护缺位的情况下,我国电子数据的勘验、检查和鉴定检验成为实质意义上的"搜查措施",使得电子数据搜查本应该受到的制约被规避,这种错误的"补位"如何归正,正是当前我国电子取证法治化的主要难点。

"当今社会中超过 99% 的信息是以电子形式被创造或被存储的。"[①]基于网络或介质海量的信息存储,被追诉人在电子取证过程中无疑面临着个人隐私遭受侵犯的现实威胁。因为涉案电子数据往往只占存储信息的极小比例,而侦查人员却可能接触到被追诉人生活、工作等方方面面的私人信息。

事实上,相当多的域外国家或地区已经把电子数据纳入搜查的范围之中,并且以令状原则加以规制,即对电子数据的搜查必须事先报送司法机关审查,获得司法机关颁发的批准令状,然后严格依照令状的要求进行取证。除非符合法定的例外条件,否则,搜查获得的证据不具有证据能力。例如,我国台湾地区 2001 年"刑事诉讼法"修改,特别将"电磁记录"纳入搜索的客体中。"如欲查缉采行会员制的色情网站而进入该网站主机,并以下载方式扣得其电磁记录之证据者,搜索票记载如:网址 http://www.enjoysex.com.tw 之网页、色情图片档及网路主机内客户交易资料。"[②]即在原则情况下,报请法官核发搜索票后方可进行搜索。同样,2001 年通过的欧洲理事会《关于网络犯罪的公约》第 19 条为了建立适应于

---

① Isom D. K. Electronic Discovery Primer for Judges[J]. Federal Courts Law Review, 2005 (1).

② 林钰雄. 搜索扣押注释书[M]. 台北:元照出版有限公司,2001:95.

存储的计算机数据的搜查、扣押措施,确保在计算机、网络相关犯罪案件中有效获取犯罪证据,规定:"各缔约方应调整必要的国内法或者规定,授权有权机关搜查或者相似地进入其境内的:a.一个计算机系统或者其中某部分和存储在其中的计算机数据……"这里的"搜查"是指搜寻、读取、检查或检阅计算机数据,其含义与传统的搜查相似,而"相似地进入"则是更准确的含义中的计算机术语,这种表述是为了将现代术语与传统概念相结合。[①] 美国则早在 1967 年便通过卡茨诉合众国一案,将"搜查与扣押"的概念从传统理论上主张的"物理侵入说"(要求搜查的构成要素包括侦查人员亲自进入搜查场所)改为"隐私保护说"。[②]

然而,即使我国目前没有将电子数据纳入搜查的范围,事实上也并没有出现林钰雄教授所担心的情况:"晚近电脑及网路科技发达,电脑之网络传输,经常被使用为犯罪工具,电磁记录若无法搜索,对某些新型犯罪之侦办,必将发生困难。"[③]原因就在于,我国无论从规范上还是从实践中都存在着电子数据搜查的"补位"手段:电子数据的勘验、检查和鉴定检验等。

上述"补位"手段可以说是对应有的电子数据搜查措施的规避和代替。从《计算机犯罪现场勘验与电子证据检查规则》第 3 条对电子证据勘验与检查的定义看,包括现场勘验检查、远程勘验以及扣押设备后的检查等,无一不是为了发现、提取或固定与案件相关的电子数据。就其发现和收集证据的功能看,和搜查没有任何本质区别。至于电子数据鉴定,以"发现证据"为目标的鉴定类型与对电子数据进行搜查相较,在功能上亦无本质差别。

实际上,在我国,勘验、检查均不需要侦查机关负责人的批准,实施搜查则需要经过侦查机关负责人批准。因为搜查往往是较勘验、检查侵害权利更严重的一种处分行为,所以法律规定了更严格的审批制度。不过,且不论侦查机关自行对搜查进行审批的问题,以电子数据勘验、检查的方式进行"补位"本身就有待商榷,因为作为公民极度重要的宪法性权利的隐私权,在这样宽松、任意、低层级的审批面前显得微不足道。至于鉴定,也往往由侦查机关自行启动,这很容易被诟病为"自侦自鉴"而缺乏公信力。

另外,在当前的法律框架下,我们也注意到一个非常有趣的现象:根据实证

---

① 皮勇.《网络犯罪公约》中的证据调查制度与我国相关刑事程序法比较[J].中国法学,2003(4).

② 刘品新.美国电子证据规则[M].北京:中国检察出版社,2004:256.

③ 林钰雄.搜索扣押注释书[M].台北:元照出版有限公司,2001:330.

研究显示,远程勘验已经成为仅次于检验鉴定的运用数量第二位的电子取证手段,而计算机网络的远程勘验事实上并不同于我们一般物的意义上的勘验,甚至也不同于电子证据的现场勘验,因为远程勘验所涉及的领域很可能不是本案当事人的,秘密地进入这样的虚拟空间进行搜索,显然应当属于搜查的范围。① 不过,在当前制度下,法律规定的技术侦查措施和这种计算机网络远程勘验的关系也值得研究,《公安机关办理刑事案件程序规定》第 255 条规定,技术侦查措施是指由设区的市一级以上公安机关负责技术侦查的部门实施的记录监控、行踪监控、通信监控、场所监控等措施。其中“技术”“监控”两词是核心;前者和时代相合,后者则直接涉及公民隐私等权益。② 随着网络的发展,动态的、实时的对网络数据的获取与保全将越来越多,这种类型的远程勘验同时也符合技术侦查的关键特征:第一,一定是采取相关计算机技术实施的;第二,实时获取的过程同时亦是对公民监控的过程。《公安机关办理刑事案件程序规定》第 254 条也规定,公安机关在立案后,根据侦查犯罪的需要,可以对下列严重危害社会的犯罪案件采取技术侦查措施:利用电信、计算机网络、寄递渠道等实施的重大犯罪案件,以及针对计算机网络实施的重大犯罪案件。2016 年《关于办理刑事案件收集提取和审查判断电子数据若干问题的规定》第 9 条规定,进行网络远程勘验,需要采取技术侦查措施的,应当依法经过严格的批准手续。但是,从实证研究看来,在实践中大量运用的网络远程勘验的取证手段其实绝大多数并没有受到技术侦查制度的规范。问题主要在于当前规范的模糊性,对于“需要采取技术侦查措施的”到底如何理解,何种情况为需要实施技术侦查不应当是由侦查人员主观意定的,而应当有规范明确的规定,如果不能对此做出进一步的细化处理,实践中的该类网络远程勘验恐怕依旧我行我素而采取传统勘验方式进行,该条文也将形同具文。

此外,根据 2016 年《关于办理刑事案件收集提取和审查判断电子数据若干问题的规定》第 1 条对四类典型电子数据形式正面列举,有学者提出针对第一类“网页、博客、微博客、朋友圈、贴吧、网盘等网络平台发布的信息”要做区分处理,部分存在于公共空间的信息由于提取时不涉及侵权,因此可采取任意侦查行为

---

① 龙宗智. 寻求有效取证与保障权利的平衡——评“两高一部”电子数据证据规定[J]. 法学,2016(11).
② 胡铭. 技术侦查:模糊授权抑或严格规制——以《人民检察院刑事诉讼规则》第 263 条为中心[J]. 清华法学,2013(6).

而区别于其他类型的强制侦查行为。① 在合众国诉德弗斯案中,法院援引指出:为了将一项搜查或者扣押挑战为违反第四修正案之举,当事人必须对被搜查的地点或财产有客观合理的隐私期待。如果本案被告要控诉执法机关对其"脸书"上的照片的获取违反第四修正案,必须要有隐私的期待,除非被告能证明其"脸书"账户含有防止任何人进入的安全设置,否则法院认为其合法的隐私期待在其向朋友发布状态时已经终结,因为这些朋友对该信息享有任意使用的自由,甚至包括分享给政府的自由。② 在本案中,执法机关未获得搜查令而通过污点证人获得这些照片的行为被法院维持。我国电子数据的获取是否一概适用强制侦查,如何区分,对这些问题确实有进一步研究的需要。

(二)书面材料替代电子数据"原件"

上文的实证研究显示,我国刑事案件电子取证中的另一种"替代性"做法就是司法实践中大量的书面材料替代电子数据"原件"的现象。如果控方只愿向被告方展示与电子数据有关的书面材料,而不能提供电子数据的原始介质或者完整备份,那么被告方根本无从对电子数据的真实性、完整性等进行质证。一方面,这些书面材料全部经过控方之手,控方作为犯罪的追诉机构完全可能已经对其进行某种"修饰";另一方面,得不到完整的电子数据"原件",被告方就很难找到能够证明被告人无罪或罪轻的证据。裁判文书显示,不少法院并没有意识到这一点。比如,在样本中的杨小慧等非法获取公民个人信息、非法获取计算机信息系统数据、非法控制计算机信息系统案中,法院对律师质疑电子数据(光盘)未经当庭举证、质证的回复:"电子数据(光盘)确未当庭播放,但原审判决所列的证明内容均在现场勘验检查工作记录等材料中有所体现,虽存瑕疵,但不影响证据的采信及认定。"③

这背后的原因,一方面是国家追诉机关观念的问题。长期以来,公安、检察机关过于强调对犯罪的追诉职能而将辩护律师无形地置于对立面,片面重视收集被告人有罪、罪重的证据,而忽视对被告人无罪、罪轻证据的收集,忽视律师执业权利的保障。另一方面也与法律规定的空白有关。人民检察院《刑事诉讼规则》只规定了辩护人复制案卷材料可以采取复印、拍照等方式,但是对于无形的电子数据

---

① 龙宗智.寻求有效取证与保障权利的平衡——评"两高一部"电子数据证据规定[J].法学,2016(11).

② United States v. Devers, United States District Court, N. D. Oklahoma, 2012-12-28. 2012 WL 12540235.

③ 参见北京市第三中级人民法院〔2015〕三中刑终字第 00288 号刑事裁定书。

的复制,显然难以采用这样的方式,这就给控方的操作打开了大门。但是这样的行为不仅损害了对抗式诉讼的基本功能,也难以通过审判实现看得见的正义。

以书面材料代替电子数据"原件"显然违反了最佳证据规则。比如,在美国,为了证明任何文书、照片、记录等的可靠性,原始的材料都是必需的。美国《联邦证据规则》第1002条规定了最佳证据规则,要求提出原始的材料以证明争议中其他材料的内容。其背后的论证是,即使在很多情况下,依据原始材料制作的副本等是基于善意的,也可能会发生失误,因此最好是依据原件。例外只在极为有限的几种特殊情况,即副本在以下情况下可能是可采的:(1)原件丢失或者损毁,但是丢失及损毁是故意的除外;(2)即使通过任何司法手段也不可能获得原件;(3)对手方持有该原件并且不愿意提出;(4)原件与案件无关或者无关紧要。①

英国《检察总长证据开示指南》也指出,"对于被指控者公正的证据开示是公正审判不可分割的一部分","调查人员和开示官员必须公正客观并且和检察官紧密合作以确保开示义务的履行,行动失败所导致的不充分的开示可能导致错误的法院判决。这另外也可能导致程序协商的完全滥用、违背证据的无罪释放以及上诉法院认为判决不当并撤销它"。② 英国皇家检察署《证据开示指南》规定:"在被指控者已经做出辩护声明后的任何时间,被指控者有合理的依据相信存在检控材料满足开示要求,他可以根据《1996年刑事诉讼与侦查法》第八章的规定向法庭申请要求检方开示证据的命令。""对被指控者的开示可以通过拷贝该物件,或者当不具有可行性或者可取性时,允许被指控方检阅该物件。"③

不过,需要指出的是,我国目前规范上对"原始载体"的强调看似科学,但似乎缺乏一定的前瞻性,因为随着网络的发展,越来越多的数据分散存储在网络"云"空间之中,在这样的状态下,侦查人员难以确定何为原始存储载体,甚至根本找不到所谓的原始存储载体。在此情况下过于强调原始载体可能会在实践中给侦查人员带来困扰。依照目前规范来看,这种情况属于无法扣押原始存储介质,可以提取电子数据的情形,并应当制作电子数据的备份件,同时通过相关的程序性笔录(记录)和技术性记录(完整性校验值、数字签名、数字证书等)进行规

① 王进喜.美国《联邦证据规则》(2011年重塑版)条解[M].北京:中国法制出版社,2012:336—337.

② Attorney-General's Guidelines on Disclosure[EB/OL].[2016-11-06].http://www.cps.gov.uk/legal/a_to_c/attorney_generals_guidelines_on_disclosure/.

③ CPS Disclosure Manual[EB/OL].[2016-11-06].http://www.cps.gov.uk/legal/d_to_g/disclosure_manual/disclosure_manual_chapter_16/.

范,以保证电子数据的真实性、完整性。未来或许可以适当淡化"原始载体"概念,进一步完善电子数据的"原件"理论,毕竟目前之所以强调"原始载体",主要目的也是希望以此保证电子数据的真实性、完整性。但是,通过借鉴西方电子数据法制发达的经验,我们发现确保电子数据真实、完整的方式是多样的,真正追求"原始"的电子数据恐怕也是不现实的,"操作系统和其他程序频繁变动、增加和删除电子储存的内容,这种情况可能是自动发生的,数据在使用者没有意识到的情况下就改变了"①。比如,加拿大《1998 年统一电子证据法》第 5 条确立了一套系统完整性的推定方式:"如果有证据证明,该电子记录系由除诉讼当事人以外的某人,在惯常而普通的业务活动中记录或存储的,而且其所进行的记录或存储并非根据意图引入该记录的当事人的指令。"②加拿大学者 Kelly Friedman 也称:"当然也有最佳证据规则的例外,比如说文件完整性的推定。这些包括了法定的免除规制,比如说属于或者存放的任何政府或者公司的银行账目以及记录,以及普通商业记录信息。后者的免除是常规定在《商业记录规则》(Business Records Rule)。"③

四、完善我国电子取证制度的路径

随着互联网时代的到来,电子数据在刑事案件中的作用日益显著,相关问题也日益突出。上文的规范研究显示,我国刑事案件的电子取证仍存在着制度上的缺失,相关立法有待完善;而实证研究则说明,电子取证相关制度的实施存在被规避和替代的风险,在原本制度就不够完善的情况下,实践中的问题进一步凸显。基于上文的研究,笔者尝试提出如下的完善建议。

首先,目前我国电子取证主要以勘验、检查、检验鉴定等形式进行,同时网络远程勘验又与现行的技术侦查措施具有很大关联性。理论上看,最终我们应当完善电子数据搜查制度,实现电子数据强制侦查的司法审查和令状主义。我国未来在真正建立"审判中心"下达对搜查"令状许可"的司法审查制度时,应当将电子数据明确纳入刑事诉讼法所规定的搜查制度的调整范围中。针对目前规范

---

① ACPO Good Practice Guide for Digital Evidence v5[EB/OL].[2016-11-04].http://www.digital-detective.net/acpo-good-practice-guide-for-digital-evidence/.

② 皮勇.刑事诉讼中的电子证据规则研究[M].北京:中国人民公安大学出版社,2005:67.

③ Kelly Friedman. Electronic Evidence at Trial[J]. The Advocates' Quarterly,2009(36).

和实践中存在的电子数据勘验、检查、鉴定检验等实质上的"搜查措施"，未来可以考虑将其从原有框架下剥离，以立法或司法解释列举上述几种实质性"搜查措施"，辅之概括说明方式（如规定，侦查机关以类似的可能侵犯公民隐私权的方式发现、提取或固定电子数据的），并将其纳入"电子数据搜查"项下，使其受到搜查制度的规制。申请令状的审查权应摆脱目前侦查机关"自己为自己法官"的内部批准状况，基于检察机关享有宪法赋予的法律监督职能以及司法机关地位，可由其对电子数据的搜查申请进行审查批准。侦查机关应当严格依照令状所许可的范围实施相应的搜查行为，超出规定范围非法取得的电子数据应被法院予以排除。关于电子数据的搜查措施，美国具有较久的实践历史，并通过判例形成了自身的一系列规则原则，其经验值得我们借鉴。

其次，应建立电子数据展示制度。我国有必要对电子证据的展示问题做出明确规定，应当允许辩护律师在控方获取电子数据之后接触该电子数据原始载体或者完整备份，从而进行查看、复制和审查。只有这样，被告方才能发现侦查人员在海量数据信息中难以发现或是忽略的能够证明被告人罪轻、无罪的证据材料，或是通过审查、检验脆弱易变的电子数据在取证过程中是否发生变化，对电子数据的真实性、原始性等提出质疑，从而切实保障被告人的辩护权。同时，如果被告方对电子数据的客观性、真实性、合法性提出质疑并申请证据的收集者、保管人等出庭作证，法院应当要求相关人员出庭接受被告方质问，相关人员无正当理由不得拒绝，这是对抗式诉讼和庭审实质化的基本要求，体现了以审判为中心的基本导向。① 不过，2016年《关于办理刑事案件收集提取和审查判断电子数据若干问题的规定》并没有对此特别规定，只是就鉴定人专家辅助人的出庭方面按照新刑事诉讼法的规定进行了原样重申。②

再次，应当进一步完善非法证据排除规则适用电子数据的相关规范。非法证据排除规则作为一种程序性制裁措施将对追诉机关违法电子取证的"冲动"起到遏制作用。之前我国刑事诉讼法对电子数据的收集是否适用非法证据排除规则语焉模糊，学理和司法实践大多认可电子证据的收集一体适用非法证据排除规则，并参照物证、书证等实物排除规则进行，出台的《关于办理刑事案件收集提取和审查判断电子数据若干问题的规定》已经对此做出了明确规定，将电子数据

---

① 胡铭. 对抗式诉讼与刑事庭审实质化——基于网络庭审实录的实证分析与比较[J]. 法学，2016(8).

② 胡铭. 鉴定人出庭与专家辅助人角色定位之实证研究[J]. 法学研究，2014(4).

排除的情形分为可补正(第 27 条)与强制排除(第 28 条)两种情形。实证研究显示,此前收集电子数据中的程序违误最后几乎均被侦查机关予以补正,此次明确电子数据非法证据排除规则的实际实施效果仍有待观察。此外,目前所确立的电子数据的非法证据排除规则依旧只是电子数据收集、提取中的排除规则,然而在电子数据的运输、保管、移送等环节亦可能发生电子数据被污染或者破坏的情形,在此情况下,如辩护方对这些环节的程序问题提出质疑,一方面侦查机关恐怕很难自证清白,另一方面法院因为规定的空白亦可能难以支持该质疑的成立。未来的排除规则范围可做延伸,将电子数据的收集、提取到提交法院的整个过程涵盖其中。

最后,应确立电子数据的最佳证据规则并完善我国电子数据的"原件"制度。最佳证据规则是一项规范证据的证据能力以保障真实性的规则。强调电子数据的最佳证据规则的基本前提在于电子数据在法律上和司法实践中的重要地位,正是因为这种重要地位,向法院提供电子数据的真实性和准确性是十分必要的。最佳证据规则被认为有两方面的意义:一方面防小人;另一方面防君子。"小人因为不诚实而提交伪造的副本,君子因为不小心而提交有错误或遗漏的副本——因此,最佳证据规则不仅适用于不诚实的当事人,也适用于诚实的当事人。"[①]由于电子数据本身的易变性以及"云计算"时代的快速发展,或可考虑借鉴国外经验对电子数据的原始存储介质做适度淡化处理,围绕保障电子数据的真实性、完整性等建立"原件"制度规则,解决未来实践中可能出现的问题。

此外,完整性电子证据保管锁链制度的建立;电子取证行为中任意侦查和强制侦查的划分;初查中滥用带有强制性的收集、提取电子数据措施;收集、提取电子数据与技术侦查相混淆;[②]实践中相关规范失灵,取证主体违法等问题均尚待深入研究。

---

① 易延友.最佳证据规则[J].比较法研究,2011(6).

② 龙宗智.寻求有效取证与保障权利的平衡 ——评"两高一部"电子数据证据规定[J].法学,2016(11).

抽样验证规则在网络犯罪中的应用研究

◎隋　兵*

摘　要：互联网技术的发展给我们的生活带来了巨大的变革，也给社会带来了大量复杂的网络犯罪。人数众多的犯罪分子利用网络进行一对多的辐射状犯罪，通过群组、平台在网络上传播、获取海量的犯罪信息，采用技术手段侵害散布各地的被害人。一旦案发，这些数以万计的电子记录、数以百计的涉案人员证言最终都要逐个调取并一一验证。然而司法亲历性和人力局限性的矛盾使得对海量证据的验证、甄别、采信成了一项"不可能完成的任务"，大量数据富集型的轻罪案件往往就在这种验证中丧失了效率的公正。笔者建议在审查网络犯罪案件的海量数据时，以统计学理论为基础适度引入科学的抽样验证方法，以节省司法资源，提高司法效率。

关键词：抽样验证　网络犯罪　证明标准　抽样方法

一、网络犯罪的现阶段特征

（一）数量巨大，占比激增

网络犯罪在全球范围内呈现高发态势，根据统计，英国的计算机网络网络犯罪数量已超过了传统犯罪数量达到了犯罪总数的53%，美国的网络犯罪也将超越贩毒成为全美第一大犯罪行业。在我国，网络犯罪态势同样严峻，在2016年10月召开的全国社会治安综合治理创新工作会议上，中央政法委书记发表讲话，指出我国的网络犯罪数量目前已经接近犯罪总数的1/3，而且每年还在大量增加。

＊　隋兵，杭州市余杭区人民检察院代理检察员。

(二)成本高昂,周期过长

由于网络犯罪的嫌疑人、被害人遍布全国各地,公安机关在抓捕和取证过程中往往要调动大量人力、物力进行全国范围内的"跨省追捕",为弥补专业性的不足,取得的电子证据又要花费巨额资金进行电子证据鉴定,使得网络犯罪案件的办案成本居高不下。此外,网络犯罪多涉及计算机技术的专业知识和大量电子数据、言辞证据调取、审查,这使得该类案件办案周期较传统犯罪明显过长。往往很多案件在侦查阶段就要多次延长侦查期限,在审查起诉和判决阶段又要多次补充侦查,一个案件从抓获嫌疑人到最终下判要经历一年甚至更长的时间。

(三)窝案重大,个案轻缓

网络犯罪上下游产业链分工明确,犯罪分子之间配合默契,形成了大量行为聚合但组织松散的网络犯罪集团。这些犯罪集团的整体涉案金额、人数往往十分庞大,且在一定区域内形成恶劣的社会影响,成为公安机关打击的重点。但此类案件中,犯罪分子之间大多缺乏概括的犯意联络,又存在网络犯罪取证难、电子证据易灭失等问题,在审查、判决阶段,每个犯罪分子最终能查证的犯罪事实并不多,往往能判处的刑罚也非常轻,进而出现了大量"窝案轰轰烈烈,个案轻缓处理"的尴尬现象。这些本应被快速处理的轻缓案件,在冗长的办案周期中丧失了效率的公正。

二、传统验证模式在网络犯罪办理中的困境

我国的刑事案件一直以来都以"证据确实、充分"作为证明标准。《中华人民共和国刑事诉讼法》第53条规定:"证据确实、充分,应当符合以下条件:(一)定罪量刑的事实都有证据证明;(二)据以定案的证据均经法定程序查证属实;(三)综合全案证据,对所认定事实已排除合理怀疑。"无论是针对三年以下的轻罪还是死刑、无期的重罪,也不论待证事实是定罪情节还是量刑情节,上述标准都具有普适性。相较于英美法系国家"优势证据与排除合理怀疑相结合"的证明标准[①]以及其他大陆

---

① 参见美国最高法院麦克米兰诉宾夕法尼亚案,http://openjurist.org/477/us/79.

法系国家"法官内心确信"的证明标准[①],我国的证明标准无疑更加严格。在司法实践中,为达到"证据确实、充分"的证明标准,司法人员对在案证据的审查、验证过程极为严苛,要做到对证据材料本身及相互之间进行核实,对各个证据与案件事实之间的联系进行考察,以确定各个证据间是否互相补充、说明、印证,是否协调一致并排除了其他可能性。[②] 这种审查、验证模式的最低要求即对涉案所有证据进行一一核实。然而在网络犯罪时代,这一看似不能妥协的底线在很多案件中变得"高不可攀"。

(一)侵犯公民个人信息案件

非法获取公民个人信息是各类网络犯罪案件的源头。犯罪分子已经从最初的零售、分销发展成网络批量销售平台、网站,他们不仅提供各类公民信息,还利用非法获取的个人信息注册银行黑卡、手机黑卡为网络犯罪提供帮助,造成了恶劣的社会影响。近年来侵犯公民个人信息类案件成为公安机关打击的重点。公安部自 2016 年 4 月起部署全国公安机关开展为期半年的打击整治网络侵犯公民个人信息犯罪专项行动。截至 2016 年 7 月,全国公安机关累计查破刑事案件750 余起,抓获犯罪嫌疑人 1900 余名,缴获信息 230 余亿条。[③] 比如,在江苏淮安的陈某某等人侵犯公民个人信息案中,陈某某涉嫌非法出售公民个人信息 1177余万条;湖北襄阳的郑某某等人侵犯公民个人信息案中查获公民个人信息 200余万条;重庆巴南的李某等人侵犯公民个人信息案中涉案公民个人信息千万条。面对如此巨量的个人信息,司法人员如何进行审查、验证和认定成了一个现实的难题。根据最高人民法院、最高人民检察院《关于依法惩处侵害公民个人信息犯罪活动的通知》的相关规定,只有具有"识别性"和"隐私性"的个人信息才能被认定为"公民个人信息"。而实践中查获的个人信息往往是五花八门的,且不说大量的虚假信息或者残缺信息需要剔除,还有数以万计的由于个人地址、通信方式等变更造成的失效信息也无法认定。由于没有专门的公民个人信息鉴定机构,

---

① 《法国刑事诉讼法典》第 427 条规定:"除法律另有规定外,犯罪得以任何证据形式认定,并且法官得依其内心确信做出判决。法官只能以在审理过程中向其提出的、并经对席辩论的证据为其做出裁判决定的依据。"《德国刑事诉讼法》第 261 条规定:"对证据调查结果,由法庭根据它在审理过程中建立起来的内心确信而定。"

② 王牧.也谈刑事证据审查判断标准[J].当代法学,1998(2).

③ 中国新闻网.公安部整治网络侵犯公民个人信息犯罪[EB/OL].[2016-07-21]. http://news. xinhuanet.com/legal/2016-07-21/c_129165023.htm.

在目前的证据审查模式下,这些工作都要由司法人员一一验证完成。当面对上述千万条、百万条级别的侵犯公民个人信息案件时,可想而知这一验证过程将会多么的冗繁、琐长。笔者查询了中国裁判文书网的相关判例,发现目前的公开判决中,侵犯公民个人信息类案件尚无一起被判处到 3 年以上有期徒刑,刑罚轻缓化现象明显。司法的"效率"和"公正"本应是兼容并包的两种价值,在侵犯公民个人信息类犯罪中成了无法调和的矛盾。

(二)平台售假类犯罪案件

平台类电子商务模式的发展带来了网络零售行业的新业态,由于平台内流量稀缺和搜索入口局限,平台商家的排名、销量数据和好评度直接影响商家的销售业绩。很多不良商户为了获得不正当的竞争优势催生了大量刷单、炒信现象,这些现象逐渐演变成了电商领域的潜规则。在从事刷单、炒信的商家中,既有正常经营的合法商户也有一些售假、售劣、售禁的犯罪分子。办理此类刑事案件时,嫌疑人往往会对电商平台提供的交易数据和营业额提出质疑并辩解其中存在大量刷单现象。考虑到平台电商的大环境,司法人员为了排除合理怀疑,不得不对嫌疑人的辩解加以重视。虽然如浙江省等地出台规定,要求平台售假嫌疑人对刷单辩解提供证据或者线索[①],但规定无法打破证明责任分配的天花板,剔除刷单金额的责任还在控方。此类案件的交易额往往以百万、千万计,交易记录与银行流水等证据更是常常多达十数本案卷,假如每一笔虚假交易都要以物流、资金流、聊天记录等间接证据来认定的话,大多数案件的侦查、审查及起诉将无法在法定期限内办结。在实践中,很多地方做法是笼统地采信嫌疑人的辩解,大笔一挥解决了证明标准的问题,但难免有放纵犯罪之嫌。

(三)其他涉网类案件

互联网和计算机技术的在犯罪中的应用,带来了大批量的数据富集型犯罪并引发对涉案海量证据验证、审查的系列问题,如非法获取计算机信息系统数据案件中,对嫌疑人通过拖库方式获得的大量"身份认证信息"是否真实、有效的验证问题;在非法控制计算机信息系统案件中,对批量劫持成百上千台"肉鸡"行为的电子数据分析问题;在网络小额多笔类侵财案件中,对散布于全国各地的数以

---

① 2015 年 4 月 14 日,《浙江省高级人民法院、浙江省人民检察院、浙江省公安厅办理侵犯知识产权刑事案件适用法律若干问题会议纪要》第 3 条规定:"如犯罪嫌疑人提出销售记录中存在虚假交易,或部分商品系非假冒商品,应要求犯罪嫌疑人就此提供证据或证据线索,并就此进行核查。"

百计的被害人取证和验证问题等。

上述网络犯罪证据验证中的种种难题，在司法改革的大背景下越发难以解决。在正在推进的一系列司法改革中，有关冤假错案追究终身制的规定和实施，无疑又给现行的侦查、起诉和审判行为套上了一道新的紧箍咒。司法实践部门将在证据的搜集、审查和判断上更加谨小慎微，以便进行严格的"印证"，不敢"越雷池一步"，防止危及自己的职业生涯和声誉。[1] 海量证据的验证困难与司法改革下的办案风险形成了司法界新的囚徒困境，如何做到准确高效、不枉不纵，成了网络犯罪案件办理中的最大难题。在这种背景下，亟待从法律层面引入更为科学、合理的抽样验证模式以破解实践中的难题。

三、抽样验证的特征和方法

抽样验证规则是指司法机关办案人员按照科学的抽样方法和抽样程序，在涉案的大量证据中选择样本并对样本进行审查，据此证实全体涉案证据性质的证明方法。抽样验证不是一种取证方式，而是一种证据审查方式。其主要有如下两方面特征。

（一）抽样验证的前提是全面固定证据

我国的《刑事诉讼法》第 50 条规定："审判人员、检察人员、侦查人员必须依照法定程序，收集能够证实犯罪嫌疑人、被告人有罪或者无罪、犯罪情节轻重的各种证据。"上述规定，被认为是我国刑事诉讼法的全面取证原则。抽样验证在现行证据规则下，无法突破全面取证规则。在办理网络犯罪案件时，司法人员依然要严格按照线索和事实全面地收集所有能够证实案件事实的证据，不论是数以 TB 计的电子数据还是成百上千的存储介质，司法机关都应以扣押、提取或以封存保管的方式对上述证据进行固定。在基于全面、规范的证据固定之后，才可以采用抽样的方式从海量证据中获取样本以证明证据的同质性。

（二）抽样验证的本质是事实推定

所谓推定，是指"依法进行的关于某事实是否存在的推断，而这种推断又是

---

① 张玉洁.错案追究终身制的发展难题——制度缺陷、逆向刺激与实用主义重构[J].北方法学，2014(8).

根据其他基础或者事实来完成的"[①]。司法人员在进行证据审查时,除了直接证据本身不需以推定的方式进行逻辑加工,其他涉及间接证据、直接证据与间接证据结合的事实认定都需要运用到推定。推定的合法性和正当性已经有大量的司法解释予以明确,如诈骗司法解释中对非法占有故意的推定,掩饰隐瞒犯罪所得司法解释中对赃物明知的推定,毒品犯罪司法解释中对毒品性质明知的推定,等等。抽样验证在本质上也是从证据个体特征中得出证据整体特征的一种推定方法,其基于科学的统计学原理,遵照反复验证的抽样规则,依据证据样本与推定事实之间的高度盖然性推定待证事实的存在。

抽样验证的实现离不开统计学方法的理解和运用。统计学中的抽样方法主要分为概率性抽样和非概率性抽样两种大类。[②] 非概率性抽样虽然在特定场合下被验证为有效,但是由于欠缺随机因素加成,已经不起统计学发展的检验。故本文仅介绍概率性抽样的具体方式。

1. 随机抽样

所谓随机抽样,又称为简单随机抽样。在总数为 N 的单位中,抽取 n 个单位作为样本。在此过程中,N 个单位中的每一个单位被抽中的概率均相同,这种抽样方式就是随机抽样。随机抽样的方法有抽签法、随机表法、计算机随机数法等。随机抽样法由于其方法的易用性和结果的稳定性在行政执法和司法的鉴定过程中使用较多,如在毒品类案件中,一般情况下查获大量毒品时,由于批量购买、生产等原因,毒品的同质性会相对较高且无明显的种属差异,利用此方法进行抽样可以达到简便、准确的效果。

2. 系统抽样

系统抽样法是先将所有单元按照一定的方式进行排列,然后从中随机选择一个单元作为起始,最后通过一定的规则进行样本的选取,主要包括直线等距抽样和循环等距抽样。等距抽样法先将总体从 $1-N$ 相继编号,并计算抽样距离 $K = N/n$。式中,N 为总体单位总数,n 为样本容量。然后在 $1-K$ 中抽一随机数 $k1$,作为样本的第一个单位,然后按照同样的方式直至抽到需要的数量。循环等距法是将所有单位排成一个椭圆,随机选择其实单元 R,然后每隔 R 个单元选择一个样本,直接选足所需的样本数 n。系统抽样法适合用于单位之间具有一定差

① 樊崇义.证据法学[M].北京:法律出版社,2001(3):252.
② 王学民.关于抽样调查精度的探讨[J].上海统计,2002(10).

异的情况,相较于随机抽样法,系统抽样法可以避免单位之间取样结果的明显偏差。实务中,侵犯公民个人信息类案件在信息包含的信息项、信息完整性等方面都差异明显,可以使用系统抽样法。

3. 分层抽样

分层抽样又称为类型抽样,它是将总体单位先按照特征分为不同的层级,然后在每个层级内进行随机或者等距的抽样。这种抽样方法具有代表性强、准确性高的特征,但程序相对复杂。分层抽样法主要运用于数种复杂集合的单位总体上,如在处理网络知识产权犯罪类案件时,犯罪分子销售的商品种类可能五花八门,既有图书、光碟又有电子复制品,采用分层抽样即能保证这些物品的特征归聚,又能得出相对科学的结论。

4. 整群抽样

整群抽样又称为聚类抽样,是将总体中各单位归并成若干个互不交叉、互不重复的集合,称之为群,然后以群为抽样单位抽取样本的一种抽样方式。应用整群抽样时,要求各群有较好的代表性,即群内各单位的差异要大,群间差异要小。

四、抽样验证规则的法律雏形和实务探索

在办理网络犯罪案件时,侦查机关在全面调取证据方面存在的障碍并不大,如非法获取公民信息类案件无论涉案条数多少,都有合适的技术方法、储存介质予以调取、保存;在非法侵入、控制、破坏计算机系统案件中,涉及的非法登录、控制信息以及木马程序与后台交互的海量数据信息,都可以通过远程勘验、扣押服务器等方式获得;在平台售假类案件中,嫌疑人数以万计的交易记录、资金往来以及物流信息等都可以从第三方平台进行调取。此类案件存在的主要障碍就是在起诉、审判阶段如何对这些证据进行核实、验证。我国的刑事诉讼法虽然没有明确规定抽样验证这种审查方式,但是这种方式是客观存在的,相关司法解释已经有类似的规定。

《办理毒品犯罪案件毒品提取、扣押、称量、取样和送检程序若干问题的规定》第 24 条规定:"对单个包装的毒品,应当按照下列方法选取或者随机抽取检材:(一)粉状。将毒品混合均匀,并随机抽取约一克作为检材;不足一克的全部取作检材。(二)颗粒状、块状。随机选择三个以上不同的部位,各抽取一部分混合作为检材,混合后的检材质量不少于一克;不足一克的全部取作检材……"第

25条规定:"对同一组内两个以上包装的毒品,应当按照下列标准确定选取或者随机抽取独立最小包装的数量,再根据本规定第24条规定的取样方法从单个包装中选取或者随机抽取检材:(一)少于十个包装的,应当选取所有的包装;(二)十个以上包装且少于一百个包装的,应当随机抽取其中的十个包装;(三)一百个以上包装的,应当随机抽取与包装总数的平方根数值最接近的整数个包装。对选取或者随机抽取的多份检材,应当逐一编号或者命名,且检材的编号、名称应当与其他笔录和扣押清单保持一致。"众所周知,毒品犯罪中毒品的真伪、种类、纯度等特征系认定犯罪的关键证据,直接决定涉案人员的罪行轻重甚至构罪与否。然而实践中由于存在毒品犯罪查货量大、同质性高等现象,对涉案毒品的甄别、验证出现了明显的障碍,故司法解释为了和实务对接,引入了抽样的方法和具体的规则,很好地解决了实践中的难题。上述规定十分详细,在毒品性状区分上遵循统计学的种属要求,在抽样方法上采取简便、准确的随机抽样法,并根据毒品的数量多寡规定了不同的样本要求,为毒品案件的科学抽样提供了极具操作性的指导。除此之外,《关于办理侵犯知识产权刑事案件适用法律若干问题的意见》第3条规定:"公安机关在办理侵犯知识产权刑事案件时,可以根据工作需要抽样取证,或者商请同级行政执法部门、有关检验机构协助抽样取证。"该规定虽然比较笼统,但确基于知识产权类案件证据体量大、实物移送难等特征,直接在取证环节就赋予了抽样方式的正当性,并明确了公安机关可以抽样取证的权利。举重明轻,抽样验证的正当性和合理性就自不待言。

同时,实务中也出现了一些积极探索抽样验证的典型案例。例如,在广东省高院判决的广州市某某贸易有限公司、申某某走私普通货物一案中,涉案人员采取对涉案磷酸一铵、磷酸二铵等货物进行擦唛头、换包装,用虚假品名订舱,提供虚假的合同、发票等资料报关等方法,以伪报品名、低报价格的方式向海关申报出口大量货物。经广东省海关对涉案货物进行抽样验证后,证实出口货物与实际货物不相符,该案最终被法院认定走私普通货物2287.35吨。在内蒙古高院判决的张某某等生产、销售伪劣产品一案中,张某某共生产伪劣蒙农牌加硫缓释尿素、加锌控释尿素,融吉牌含硫加锌缓释尿素共计6120.55吨,巴彦淖尔市公安局提供了抽样笔录,由当地的产品质量监督机构对上述涉案货物进行了抽样检查,最终法院认定上述6120.55吨货物均为伪劣产品。从上述案件中可以明确看出,司法机关最终均是采信了行政机关的抽样验证结果,并以该抽样结果作为定案依据做出了有罪判决,上述判例中实际上隐含着司法实务对抽样验证的认可和探索。类似应用抽样验证解决证明困境的案例还有很多,本文不再一一列举。

五、网络犯罪案件中抽样验证应把握好"五性"

"存在即合理",抽样验证规则的在实务中的广泛应用应当引起我们的充分重视。在办理网络犯罪案件时一方面要遵照上述司法解释的精神,参照在先判例的做法,另一方面也要在以下几个方面做到规范、统一。

(一)样本来源的同一性

在运用抽样验证时要注重对样本来源进行审查。样本来源,即涉案证据的来源必须具有高度的同一性。例如,在一些监守自盗型侵犯公民个人信息案件中,信息贩卖者本身从事特定的电信、金融、教育行业,在工作中可以接触到大量的公民个人信息,往往在被查获时电脑中存储了大量不同性质的个人信息,有些是工作属性的个人信息资料,有些是其非法获取予以贩卖的个人信息,此时就有必要对抽样样本的来源进行严格审查,以避免证据来源不一造成的案件事实混淆。再如,在网络售假类案件中,公安机关在侦查、扣押的过程中如果无法区分查获的伪劣产品中哪些是嫌疑人的货物,哪些是其他人的货物,则会导致抽样的基础存疑,抽样结果显然无法作为定案参考。

(二)样本特征的同质性

样本的同质性是指作为样本的证据在类别、特征上属于同种性质。在取证过程中,一方面应在取证之初就准确甄别出同质化的证据种类,并采取有效的隔离手段;另一方面在证据保管环节应当使用不同或者有明显区别的保管介质、手段,并通过标签、电子签名等方式对证据样本予以区分,在此基础上才可利用抽样验证法从证据中获取样本。例如,在非法获取计算机信息系统数据案件中,黑客通过技术手段批量从网络服务器中拉取数据,这些数据中可能既有公民个人信息、身份验证信息,又有一些商业机密或其他数据。如果对上述证据样本不做同质化区分就进行抽样,可想而知,得出的抽样结论将会是漏洞百出,无法达到应有的证明效果。

(三)抽样方法的科学性

在抽样验证过程中,既要保证样本来源同一、样本特征同质,又要选择科学的抽样方法。由于抽样方法分为随机抽样法、等距抽样法、分层抽样法、整群抽样法等,且各抽样方法之间又有明显的方法差异和功能区别,故而选择适合、科学的抽样方法是抽样验证成功的前提。例如在审查刷单炒信证据时,由于商家的评价内容均无明显规律性、差异性特征,常人不经过其他证据的综合判断无法直接筛选出虚假内容,加之评价内容体量巨大,采用简单随机抽样方式即可达到便捷、准确的效果。但如售劣类案件,若劣质产品本身做工粗糙,那么抽样人单凭肉眼识别便可区别,就很容易将劣质产品本身作为样本挑出,从而影响样本选择的科学性,此时选用等距抽样法会更加合适。

(四)抽样程序的规范性

抽样验证要遵循规范的程序性要求,否则无法保证抽样结果的准确、科学。一方面,在证据扣押、保管方面要严格依照相关法律规定,如对电子证据的扣押、封存、提取要由两名以上有技术背景的侦查人员实施,要有见证人在场,并对扣押、封存等过程制作笔录或者同步录音、录像,形成的笔录需要电子证据持有人、见证人签字等。另一方面,在进行抽样时要做到客观、公正,要客观地记载抽样对象的总量、保管地点、保管状态、来源渠道等信息,还要对抽样对象的外表性状、特征、属性予以明确描述。必要的时候抽样过程应该向犯罪嫌疑人展示,由见证人监督,并邀请专业人员到场指导,以保证抽样过程的规范、科学。

(五)抽样结果的修正性

抽样验证的统计学概率属性决定了其会存在一定的误差。虽然采用科学的抽样方式、严格遵照规范的抽样程序基本可以排除系统性误差的存在,但是,抽样验证涉及证据的搜集、扣押、保管、封存,又涉及法律判断以及统计学原理,千头万绪、纷繁复杂,所以很难完全消除随机误差。在抽样取证中,一方面要正确认识随机性误差存在的可能性,另一方面又要严格依照科学方法来降低随机性误差。司法人员在审查抽样验证的样本时,要充分审查样本的科学性和规范性,结合统计学原理、证据关联程度来权衡、评估样本证明力的大小,并在定罪量刑时予以相应的考虑。

大数据时代个人信息保护视野下的电子取证

——以网络平台为视角

◎王 燃*

摘 要:在大数据时代,"数据"具有比以往更为重要的价值,个人信息保护的重要性也日益凸显。网络平台作为个人信息管理者,在对个人信息进行收集、处理的同时,也要承担保护个人信息安全的义务。与此同时,在大数据时代电子取证的环境也发生了重大变化,随着网络取证的兴起和海量数据的增长,网络平台也逐渐成为电子取证的重要来源。网络平台电子取证的主体以司法机关和行政机关等公权力机关为主,取证客体以网络平台本身所有的数据为主。在个人信息保护的视野下,网络平台电子取证也存在很多问题,如数据内容尚未分级,取证权限没有区分,取证程序也未得到有效规制,等等。在我国个人信息保护体系尚未健全的情况下,网络平台取证规制的核心问题在于如何保持个人信息保护与公权力行使之间的平衡,为解决此问题,网络平台可以在数据分级基础上对取证权限进行规制,也可以从动态的角度对取证程序进行控制,还可以制定行业规范来协助第三方取证。

关键词:大数据 个人信息 电子取证 网络平台

在大数据时代,"数据"的价值正得到前所未有的体现。网络平台作为海量数据的拥有者,肩负着保护个人信息安全的重要任务。与此同时,这些海量的个人数据也逐渐成为电子取证的重要来源。目前,我国的个人信息保护体系尚未建立健全,如何在现有的司法语境下,实现保护个人信息安全与公权力机关调取数据需求之间的平衡,是网络平台需要面对的切实问题。

---

* 王燃,天津大学法学院讲师。

一、大数据时代个人信息保护的必要性

(一)个人信息的介说

在大数据时代,数据有着独立的地位和内涵,数据本身即包含有客观事物的关键性信息,其价值与其说体现在技术层面,不如说体现在其与现实世界受保护法益的联系上①,因而越来越多的学者倡导将个人信息权作为单独的人格权进行保护。个人信息是指与具体自然人相关、能够单独或与其他信息结合识别该具体自然人的任何信息。② 在如今的大数据时代,个人信息的外延得到了极大的延伸,除了直接识别自然人的数据外,随着数据挖掘技术的发展,很多看似与个人身份无关的数据,若采用大数据技术对其进行挖掘分析,很快就能指向特定自然人。在信息时代,计算机内的每一个数据或字节都是构成一个人隐私的血肉,信息加总和数据整合对隐私的穿透力不仅仅是 $1+1=2$,很多时候都是大于 2 的。③

其实,国外的很多国家和地区早已建立了个人信息保护的法律框架,如欧盟、美国、日本等组织与国家。而长久以来,我国一直没有专门的个人信息保护法,对个人信息的保护意识还不强,实务中若有此类案例也往往将其纳入隐私权的保护领域。④ 有关个人信息保护的法律大都零散分布在一些部门法的条款中。不过近年来,随着互联网的发展及大数据时代的到来,个人信息保护的重要性日益加强,一些相关的法律规范也开始出台,如 2012 年颁布的《全国人大关于加强网络信息保护的决定》;2013 年国家治理监督检验检疫总局和国家标准化管理委员会颁布的《信息安全技术公用及商用服务信息系统个人信息保护指南》,其中很多内容就借鉴了欧盟的立法;2016 年通过的《中华人民共和国网络安全法》,也对个人信息保护做出了重要规定。

(二)网络平台的个人信息保护义务

1. 网络平台数据

本文所说的"网络平台"是指在通过互联网向用户提供各种服务过程中收集

---

① 于志刚,李源粒.大数据时代数据犯罪的制裁思路[J].中国社会科学,2014(10).
② 石佳友.网络环境下的个人信息保护立法[J].苏州大学学报,2012(6).
③ 涂子沛.大数据[M].桂林:广西师范大学出版社,2015:162.
④ 我国的"cookies 第一案",北京百度网讯科技公司与朱烨隐私权纠纷案。

并处理个人信息的网络服务商，常见的如网络搜索平台、网络交易平台、网络社交平台、网络游戏平台、网络媒体平台等，以及包含多种功能的综合性网络平台。这些网络平台在提供网络服务的同时，往往对用户的个人身份信息、行为轨迹、交易情况、聊天内容等都进行了记录与保存。就网络平台保存的数据而言，它既包括用户所提供的数据，也包括网络平台自行获取的相关数据，具体分为两类。

一类是用户所提供的数据。这类数据以数据电文为主，包括用户的个人身份信息，如姓名、年龄、地址、性别、电话、证件号码等；用户在使用产品或服务过程中所存储、提供的信息，如聊天内容、邮件内容、私信内容，社交空间存储、发布的照片、文字等内容；网络交易中的数据电文合同等。

另一类是网络平台服务商所主动获取的数据，这类数据以附属信息数据、关联痕迹数据、系统环境数据等类型为主。具体有如下几种：日志数据，即用户在浏览网站过程中被抓取的一些信息，如搜索记录、IP 地址、访问服务的网页、设备或软件的类型、使用的语言、访问时间等；地理位置数据，如用户在移动终端使用APP 时被获取的位置信息；通信信息，通信过程中所产生的账号、时间、联系人等信息；其他元数据，如用户上传照片中所含有的日期、时间、地址等信息。[①]

2. 网络平台的个人信息保护义务

根据个人信息保护的法律理论，网络平台在个人信息保护中往往扮演信息管理者（信息控制者）的角色，个人信息管理者是指决定个人信息处理的目的和方式、实际控制个人信息并利用信息系统处理个人信息的组织和机构。[②] 网络平台既可以对个人信息进行收集、处理，但同时也要承担保护个人信息的义务。其对个人信息的保护，从静态和动态的角度分别体现在两个方面。

从静态的角度来看，个人信息中包含有大量涉及个人隐私的内容，尽管信息主体将这些信息让渡给信息管理者，但并不希望被公开，因此，信息管理者应当确保这些信息处于安全、不受侵犯的状态。

从动态的角度来看，在现代社会"信息"不再是静止不动的符号数字，而是能够流通的、具有商品价值的独立物，尤其是大量信息的聚合以及对信息的二次挖掘会使得信息发挥前所未有的功能。信息管理者同样需要对信息的流通过程进行一定管理控制，对个人信息进行处理的各个阶段都需要遵循一定的程序性规

---

① 参考我国百度、网易、淘宝等网络平台服务商隐私政策中所提供的数据内容。

② 参见《信息安全技术公用及商用服务信息系统个人信息保护指南》第 3.4 条。

定,尤其是在信息收集、加工、使用、转移、删除等关键性环节。

值得注意的是,在信息动态流动的背景下,信息管理者还要保障信息主体对自己信息的控制权,即信息管理者在对个人信息进行管理的同时,必须要留有充分的渠道使得个人掌握对自己信息的控制权。具体说来,信息管理者保障信息主体的控制权需要从两个方面着手:从技术上来说,要为用户提供独立操作机制,提供信息主体对个人信息的查询、修改途径等;从程序上来说,在信息处理过程中要保障信息主体的知情权、同意权,保证信息主体对于侵害个人信息的行为享有寻求救济的权利。对于网络平台的个人信息保护义务及责任,国家可以通过法律设定相应的标准,如《刑法修正案(七)》第 7 条规定的非法获取公民个人信息罪。此外,网络平台还可以通过与用户的合同来设定更高的个人信息保护义务。[①]

二、大数据时代电子取证的变迁

(一)电子取证环境的变迁

在电子取证发展初期,计算机技术刚刚兴起,网络发展还不成熟,因而早期的电子取证大都是在单机体系中进行。随着计算机和网络技术的发展,传统的计算机系统已经不能涵盖互联网发展所带来的变革,大数据时代的到来使得人类越来越多的行为以数据形式被记录下来,网络空间的数据呈海量增长趋势。大数据时代不仅带来了人类生产生活方式的变革,也使电子取证开始迈入"大数据"时代,取证环境发生了显著的变化。

其中一项明显的变化是,在大数据时代,相当一部分的个人信息并不掌握在信息主体的手中,而是由信息控制者——如本文所讨论的网络平台所保管、控制。从电子取证的角度来看,有一部分电子数据同时存在于个人手中和网络平台方,即"一次行为,多个节点"。此外,相比于用户所拥有的零散数据,网络平台由于技术上的优势可以更为全面系统地掌握用户的海量数据。由此可见,网络时代数据主体与数据持有者往往发生分离,个人所持有的数据是有限的,而大量的个人数据都由网络平台所掌控。在这一趋势下,持有海量数据的网络平台便逐渐成为电子取证的重要来源。此外,以下原因也促使了网络平台成为新的取证来源。

---

① 谢珺.论网络服务提供者的个人信息保护义务[J].新闻与法律,2011(2).

一是诉讼方便的需求。在有些案件中,基于案情保密的需要,不宜直接通过数据主体取证,如职务犯罪的初查阶段基于保密需要就不能惊动当事人;还有难以联系到数据主体的一些案件。在这些情况下,掌握同样数据的网络平台就成为最合适的取证来源。

二是个人数据丢失的情形。在有些情况下,数据主体的电子设备或网络中的相关数据已经被删除或是丢失,或者恢复数据需要巨大的成本,此时网络平台也是合适的取证来源。

三是证据印证的需求。证据印证是指对于同一待证事实需要有两个及两个以上的证据予以证明,即孤证不能定案。在具体的个案中,电子证据除了与传统证据相印证外,电子证据本身也可以相互印证,尤其是网络空间的电子证据,可以与单机中的电子证据形成多重节点的印证。

三、个人信息保护视野下的网络平台电子取证描述

技术变革所带来的冲击永远是多元化的,就法律领域而言,大数据变革所带来的影响也远不止于个人信息保护和电子取证两个领域。当不同法律问题相交汇时,还会产生新的法律关系及冲突,就大数据作用于个人信息而言,当其同时成为受保护权利客体和电子取证客体,并共同汇集于网络平台时,很多问题便会随之而来。

(一)网络平台电子取证的现状

1.取证主体:以公权力机关为主

日常业务中向网络平台申请调取数据的主体纷繁复杂,既有公权力机关,也有公民个人;既有诉讼程序,也有非讼程序。按照不同性质的法律程序,可将向网络平台调取数据的常见主体归为以下两类:

(1)诉讼主体。我国有刑事、民事和行政三类诉讼,在网络平台调取电子数据的主要是前两类诉讼。在刑事诉讼中,可以收集证据的公权力机关有公安机关、国家安全机关、人民检察院,人民法院在证据有疑问时,也可以进行调查核实;军队保卫部门和监狱在某些情况下,也享有调查取证权。辩护律师经证人或其他单位和个人的同意,可以向网络平台收集与本案有关的材料,也可以申请人民检察院、人民法院收集、调取证据。在民事诉讼中,由于实行当事人主义,主要由双方当事人自行收集证据;当然,法定情形下当事人也可以申请人民法院调取

证据,人民法院也可以依职权主动调取证据。

（2）行政主体。目前,行政执法机关向网络平台调取数据的现象非常普遍,网络平台调取数据常见的行政主体有工商、税务、海关、证监会、工信部门等。

此外,在一些非讼程序、涉外诉讼中也需要在网络平台调取数据,不过其并非本文探讨的重点。

2. 取证客体:以个人数据（个人信息）为主

这里的取证客体主要指在网络平台调取的电子数据类型。三大诉讼法都已确立了电子数据的法定证据地位。根据《关于办理刑事案件收集提取和审查判断电子数据若干问题的规定》第1条规定,电子数据是指在案件发生过程中形成的,以数字化形式存储、处理、传输的,能够证明案件事实的数据,包括网友、朋友圈、手机短信、电子邮件等。当然,在网络平台调取电子数据的范围还要限定于网络平台本身的数据产品,即上文所述的用户所提供的数据以及网络服务商主动获取的数据两大类型。

（二）网络平台电子取证存在的问题

1. 数据未区分

我国尚未建立起个人信息保护体系,信息管理者在实务中也没有对数据进行分类管理。欧盟的《个人数据保护指令》及我国的《信息安全技术公用及商用服务信息系统个人信息保护指南》将个人数据分为一般个人数据和敏感个人数据,敏感数据一般包括种族血统、宗教信息、政治观点、基因、指纹、健康与性生活等相关信息。[①] 一般而言,除非某些法定的例外情形,对个人敏感数据是不得进行处理的。

然而,目前在我国的实务中,大部分网络平台并未对个人数据进行分类,也没有针对不同的数据进行不同的管理。[②] 也有学者认为仅对个人数据做敏感和非敏感区分还是不够细化,敏感数据涉及的是个人信息中最为私密的一部分信息,而非敏感信息也包含有大量的隐私数据,尤其是在大数据时代通过一般数据

---

① 石佳友在《网络环境下的个人信息保护立法》中评述道,我国的《信息安全技术公用及商用服务信息系统个人信息保护指南》扩大了敏感信息的范围,对敏感信息的列举也不甚恰当,对敏感信息的特殊处理规定则仅规定了收集个人敏感信息时要得到个人信息主体的明示同意。

② 笔者查阅了百度、淘宝及网易网络平台的隐私政策,其中百度和淘宝的隐私政策并没有区分个人一般信息和敏感信息,网易的隐私政策则提到了个人敏感信息,但也仅仅是提示用户披露敏感信息时的谨慎义务。

的聚合就可以挖掘出很多涉及个人隐私的信息,因而传统的二分法或许已经难以满足现实需求。

2. 权限未区分

尽管按照个人信息保护理论,在遇到行政行为、司法行为及公共利益的需求时,对个人信息的保护可以进行一定的保留①,但是不同的权力主体、不同程序对于调取数据的权限也应当进行一定的区分。此外,对不同私密程度的数据,不同机关调取的权限也不一致,如我国《互联网电子邮件服务管理办法》第 2 条规定"公民使用互联网电子邮件服务的通信秘密受法律保护。除因国家安全或者追查刑事犯罪的需要,由公安机关或者检察机关依照法律规定的程序对通信内容进行检查外,任何组织或者个人不得以任何理由侵犯公民的通信秘密";第 10 条则规定,对于互联网电子邮件的发送或者接收时间、发送者和接收者的互联网电子邮件地址及 IP 地址这类数据,在国家有关机关依法查询时应当予以提供。

本文认为,公权力机关调取数据权限应当大于公民个人,刑事侦查及国家安全事务中公权力机关调取数据的权限应当大于民事诉讼、行政诉讼、行政执法中公权力机关调取数据的权限。具体而言,对于不同主体的调取权限与数据类型之间应当如何协调匹配,还需要结合网络平台及司法行政的实际需求来进一步研究。

3. 程序未统一

尽管网络平台是随着大数据时代的到来新出现的取证环境,很多相关的法律法规尚待出台,不过在这一过程中公权力机关仍需要遵守已有的关于调查取证的法律法规,在执法人员的数量、身份、法律文书、调取数据方式等方面都要符合既有的程序性规定。然而,公权力机关调取数据的目的是查清待证事实,或是出于打击犯罪的需要,或是出于解决纠纷、维护社会秩序的需要;而数据管理者对个人数据的管理则需要考量个人信息保护的价值要求。在这两种不同的价值目标的背景下,如何去对接公权力机关调取数据与网络平台保管数据之间的程序性规定,也是实务中切实面临的问题。与此同时,网络平台作为数据管理者,面对实务中日趋增多的调取数据需要,不得不安排专人负责协调管理;然而,多

---

① 如 1995 年的《欧盟个人数据保护指令》第 3 条不适用于与公共安全、防务、国家安全及刑法领域中有关的数据处理活动;第 8 条规定,成员国在了为了重大公共利益,可以在禁止处理敏感数据的规定之外做出例外规定,可以限制与犯罪、刑事有罪判决或者安全措施有关的数据处理活动;第 13 条还规定,成员国基于国家安全、防务、刑事犯罪、预防、调查、侦查、起诉等目的,可以采取一定的限制措施。

元化的取证主体及不同的取证程序,也往往令数据管理者无所适从。

综上所述,将网络平台电子取证放在个人信息保护的视野下进行描述,便会突显很多问题。个人信息保护和公权力机关调取数据的需求都汇集到作为数据管理者的网络平台,背后的不同价值带来了法律程序的交错冲突,更何况目前我国个人信息保护体系尚未建立,在两大程序的博弈中个人信息保护可能会面临着更多的风险。实际上,这两种价值目标完全可以并行不悖,在保护个人信息的同时满足司法、行政的需求,关键就在于从程序的设计上达到公权力行使与个人信息保护之间的平衡。在这一问题上,欧盟更早地做出了回应:2005 年欧盟就曾经出台过专门的提案,来规范刑事领域警察和司法合作框架下的个人数据保护。[①] 应当力求在犯罪预防、犯罪调查、刑事诉讼与个人数据保护之间寻求规则适用的平衡,如一般情况下禁止处理敏感数据,但是基于打击犯罪的目的则不在此限,不过尽管如此也需要采取规制措施以保障个人数据的合理使用。在此指导思想下,对公权力机关调取数据时应当进行一定的权力规制,对公民个人信息的保护也要做出一定让步,网络平台作为信息管理者则需要在程序上协调好二者的关系。

四、个人信息保护视野下的电子取证规制

虽然在我国的司法语境下个人信息保护的体系尚未建立,但基于时代的推进及实务的需求,仍然有必要对此问题进行回应。正如上文所述,在个人信息保护视野下,网络平台电子取证规制的核心问题就在于如何保持个人信息保护与公权力行使之间的平衡,因而本文也将围绕此中心思想来提出规制建议。

(一)数据分级下的电子取证规制

1. 网络平台的数据分级

尽管目前学界主流的观点是将个人信息权从隐私权中独立出来,对于两者的差异本文也已经探讨过,但两者仍有相当一部分交错重合之处,个人信息中相当一部分会涉及个人隐私,而个人隐私中也有相当一部分是以个人信息形式所呈现的。况且在我国个人信息保护体系尚未建立之际,采用保护隐私的方式来

---

① 参见 Proposal for a Council Framework Decision on the Protection of Personal Data Processed in the Framework of Police and Judicial Cooperation in Criminal Matters[COM(2005) 475 final].

保护个人信息不失为一种权宜之计,因而并不妨碍我们从隐私权的角度去对电子取证进行规制。因此,本文打破个人敏感信息与个人一般信息的二分法,从隐私权保护的角度对网络平台的个人数据进行分级,并以此作为规制公权力行使的基础。

表1中的数据来源主要参照了国内几大网络平台隐私保护政策所提供的数据以及常见的网络数据产品;"公开范围"是指可见此类数据的群体范围,"私密等级"是在公开范围基础上结合数据隐私程度进行的划分。其中,"私密"是隐私程度最高的信息,如敏感的个人数据(基因、宗教、信仰等)、通信数据(聊天内容、私信内容、邮件内容等);"特定对象公开的信息"一般仅有用户本人及网络平台可见,这些信息一般与个人隐私联系较为密切;半公开信息主要包括用户基于自愿,在一定范围内所发布的信息,由于公开范围的有限性,仍然具有一定的隐私性;公开信息是指用户自愿对公众公开的信息,这些数据应当不再属于隐私的范畴,如微博平台发布的所有人可见信息(本文提供的仅是一个大致、粗略的数据划分参考,现实中"公开范围"可能会有变动,数据的私密程度也会因为个体评价的不同而有所区别)。

表 1　网络平台的数据分级信息

数据类型			公开范围	私密等级
用户提供的数据	身份信息	敏感身份信息,如账号密码、宗教信仰、基因、健康及性生活等信息	自己及网络平台可见	私密
		一般身份信息,如住址、职业、兴趣爱好等(用户可以自行设置公开范围)	部分公众可见	半公开
	存储、提供的信息	聊天内容、邮件内容、私信内容	自己及网络平台可见	私密
		存储、发布的信息,如在平台上传照片、发布的日记、文字等(用户可以自行设置公开范围)	所有人可见	公开
			部分公众可见	半公开
			自己及网络平台可见	特定对象公开
		交易行为,如通过网络平台进行的网络购物、消费内容	自己及网络平台可见	特定对象公开

续表

数据类型			公开范围	私密等级
网络平台获取的数据	日志信息	搜索或浏览的信息、软硬件信息,如使用的网页搜索词语、访问的页面地址等	网络平台可见	特定对象公开
		在移动设备上使用的移动应用(APP)和其他软件的信息	自己及网络平台可见	特定对象公开
		通过网络平台服务进行通信的信息,如通信的账号、通信时间、数据和时长等	自己及网络平台可见	特定对象公开
		通过网络平台上传内容所包含的元数据,如上传照片的日期、时间或地点等	自己及网络平台可见	特定对象公开
	位置信息	通过具有定位功能的移动设备收集的地理位置信息	网络平台可见	特定对象公开
		用户提供的包含所处地理位置的信息,如账户信息中包含的所在地区信息,用户或其他人上传的显示所处地理位置的共享信息,用户或其他人共享的照片包含的地理标记信息等	自己、网络平台及其他部分公众可见	半公开
	社交信息	社交平台上的相关信息,如联系人、亲密度、朋友关系等	自己、网络平台及其他部分公众可见	特定对象公开

2.数据分级基础上的取证权力规制

本文拟在数据分级的基础上,对公权力机关及个人调取数据的权限规制提供参考建议,尽力达到个人信息保护与公权力行使的平衡。

(1)私密数据。对于私密数据,只能由公安机关、检察机关、国家安全机关、军队保卫部门等基于打击犯罪的需要获取;或者是人民法院根据调查取证权而获取(包括民事、刑事、行政诉讼),但是在民事诉讼和行政诉讼中,法院调取此类数据应告知数据所有人。刑事诉讼中,辩护律师确有必要调取此类证据的,若数据属于当事人本人所有,有关部门应当准许;若是属于其他人的相关数据,可以申请检察机关、人民法院调取。在民事、行政诉讼中,当事人及代理人确有必要调取数据时,若属于当事人本人所有的,有关部门应当准许;若是属于其他人的相关数据,可以申请法院调取。在行政执法中,基于保护通信秘密和个人隐私,一般而言,行政机关无权调取此类数据,如确有调取必要的,应当征得数据所有人的明示同意。

(2)特定对象公开数据、半公开数据。对于这两类数据,公、检、法机关可以基于司法职权的行使调取,但是在民事诉讼和行政诉讼中,法院调取此类数据应告知数据所有人。刑事诉讼中辩护律师调取此类数据的申请,若属于当事人本人所有的数据,网络平台应当准许;若是属于其他人的相关数据,辩护律师应当提供相应的申请说明及调取范围,并征得数据所有人明示同意方可调取;民事诉讼、行政诉讼中的当事人及诉讼代理人调取此类数据同理。对于行政执法机关基于职权需要调取此类数据的,除法定情形外,需要说明理由及调取范围,经有关部门审核后方可调取,并应当告知数据所有人。

(3)公开数据。通过公开途径即可调取。

(二)程序控制下的电子取证规制

个人信息权是一种积极的、动态的控制性权利,强调数据处理流程中对个人信息的保护。根据个人信息保护理论,对于数据的收集、加工、转移、删除等数据处理行为,需要遵循目的限制原则、数据质量原则、个人控制等原则,以保障个人数据的合理利用。① 网络平台作为个人信息管理者,应当协助、引导公权力机关的调查取证,本文结合上述个人信息保护的相关原则,认为网络平台在调取数据过程中应遵循以下要求。

一是关联性原则。这一原则来源于个人信息保护理论中的目的限制原则内涵,在本文中意指公权力机关等第三方调取数据时应有明确的目的,应在职权范围内调取数据,并且调取数据的范围只能与案件事实有关;不得超越职权调取数据,也不得调取与案件无关的数据或将数据用于与案件无关的目的。因而在调取数据之前,公权力机关等第三方应根据查明事实的需求,列明需要调取的数据主体、数据范围、数据类型以及具体期限内的数据等内容。在大数据时代,通过对数据的二次利用,基于数据挖掘技术可以自动获取有关个人的行为表现、活动规律、人格评价等方面的数据分析结果,这类数据是否与案件事实有关联性,尤其是能否作为对个人做出不利评价的依据,需要持慎重的态度,如欧盟 1995 年《个人数据保护指令》第 15 条就对个人数据用于人格、信用等的评价做出"自动化的个人决定"进行了限制。②

二是比例原则。这一原则实则也是来源于目的限制原则的内涵,我国《信息安全技术公用及商用服务信息系统个人信息保护指南》将之称为"最少够用原则"。在本文语境下,比例原则有两层含义:一方面,指公权力机关等第三方所调

---

① 齐爱民.大数据时代个人信息保护法国际比较研究[M].北京:法律出版社,2015:216—226.

② 郭瑜.个人数据保护法研究[M].北京:北京大学出版社,2012:172.

取的数据在能够证明待证事实的基础上应被控制在最少范围内;另一方面,应采用合理的技术手段调取数据,不得破坏数据的完整性、真实性以及损害数据主体的其他权益。在大数据时代,在调取数据过程中完全贯彻比例原则具有一定的困难,相关信息往往被淹没在海量的数据中,最终有用的信息可能仅占调取数据的一小部分,而大部分数据都是无关信息。目前解决这一问题还有待数据挖掘技术的提高。

三是告知原则。数据主体对个人数据的处理情况应享有知情权,这也是数据主体享有其他权利的基础,数据管理者在处理个人数据的时候应当通知数据主体,在很多情况下还需要征得其明示同意。就本文所讨论的公权力机关等第三方调取数据时,告知原则应该做出一定的保留:基于公权力行使及维护社会公共利益的需要,在国家安全事务、刑事诉讼中,公权力机关调取个人数据,无须告知数据主体;在民事诉讼和行政执法中,公权力机关调取涉及个人隐私的数据时,应当履行告知义务。当当事人、律师等非公权力机关调取涉及个人隐私的数据时,则必须征得数据主体的明示同意。

四是质量原则。这一原则来源于个人信息保护理论中的数据质量原则,指数据处理要保障数据的准确性、完整性及适时性。在大数据时代,数据处于实时更新、流动之中,数据主体每天都会产生大量新的数据,确保数据的准确、完整、及时,在大数据时代也面临新的挑战。准确性是指调取的数据应当是真实的、没有经过篡改及污染的;完整性是指自电子数据形成时期,其内容一直保持完整和未予改动;适时性是指所调取的数据应当处于最新的状态。

五是保密原则。这一原则来源于个人信息保护理论中的数据安全原则,是指数据管理者应当妥善保管所收集的个人数据,防止数据的丢失、泄露、毁损等。公权力机关等第三方在调取数据过程中,应当确保所获取数据的安全性与保密性,确保数据不得被其他组织、机构和个人获取,不得将数据用于与案件无关的用途。

六是个人控制原则,是指数据主体对其数据被收集、处理情况享有知情的权利,以及要求查询、修改个人数据的权利。在公权力机关等第三方在调取数据过程中,除法律规定的保密情形外,个人信息主体应当有权了解自己数据被使用的情况,包括调取主体、调取的数据范围和使用目的等,对有错误、遗漏以及过时的数据可以提出修正意见。①

---

① 参见《信息安全技术公用及商用服务信息系统个人信息保护指南》4.2条。

(三)行业规范下的电子取证规制

除了以法律法规形式对数据、程序进行规制外,网络平台还可以构建自身的行业规范,以规范公权力机关等第三方调取数据的行为,例如可以借鉴在协助调查取证方面做法成熟的金融机构,制定网络平台协助调取数据的行业规范。① 具体而言,网络平台可以从以下方面对公权力机关等第三方调取个人数据进行协助。

(1)专人负责。有条件的网络服务商可以设立专门的数据管理部门,并安排专人负责协助公权力机关等第三方调取数据事宜,必要时也可以收取一定的成本费用。

(2)审查原则。对于公权力机关等第三方调取数据的申请,网络平台应当进行形式审查,包括执法人员的身份信息、相关的法律文书,以及申请调取的数据范围、数据内容等。对于不符合形式要求的调取申请,应当通知有关单位及时补正。

(3)登记记录。网络平台对每次的数据调取申请及调取过程都应当进行记录,包括调取单位名称、执法人员的身份信息,调取的时间,调取的数据内容、范围等。

(4)协助义务。对于符合要求的调取数据申请,网络平台应当提供进一步的技术协助,对于采取何种技术对数据进行检索、提取,对于调取结果以何种形式呈现,可以结合行业的发展情况予以决定。此外,对于符合要求的调取数据申请,网络平台相关工作人员应当尽快、及时协助取证,保证获取数据的准确、完整、适时,对于技术上无法调取的数据或者超出法定范围无法调取的数据应当及时说明原因。

(5)责任机制。网络平台相关工作人员应当按照法律规定及行业规范协助第三方调取数据,对数据调取过程中获取的国家秘密、个人隐私及商业秘密要予以保密。对于故意不履行协助义务,违规调取数据,伪造、隐匿数据,泄露国家秘密等行为应当予以处分;构成犯罪的则移交司法机关处理。

狄更斯在第一次工业革命时期曾说过"这是一个最好的时代,也是一个最坏的时代",我们今天同样处于作为双刃剑的互联网和大数据技术带来的变革中。大数据的法律问题远不止本文所讨论的主题。无论如何,建立、健全我国的个人信息保护体系,是应对新挑战的最基本工作。

原文发表于《山东警察学院学报》2015 年第 5 期,在此基础上有所删减

---

① 金融机构在协助查询、冻结、扣划等方面已有相关的行业管理规定,如 2002 年中央人民银行发布的《金融机构协助查询、冻结、扣划工作管理规定》;2014 年中国银监会、最高人民检察院、公安部、国家安全部联合发布的《银行业金融机构协助人民检察院公安机关国家安全机关查询冻结工作规定》等。

网络犯罪电子数据收集与保管的规范化

◎周　迪　王晓霞*

摘　要：快播案中作为证据的电子数据在真实性、合法性和关联性方面存在诸多问题。实际上，这也是当前网络犯罪电子数据在收集、保管过程中存在的普遍性问题。电子数据具有虚拟空间性、体系性、脆弱性的特点，因此在网络犯罪中对电子数据的收集、保管与其他类型证据有所不同，应当遵循规范性、及时性、全面性等原则。对电子数据的收集和保管要特别关注犯罪现场保护、现场勘验、电子数据检查和检验鉴定、电子数据的保管和提交等 4 个方面，确保能够满足电子数据在证据真实性、合法性和关联性方面的特殊要求。

关键词：网络犯罪　电子数据 收集　保管 规范

一、问题的提出

2016 年 9 月 13 日，北京市海淀区人民法院对被告单位深圳市快播科技有限公司，被告人王欣、吴铭、张克东、牛文举传播淫秽物品牟利案做出一审判决，判处被告单位深圳市快播科技有限公司罚金人民币 1000 万元，分别判处被告人王欣、吴铭、张克东、牛文举有期徒刑 3 年至 3 年 6 个月不等，喧嚣一时的快播案到此落下帷幕。抛开判决结果不论，从电子数据取证的角度来说，快播案是近年来网络犯罪案件中非常典型的一个案例。庭审过程中，辩护律师对公诉人提交的涉案电子数据提出了几点质疑。（1）对公诉人提交的硬盘是否为原始扣押的服务器硬盘、是否由快播公司实际控制使用存在疑问。执法机关在对 4 台服务器

---

* 周迪，杭州市拱墅区人民检察院干警，法学硕士；王晓霞，浙江省人民检察院干部教育处副处长，法学博士。

的扣押、移交、鉴定过程中,只登记了服务器接入互联网的 IP 地址,没有记载服务器的其他特征。公安机关的淫秽物品审验鉴定人错误地记载了硬盘的数量和容量,前后鉴定意见所记载的服务器硬盘数量和容量存在矛盾,而且接入互联网的 IP 地址不能充分证明服务器与快播公司的关联关系。(2)服务器中的内容可能存在 2013 年 11 月 18 日之后从外部拷入或修改的可能。北京信诺司法鉴定所出具的鉴定意见书称:118.×××服务器内视频文件共计 12094 个,2013 年 11 月 18 日至 2015 年 12 月 2 日期间创建文件 10 个,118.186.27.20 服务器内视频文件共计 18353 个,2013 年 11 月 18 日至 2015 年 12 月 2 日期间创建文件 12 个。(3)鉴定意见的合法性、真实性存在疑义。在鉴定意见书中,两名鉴定人的签字实际上是由一名鉴定人签署、鉴定的,检材服务器硬盘的真实性存疑。作为公安部挂牌督办的案件,快播案在侦查过程中对原始存储介质的扣押、保管、记录及对电子数据的鉴定存在诸多问题。这些问题不仅仅出现在快播案件中,实际上是当前网络犯罪电子数据收集存在的普遍性问题。

本文通过对网络犯罪中电子数据的主要特征、基本原则、主要步骤和电子数据取证活动的法律程序适用、证据要求、认证规则等方面进行粗浅的探讨,希望能对网络犯罪电子数据的收集和适用有所裨益。

二、网络犯罪的基本内涵

网络犯罪作为新兴的犯罪类型,其内涵和外延仍存在较大争议。国际上较早描述网络犯罪基本内容并被普遍认可的是欧洲理事会《关于网络犯罪的公约》(以下简称《公约》),《公约》在序言部分对网络犯罪的内涵进行了阐述:"对计算机系统、计算机数据的机密性和完整性造成侵害及滥用计算机系统和数据的行为",并将网络犯罪分为 4 类 9 种犯罪。[①] 在国内,两高一部的《关于办理网络犯罪案件适用刑事诉讼程序若干问题的意见》也对网络犯罪案件的范围做了规定,包括:"(1)危害计算机信息系统安全犯罪案件;(2)通过危害计算机信息系统安全实施的盗窃、诈骗、敲诈勒索等犯罪案件;(3)在网络上发布信息或者设立主要

---

① 4 类 9 种犯罪分别为:侵犯计算机数据和系统可信性、完整性和可用性的犯罪(非法侵入计算机系统、非法拦截数据、数据干扰、系统干扰和设备滥用),与计算机相关的犯罪(计算机相关的伪造、计算机相关的诈骗),与内容相关的犯罪(儿童色情相关犯罪),侵犯著作权及其邻接权犯罪。

用于实施犯罪活动的网站、通讯群组,针对或者组织、教唆、帮助不特定多数人实施的犯罪案件;(4)主要犯罪行为在网络上实施的其他案件。"

基于法律规范和司法实践,有学者将网络犯罪分为对象型网络犯罪和工具型网络犯罪。对象型网络犯罪是指以网络自身或其特有组成部分为侵害客体的犯罪类型,犯罪行为直接危害互联网、计算机系统和数据的完整性、机密性和安全性,如《刑法》第285条非法侵入计算机信息系统罪、第286条破坏计算机信息系统罪即属于对象型网络犯罪。工具型网络犯罪是指将网络作为工具或手段实施的犯罪,该类犯罪所涉及的罪名和侵犯的法益仍是刑法所保护的传统法益,只是网络作为犯罪工具或手段被使用到犯罪行为当中。例如,利用即时通信工具进行诈骗,诈骗的对象、侵害的法益与传统诈骗犯罪并无区别,只是用来虚构事实或隐瞒真相的手段升级换代成了即时通信工具。[1]

随着信息技术的发展,网络的虚拟空间与现实社会的物理空间之间的关系愈加紧密甚至相互交融,社会生活往往需要在虚拟空间和物理空间"来回逡巡"才能得以完成。将虚拟空间仅仅当作物理空间的组成部分已经不合适,虚拟空间更应被看作是与物理空间相互平行、共通共融的场所。因此,笔者认为在确定网络犯罪的内涵和外延时应当更具包容性:网络犯罪是指主要犯罪行为发生在网络虚拟空间的犯罪,既包括以网络自身或者其特有组成部分为犯罪对象的犯罪,也包括其他主要犯罪行为发生在网络虚拟空间的传统犯罪。本文所探讨的网络犯罪也是在此意义之上。

三、网络犯罪涉案电子数据的主要特征

电子数据是指"借助于信息技术生成、修改、删除、存储、传递、获取等形成的一切数据"[2]。电子数据与物证、书证等证据最大的不同在于其生成、修改、删除、存储、传递、获取都依赖于信息技术。信息技术的特点和规律决定了电子数据的基本属性。对于电子数据的基本属性,学界尚未形成较为统一的观点。笔者援引并较为赞同刘品新教授对电子数据基本属性的概括和描述。刘品新教授认

---

① 邹晓玫,蔡玉千卉.网络犯罪管辖权问题研究[J].河南财经政法大学学报,2014(3).

② 中华全国律师协会信息网络与高新技术法律专业委员会[EB/OL].[2012-12-31].http://www.360doc.com/content/15/0628/17/3560065_481266340.shtml.

为,电子数据的基本属性主要有 3 个:虚拟空间、体系性和脆弱性。笔者也将从这 3 个方面来阐述网络犯罪涉案电子数据的主要特征。

(一)虚拟空间性

由电子数据构成的网络犯罪现场是一个虚幻的场所,是一个数字化的空间。[①] 信息技术为电子数据创造的运行环境是与现实的物理空间相互联系又相互独立的另一个空间,我们称之为虚拟空间。虚拟空间既依赖物理空间,因为虚拟空间的运行必须借助于计算机终端、网络设备、数据线等物理设备;虚拟空间与物理空间又相互独立,因为虚拟空间有一套自己独创的、不依赖于物理空间而存在的、与物理空间完全不同的运行规则。物理空间的运行规则是自然规则,日升日落、重力加速度等都是天然确定、不可改变的,虚拟空间的运行规则是系统开发者、程序设计者自行制定的规律,不同的系统、不同的程序都可能不一样。

电子数据是虚拟空间的主要元素,虚拟空间有大有小,可以是独立存在的,也可以由多个虚拟空间共同构成一个相互连通的、更大的虚拟空间。最小的虚拟空间可以是一个 U 盘上的所有数据构成的虚拟空间。最大的虚拟空间是互联网几十亿、上百亿台设备终端和网络设备上的所有电子数据共同组成的虚拟空间。电子数据存在于虚拟空间中,按照虚拟空间特有的规则生成、修改、删除、存储、传递和获取。在对电子数据进行获取分析时,我们必须借助取证设备进入虚拟空间,按照虚拟空间的规则进行读取和分析。

正是电子数据的虚拟空间性,使电子数据构成了与物理现场相互独立的"虚拟现场"。因此,电子数据既是个体,是我们发现、分析的对象,也是一个场,构成其本身存在的环境。

(二)体系性

上文笔者论述了电子数据运行于虚拟空间,而虚拟空间的运行规则由系统开发者或程序设计者设定,体系性就是虚拟空间运行规则中一项非常重要的规则。

网络环境下电子数据的体系性有两层含义,一是电子数据自身的内部信息相互关联,构成完整体系;二是电子数据在外部传输过程中,各环节信息相互关联,构成完整体系。第一层次的体系是微观的、内部的体系,第二层次的体系是宏观的、外部的体系。为了更清晰地说明电子数据这两个层次的体系性,笔者做

---

① 梁坤,刘品新.论计算机现场勘验的法律规制[J].山东警察学院学报,2009(9).

了两个简单的实验。

内部体系性实验：创建一个文档 A，将文档修改后保存。分析该文档的时间属性，发现在该文档内部有多个节点记录了文档的时间信息（见图 1）。

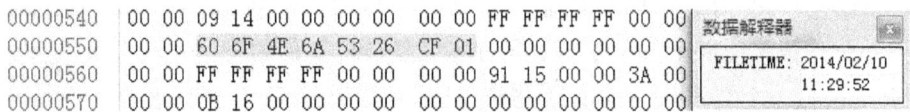

（时间 1）

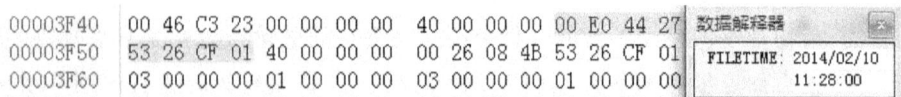

（时间 2）

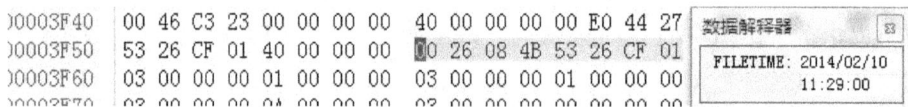

（时间 3）

（时间 4）

图 1　文档的时间信息记录情况

图 1 显示了文档时间信息的记录情况。上述的 4 个时间分别记录在文档 A的不同位置，分别代表创建时间、修改时间、最后保存时间等时间信息。这 4 个时间是相关联系、具有逻辑顺序的。在一般情况下，文件创建时间早于内容创建时间，内容创建时间早于内容修改时间，内容修改时间早于最后一次保存时间。这就是文件的内部体系性。

外部体系性实验：Male 在计算机 A 上制作了文档"外部体系性实验. docx"，并通过邮箱 male@sina. com 将文档以附件的形式发到 Female 的邮箱 female@126. com，Female 则在计算机 B 上接收邮件并下载了文档"外部体系性实验. docx"。

"外部体系性实验. docx"文档看似直接从计算机 A 被直接发送到了计算机

B,实际上文档通过互联网传输的真实路径为:

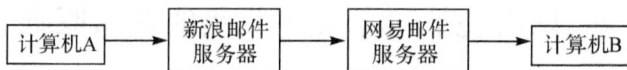

```
计算机A  →  新浪邮件     →  网易邮件     →  计算机B
             服务器          服务器
```

一方面,电子邮件及附件文档在计算机 A、新浪邮件服务器、网易邮件服务器、计算机 B 都留下了痕迹;另一方面,电子邮件和附件文档在上述 4 个位置留下的痕迹内容是一致的、时间是连贯的,两者共同构成了电子数据在网络环境的外部体系性。

(三)脆弱性

对于电子数据是具有脆弱性还是稳定性,目前学界存在两种截然相反的观点。有学者认为电子数据具有脆弱易逝性,其内容很容易被破坏、删除、甚至篡改[①],而且这种破坏难以被发现;再者,对电子数据人为的篡改也经常发生,被篡改后的电子数据与原来的电子数据在表面上十分相似,让人防不胜防。所以必须加强对电子数据收集在分析过程中的保护力度。另一部分的学者则认为电子数据具有相当的稳定性和安全性,电子数据虽然容易被篡改或者删除,但对其的任何篡改、删除痕迹都能够通过技术手段捕捉到。[②] 通过这些痕迹,很容易就能够发现和恢复被篡改和删除之前的电子数据。

笔者认为脆弱性和稳定性都是电子数据的基本属性,只是从两个不同的视角对电子数据进行阐述的结果。脆弱性是从电子数据收集与固定的角度理解,网络中的电子数据可以通过简单的操作被删除、粉碎,部分电子数据痕迹甚至不需要刻意操作,正常的系统运行就会将其覆盖。因此,从取证角度来看电子数据是脆弱的,取证工作不及时或者不规范会造成电子数据的毁损或灭失。稳定性是从电子数据检验鉴定的角度理解,电子数据的体系性决定了每个电子数据都不是孤立存在的,必定存在与其生成、修改、删除、存储、传递相关的文件和附属信息。当电子数据毁损或灭失时,可以通过查找、分析相关的文件和附属信息,还原电子数据的内容。本文主要探讨网络犯罪电子数据收集和固定的相关问题,因此更关注电子数据的脆弱性。

---

① 曾勤,黄华.现场电子证据的勘查[J].中国公共安全(学术版),2009(3).
② 何家弘,刘品新.证据法学[M].北京:法律出版社,2011(4):188.

四、网络犯罪电子数据收集的基本原则

电子数据的特征决定了网络犯罪中对电子数据的收集与其他类型证据有所不同。我国在电子数据取证方面起步较晚,但在西方国家的电子数据取证已经发展较为成熟。美国司法部在 2008 年发布了《电子犯罪现场勘查指南》,英国警官学会及苏格兰警官协会在 2009 年发布了《基于计算机的电子证据实用指南》,等等。这些技术规范在取证、勘验程序、手段和方法等方面不尽相同,但都存在共通的、原则性的内容。这些基本要求是:(1)勘查网络犯罪现场时,要保证涉案电子设备和电子数据的完整性;(2)勘查电子数据时,勘查人员必须具备相应的能力;(3)勘查现场和检验电子数据时必须全程详细记录过程;(4)检验电子数据时,应尽量在原始电子数据上进行;(5)保证电子数据保管链的完整;(6)应急响应人员、侦查人员、电子取证专业人员、检验人员以及检察官应当在工作上协同配合。以上 6 个基本要求,被称为"黄金六法则"。① 结合我国网络犯罪的法律规范和司法实践,笔者将网络犯罪电子数据取证原则归纳为:规范性原则、及时性原则和全面性原则。

(一)规范性原则

从根本上说,网络犯罪电子数据收集是一项司法活动,其目的在于通过收集和固定相关电子数据将其作为证据证明犯罪事实。一方面,电子数据收集的司法属性和法律对证据的基本要求决定了电子数据取证工作必须严格按照相关规律规范进行,如《刑事诉讼法》规定了搜查、扣押等侦查活动的一般性规则、两高一部《关于办理刑事案件收集提取和审查判断电子数据若干问题的规定》(下称《电子数据规定》)对电子数据收集与提取的取证主体、取证方式、取证程序等内容做了较为细致的规定,网络犯罪电子数据收集工作应当符合相关规定的要求。另一方面,电子数据具有很强的技术性特征,取证人员仅仅依靠法律规范是无法有效获取电子数据并保证电子数据真实性的。电子数据的取证工作还应当根据电子数据的内容、存储位置、存储方式等情形按照相应的技术标准进行操作。《电子数据规定》第 2 条"侦查机关应当遵守法定程序,遵循有关技术标准,全面、

① 公安部网络安全保卫局国家网络与信息安全信息通报中心.国外电子证据适用指南选择[M].北京:中国人民公安大学出版社,2012:3.

客观、及时地收集、提取电子数据",该规定确定了电子数据取证工作应当同时遵循法定程序和技术标准的双重规范性原则。

值得注意的是,技术标准法定化是当前的趋势,越来越多的技术标准被规范性法律文件吸纳、接收而成为法定规范。比如《,电子数据规定》第 5 条"对作为证据使用的电子数据,应当采取以下一种或者几种方法保护电子数据的完整性……(二)计算电子数据完整性校验值;(三)制作、封存电子数据备份……"电子数据完整性校验和制作备份原本是保护电子数据在取证过程中不被篡改的技术方法,被确定为法定程序后不开展或不适当开展完整性校验和制作备份就不仅仅影响电子数据的技术特性,更是影响电子数据作为证据的合法性和真实性。技术标准向法定化转变的原因有二:一是规范取证程序应当遵循电子数据的技术特征,只有按照相关技术标准收集的电子数据才符合证据真实性的要求;二是将技术标准法定化有利于规范电子数据的审查和认定,明确电子数据证据资格和证明力的审查标准。

(二)及时性原则

网络环境的动态、开放特征和电子数据的脆弱性特点要求网络犯罪电子数据取证应当遵循及时性原则。及时性原则包含两方面内容:一是侦查人员应当及时采取措施保护电子数据,防止电子数据毁损或灭失。电子数据存在于虚拟空间,电子数据的生成、存储、传递、删除、修改等操作都遵循其特有的规则,而这些规则和操作在很多情况下是非直观的,甚至是让人难以察觉的,如计算机系统中的临时文件会随着系统运行被自动覆盖、计算机中的文件可以通过网络被远程删除等。如果不及时采取措施保护电子数据,涉案电子数据极有可能损毁或灭失。二是侦查人员应当及时采取适当方式收集和固定电子数据。对电子数据采取保护措施后应当及时对电子数据进行收集和固定,特别是对处在运行状态的电子数据,及时固定和收集有利于获得更多的信息,获得的信息的真实性也更强。

取证方式适当是及时性原则的基本内涵和重要保证,只有采取适当的取证方式才能有效实现及时取证的目的,如对于处在联网运行状态的计算机应当在其断网后及时获取易失性数据、现场扣押大容量硬盘优先采用封存方式而不是计算完整性校验和制作复制件等。取证方式不仅仅局限于信息技术手段,还包括能够为收集和固定电子数据提供支撑的传统侦查手段。虚拟空间并非孤立存在,而是与物理空间存在千丝万缕的联系。将电子数据与其他类型证据割裂开来、单独收集和固定是不可取的,如计算机旁便签纸上记录的邮箱密码是获取邮件数据的"钥匙",监控录像是联系操作者和网络账户、网络文件的"纽带",这些信息也都是及时取证的重要对象。

(三)全面性原则

宏观上,互联网络的虚拟空间性让相隔千里、跳跃众多网络节点的网络操作看似是连贯一体的行为。同样,网络犯罪中看似最简单的犯罪行为实际上可能是通过多台计算机、经过多次数据操作完成的,犯罪行为也在每个经历过的计算机、数据库等位置留下独特的痕迹。微观上,体系性的运行方式使得虚拟空间在生成每一个电子文件的同时,都产生了一系列记录该文件信息的附属文件和附属信息,电子文件和附属文件、附属信息共同构成了一个时间连续、逻辑连贯的文件体系,它们相互依存、相互印证。基于上述宏观和微观两个方面的原因,在对网络犯罪涉案电子数据进行收集和固定时,应当尽可能全面地收集分散在各处的电子数据及与电子数据密切相关的附属文件和附属信息。例如,在淘宝上销售假冒伪劣产品的犯罪行为,与犯罪事实相关的电子数据包括淘宝店铺的商品信息、店主与客户的聊天记录、商品交易记录、支付记录、快递信息、淘宝店铺注册信息、银行卡或支付平台注册信息等,这些信息分布于淘宝网后台数据库、聊天工具后台数据库、支付平台后台数据库、店主计算机系统、客户计算机系统、快递公司等位置。从证明案件事实的角度来说,侦查人员应当尽可能多地从上述保存相关电子数据的地方调取电子数据。全面性原则的意义体现在两个方面:一是同一犯罪事实下的多个电子数据之间存在关联性,通过电子数据间的相互印证来保证各个电子数据的真实性,提高电子数据证明力;二是每个涉案电子数据都能体现犯罪事实的部分信息,全面收集电子数据有利于建立完整的证据锁链、提升案件质量。

五、网络犯罪涉案电子数据收集、保管的规范化

网络犯罪涉及的罪名众多、犯罪形态各异,既包括以网络自身和其特有组成部分为对象的新型犯罪,也包括主要犯罪行为发生在网络虚拟空间的传统犯罪。不同的犯罪类型和犯罪行为在形成电子数据的数据内容、存储形式、存储位置等方面都存在较大差异,电子数据收集的方法、形式、步骤也不尽相同。笔者从网络犯罪常规电子数据取证步骤入手,重点探讨在这些取证步骤中为保证获取电

子数据合法性、真实性和关联性应当注意的问题和可行的做法。

(一)犯罪现场保护

网络犯罪与传统犯罪一个重要的差别在于:传统犯罪的犯罪行为仅发生在物理空间,而网络犯罪的犯罪行为往往横跨物理空间和虚拟空间。因此,在网络犯罪现场保护中既要保护物理空间的犯罪现场,又要保护虚拟空间的犯罪现场,两者的犯罪现场保护是紧密相连、不可分割的。网络犯罪现场保护中有 3 个问题应当重点关注。

第一,侦查人员到达网络犯罪物理空间现场时,首先应当将行为人与计算机隔离开来,防止行为人通过删除文件、格式化磁盘、拔除电源等方式销毁涉案电子数据。电子数据是十分脆弱的,行为人可能通过简单的操作就能够将电子数据批量删除或者擦除;特别是在一些重大网络犯罪中,行为人可能事先在计算机中安装有数据销毁程序,程序一旦启动,相关电子数据就会被不可恢复地擦除。因此,要将行为人与计算机分开,最大限度地保护计算机中的电子数据不被破坏。

第二,侦查人员应当及时对计算机、网络账户和行为人进行匹配确认,确定行为人具体使用的计算机和网络账户、电子文件的归属和网络操作的行为人。例如,在电信诈骗案件的犯罪现场可能会有数名甚至数十名行为人,他们控制并操作着数量众多的计算机和网络账户,一旦将行为人与计算机分离并打乱顺序,事后对行为人和计算机、网络账户的对应确认工作将十分困难,这将直接影响对每个行为人犯罪情节、犯罪数额的认定。较为合理的做法是,侦查人员到达犯罪现场后,将行为人与计算机隔离开来,但按照行为人使用计算机的对应关系使其站在相应位置,等侦查人员逐一记录行为人姓名和计算机名称、网络账户名称后再将其带离。

第三,侦查人员应当注重对包括易失性数据在内的电子数据的保护。侦查人员到达现场后,处于开机状态的计算机和正在运行的应用程序可能就是正在实施犯罪行为的犯罪现场。一方面,侦查人员应当迅速获取正在运行的操作系统用户信息、应用程序内容、账户名称、账户密码等易失性数据,固定犯罪证据;另一方面,侦查人员也要注意观察处在联网状态的计算机是否存在远程删除本地文件的情况,一旦发现,应当立即采取切断网络连接或拔除电源等措施,保护犯罪现场。

(二)现场勘验

现场勘验是收集网络犯罪涉案电子数据的重要侦查手段,现场勘验的效果和质量很大程度上决定了获取电子数据的数量和质量。《公安机关刑事案件现场勘验检查规则》《计算机犯罪现场勘验与电子证据检查规则》《电子数据规定》等多个规范性文件均对网络犯罪现场勘验的主体、程序、方法等内容进行了规定。但是要将现场勘验从法律规范落实到司法实践,并保证获取电子数据的证据能力和证明力,对以下3个方面应当准确把握。

第一,网络犯罪现场勘验应当以查封、扣押电子设备为原则,现场取证分析为例外。《电子数据规定》第 8 条、第 9 条正是将该技术规则上升为法律规范。该原则的内在逻辑在于,一方面电子数据取证分析是一项复杂、细致的工作,需要专业的取证设备和深入的挖掘分析,侦查人员随身携带的往往是快速取证设备,只有简单提取和快速分析的功能,无法最大程度获取涉案电子数据和挖掘电子数据价值。另一方面犯罪现场环境相对复杂,随时可能发生意外情况,现场开展取证分析工作极有可能破坏电子数据的完整性。

第二,严格按照法律程序和技术标准进行在线取证和远程勘验。一般只有在计算机处在开机状态且关闭计算机会丢失涉案电子数据或者电子数据必须借助特定的计算机或操作系统才能获取的情形下,才允许在现场进行在线取证。远程勘验原则上不能在犯罪嫌疑人计算机上进行,侦查人员在进行远程勘验之前应当对操作计算机进行清洁性检查,并详细记录操作过程和取证结果。由于在线取证和远程勘验的取证过程和取证结果往往不能再现,侦查人员应当采取同步录像、见证人、完整性校验等多种方式来提高获取电子数据的证据能力和证明力。

第三,现场勘验应当注重全面发现、收集可能与案件相关的物品和信息。全面发现、收集可能与案件相关的物品和信息有两层含义。一是尽可能多地发现、收集电子设备。计算机和手机是侦查人员关注的重点,但平板电脑、移动硬盘、U盘等电子设备却容易被侦查人员遗漏,而嫌疑人常用的移动硬盘、U 盘中往往存在重要的电子数据。二是关注和收集电子设备附近的便签、文档等纸质材料。在很多时候,嫌疑人(特别是年纪较大的嫌疑人)出于方便记忆或者本身有随手记录的习惯,他会把应用程序的用户名和密码记录在笔记本或者空白的纸上,并放在计算机附近以方便使用。此时,搜查计算机附近的文档资料可能会有重大发现。

(三)电子数据检查和检验鉴定

对扣押、封存的原始存储介质或提取的电子数据,可以通过检查的方式进行数据恢复、数据挖掘和数据分析,最大程度获取有价值的电子数据;对电子数据涉及的专门性问题难以确定的,由司法鉴定机构出具鉴定意见或由相关机构出具报告。对于电子数据检查和检验鉴定,法律规范和技术标准已经相对完善,不论是计算机、手机,或者是其他原始存储介质和电子数据,都有一套相对成熟的规范和标准。

电子数据检查和检验鉴定以无损检验为原则,有损检验为例外。无损检验是指检验操作不会改变电子数据内容的检验方式,反之则为有损检验。无损检验是证据真实性、完整性要求在电子数据检验中的体现。为了实现无损检验,在开展检验工作前一般要对原始存储介质制作镜像复制件,检验工作则在镜像复制件上进行。特殊情况无法制作镜像复制件的,应当采取写保护措施后在原始存储介质上进行。在某些情况下,可能既无法制作镜像复制件又无法采取写保护措施,只能采用有损检验的方式开展检验工作,如在一般情况下对手机的取证分析要在开机状态下进行,而开机状态下对手机的检验必然会改变手机中原有的数据。但是在有损检验中,会发生改变的也只是非涉案电子数据内容或涉案电子数据的附属信息,涉案电子数据的主要内容发生改变是不被允许的。换言之,即使在有损检验过程中,涉案电子数据的主要内容也并未发生改变,仍具有真实性和完整性。此种情形下,需要通过其他方式保证取证程序的客观公正和取证结果的真实完整。《电子数据规定》第24条第1款第4项规定"电子数据检查是否将电子数据存储介质通过写保护设备接入到检查设备;有条件的,是否制作电子数据备份,并对备份进行检查;无法制作备份且无法使用写保护设备的,是否附有录像"。在有损检验情况下,检验人员应当对检验过程进行录像,并在报告中注明直接对原始介质进行操作的原因和目的、事实的操作、对原始数据可能产生的影响。

(四)电子数据的保管和提交

电子数据具有非直观性和脆弱性的特点,因此在封存、保管过程中,应当采取适当的方式保护电子数据的完整性和可验证性。不论是国外电子数据取证的技术规范还是国内关于电子数据取证、勘验检查的相关规范,都对电子数据(以及电子设备和存储介质)的封存、扣押做了较为细致的规定。

美国司法部发布的《电子犯罪现场勘查指南——快速反应入门》第6章包装

程序中规定："对所有有联系和连接的设备进行标记并分类包装、包装必须具有抗静电功能、保持移动通信设备处于被发现时的状态（开机或关机）。"①美国国家标准与技术研究所发布的《手机取证指南》第 5 章中规定了电子数据打包、输送、存储时应当注意的几个要点，包括避免静电、磁场环境、对整个过程进行详细记录、避免电子设备的折叠、弯曲或者刮伤等。②在国内，公安部的《计算机犯罪现场勘验与电子证据检查规则》在第 3 章中提出了电子数据固定和封存的基本方法和程序。该规则规定存储采用的封存方法应当保证在不解除封存情况下任何人无法使用被封存的存储媒介以及完整性校验、备份和封存这三种固定电子数据的方式。《电子数据规定》要求"封存电子数据原始存储介质，应当保证在不解除封存状态的情况下，无法增加、删除、修改电子数据。封存前后应当拍摄被封存原始存储介质的照片，清晰反映封口或者张贴封条处的状况"。"收集、提取的原始存储介质或者电子数据，应当以封存状态随案移送，并制作电子数据的备份一并移送。"虽然各个规范对电子数据保管要求的表述不尽相同，但其实质性内容是一致的：电子数据在保管过程中应当采用屏蔽、封存或完整性校验等方式保证数据内容的完整性，各个诉讼环节在移送电子数据时应当记录电子数据的状态，形成完整的保管链条。

六、电子数据收集与保管过程中的几个重要问题

收集和保管与犯罪事实相关的电子数据后，最理想的结果是能够将电子数据作为证据提交法庭，证明相关犯罪事实。因此，在电子数据的收集和保管过程中，虽然此时对电子数据的最终用途尚未完全确定，但我们仍然应当严格按照证据三性（即客观真实性、关联性、合法性）的要求对其进行收集和保管，避免能够证明犯罪事实的电子数据证明力甚至证据资格因取证过程的瑕疵而受损。上文我们探讨了电子数据具有的独特属性。正是电子数据的独特属性使其在证据三性上也与其他证据类型相异，因此在查办涉及电子数据的网络犯罪案件时，电子数据证据三性中的部分问题是应当关注的。

---

① 公安部网络安全保卫局国家网络与信息安全信息通报中心.国外电子证据适用指南选择[M].北京：中国公安大学出版社，2012：100.
② 公安部网络安全保卫局国家网络与信息安全信息通报中心.国外电子证据适用指南选择[M].北京：中国公安大学出版社，2012：172.

(一)电子数据的合法性问题

第一,主体合法。在刑事诉讼过程中,侦查人员是电子数据收集的当然主体。但是并不是所有侦查人员都有能力开展电子数据收集工作。那么,作为电子数据收集主体的侦查人员,是否应当具备相关专业知识?《电子数据规定》第7条规定:"收集、提取电子数据,应当由二名以上侦查人员进行。"该规定并未对侦查人员的技能提出特殊要求。但是,两高一部《关于办理网络犯罪案件适用刑事诉讼程序若干问题的意见》第13条规定"收集、提取电子数据,应当由二名以上具备相关专业知识的侦查人员进行"和公安部《计算机犯罪现场勘验与电子证据检查规则》第6条规定"执行计算机犯罪现场勘验与电子证据检查任务的人员,应当具备计算机现场勘验与电子证据检查的专业知识和技能",上述两个规范性文件明确提出侦查人员应当具备相关专业知识。笔者认为,进行电子数据收集工作的侦查人员具备相关专业知识是最理想的状态,这不仅满足了取证主体合法性的要求,还能够在最大限度上确保获取的电子数据的真实性和完整性。但是,具备相关专业知识不是侦查人员主体合法的必要条件,原因有二。一是电子数据收集工作并不是全都需要专业技能。《电子数据规定》中规定的电子数据收集方式有扣押、封存、提取、在线提取、远程勘验、打印、拍照、冻结、调取、检查、鉴定等,其中提取、在线提取、远程勘验、检查、鉴定等方式是需要专业知识的,但扣押、查封、打印、拍照、冻结、调取等方式不需要专业知识也能够进行操作。如果强制要求所有收集方式都需要由具备专门知识的侦查人员进行操作,是一种人才资源的极大浪费。二是要求进行电子数据收集工作的所有侦查人员都具备相关专业知识不符合办案实际,也不符合当前的警力情况。实施网络犯罪的人不需要掌握多少知识或技能,只要会使用简单的工具就能够实施犯罪,网络犯罪呈现出普遍化、日常化的趋势,案件数量急剧膨胀。而电子数据取证则是具有较高技术含量的侦查技能,具备取证能力的侦查人员远远无法满足快速增长的网络犯罪办案需求。因此,较为合理的方式应当是对电子数据收集工作进行区分,不具备专业知识可能对电子数据真实性、完整性产生破坏的收集工作应当由具备专门知识的侦查人员负责,其余则可以由一般侦查人员负责。

第二,程序合法。电子数据收集的程序合法中有两个问题值得探讨。一是《电子数据规定》中规定取证方法应当符合相关技术标准,那么相关技术标准包含哪些标准?当前与电子数据取证相关的技术标准主要有国家标准、公安部标准和司法部鉴定标准三大类,三大类标准既有交叉部分,也有独有的部分。在开展电子数据取证工作时,可以根据取证目标类型和取证内容选择合适的参照标准。是否可以选择参照国外的技术标准呢?笔者认为,当国外技术标准对具体的取证项目更加适合时,可以选择参照国外标准。因为法律是有国界的,但技术是无国界的。不论是国内技术标准或是国外技术标准,都是基于特定电子数据介质或电子数据类型的技术特征制定的、用来保证取证过程规范性和取证结果真实性的技术操作准则,其实质是相同的。二是电子数据收集过程中的见证人是否需要具备相关专业知识。笔者认为,见证人是否需要具备相关专业知识可以参照侦查人员是否应当具备专业知识的要求,即当侦查人员需要专业知识才能开展电子数据收集工作时,其见证人也应当具备专业知识,其余情况下见证人不需要具备专业知识。"见证人参与诉讼活动旨在观察刑事诉讼行为的实施,证明诉讼活动的内容、过程和结果。"[1]侦查人员在运用专业技能进行电子数据取证时,如果见证人不具备相关的专业知识,则根本无法清楚地知道侦查人员在进行何种操作、操作是否符合法律和技术规范、取证的结果是以何种方式获取等内容,此时见证人形同虚设,根本无法见证任何取证内容、过程和结果。换言之,"见证人属于广义上的证人,是证人的一种"[2],如果需要见证人出庭作证,见证人对自己完全不了解的取证行为,所提供证言的证明力也是值得商榷的。因此,在见证侦查人员运用专业技能开展取证工作时,见证人也应当具备相关专业知识。

(二)电子数据的真实性问题

电子数据的真实性是其作为证据提交法庭时最容易成为控辩双方争议焦点的内容。"在前述 181 份民事判决书中,原被告任一方对电子证据真实性、合法性、关联性和证明力提出质疑的频率,分别为 65.7%、29.8%、40.3%、24.3%。"[3]同样,电子数据的真实性也是对电子数据在收集和保管过程中应当重点关注的问题,《电子数据规定》第 22 条、第 23 条列举了审查电子数据真实性、完整性的十项内容,笔者从上述规定出发,重点探讨以下两个问题。

第一,完整性校验或形成完整的证据保管链。证据保管制度是保证传统证据真实性的重要手段。对于电子数据,很多学者也认为应当通过建立完善的证据保管制度来确保电子数据的真实性。诚然,证据保管制度能够在一定程度上

---

① 胡之芳.论刑事诉讼中的见证人[J].人民检察,2004(6).
② 韩旭.完善我国刑事见证制度的立法思考[J].法商研究,2008(6).
③ 刘品新.电子证据的关联性[J].法学研究,2016(6).

保证电子数据的真实性,但电子数据非直观性和脆弱性的特点决定了传统的证据保管制度在保证电子数据真实性上的作用并没有想象中的大。例如侦查过程中扣押的一块移动硬盘,密封保存后严格保管并随案移送。那么,最终到法官手中的移动硬盘,其包装完好且相关保管纪录完整,是否能够证明移动硬盘及其中的电子数据的真实性呢?笔者认为,此时完整的证据保管链并不必然证明电子数据的真实性。因为电子数据证据保管链需要保管的内容实际上有两个:物理载体及其中电子数据。[①] 但密封保存和保管纪录都只能证明物理载体的完好无损、与扣押时一致;而其中的电子数据由于其脆弱性和不可见性,即使受到磁场、碰撞等因素造成数据改变或灭失,在保管记录中也无法体现。正是因为电子数据适用证据保管链存在上述弊端,完整性校验的重要性就愈发凸显。完整性校验是运用加密算法对电子数据进行计算后生成一个校验值,电子数据中任何数值的改变都会造成校验值的变化。通过完整性校验能够唯一地确定一组电子数据,校验值就是这组电子数据的 DNA。与证据保管链不同,完整性校验注重的是电子数据而非物理载体。在实践中,用来证明犯罪事实的是电子数据的内容,即使电子数据存在的物理载体受到了损坏,只要电子数据内容没有发生变化,其完整性校验值没有改变,电子数据的真实性仍能够得到确认。因此,在电子数据收集和保管过程中应当重视并首先使用完整性校验的方式来保证电子数据的真实性;在进行完整性校验之前或无法进行完整性校验(如手机取证)的情况下,则通过证据保管链的方式来保证电子数据的真实性。

第二,电子数据真实性的验证。完整性校验能够解决电子数据从收集之初到最终提交法庭整个过程中是真实完整的、没有经过篡改的,但不能够证明电子数据在产生之后、收集之前是否经过篡改。虽然这种证明需求在司法实践中并不多见,但这也是由电子数据的独特属性引起的,在此一并探讨。上文提到电子数据具有体系性,而且包含外部体系性和内部体系性两个方面,要证明电子数据在生成后是否被篡改可以利用体系性思维来解决。上文实验中:Male 在计算机 A 上制作了文档"外部体系性实验. docx"(下文称文档 A),并通过邮箱 male@sina. com 将文档以附件的形式发到 Female 的邮箱 female@126. com,Female 则在计算机 B 上接收邮件并下载了文档"外部体系性实验. docx"(下文称文档 B)。

[①] 王志刚. 论电子数据的运用困境及破解——以职务犯罪侦查实践为视角[J]. 西南民族大学学报,2016(2).

侦查人员扣押了 Female 的计算机 B，并从中搜查出"外部体系性实验. docx"（下文简称文档 C）。Female 辩称侦查人员搜查获得的文档 C 与他收到的文档 B 内容不一致，是遭人篡改过的。要证明文档 B 是否经人篡改，可以有两个思路：一是证明文档 C 和文档 A 的一致性，两者的完整性校验是一致的；二是对比文档 B 和文档 C 的最后修改时间、总编辑时间、最后编辑者和编辑工具等属性，以及磁盘中是否存在文档 B 和文档 C 的临时文件等相关痕迹。方法一的思路是文档及邮件的外部体系性，方法二则用到了外部体系性和内部体系性两种证明思路。上述方法，是证明电子数据真实性的有效途径。

（三）电子数据的关联性问题

"关联性是电子证据运用中最为重要的一个问题。"[①]电子数据与传统证据相比，其在关联性方面的特殊性体现在既要分析电子数据内容与案件事实之间的关联性，又要分析电子数据与行为人之间的关联性。电子数据内容与案件事实之间的关联性不难理解，其在审查与判断方式方面与传统证据没有本质差别。但电子数据存在于虚拟空间，审查判断电子数据与物理空间中的行为人是否存在关联性及存在何种关联性则是一个重点和难点。

刘品新教授认为，物理空间与虚拟空间的关联性认定可以从人、事、物、时、空等 5 个维度进行。[②] 笔者认为，认定物理空间和虚拟空间的关键因素在于人和事，即虚拟空间的用户与物理空间的行为人的关系、虚拟空间的用户行为与物理空间行为人的行为的关系，物、时、空都是认定人和事的方式方法。虚拟空间的活动主体是用户，如在互联网中用一个 IP 地址代表一个用户、收发邮件时一个邮箱地址代表一个用户、进行网上交易时一个支付宝账户可以代表一个用户，等等。网络犯罪行为直接由虚拟空间中的用户实施，最终则是由物理空间中的行为人操作的。要让物理空间的行为人为网络犯罪承担责任，必须证明其在虚拟空间实施网络犯罪，行为人与用户之间存在关联性。确定行为人与用户之间的关联性，可以从用户登录的网络设备归属、IP 地址归属等方面进行综合判断，虚拟空间用户的私密性越强，网络设备、IP 地址的归属性越高，则行为人与用户之间的关联性也就越强。进一步来说，在证明行为人与用户之间存在关联性后，仍然需要证明网络空间的犯罪行为是行为人操作实施的。因为行为人可能提出该

---

① 刘品新. 电子证据的关联性[J]. 法学研究，2016(6).

② 刘品新. 电子证据的关联性[J]. 法学研究，2016(6).

犯罪行为系电脑病毒所为或是其他人登录他的账户后实施的,此类抗辩并非幽灵抗辩,在实践中这种情形确实大量存在。确定行为人与虚拟空间中行为的关系也可以从物、时、空3个角度进行,网络设备和用户的私密性越强、安全保护措施越好,则关联性越强;在实施网络犯罪行为期间,能够证明是行为人本人进行的用户操作越多,则关联性越强;同时可以结合在实施网络犯罪期间网络设备的使用日志、附近的监控资料等内容进行综合分析判断。综上所述,判断电子数据的关联性可以分为两个步骤:一是判断行为人与网络用户之间的关联性;二是判断行为人与网络犯罪行为之间的关联性。两者呈递进关系,只有两个步骤的关联性均得到确认后,电子数据的关联性认定才具有刑法上的意义。

第三部分
互联网生态治理

论对局型网络游戏网站与赌博网站的界限

◎胡东迁　张江平*

摘　要：打击网络赌博犯罪活动的难点在于确定局型网络游戏网站与赌博网站的界限。本文通过对对局型网络游戏网站与赌博网站的传统界限及其理论依据的分析，对传统界限否定虚拟币财产价值的观点提出了质疑。最后，本文根据传统界限理论缺陷的成因，提出了对局型网络游戏网站与赌博网站的新的界限标准及立法建议。

关键词：虚拟币　对局型网络游戏　赌博网站　界限

为了更有效地打击日益猖獗的赌博犯罪活动，2006 年 6 月 29 日全国人大常委会《中华人民共和国刑法修正案（六）》对刑法 303 条做了修改，将开设赌场犯罪与一般的赌博犯罪加以区别，单列一款加以规定，并提高对开设赌场犯罪的法定刑。2010 年 8 月 31 日，最高人民法院、最高人民检察院、公安部《关于办理网络赌博犯罪案件适用法律若干问题的意见》专门对利用互联网开设赌场犯罪的定罪量刑标准做了明确规定。虽然国家在立法上加大了对赌博犯罪惩治力度，但网络赌博犯罪活动并未因此得到有效抑制，相反却有愈演愈烈之势。2007 年 9 月 20 日，当时号称新中国成立以来最大的一起网络赌博案件在抚顺顺城区人民法院开庭审理，该案涉案赌资高达 58 亿元。然而仅过了一年，这一最高纪录就被打破。2008 年，云南省高院对谭某网络赌博案做出了终审判决，认定该案的参赌资金达 86 亿余元。到了 2009 年 6 月，全国最高赌资纪录再次被打破，湖北咸宁公安机关破获的特大网络系列赌博案件的涉案赌资高达 200 亿余元。2014 年 7 月 3 日，广州市荔湾区人民法院对黄健沛等 19 名被告人做出的刑事判决，再次

---

*　胡东迁，浙江腾智律师事务所律师；张江平，浙江腾智律师事务所律师。

刷新了人们对于网络赌博规模和破坏性的认知,该网络赌博案涉及的总投注达到 4840 亿余元[①];而到了 2015 年,笔者办理的杨某等 22 名被告人网上开设赌场案,又再次刷新了近年来网络开设赌场罪的全国最高纪录,该案无论是赌资金额还是参赌人员规模,都远超以往网络开设赌场犯罪的规模。根据新华网、今日早报、网易新闻等国内知名媒体报道,本案的涉案赌资高达上万亿,且经司法机关核实,赌博网站"GAME456"游戏平台的注册用户多达 2437 万人,涉及全国 30 多个省级行政区。现实带给我们的困惑是:一方面国家对于网络赌博犯罪的法律及司法解释规定得愈来愈严、愈来愈细;但另一方面网络赌博犯罪却愈演愈烈,规模越来越大。笔者认为,造成这一困惑的根本原因在于法律规定的不明确,不论是刑法还是相关司法解释,均未对什么是赌博网站下过定义,更未对对局型网络游戏网站和赌博网站的界限加以明确。

一、对局型网络游戏网站与赌博网站的异同点

(一)对局型网络游戏与网络赌博犯罪的概念

对局型网络游戏网站与赌博网站的本质区别在于对局型网络游戏网站是为玩家提供合法合规的对局型网络游戏服务,而赌博网站则是为赌客的网络赌博犯罪提供了场所和帮助。因此在分析游戏网站与赌博网站的界限前,有必要先对对局型网络游戏与网络赌博犯罪进行区分。所谓对局型网络游戏,是指以娱乐为目的,以胜负为结果的竞技性网络游戏。对局型网络游戏的种类非常丰富,常见的有牛牛、梭哈、斗地主、扎金花等棋牌类游戏,以及魔兽争霸、星际争霸、CS、DOTA、DOTA2、英雄联盟等竞技性游戏。网络赌博犯罪是指利用计算机和互联网等高科技媒介传输赌博数据,组织赌博活动或者以营利为目的,利用现代网络通信技术和网络金融支付手段,进行聚众赌博或以赌博为业的犯罪活动。[②]网络赌博犯罪分为赌博罪和开设赌场罪两种犯罪类型。网络赌博的赌博种类较多,从网络赌博涉及的内容来看,大体可分为四种:一是传统赌博,将传统赌博中的打麻将、百家乐、21 点、轮盘赌等通过网络视频直播的方式进行赌博活动;二是

---

① 于志刚.网络开设赌场犯罪的规律分析与制裁思路——基于 100 个随机案例的分析和思索[J].法学,2015(3).

② 谢君泽,王璞.网络赌博犯罪中电子证据的收集与运用——以王某、陈某开设赌场罪一案为例[J].证据学论坛,2012(00).

以体育竞技类比赛作为赌注对象,在赌博网站上押注赌博;三是以金融证券市场走势作为赌注对象,在赌博网站上押注赌博;四是网络游戏,如通过"传奇""英雄联盟""天涯明月刀"等在线网络游戏进行"赌博"。

传统的对局型网络游戏与网络赌博之间存在着较大的差异,很容易对其进行区分,主要是由于网络赌博需要筹码下注,而传统的对局型网络游戏则无须筹码下注。但随着 QQ 游戏、边锋游戏及联众世界等游戏网站在棋牌类游戏中使用虚拟币这一"筹码",这两者之间的界限逐渐模糊,难以区分。理论上只要使用虚拟币,任何一种对局型网络游戏都可以进行赌博,比如最近比较火的 DOTA2 游戏也可以用于赌博。假设 DOTA2 的游戏运营商在游戏中设置了虚拟币,同时游戏规则规定胜利的玩家可以从失败的玩家那里赢取虚拟币,之后允许游戏玩家将所赢取的虚拟币兑换成金钱或者实物,这便是一种利用 DOTA2 游戏进行网络赌博的情形。

现实中,有一款热门的 RPG 游戏"英雄联盟",就因涉嫌网络赌博被查处。2013 年 2 月,英雄联盟推出了"点鞭炮赢大礼"活动,其规则是,玩家花费 5Q 币和 10Q 币可分别购买一只红鞭炮或金鞭炮,每次燃放鞭炮,将有 100% 机会获得奖励,有机会获得龙年、冰雪节限定皮肤,金鞭炮专属皮肤,英雄,购物点,皮肤碎片或英雄碎片,积攒 2~3 个碎片可兑换皮肤和英雄。其活动时间为 2013 年 2 月 4—19 日。最终,该抽奖活动因涉嫌赌博犯罪被有关部门紧急叫停,原因是该游戏网站在用户投入虚拟币的前提下,采取抽签、押宝、随机抽取等偶然方式分配游戏道具,违反了 2009 年由文化部、商务部联合下发的《关于加强网络游戏虚拟货币管理工作》通知的相关规定。

(二)对局型网络游戏网站与赌博网站的异同点

鉴于目前赌博网站所依托的对局型游戏主要体现为棋牌类游戏,故本文以棋牌类网络游戏为例,阐述对局型网络游戏网站与赌博网站的异同点。虽然《关于办理网络赌博犯罪案件适用法律若干问题的意见》第 1 条"关于网上开设赌场犯罪的定罪量刑标准"中规定:"利用互联网、移动通讯终端等传输赌博视频、数据,组织赌博活动有以下四种情形之一的,属于'开设赌场'行为:1. 建立赌博网站并进行投注的;2. 建立赌博网站并提供给他人组织赌博的;3. 为赌博网站担任代理并接受投注的;4. 参与赌博网站利润分成的。"但令人遗憾的是,由于该司法解释并没有对赌博网站概念及特征做出明确的规定,以至于在司法实践中,仍难以判断运营商开设的棋牌类游戏网站到底是游戏网站还是赌博网站。为对这两者进行有效区分,本文先从棋牌类游戏网站与赌博网站的异同点入手分析。

1. 棋牌类游戏网站与赌博网站的相同点

(1)无论是棋牌类游戏网站中的游戏行为还是赌博网站中的赌博行为,都是借助于棋牌类游戏这个工具,两者在名称、规则及表现形式上并无区别。例如"牛牛""斗地主"等游戏,既可以用作娱乐目的的游戏,也可用作赌博的道具。故仅从游戏本身无法区分二者。

(2)无论是棋牌类游戏网站的网络游戏还是赌博网站的赌博行为,都用虚拟币作为输赢时的结算依据,因此仅从游戏输赢的结算方式也无法区分二者。

2. 棋牌类游戏网站与赌博网站的不同点

(1)游戏运营商经营资格的合法性不同。由于我国针对经营性互联网文化产品实行许可制度和备案登记制度,因此棋牌类游戏网站的运营商均为经过工商行政主管部门核准成立的正规公司,其一般具备以下条件:经文化主管部门行政许可领有《网络文化经营许可证》,相关游戏均经过备案登记以及具有虚拟币的发行资格等。而赌博网站的运营商大多为未经过行政许可和备案登记的非法运营游戏的公司或个人。

(2)营利方式不同。棋牌类游戏网站是从游戏玩家的正常充值中获利,其获利与玩家在游戏中的输赢无关;而赌博网站往往通过将虚拟币出售给银商获利,或者在虚拟币转账过程中收取手续费抽头渔利,甚至直接参与赌博赢取钱财。

(3)是否提供虚拟货兑换钱物服务不同。根据文化部 2010 年制定的《网络游戏管理暂行办法》第 19 条第 1 项的规定:网络游戏虚拟货币的使用范围仅限于兑换自身提供的网络游戏产品和服务,不得用于支付、购买实物或者兑换其他单位的产品和服务。因此,正规合法的棋牌类游戏网站中的虚拟货币,仅能从游戏运营商处购买且只能在网络游戏中使用,不能兑换成真实货币或实物,其流向具有单向性。而在赌博网站中使用的虚拟币则实际是赌博的一种筹码,网站为赌客提供虚拟币与金钱或实物的兑换服务,或者暗中与银商勾结为赌客提供兑换金钱服务,虚拟币的流向具有双向性或者多向性。

二、对局型网络游戏网站与赌博网站的传统界限及其缺陷

(一)对局型网络游戏网站与赌博网站的传统界限

虽然现行法律及相关司法解释均未对赌博网站下过明确的定义或者解释,

但是不论是利用互联网、移动通讯终端等建立的赌博网站,还是现实生活中的开设赌场,其本质特点应是一致的。也就是说,"赌博网站"与现实生活中的"赌场"的本质特征或功能,应是一致的。因此传统观点认为,与现实中的赌场相比,赌博网站至少必须具备以下3个基本特征:一是组织赌博活动,建立网站为赌博活动提供平台及道具;二是非法营利,网站通过抽头渔利方式从中获取非法利益;三是网站接受投注,并提供虚拟币与金钱的兑换服务。但是,由于对局型网络游戏网站也需要提供平台及道具,才能使游戏玩家可以正常地进行游戏,因此是否提供平台及道具并非是区分游戏网站与赌博网站的本质特征。故从传统的界限观点来看,网站"是否提供虚拟币与金钱的兑换服务"以及"有无从游戏输赢中抽头渔利",是区分合法游戏网站与赌博网站的界限标准,而"是否提供虚拟币与金钱的兑换服务"是赌博网站的最为本质的特征。

1. 网站是否提供虚拟币兑换钱物服务

文化部2010年制定的《网络游戏管理暂行办法》第19条对网络游戏虚拟货币的使用范围做了限制,其规定网络游戏虚拟货币仅限于兑换自身提供的网络游戏产品和服务,不得用于支付、购买实物或者兑换其他单位的产品和服务。根据该条规定,只要虚拟货币的使用范围没有超出该范围便是合法合规的。其逻辑是,如果网站不提供虚拟货币与钱物的兑换服务,不论玩家如何玩游戏以及输赢多少虚拟币,虚拟币都不能变现,那么赌徒就达不到赌博赢钱的目的,网站也就不可能具有赌场的功能。在此情形下,游戏网站不具有赌场的功能,始终只是一个游戏网站而已,故不属于赌博网站。这是传统界限在区别游戏网站与赌博网站时的一个标准。

2. 网站是否从游戏中抽头渔利

根据最高人民法院、最高人民检察院《关于办理赌博刑事案件具体应用法律若干问题的解释》第9条的规定:提供棋牌室等娱乐场所只收取正常的场所和服务费用的经营行为等,不以赌博论处。因此传统界限的另一个标准是,游戏网站是否按照正常标准收取服务费用,即游戏网站从玩家处收取的虚拟币数量是否超越了正常标准。如果游戏网站根据玩家的输赢情况按比例收取虚拟币,或者按照较高的固定比例从每局游戏中收取虚拟币,且其收取的服务费用远超正常的服务费用,那么该网站的收费行为就涉嫌抽头渔利,进而可能被认定为赌博网站;如果不存在上述抽头渔利的行为,那么该网站便是合法的游戏网站。

在笔者办理的杨某等22名被告人网上开设赌场案中,温州市龙湾区法院正是以上述两点界限标准认定 game456 网站构成赌博网站。在判决书中,法院认为 game456 游戏网站表面上不回收虚拟币,只通过发行虚拟币,依靠正常玩家充值营利,实则通过银子商实现虚拟币与人民币的兑换。网站经营者通过转账功能扣取一定比例的虚拟币,再将扣取的虚拟币通过后台交由上游银子商卖给下游银子商从而实现牟利;上游银子商以低于市场一定比例的价格从网站经营者处取得虚拟币,再以市场价格卖给下游银子商从而实现牟利;下游银子商通过与赌客的交易低买高卖从而实现牟利;赌客则借助网站与银子商实现赌博功能。game456 游戏网站经营者利用后台为银子商增加虚拟币再予销售获利,实现虚拟币与人民币的兑换,与合法游戏网站具有根本区别;game456 游戏网站经营者与银子商相勾结,利用上述模式,借助网站的平台与道具,组织赌客进行赌博活动并从中获利,2％的税收就是抽头渔利,具备开设赌场罪的本质特征,应被认定为赌博网站。

(二)棋牌类游戏网站与赌博网站传统界限的缺陷

如前文所述,传统界限似乎对游戏网站与赌博网站的罪与非罪问题做了清晰的界定。只要有证据证明游戏网站与银商之间存在勾结,游戏网站直接或者间接地为玩家提供虚拟币与人民币的兑换服务,便可以认定该游戏网站属于赌博网站。而游戏网站出售给赌客及银商的虚拟币所对应的款项,以及网站从赌博犯罪中的抽头渔利就可以认定为其非法所得。但是传统界限标准的成立,以不能兑换的虚拟币无财产价值为前提。而这一前提条件目前是存在争议的,尤其是在当今的司法实践中大有肯定虚拟币具有财产价值的趋势下。近年来,在越来越多的盗窃虚拟币的刑事案件中,法院倾向于认定虚拟币具有财产价值。如果在此罪(盗窃罪)中认定虚拟币有价值,在彼罪(开设赌场罪)中认定虚拟币无价值,显然有违司法的统一性,也有违司法的公平、公正。同时,民法方面也存在确立虚拟币财产价值的立法趋势,如 2016 年 6 月《民法总则(草案)》第 104 条就对网络虚拟财产的物权客体地位做了明确的规定。在此背景下,再按照传统界限标准认定不能兑换的虚拟币是无价值的,显然是欠妥当的。而且,一旦在立法上认定了虚拟币的财产价值,那么传统界限的理论基础便不复存在,传统界限的界限资格也将丧失。

传统界限除上述缺陷外,还存在以下 4 个方面的缺陷。

1. 未能对赌博犯罪的法益进行有效的保护

对于赌博犯罪的法益,刑法理论上存在不同的学说:(1)根据张明楷教授的观点,由于单纯违反伦理道德的行为不可能成为刑法规制的对象,而且我国刑法将赌博罪规定在扰乱公共秩序罪中,故本罪的法益应是以劳动或者其他合法行为取得财产这一国民健全的经济生活方式与秩序。[1]（2）根据林山田教授的观点,赌博在表面虽然只是造成参与者个人之财产损失,但是实质上,其所造成之损害,则为社会安全与善良风俗之危害,故赌博罪并非财产罪,而为破坏社会法益之犯罪。（3）根据陈兴良教授的观点,本罪侵犯的客体是社会公共秩序,赌博罪不仅腐蚀人们的思想,还妨害了社会道德秩序,即社会风尚,表现在现实生活中,就是严重影响正常的生产、生活秩序,引起各种纠纷,诱发贪污、盗窃、诈骗、伤害、杀人等多种犯罪,影响安定团结。[2] 概而言之,赌博犯罪保护的法益是社会的公共秩序,主要包括两类,一类是以劳动或者其他合法行为取得财产这种健全的经济生活方式与秩序,即赌博赢者所侵犯的法益;另一类是社会管理或者社会安全,赌博增加了其他刑事犯罪发生的危险,严重影响了正常的生产、生活秩序,即赌博输者所可能侵犯的法益。

2011年3月22日晚,CCTV《焦点访谈》栏目曾播出过《危险的游戏》这一节目。该节目讲述了上海市某公司高管王先生因为在边锋网络游戏世界的游戏网站玩了7次港式五张牌游戏,就将自己近80万元的积蓄输了个精光。玩港式五张牌,必须先花钱购买叫作"边锋银子"的虚拟货币,在玩每局游戏的时候,玩家根据自己牌的好坏,压上数额不等的边锋银子进行博弈,一局下来,获胜者即可获得本局桌面上的全部银子。根据对局型网络游戏网站与赌博网站的传统界限,如果边锋游戏公司不存在兑换玩家银子的情况,并且其与银商也不存在直接联系,也没有从玩家处抽头渔利,便不能认定边锋游戏公司的经营者构成网上开设赌场罪;参与游戏的王先生等人因为没有将游戏币兑换成金钱或者实物,也不构成赌博罪。

但是从赌博罪保护的法益来分析,显然该罪所保护的法益受到了侵害。其一,以劳动或者其他合法行为取得财产的这种健全的经济生活方式与秩序遭到了破坏。按照传统界限标准,不能兑换的虚拟币是无价值的,因此形式上王先生是从边锋网络游戏公司购买了价值近80余万元的边锋银子,实际上其是从边锋公司购买了价值近80万的网络游戏服务。那么边锋公司提供了何种价值近80

万的网络游戏服务？案例中的王先生仅得到了 7 次游戏服务,这显然远远超过了边锋公司正常的场所和服务费用,即边锋公司的近 80 余万元的盈利中绝大部分并非是以劳动或者其他合法行为取得的。一方面,边锋公司的经营者利用赌博游戏将虚拟币作为赌注出售,进而获得远超正常服务回报的行为本身就是一种变相开设网络赌场的犯罪行为。另一方面,王先生的对家通过"五张牌"游戏赢得了价值近 80 余万元的边锋银子。尽管该对家不能从边锋公司处兑换银子,但是其却可以从银商处兑换银子,即其存在不劳而获的可能性。即使该对家未对银子进行兑换,那么该对家从对局型游戏中赢得了价值近 80 余万元的网络游戏服务,这一获利也非其通过劳动或者其他合法行为取得的。

其二,社会管理或者社会安全这一社会法益受到了侵害。因为玩了 7 次港式五张牌这一游戏,王先生将其多年的积蓄输了个精光,这无疑对他正常的生活秩序造成了巨大的影响,增加了其刑事犯罪的危险性,对正常的社会公共秩序构成了潜在的危险。

综上所述,王先生和边锋公司的"游戏"行为显然侵犯了赌博类犯罪所保护的法益,对正常的公共秩序造成了巨大的破坏。但是按照对局型网络游戏网站与赌博网站的传统界限,边锋公司的行为却是合法的,王先生等人的行为也是合法的。所以从实质上看,传统界限并未对赌博犯罪所侵犯的法益进行有效的保护,也没有对罪与非罪的问题进行有效的区分。

2. 在认定网站"抽头渔利"行为时,存在逻辑上的矛盾

(1)在判断网站是否有"抽头渔利"行为时,传统界限对虚拟币的价值认定存在矛盾

按照传统界限的观点,网站是否有抽头渔利行为,是判断该网站是"赌博网站"还是"游戏网站"的标准之一。但是根据传统界限的观点,在虚拟币不能兑换成金钱或者实物的前提下,虚拟币仅是一堆无价值的电子数据而已。换言之,在游戏网站没有对虚拟币进行兑换的前提下,游戏网站不管按照何种比例或者方式从玩家手中收取虚拟币,均不是抽头渔利的行为。因为所谓抽头渔利是指通过提供赌博条件而收取利钱的行为,既然虚拟币是无价值的,那么游戏网站从玩家手中收取无价值的虚拟币的行为,显然不是抽头渔利的行为。既然按照上述观点,游戏网站不可能存在抽头渔利的行为,那么将是否有抽头渔利行为认定为"赌博网站"与"游戏网站"的区分标准是没有意义的。

相反,如果按照抽头渔利的标准,认定虚拟币是有价值的,那么游戏玩家用

有价值的虚拟币进行赌博游戏,显然涉嫌赌博犯罪,提供赌博服务的网站自然成为赌博网站,这显然与当前的司法实践不符。所以,在认定网站是否存在抽头渔利行为时,传统界限对于虚拟币的价值认定是存在矛盾的。

(2)司法机关在认定网站抽头渔利数额时,存在重复计算的问题

按照传统界限的标准,游戏网站提取的虚拟币是无价值的,因此只有当网站将抽头的虚拟币出售后,其才能获得实际的经济利益,而在出售前虚拟币对网站来说仅是一堆毫无价值的电子数据而已。但以往的司法实践中,法院既将网站抽头渔利的虚拟币作为其非法所得,又将网站出售给银商及赌客的虚拟币认定为其非法所得。如此一来,网站抽头渔利所对应的虚拟币便存在重复计算的问题,即该笔虚拟币的价值在抽头渔利时被计算了一次,而在此后出售给银商或者赌客时又被计算了一次。

(3)对网站收取虚拟币抽成行为的定性上存在错误

首先,按照传统界限中虚拟币有无价值的标准,网站收取虚拟币抽成的行为不应被认定为抽头渔利的行为。因为所谓抽头渔利,必须有收取利钱的行为,而游戏公司收取的却是无价值的游戏币,不符合抽头渔利的定义。因此,在游戏公司未将其抽成所得的游戏币出售的前提下,其收取虚拟币抽成的行为便不属于抽头渔利行为。其次,将游戏公司出售该部分虚拟币的获利行为认定为开设赌场中的抽头渔利行为,也会导致重复评价的问题。由于在实践中,很难把游戏公司从游戏中抽成的虚拟币与其发行的虚拟币进行区分。因此司法机关在计算"游戏公司"非法获利时,对其出售的虚拟币来源是不做区分的,即在计算其非法获利时,司法机关已对"游戏公司"收取抽成后的出售行为做了法律评价,因此不宜对此行为再做法律评价。综上所述,游戏公司收取虚拟币抽成的行为不属于抽头渔利的行为。

其次,游戏网站的经营者不存在抽头渔利的主观故意。事实上,游戏网站的经营者无须从玩家处提取虚拟币作为抽头渔利,因为对游戏网站来说虚拟币只是其服务器上的一堆数据而已,其可以通过游戏程序随意增减。游戏公司与其通过如此复杂的手段收取游戏币抽成进而抽头渔利,不如直接发行游戏币来得方便。分析其中的原因,游戏公司之所以要在游戏中按比例扣除游戏币,并非是其想获取该部分虚拟币,而是其想消灭或者损耗该部分游戏币,只有游戏币不断被损耗,玩家才有不断购买游戏币的动力,只有玩家不断购买游戏币,游戏公司才有持续盈利的可能性。那么游戏公司在棋牌类游戏中设置虚拟币消耗规则是

否合法合规呢？笔者认为是合法合规的，因为这是游戏公司的正常盈利模式，只有设置了消耗品，游戏玩家才会不断购买，游戏公司也才能获得盈利。

综上所述，客观上游戏公司收取虚拟币抽成的行为不符合抽头渔利的定义，主观上游戏公司也不存在利用该行为抽头渔利的故意，因此不能将游戏公司的行为评价为抽头渔利；且即使对游戏公司的这种"抽头渔利"行为不做评价也不会放纵犯罪，因为法律已经对该行为中具有社会危害性的部分——向赌客和银商出售游戏币的行为单独做了评价。

3. 导致依附性犯罪的出现——银商问题

承前文所述，传统界限认为只要游戏网站不提供虚拟币的兑换服务，游戏中的虚拟币便是无价值的，用无价值的虚拟币进行棋牌类游戏便不构成赌博犯罪。如果游戏网站提供的棋牌类游戏不涉及赌博犯罪，那么该类游戏网站的存在便有其合理性。但是实际上，由于游戏网站在出售虚拟币时存在着固定的销售价格，即虚拟币客观上具有固定的交换价值；而且游戏玩家也存在着将赢取的虚拟币转换成金钱、实物的需求。为了匹配这种需求，银商就应运而生。所谓银商是指通过倒买倒卖虚拟币，从中赚取差价的中介代理。如果仅从银商低价收购银子、高价出售银子的角度来看，银商的行为本质上就是销售游戏道具的行为，该行为和一般的商品买卖行为完全一致，并不构成犯罪。但是借助银商的兑换行为，却使赌博犯罪依附于对局型网络游戏成为可能，因此银商兑换银子的行为又具有严重的社会危害性。

然而，在司法实践中，在认定游戏网站属于赌博网站之前，很难单独认定银商构成赌博类犯罪的共犯。

第一，银商不构成开设赌场罪的共犯。一是银商的行为显然不属于《关于办理赌博网站犯罪案件适用法律若干问题的意见》规定的开设赌场罪的四种类型之一，因此银商的行为不构成开设赌场罪；二是在未认定提供棋牌类游戏服务的网站属于赌博网站的前提下，银商的行为也不构成开设赌场罪的共犯。根据法律及司法解释的规定，银商构成开设赌场罪共犯的前提是，银商为赌博网站提供资金支付结算服务。在未认定游戏网站为赌博网站之前，该游戏网站就是游戏网站，而非赌博网站。如果银商提供资金支付结算服务的对象是合法的游戏网站，那么银商的行为显然不符合开设赌场罪的犯罪构成要件。按照罪刑法定原则，银商的行为不构成开设赌场罪的共犯。

第二，银商不构成赌博罪的共犯。构成赌博罪有以营利为目的，聚众赌博和以赌博为业两种情形。一是银商的行为显然不属于聚众赌博,因为其不存在组织多人进行赌博,从中抽头渔利的行为;二是银商自身并没有参与赌博,也不属于以赌博为业的情形;三是银商要成立赌博罪的共犯要以其主观上明知对方存在赌博犯罪为前提,即银商主观上要明知他人以赌博为业或者以营利为目的,进行聚众赌博,显然一般的银商并不存在这种明知的可能性。

综上所述,只要银商与游戏网站不存在直接的关联,或者说只要银商与游戏网站能够规避这种直接的关联,此种"网络赌博行为"便可以合法地存在下去。在司法实践中,虽然银商的行为可能构成其他犯罪,如非法经营罪,但是游戏网站却不会因此构成任何犯罪。

4. 对游戏玩家的合法权益缺乏保护

首先,如前文所述,对局型网络游戏网站不构成赌博网站的前提是虚拟币不存在价值。既然虚拟币不存在价值,那么当游戏玩家账户内的虚拟币因盗窃行为或者欺诈行为遭受损失时,玩家就很难得到法律的保护。因为如果认定犯罪嫌疑人的行为构成盗窃罪或者诈骗罪,也就意味着承认了虚拟币的财产价值,那么在此罪中承认虚拟币的财产价值,但在彼罪中却否认虚拟币的财产价值,如此做法无疑采用了双重标准,既有违司法的统一性,也有违司法的公平公正原则。因此在实践中,一种妥协的方法是认定实施盗窃行为或者诈骗行为的犯罪嫌疑人构成非法获取计算机系统数据罪。但是如果将该行为认定为非法获取计算机信息系统数据的犯罪行为,则会导致报案主体不适格情况的出现。在实践中,有些公安机关在立案时要求报案人必须是被害人。当犯罪嫌疑人是通过游戏网站的服务器盗窃玩家账户内的虚拟币时,由于该犯罪行为侵入的是游戏网站的计算机信息系统,其侵害的是游戏公司的合法权益,而非玩家的合法权益,此时玩家便不属于被害人,因此玩家的报案请求往往会因为主体不适格而被公安机关不受理。此外当犯罪嫌疑人盗窃或者诈骗的虚拟币价值达到盗窃罪、诈骗罪数额巨大的情节时,以非法获取计算机信息系统数据罪对犯罪嫌疑人定罪量刑,也会出现罪刑失当的情形。

其次,虚拟币系玩家通过游戏网站充值购买,具有一定的财产属性,玩家对虚拟币拥有所有权,包括占有权、使用权、收益权与处分权等四种权能。但是在实践中,为了避免被犯罪分子钻漏洞,游戏网站往往对玩家的虚拟币转移功能和赠送功能进行限制。这种限制干涉了游戏玩家正当民事权利的行使,是对玩家合法权利的侵犯。因为玩家既然已经获得了虚拟币的所有权,玩家就有权利自由处分其账户内的虚拟币,既可以赠送给亲朋好友,也可以在自己的多个游戏账号内任意转换,甚至可以将自己账户内的虚拟币出售给他人。因此,通过限制玩家对游戏币享有的合法民事权利的行使,来否认虚拟币的交换价值,以避免游戏网站成为赌博网站,是极其不合理的。

三、对传统界限否定虚拟币财产价值观点的质疑

在传统的界限标准中,立法者认为只要对局型网络游戏公司不对虚拟币进行兑换,那么虚拟币就是无价值的一堆电子数据,在此前提下游戏公司运营对局型网络游戏便是合法的。但这仅是立法者的一厢情愿,网络游戏中虚拟币的价值是客观存在的,并非因为法律法规的禁止性规定就丧失其财产价值。况且,无论是在学术理论上,还是在司法实践中,虚拟币的财产价值都是客观存在的。

(一)学术理论中虚拟币的财产价值

尽管学术理论上对于虚拟财产属于何种性质的财产存在争议,但其核心却是一致的,即虚拟财产具有财产属性,因而是财产。理论上对于虚拟财产属性的学说,大致有三种:(1)物权说。该说认为,"只要具有法律上的排他支配或管理的可能性及独立的经济性,就可以被认定为法律上的物"。(2)智力成果说。该学说又分为两种观点:一种观点认为,虚拟财产应属于网络游戏开发商的智力成果,开发商对其享有著作权,而玩家则享有该著作权中的使用权;另一种观点认为,虚拟财产应被认定为是玩家的智力成果,具有新颖性、创造性、可复制性并需要一定的载体,玩家对其享有知识产权。(3)债权说。该观点从运营商与玩家是一种服务(消费)合同的关系出发,认为虚拟财产的本质是一种债权性权利。

本文采用的是物权说,该学说认为:(1)网络虚拟财产在法律上具有排他支配和管理的可能性。(2)网络虚拟财产与物都具有独立的经济价值。(3)网络虚拟财产的存在需要一定的空间,这是与传统的物在存在方式上的相似性。网络虚拟财产与民法的物之间在基本属性上是相同的,所以在法理上认识网络虚拟财产,应把网络虚拟财产作为一种特殊物,使用现有法律对物权的有关规定,同时综合采用其他保护方式,对虚拟财产进行法律保护。[①]

在承认了虚拟财产的财产价值之后,虚拟币作为虚拟财产的一种,其自然也

---

① 杨立新,王中合.论网络虚拟财产的物权属性及其规则[J].国家检察官学院学报,2004(6).

具有财产价值。一是尽管虚拟币是无形的,只能在网络游戏中取得或者失去,但是虚拟币是以电子数据形式客观存在的,需要一定的存储空间;二是虚拟币作为虚拟财产具有排他性,且其属于特定的玩家,受其支配,并独立于游戏网站经营者及其他玩家;三是虚拟币是网络游戏运营商通过劳动和金钱开发的,且能够满足人们游戏中的需求,因此其具有独立的经济价值。虚拟币之所以存在,是因为其是玩家在游戏中需要使用的必备因素,其具有客观的使用价值。同时,虚拟币也存在开发成本以及固定的交易价格,因此其也具有客观的交换价值。

(二)司法实践中虚拟币的财产价值

1.游戏玩家在购买虚拟货币时需要花费金钱

根据文化部、商务部《关于加强网络游戏虚拟货币管理工作的通知》的规定,网络游戏虚拟货币,是指由网络游戏运营企业发行,游戏用户使用法定货币按一定比例直接或间接购买,存在于游戏程序之外,以电磁记录方式存储于网络游戏运营企业提供的服务器内,并以特定数字单位表现的一种虚拟兑换工具。根据该规定,游戏玩家账户内的虚拟币并非是游戏网站赠送的,而是游戏用户使用法定货币按一定比例直接或间接购买的。这意味着在玩家从游戏网站购买虚拟币时,虚拟币是存在客观的财产价值的,否则,玩家又岂会花钱购买一堆无价值的电子数据。

2.游戏公司倒闭时,玩家可以将尚未使用的虚拟货币退还给游戏公司

根据《网络游戏管理暂行办法》第22条第1款的规定,网络游戏运营企业终止运营网络游戏,或者网络游戏运营权发生转移的,应当提前60日予以公告。网络游戏用户尚未使用的网络游戏虚拟货币及尚未失效的游戏服务,应当按用户购买时的比例,以法定货币退还用户或者通过用户接受的其他方式进行退换。这意味着出售后的虚拟货币并非一律无价值,在游戏公司倒闭时,网络游戏用户尚未使用的虚拟币即可按照购买时的比例进行退换。

3.在虚拟货币非法失去时,玩家可以依法维权

首先,按照文化部、商务部《关于加强网络游戏虚拟货币管理工作的通知》的规定,用户在网络游戏虚拟货币的使用过程中出现纠纷的,应出示与所注册的身份信息相一致的个人有效身份证件。网络游戏运营企业在核实用户身份后,应提供虚拟货币充值和转移记录,按照申诉处理程序处理。用户合法权益受到侵害时,网络游戏运营企业应积极协助进行取证和协调解决。根据该条规定,用户在网络游戏虚拟货币使用过程中出现纠纷时,司法机关及网络游戏运营企业应

该维护用户的合法权益；这也意味着虚拟货币是有价值的，如果其没有价值，司法机关及网络游戏运营企业又何必去维护用户的权益？

其次，相关的判例也证明了虚拟货币财产价值的存在。例如，在汪小东、吴永康等盗窃罪二审刑事裁定书中，温州市中级人民法院便认为，汪小东、吴永康等人通过在舒情网吧服务器上安装木马盗取二个瓯乐游戏账号内的 18.6 亿虚拟货币（价值人民币 110856 元）的行为构成盗窃罪。如果虚拟货币是无价值的，那么被告人汪小东、吴永康等人又如何构成盗窃罪呢？又如全国首例虚拟财产纠纷案。该案经过审理，最终北京市朝阳区人民法院判决被告北京北极冰科技发展有限公司恢复原告李宏晨在网络游戏"红月"中丢失的虚拟装备，并返还原告购买 105 张爆吉卡的价款 420 元，赔偿交通费等各种费用 1140 元，驳回原告李宏晨的其他诉讼请求。法院的裁判理由是，虽然虚拟装备是无形的，但并不影响虚拟物品作为无形财产的一种获得法律上的适当评价和救济。由此可见，虚拟财产作为一种无形财产，其财产价值在民法上也是得到承认的。

4. 法律法规对虚拟币使用的限制，从反面证明了虚拟币客观价值的存在

根据《网络游戏管理暂行办法》第 18 条第 3 项的规定，不得以随机抽取等偶然方式，诱导网络游戏用户采取投入法定货币或者网络游戏虚拟货币方式获取网络游戏产品和服务。如果虚拟货币是无价值的，那么政府部门无须对其进行限制，但实际上政府部门颁布了很多部门规章来限制游戏公司这种打擦边球的行为。这意味着，立法者也认识到虚拟货币本身所包含的财产价值，并不会因为其对虚拟币兑换功能的限制而消失。

5. 《民法总则（草案）》肯定了虚拟物品财产价值的存在

根据 2016 年 6 月第十二届全国人大常委会第二十一次会议初次审议的《民法总则（草案）》第 104 条的相关规定：物包括不动产和动产。法律规定具体权利或者网络虚拟财产作为物权客体的，依照其规定。由此可见，网络虚拟财产作为民法意义上的物权客体已经成为一种立法上的趋势。在此背景下，网上开设赌场罪仍然否定了虚拟币的财产价值，这种做法显然既与司法实践相矛盾，也与立法者拟肯定虚拟币财产价值的立法趋势相背离。

综上所述，无论是在学术理论上还是司法实践中，虚拟币的财产价值都是客观存在的；并且在未来的立法上，法律也大有肯定虚拟币财产价值之趋势，如《民法通则》（草案）已对此做了肯定的规定。在此背景下，传统界限关于不能兑换的虚拟币是无财产价值的观点已然不能成立。既然传统界限的理论基础已经丧

失,传统界限显然不宜继续作为对局型网络游戏网站与赌博网站的区分标准。

四、解决路径:重构新界限

(一)重构对局型网络游戏网站与赌博网站的新界限

对局型网络游戏网站与赌博网站的新界限是建立在肯定虚拟币财产价值的基础上,从赌博犯罪的危害性出发,以两高《关于办理赌博刑事案件具体应用法律若干问题的解释》第9条的规定为依据,将有无对游戏玩家参与输赢财物的多少进行限制以及收取的服务费是否合理作为区分合法游戏网站与赌博网站的界限标准。其中,网站有无对游戏玩家参与输赢财物的多少进行限制是两者最本质的区别。

承前所述,传统界限的根本缺陷在于其通过限制游戏玩家对虚拟币享有的所有权等民事权利的行使,来否认虚拟币客观存在的财产价值,进而避免提供虚拟币游戏服务的游戏公司构成开设赌场罪。但是,虚拟币的财产价值并不会因为法律的强制性规定而消失,相反在实践中出现了很多认定不一致的情形,如部门规章之间就存在相互矛盾的情形。而且在当今的司法实践中,尤其在一些虚拟币的盗窃案件中,很多法院将虚拟币认定为是有价值的,并将虚拟币的购买金额认定为被告人的盗窃数额,并且立法上也有肯定虚拟币价值的趋势。在此前提下,再去否认虚拟币在开设赌场罪中的客观价值,也不利于司法的统一性,这是其一。

其二,虚拟币是游戏玩家通过购买获得的,其享有对虚拟币的所有权,通过限制玩家的合法权益来实现游戏公司的合法经营,也不具有合理性。

其三,仅通过对虚拟币交换价值的限制,并不能做到罪与非罪的区分,也不能有效打击赌博网站犯罪,相反网络赌博犯罪却有愈演愈烈之势。

因此,笔者认为,要区分对局型网络游戏网站与赌博网站,首先要肯定虚拟币的财产价值;其次要从网络游戏与赌博网站的定义入手。所谓赌博,是指就偶然的输赢以财物进行赌事或者博戏的行为。其中,赌事是指胜败完全取决于偶然因素的情况;博戏是指胜败部分取决于偶然因素、部分取决于当事人的能力的情况。① 所谓网络游戏,是指以互联网为传输媒介,以游戏运营商服务器和用户

---

① 张明楷.刑法学(第四版)[M].北京:法律出版社,2011:948.

计算机为处理终端,以游戏客户端软件为信息交互窗口的旨在实现娱乐、休闲、交流和取得虚拟成就的具有可持续性的个体性多人在线游戏。由此可见,赌博和网络游戏的根本区别在于前者以赢钱为目的,而后者以娱乐为目的。但是,是否涉及金钱的游戏应一律被定为赌博游戏?

尽管并无网络赌博犯罪的相关立法及司法解释,但是网络赌博犯罪的实质与平常的赌博犯罪并无二致。根据两高《关于办理赌博刑事案件具体应用法律若干问题的解释》第9条的规定:不以营利为目的,进行带有少量财物输赢的娱乐活动,以及提供棋牌室等娱乐场所只收取正常的场所和服务费用的经营行为等,不以赌博论处。可见,除主观目的之外,是否构成赌博的界限不在于是否有财物参与输赢,而在于财物的多少,如果是少量财物便是娱乐活动,如果是大量财物便可能涉及赌博犯罪;如果收取的是正常的场所和服务费用便是经营行为,如果是超出常规的场所和服务费便可能涉及赌博犯罪。棋牌类游戏网站与赌博网站的界限也应如此,关键在于玩家参与输赢的财物的多少,游戏网站收取的服务费是否合理(关于新界限如何对玩家及网站经营者主观故意进行认定的问题,下文将做具体阐述,此处不再赘述)。

(二)重构新界限的价值意义

游戏网站与赌博网站的传统界限,仅从虚拟币能否通过游戏网站直接或者间接地兑换成金钱或者实物、游戏网站是否存在抽头渔利的角度,去判断该网站是赌博网站还是游戏网站。这就导致很多游戏网站的经营者实质上是犯了开设赌场罪,但因为形式上不符合开设赌场罪的构成要件,而不被追究刑事责任。

以某知名游戏平台推出的以虚拟币为筹码的炸金牛游戏为例。在该游戏中,玩家必须通过网上银行、电话、充值卡等各种渠道,按照 1∶10 的比例,将人民币换成运营商设置的一种虚拟币——X 币,然后利用 X 币在游戏中按照 1∶1000 的比例,兑换成游戏币,即人民币和游戏币的比例为 1∶10000。运营商根据玩家虚拟币的数量,设定了进入不同游戏室玩游戏的限额标准,如练习场的限额标准为 100～5000 个游戏币,初级场的限额标准为 1000～8 万个游戏币,中级场的限额标准为 5000～20 万个游戏币,高级场的限额标准为 2 万～80 万个游戏币,伯爵场的限额标准为 10 万～500 万个游戏币,尊爵场的限额标准为 50 万以上个游戏币。仅参考限额标准,很难将网络游戏与赌博游戏联系起来,但是笔者亲身体验了一下这种炸金牛的游戏。按照初级场的标准,每局游戏一共有 5 个玩家,每个玩家可以根据自己的牌押注,每次押注不得超过 1000 游戏币,每局最多可以押20次注,即玩家每局最多可以输2万游戏币,而赢家最多可以赢8万游戏币。笔者参与了10余局游戏,平均每局游戏赢家可以赢得1万余游戏币,即价值1元人民币的游戏币。但这仅是初级场的输赢标准,中级场、高级场等以上级别的游戏室,其输赢标准远高于初级场,每局的输赢可以达到数十元至上百元之多。同时,炸金牛游戏是一项节奏很快的游戏,平均每局游戏时间不到1分钟,即玩家每天的输赢可以达到数千至数万元不等,而且这些虚拟币也可以通过在淘宝网上找到相应的银商进行购买或者兑换,这显然是一种赌博犯罪。

但是如果按照传统的界限标准,由于不能证明银商与游戏网站之间存在关联,也不能证明网站存在兑换银子的情况,游戏网站的这种变相的赌博行为并不能被认定为赌博犯罪。相反,如果承认虚拟币的交换价值,那么该网站提供的每场输赢达到数十元至上百元的炸金牛游戏显然属于赌博游戏,提供此类变相赌博游戏的网站便可以被认定为赌博网站,进而被司法机关取缔。同时,承认虚拟币的交换价值之后,游戏玩家可以直接从游戏网站购买银子以及兑换银子,其自然无须从银商处购买银子,银商这种依附性的犯罪也会自动消失。退一步讲,即使银商依旧存在,按照新的界限标准,银商提供的是合法的游戏道具兑换服务,不具有社会危害性,因此其也不涉及刑事犯罪。再则,如果银子的价值得到认定,那么游戏网站从玩家处收取银子提成的行为,可以根据其提取银子的多少,区分其是抽头渔利还是收取合理的场所和服务费用。概言之,在认定了银子的财产价值之后,赌博网站与对局型网络游戏的界限将更加清晰明了,游戏网站收取银子提成行为的法律性质也将更加清晰明了。

由于棋牌类游戏网站中的玩家大多互不相识,并不存在亲情或者友情等因素的影响,因此其参与输赢财物的多少,直接反映其参与游戏的目的是以营利为目的还是以娱乐为目的。况且,网络赌博犯罪的打击对象主要为开设赌场的经营者,因此尽管在个案中仅以参与输赢的财物的多少推断玩家的主观故意可能存在偏差,但从整体上来看,游戏网站的经营者故意不设置游戏充值限额,很难说其没有利用赌博游戏进行营利的目的。从社会危害性上来分析,赌博犯罪之所以具有刑法意义上的社会危害性,并非是因为赌博游戏的沉溺性,而是因为参与赌博的财物过多以至于影响了赌博参与者及其家庭的正常生活。综上所述,在对玩家及网站经营者的主观目的进行推定之后,将网站有无对玩家投入输赢财物的多少进行限制作为区分该网站是游戏网站还是赌博网站的标准,从网络赌博与网络游戏的本质出发,可以有效打击网络赌博犯罪,并最大限度地减少网络赌博的社会危害。

(三)重构新界限的立法建议

如前文所述,网络游戏与赌博游戏的界限不在于游戏币能否兑换成金钱或者实物,而在于每局输赢的游戏币的价值是否超过了合理的游戏输赢标准、游戏网站收取的服务费是否合理。因此笔者认为可从以下 5 个方面来对游戏公司的经营行为进行规范。

其一,要通过相应的立法或者司法解释确定虚拟币等虚拟财产的财产价值。如前所述,之所以司法机关未能有效地打击网络赌博犯罪,很大程度上是因为有些赌博公司利用虚拟币无价值的法律漏洞,将自己伪装成合法经营的游戏网站,使得其犯罪行为变得更具有隐蔽性,难以被司法机关发现和查处。因此,要有效打击犯罪,必须先剥去虚拟币的这层外衣,从赌博犯罪与娱乐游戏的实质入手,去区分该棋牌类对局型网络游戏是娱乐游戏还是赌博犯罪,以及提供该游戏的平台是游戏网站还是赌博网站。同时,肯定虚拟币的财产价值也是对玩家正当民事权利的保护,主张虚拟币无价值的观点实质上是对玩家正当权利的一种侵犯。

其二,要对对局型网络游戏中的输赢上限进行限定,将其输赢限定在合理的限额内。娱乐与赌博的最大区别不在于有无钱财的介入,而在于参与输赢的钱财的多少;同时,参与输赢的钱财的多少从客观上也反映了当事人参与对局型网络游戏的目的。一般而言,参与输赢的钱财越少,其参与赌博的可能性越小,其行为的社会危害性也越小。由于游戏网站的服务对象是全国性的,因此有必要根据国民的平均收入水平制定合理而明确的输赢上限标准,既要设定每日的输赢上下限,也要设定每月的输赢上下限,真正明确两高《关于办理赌博刑事案件具体应用法律若干问题的解释》第 9 条中对于"少量财物"的定义。为了实现上述目标,必须对注册的游戏账户进行实名制,规定一人一号,否则将难以对此进行监督。对违反规定情节轻微者进行行政处罚,对达到赌博犯罪标准的犯罪嫌疑人按照刑法规定定罪量刑。

其三,要对游戏公司的抽成方式进行限定,使其营利情况与正常的服务费用和场所费用相匹配。开设赌场罪的另一个特征是抽头渔利,因此有必要对游戏公司的抽成方式进行限定,游戏公司的利润来源应与其提供的服务有关,而不能与参与游戏的玩家的输赢有关。如果游戏公司盈利是按照玩家的输赢比例抽取提成的,很难否认该游戏公司在推广该赌博游戏时,不具有以营利为目的的主观故意,并且此种抽成方式也是被法律禁止的。

其四,要对游戏公司交易数据的存储地点进行限制,必须规定交易数据由独立的第三方进行存储。实践中,赌博网站将交易数据存储在自己租借的服务器中,这就使得赌博网站定期销毁交易数据成为可能,从而导致司法机关在查处此类犯罪时,面临举证困难的局面,更为严重的后果是造成了司法的不公正。在网络开设赌场案件中,被告人的定罪量刑与其客观犯罪行为无关,而与其是否能有效隐藏、毁灭对自己不利的证据的能力有关。由于赌博网站巨大的社会危害性以及电子证据的易灭失性等特点,因此有必要规定提供虚拟币交易服务的游戏公司必须将交易数据存储在独立的第三方,这样便可以避免电子证据被犯罪分子毁灭,也有助于在对被告人定罪量刑时做到罪责刑相一致,体现司法的公平正义。

其五,游戏网站的设立,必须是手续合法,证照齐全,违者以非法经营罪定罪量刑。按照前文的建议,正规的游戏公司必须将交易数据放在独立的第三方平台,必须对公司的提成方式以及玩家每日、每月的输赢总额进行限制,如果不将有意规避法律强制性规定的行为进行犯罪化处理,就会导致很多赌博网站避重就轻,选择对其最有利的方式经营——不依法注册登记。如此一来,前述规定均将失去其应有的效力。并且,将不依法登记注册的行为以非法经营罪定罪量刑也不会造成司法的不公正。事实上,游戏公司不依法注册登记的这种行为,其社会危害性与其他非法经营行为相比有过之而无不及,客观上存在追究其刑事责任的必要性。

此外,明确规定手续不合法、证照不齐全的企业构成非法经营罪,也有利于打击赌博网站的帮助犯。根据我国《刑法》第 287 条之二的规定,帮助网络犯罪活动罪的主观故意是要明知他人利用信息网络实施犯罪。如果法律明确规定,开设利用信息网络经营游戏产品(含网络游戏虚拟货币发行)的游戏公司需要申请《法人营业执照》《组织机构代码证》《税务登记证》《中华人民共和国增值电信业务经营许可证》以及《网络文化经营许可证》、第三方平台交易数据存放证明等一系列证照资料,那么在游戏网站不具备上述证照的前提下,提供互联网接入、服务器托管、网络存储、通讯传输、广告推广、支付结算等服务的企业便不能为赌博网站提供技术支持和帮助服务,而缺少了这些技术支持和帮助服务,赌博网站也就不能正常运行。

五、结　语

根据对局型网络游戏网站与赌博网站的传统界限理论,司法机关认为只要游戏网站的经营者不提供虚拟币兑换服务,虚拟币便不能转换成金钱或者实物,参与赌博游戏的玩家便不能因此获得营利,如此一来就可以有效防止网络赌博犯罪的发生。在银商出现之前,传统界限理论以限制游戏玩家对虚拟币的正当民事权利为代价,对对局型网络游戏网站和赌博网站的界限做了清晰的界定。但是银商的出现,使得虚拟币的兑换成为可能,也使得依附性的网络赌博犯罪成为可能。笔者认为,出现这种局面,是传统界限忽视虚拟币的财产价值所导致的。尽管虚拟币是虚拟财产,但并不意味着虚拟币就是无价值的,因此通过立法肯定虚拟币等虚拟财产的财产价值是打击网络赌博犯罪的关键所在。确定虚拟币的财产价值,既是对虚拟币财产价值的正确认知,也是对犯罪分子利用对局型网络游戏获取非法营利的这一变相开设赌场犯罪行为的正确认识。现有的网络开设赌场犯罪大都以对局型网络游戏为名,行赌博网站之实。虚拟币既然是玩家通过购买方式获得,且其存在固定的交易价格,岂能是无财产价值的?利用有价值的虚拟币进行赌博,又岂能不是赌博犯罪?因此,肯定虚拟币的财产价值,有利于司法机关剥开虚拟币的外衣,更清晰地认识到此种变相赌博行为的危害性。对局型网络游戏网站与赌博网站的新界限正是以承认虚拟币的财产价值为前提,从赌博行为的实质入手,即将网站是否对玩家参与输赢财物的多少进行限制以及收取的服务费是否合理,作为判断该对局型网络游戏网站是否涉嫌赌博犯罪、该游戏网站的经营者是否涉嫌开设赌场罪的依据;同时,结合司法实践,笔者提出了一些打击网络赌博犯罪的立法建议。希望本文对于司法机关打击网络赌博犯罪活动,尤其是对打击网络开设赌场犯罪活动能有所帮助。

互联网平台信息中介的属性与平台治理新路径

◎康彦荣*

摘　要:互联网平台的核心属性是信息中介,具有快速聚合信息、连接供需方的功能,是典型的多变市场,其核心价值是通过信息的连接,降低信息不对称,提升效率、降低成本。在互联网民事责任方面,立法应坚定不移地坚持"避风港"原则。在公法责任方面,在遵循"负面清单＋责任法定"的基础上,政府与企业应协同治理,通过数据打通和共享,形成信息闭环,共同营造良性健康的互联网空间。

关键词:互联网平台　信息中介　平台治理　避风港原则　负面清单　协同治理

互联网平台的核心属性是信息中介,具有快速聚合信息、连接供需方的功能,是典型的多变市场,核心价值是通过信息的连接,降低信息不对称,提升效率,降低成本。当前正处在互联网立法的关键时期,如何在平衡各主体利益、保护各方权益的同时,为产业发展留好空间,是考验立法者的重大难题。本文认为,在互联网民事责任方面,立法应坚定不移地坚持"避风港"原则。在公法责任方面,在遵循"负面清单＋责任法定"基础上,政府与企业应协同治理,通过数据打通和共享,形成信息闭环,共同营造良性健康的互联网空间。

一、"信息中介"是互联网平台的基本功能

互联网平台与传统平台最大的区别在于其信息中介功能。互联网平台充分

＊　康彦荣,阿里巴巴法务部法务总监。

利用互联网、云计算、大数据等信息通信技术,快速聚合信息,连接供需方,是典型的多边市场。其核心价值是通过信息的连接,降低信息不对称,提升效率,降低成本。

(一)互联网平台与传统平台的根本区别在于强大的信息汇聚能力

平台作为一种商业形态并非在现代才出现,从农业时代、工业时代到现在的信息时代,平台一直存在,只是不同时期平台的模式、影响及特征不尽相同。

农业时代的平台以农贸集市为代表,由人们自发地进行以物易物交易,逐渐演化为提供农产品生产者以及农产品消费者之间,开展供需直接对接的市场。其特征表现为社会分工环节少,在小范围内自给自足,依托农贸市场等物理载体,以熟人交易为主。

工业时代,出现了超级市场、商场、交易所等大规模的物资集散、交换与交易平台。在这个时期,平台的商品集中展示数量、人流量、交易量节节攀升,平台通过收取商品进场费、交易流水费用获取收益。与农业时代相比,平台交易对象及范围被拓展,从相对封闭走向相对开放,从服务于生产者、消费者的基本普通商品,拓展到技术、不动产、能源、人工服务等领域。尽管平台容量急剧攀升,但依然以物理场地、空间为主要载体,平台交易的货物以标准化服务、商品为主。

自 20 世纪 90 年代起,随着互联网技术的发展,出现了一大批新型的互联网平台。互联网平台与农业时代的集市,工业时代的交易所、中介均不可同日而语,其具有打破时空界限连接全球的通用性、各不同利益主体随时沟通交流的交互性、低门槛界面友好的开放性和信息流实时共享性等四大本质属性。依托便捷、扁平、规模、集聚和普惠等优势,互联网平台正加速向经济社会各领域渗透融合,不断催生新产品、新业务、新模式、新业态,深刻改变着个人生活、企业生产、经济运行、社会管理和公共服务的各个方面。

互联网平台也被称为互联网中间服务商(internet intermediaries)[①],它与传统平台最大的区别在于其不依赖实体的商品和有形的服务、不依托物理空间,而是作为信息中介,充分利用互联网、云计算、大数据等信息通信技术,快速聚合信息,连接供需方。与传统的平台相比,互联网平台是典型的双边市场。双边市场平台具有两个或两个以上不同的消费者群体,虽然与传统商业看似区别不大,但

---

① The Economic and Social Role of Internet Intermediaries[EB/OL]. [2016-05-16]. http://www. oecd. org/Internet/ieconomy/44949023. pdf.

是实则大相径庭,双边市场平台创造的价值不仅涵盖实体的产品和服务,还包括虚拟的产品和服务。平台的作用更多地体现在它将具有相似目的的人聚集在一起。比如,尽管沃尔玛和亚马逊的网站上都存在供需方,但对沃尔玛来说,所有交易方都认为自己在跟沃尔玛交易,在国内京东自营也属于这种模式;而对于亚马逊、淘宝等第三方交易平台,消费者更可以与数量众多、提供万能产品和服务的供应商直接交易。经济合作与发展组织(OECD)认为,互联网平台并不直接提供某种内容,而是在其平台上存储、链接或传送源自第三方的内容,或者为第三方提供基于互联网的服务。[1] 我国著名互联网法律研究专家周汉华老师认为,网络空间与现实社会的最大差别之一在于网络空间的基本支撑主体是众多的中间平台。[2] 因此,信息中介、信息提供的中立性构成了互联网平台的基本特征。随着互联网平台的不断发展,不同平台之间叠加套用,衍生出了更多超级平台,如微信平台上有众多商家公众号、支付宝的 APP 内包括了众多商家平台。这些平台的信息聚合功能更加强大。

(二)互联网平台的价值

互联网平台的核心价值是通过信息的连接,降低信息不对称,提升效率,降低成本。国内外多个经济学家、研究机构对平台的价值进行了概括。周汉华老师认为,互联网中间平台的出现,促进了信息流动和生产方式变革,带来的是交易成本的大幅降低、共享经济的兴起以及生产方式的深刻变化。[3] 美国国际信息技术与创新基金会(ITIF)总结的互联网平台的五大价值包括[4]:第一,平台致力于聚集有效资源,快速提升资源使用效率;第二,互联网连接更多的人,新的买家和卖家进入市场更方便,促进了竞争;第三,降低交易成本,买家和卖家更容易找到对方;第四,减少买家和卖家间信息的不对称性,双方的交易风险也会有所下降;第五,吸引更多的买家和卖家进入市场,平台有助于推出新产品,减少进入市场的障碍,使交易更方便。

关于管制者和批评者们对平台阻碍竞争、误用数据、减少就业、威胁传统行

① The Economic and Social Role of Internet Intermediaries[EB/OL]. [2016-05-16]. http://www. oecd. org/Internet/ieconomy/44949023. pdf.

② 周汉华. 论互联网法[J]. 中国法学,2015(3).

③ 周汉华. 论互联网法[J]. 中国法学,2015(3).

④ Why Internet Platforms Don't Need Special Regulation[EB/OL]. [2016-05-20]. http://www2. itif. org/2015-internet-platforms. pdf.

业的质疑,ITIF 的报告也一一进行了回应。① 第一,平台并没有阻碍竞争。市场价格最终取决于买家和卖家间动态的竞争博弈,平台作为一方主体很难影响最终价格,且互联网平台面临许多其他来源的竞争。互联网领域快速的技术创新和引用迭代,会持续不断地产生新的进入者,另外还有相关业务竞争者和一些互联网平台的替代者。第二,互联网平台对隐私的侵犯并不会比传统行业更多。而且,对于互联网平台来讲,若不关注对用户信息和隐私的保护,即便是外部原因引起的泄露,也会造成客户的大量流失。因此,关注的重点应该是普遍的隐私安全政策,而不是只针对互联网平台。第三,互联网平台对减少就业的威胁并不存在,它创造了更独立、灵活的就业方式。麦肯锡全球研究所最近的一份报告估计,利用如 Monster. com、LinkedIn 和 UpWork 等互联网平台可以更好地为失业者提供就业机会,通过安置超过 400 万的工人使 GDP 每年增长 5120 亿美元。互联网就业平台的作用是匹配供需双方,往往可以降低成本,并且匹配的效果优于简单的连接。另外,如 Uber、Airbnb、淘宝等平台,创造出了大量新型的就业模式,给予人们更多就业的选择和灵活性。② 第四,对于以互联网为代表的新技术对传统行业产生的深远影响,要综合分析。确实,互联网的出现对传统行业产生了一定的影响,但互联网技术对整体经济社会的影响更加巨大。根据麦肯锡 2013 年的测算,对数据开发利用仅在 7 个行业就可以创造 1.3 万亿美元的附加值。到 2025 年,物联网能够为全球共享 11.1 万亿美元的价值,相当于 2016 年全球 GDP 总量的 15%。以互联网为代表的新技术对传统经济已产生了巨大影响,对现有工业也产生了深远的影响。正如汽车代替了马车、英国勒德分子的暴动也没有阻止机械制造替代手工作坊,技术替代不是一种新现象,更不应通过政治手段阻止技术进步。而且,通过平台创造的巨大价值就并不必然要流向传统的优势地位者;相反,应赋能给那些广大的低收入消费者,以及在传统产业链下被优势供应商的压价行为压榨的供应商。

互联网平台的进入门槛低,且具有强大的存储处理能力,为创业型公司大大降低了投入成本,并显著地促进了地域扩张,成为新时期创业创新的优势资源和

---

① Why Internet Platforms Don't Need Special Regulation[EB/OL]. [2016-05-20]. http://www2. itif. org/2015-internet-platforms. pdf.

② A Labor Market that Works:Connecting Talent with Opportunity in the Digital Age [EB/OL]. [2016-05-15]. https://www. mendeley. com/research-papers/labor-market-works-connecting-talent-opportunity-digital-age/.

平台。在我国大力提倡"大众创业、万众创新"的背景下,互联网平台所提供的资源和强大的输出能力为众多的新进入者插上了翅膀。

二、互联网平台的民事责任,应坚定不移遵循"避风港原则"

法律对于互联网产业的发展至关重要,美国互联网产业的发展正是得益于科学合理的"避风港原则"。我国处在全球互联网产业发展的前端,应在立法中坚定不移地引入"避风港原则",明确平台的民事责任界限,为互联网产业发展创造稳定可预期的法律环境。

法律对于互联网产业的影响绝对不能低估,加利福尼亚大学 Anupam Chander 教授在《法律如何成就硅谷》中提道:"对于硅谷的兴起及其在全球的成功,法律所扮演的角色远比我们之前理解的重要。法律在让硅谷兴起的同时,也阻碍了世界各地竞争者的兴起。我认为硅谷在互联网时代的成功,归因于美国版权法和侵权法的关键实质性改革,这项改革极大地降低了硅谷孵化新的全球贸易商所面临的风险。具体而言,20 世纪 90 年代旨在减少互联网平台对于第三方责任的担忧以及降低隐私保护程度的法律改革,为后来以 Web 2.0 著称的新兴公司的崛起提供了一个友好的法律生态系统。"[1]Chander 教授所述的法律规则中,最重要的即"避风港原则"。

"避风港原则"源于美国 1996 年制定的《通信品味法》第 230 条,它明确规定,"互动计算机服务的提供者或者使用者不应被视为是另一个信息内容的提供者所提供的任何信息的出版者或者发言人",它率先确立了中间平台的责任豁免制度,具有重要的历史意义。[2]

"避风港原则"很快得到了其他发达国家的法律确认,成为互联网中间平台民事责任的通行原则,以保护中间平台为共同立法宗旨,限制或者豁免其责任承担,为其提供安全的避风港。德国联邦议院 1997 年通过的《多媒体法》规定,互联网服务提供者根据一般法律对自己提供的内容负责;若提供的是他人的内容,服务提供者只有在了解这些内容、在技术上有可能阻止其传播的情况下对内容负责。1998 年美国制定的《数字千禧年版权法》为互联网服务提供商提供了版权

---

① Anupam Chander. How Law Made Silicon Valley[J]. Emory Law Journal,2014(63).
② 周汉华.论互联网法[J].中国法学,2015(3).

侵权领域的避风港,其义务限于接到侵权通知后及时撤回相关侵权内容,无须为其用户的版权侵权行为承担法律责任。2000 年制定的欧盟《电子商务指令》为三类平台提供了责任豁免,包括:纯粹通道(mere conduit,article 12),主要是指互联网接入服务商或者骨干网运营商;缓存(caching,article 13),主要指代理服务器的提供者;存储(hosting,article 14),主要是指为其用户提供网页空间的服务者。上述三类平台均有相应的法律定义,其中,第三类的适用范围最为广泛。而且,符合上述三类定义的平台,对第三方内容获得的责任豁免是全面的,既包括第三方内容构成诽谤、侵犯版权、不公平竞争等民事侵权,又包括第三方内容构成犯罪或行政违法。欧美对于互联网服务提供商责任豁免的法律规定,对其他国家的互联网立法产生了广泛的影响,并逐步成为各国普遍采用的一项基本法律原则。

中国对于"避风港原则"的吸收和立法,最初体现在《信息网络传播权保护条例》的相关条款中。2009 出台的《侵权责任法》第 36 条第 2 款规定:"网络用户利用网络服务实施侵权行为的,被侵权人有权通知网络服务提供者采取删除、屏蔽、断开链接等必要措施。网络服务提供者接到通知后未及时采取必要措施的,对损害的扩大部分与该网络用户承担连带责任。"该条看起来与"避风港"原则类似。然而,《侵权责任法》第 36 条第 3 款的规定"网络服务提供者知道网络用户利用其网络服务侵害他人民事权益,未采取必要措施的,与该网络用户承担连带责任",与 2014 年《消费者权益保护法》第 44 条的规定"网络交易平台提供者明知或者应知销售者或者服务者利用其平台侵害消费者合法权益,未采取必要措施的,依法与该销售者或者服务者承担连带责任"相较,产生了一些变化。从最初的"知道"到"明知或者应知",法律逐渐加重了平台的责任,提高了注意义务的标准。事实上,在实践中,也产生了如何解释"知道""明知""应知"等问题,为法律带来了严重的不确定性,不仅使得企业无所适从,司法机构在裁决中对此也认识不一。

如上文所述,互联网平台是连接交易各方,并提供信息服务或交易撮合服务的网络系统,具有中立性、利他性的特点。如果要求平台必须对用户行为负责,动辄以"应知"为理由承担连带责任就会产生一些问题。第一,中间平台会疲于应付,从而扼杀新生事物,对创新创业造成阻碍。第二,它加重了平台义务,背离了自己为自己行为负责的法治基本要求,平台作为与平台上其他主体法律地位相同的民事主体,没有法定监管职能。第三,互联网平台上的交易是海量的,平台经营者没有能力全方位监控交易活动,更无能力对线下活动如快递经营活动进行监管。此外,判定一些行为是否构成违法,需要非常专业的知识,互联网企业不可能具备。

因此,建议在平台的民事责任领域,要坚定不移地引入"避风港原则",在正在制定的《电子商务法》中做如下规定:"互联网平台不对平台上第三方发布的内容承担法律责任。互联网平台应当根据权利人通知,采取删除、屏蔽、断开链接等必要措施阻止侵权内容。"

三、责任法定＋协同治理,探索平台责任新路径

"避风港"原则作为平台的私法责任的基本原则,已经得到欧美等发达国家的确认。然而,在公法领域的平台责任如何设定,目前仍处于探索期。从全球趋势来看,平台在公法领域承担的责任包括主体信息及商品和服务信息的校验、信息和数据安全保护责任、行政执法及司法调查协助责任等。

相比欧美等发达国家,我国互联网平台承担了较重的事前、事中及事后全方位责任。

(1)《互联网信息服务管理办法》第15条规定,互联网信息服务提供者不得制作、复制、发布、传播九方面的信息;第16条规定,互联网信息服务提供者发现其网站传输的信息明显属于上述内容的,应当立即停止传输,保存有关记录,并向国家有关机关报告。

(2)2015年10月开始实施的《食品安全法》第62条规定,网络食品交易第三方平台提供者应当对入网食品经营者进行实名登记,明确其食品安全管理责任,依法应当取得许可证的,还应当审查其许可证。网络食品交易第三方平台提供者发现入网食品经营者有违法行为的,应当及时制止并立即报告所在地县级人民政府食品药品监督管理部门,发现严重违法行为的,应当立即停止提供网络交易平台服务。

(3)2015年实施的《广告法》第45条规定了网络交易平台对平台内违法广告的行政责任,对其明知或者应知的利用其场所或者信息传输、发布平台发送、发布违法广告的,应当予以制止。

(4)2015年12月28日发布的《反恐怖主义法》则规定了平台在技术接口和解密等方面的协助义务,防止、发现、报告和处理涉恐信息的义务等。

（5）《网络安全法（草案）》（一审稿）则规定了平台作为关键信息基础设施接受审查、数据留存、信息和数据保护等方面的义务。

（6）2015年新修订的《刑法修正案（九）》第286条甚至规定了平台若拒不协助行政执法，公司和主要责任人员需要承担刑事责任。

（7）此外，《网络交易管理办法》《网络商品和服务集中促销活动管理暂行规定》《第三方电子商务交易平台服务规范》等规范性文件也设置了事前、事中、事后义务。

我国相关立法对于平台的义务归纳如下（见表1）。

表1　平台义务归纳情况

	立法	责任
事前	《食品安全法》《网络交易管理办法》《反恐怖主义法》	主体实名登记；法人及自然人主体审核；法定资质审核；建立平台内交易规则；防范反恐信息
事中	《网络交易管理办法》《广告法》《食品安全法》《反恐怖主义法》《网络安全法（草案）》	内容审核、禁限售商品审核、知识产权侵权商品发现；违法信息的发现及报告；保证平台的正常运行，提供必要、可靠的交易环境和交易服务，维护网络交易秩序；网络和信息安全保障，信息保护
事后	《反恐怖主义法》《刑法修正案（九）》《网络安全法》	违法及不良信息处理；关闭店铺；执法协助；技术接口和解密技术协助；停止提供服务协助等

尽管法律规定了众多的事前、事中、事后责任，但是，姑且不论这些规定从法理上是否合理，这些规定在实际操作中也遇到了很多的困难和问题，主要表现在：由于数据源头的缺失，平台在主体、商品信息等审核方面面临校验难的问题；行政、刑事立法和执法能力与市场快速发展不相适应，导致破坏平台经营秩序的恶意注册、虚假认证、虚假交易、恶意评价、出售假冒或盗版商品、不当使用他人权利、数据窃取、流量劫持等方面的问题在源头上长期得不到解决，这不仅大大增加了企业在治理这些行为方面的成本，更加破坏了互联网市场的健康秩序。

以主体审核为例，鉴于对自然人经营者进行实名登记的难度较大，许多电商平台都逐渐放弃了C2C的经营模式，一些电商网站甚至明确禁止自然人的入驻。在对经营者工商营业执照的审核方面，各地方工商行政管理部门无法提供统一的验证服务，国家工商行政管理部门未向平台提供工商营业执照数据库的接口，导致审核成本极高；由于网络经营者工商营业证照信息变更，平台事先无法预知，仅能通过定期或者抽样审核，需依赖于经营者在平台自行变更登记；网络平台经营者规模海量,平台无法对网络平台经营者进行实质的书面审查,导致冒用证照的风险控制成本极高。在经营地址审核方面,仍旧存在企业的实际经营地址与工商营业执照登记的经营地址的匹配性较低的问题。即便是一次性核实,在实际经营地址改变时,平台也无法预知,仍主要依赖于经营者的主动变更登记。此外,在对经营者联系方式的审核方面,经营者联系方式的可变性仍旧是困扰平台的主要问题。在对特殊商品类经营者主体资格的审查方面,各监管部门、各地方正在探索行政许可制度的改革,但是各部门、各地进度不一,导致平台审核标准混乱。例如,广东部分地区取消了出版物流通许可的前置要求,经营者无须取得相关行政许可证照;但是,浙江省文化执法部门认为广东文化出版物经营者属无证经营,平台不得允许其进入市场。

法律不应强人所难。考虑到这些现实的情况,对平台的行政责任应确定一条基本原则,即责任法定基础上的豁免原则,平台在承担了合理注意义务后,由于客观、外部原因无法达到要求,或者依法实施行为造成的后果,应豁免承担民事、行政及刑事责任。

平台履行责任乏力,政府在平台管理方面的无力,重要原因都是信息链不完整、政企数据没有形成闭环。解决这个问题的根本路径在于政府和市场协同治理,政府应整合不同部门之间内部数据,形成完整的基础数据库,并将这些数据开放,为平台企业审核交易提供源头;平台企业将在审核中发现的问题及时回流给政府平台,并为主体建立信用信息,对失信企业和个人采取信息公开、失信企业法律责任共识等措施。政府应逐步取消事前准入审核,形成基于信用的事中、事后管理措施,并可以通过购买服务的方式提升数据公共产品的提供能力。

以主体审核为例,政府应开放数据,为审核提供技术支撑。平台对经营主体身份和经营资质的审查均需要政府配合提供真实、有效且实时更新的数据资源。因此,及时完善相应的数据库并尽可能方便平台查询,当成为眼下紧迫的任务。另外,建立统一的资质库是政府履行公共职能的应有之义。真实身份的验证需要大量的成本投入,中小平台无法负担,且让不同平台各自独立进行重复的身份验证会导致巨大的浪费。因此,政府需要正视账户信息的公共产品属性。可喜的是,我们已经在一些领域中看到了政府和企业在这方面的努力。2015 年 12 月24 日,阿里集团与国家认监委信息中心签订合作框架协议,双方将共享商品 3C 认证证书数据和管控数据,并在电商服务认证领域开展合作,这是国家认监委第一次将国家级权威数据库开放给社会企业。

随着互联网渗透到社会生活各个领域,互联网平台型企业正在成为经济社会生活中的重要载体。对平台的治理不应简单沿用传统的法律,更不应以平台有强大的数据能力为由用"政府管平台、平台管企业"的思路管理平台,而应认识到平台信息中介的特点以及平台企业是众多民事主体之一的客观事实,引入"协同治理"理念,打通政企数据交流途径,真正探索促进互联网平台发展、平衡各方权益的新路径。

网络时代应对网络犯罪的刑法新理念[*]

◎刘宪权^{**}

摘　要：网络犯罪类型之传统划分，或从网络犯罪纵向发展维度出发，或从其所侵害的法益出发。传统划分均仅停留于认知阶段却不能为网络犯罪的刑法规制提供更具方向性、针对性的思路。重新划分网络犯罪类型应注重以传统犯罪为参照标准，将网络犯罪分为与传统犯罪本质无异的犯罪、较传统犯罪呈危害"量变"的犯罪、较传统犯罪呈危害"质变"的犯罪3个类别。"该宽则宽""该严则严""分而治之"是网络时代最为妥适的刑法理念。对网络犯罪一律从严、从重、从早打击的观念有不妥之处，应当予以纠正。

关键词：网络犯罪　类型　划分标准　刑法理念

　　回顾历史的发展进程，人类的步伐曾依次在农业社会、工业社会、信息社会中留下印迹。美国学者阿尔温·托夫勒形象地指出，农业社会是在地上挖、种植各种农产品；工业社会是往地下挖，挖出原料，生产出产品；信息社会则是在地表上，用有线或无线的通信网络，以终端机连接起来。^①从最本质的层面看，农业社会是人与自然的博弈，工业社会是人与人工组合起来与自然的博弈，信息社会则是人与人之间的交互博弈。这一点不无例外地体现在犯罪类型和样态的历史演变上。可以说，犯罪伴随着文明步入了信息时代，呈现出不同于以往的新型犯罪类型与样态。在此背景下，用以指导刑事立法与刑事司法的刑法理念，毫无疑问也将面临一个是否需要调整以及如何调整的问题。该问题显然关乎根本，举足轻重。

---

　　*　基金项目：本文系国家社科基金重大项目"涉信息网络违法犯罪行为法律规制研究"（项目编号14ZDB147）的阶段性成果。

　　**　刘宪权，华东政法大学法律学院教授。

　　①　杨正鸣.网络犯罪研究[M].上海：上海交通大学出版社，2004：8.

一、网络时代应秉持刑法新理念

何谓刑法理念？有学者认为，刑法理念就是刑法的基本观念、刑法的基本立场，是对刑法所做的一种形而上的、应然的思考。[①] 据此，有学者进一步指出，"刑法的适用并不是对法条文字的适用，而是对法条真实含义的适用。适用刑法需要有理念的指导"[②]，即刑法理念举足轻重，其指导着人们对法条真实含义的理解。笔者认为，刑法理念的指导意义其实既可体现于立法层面，亦可渗透于司法层面。多年前，卡多佐法官便在书中极力重申那些"被忽略的因素"以及"科学的自由寻找"（即理念）在司法过程中的作用："法官作为社会中的法律和秩序之含义的解释者，就必须提供那些被忽略的因素，纠正那些不确定性，并通过自由决定的方法——'科学的自由寻找'——使审判结果与正义相互和谐。"[③]所谓"科学的自由寻找"，寻找的便是一种理念，此理念的作用在于消弭法律文字与法律精神之间的反差。而这样的反差显然在任何一部成文法中都不罕见。

刑事立法与刑事司法均需刑法理念的指导，刑法理念本身是一种人为的、主观的、有意识的选择。然而最终人们究竟会选择信奉一种什么样的理念，却天然地要受制于一种非人为、非主观乃至并非完全由个人意志所能决定的力量，那就是人们所身处的特定时代与社会。法律从来都是社会的产物，"它反映某一时期、某一社会的社会结构，法律与社会的关系极为密切。我们不能像分析学派那样将法律看成一种孤立的存在，而忽略其与社会的关系"[④]。具有浓厚伦理色彩的刑法规范则更是如此。

首先，罪名的内容随时代而变。仅以强奸罪这一人类最古老的罪名为例，便可一窥时代变迁与刑法规范之间的紧密联系。中国农业社会的生产模式是男耕女织，生产力的创造主要依靠男子的体力，故而男女生理上的差异从根本上决定了男女地位的不平等。女子被视为男子的私产，这便直接影响到当时法律有关强奸罪内容的规定。例如，元代法律明确指出，"强奸无夫妇女杖一百七，有夫则处死"，夫权的烙印不言而喻。步入工业社会后，人与自然的博弈转化为人与人

---

① 陈兴良.刑法理念导读[M].北京：中国检察出版社，2008：5.
② 张明楷.网络时代的刑法理念——以刑法的谦抑性为中心[J].人民检察，2014(9).
③ 本杰明·卡多佐.司法过程的性质[M].苏力译.北京：中国商务出版社，2000：17.
④ 瞿同祖.中国法律与中国社会[M].北京：商务印书馆，2010：导论.

工组合起来与自然的博弈,当人们可借机器之力劳作后,智力的重要性愈加凸显,男女之间的生理差异日渐弱化,男女平等才从根本上有了可能。这种变化反映于刑法规范上便是强奸罪不再以被害人是否为有夫之妇而使强奸犯所受刑罚有异,强奸罪的保护法益从性秩序向妇女性自主权转变。随着文明进程的再次推进,人类步入后工业时代,人们关于强奸罪的主体与对象又有了新的见解与讨论,如丈夫是否可以成为强奸罪的主体,男子能否成为强奸罪的对象。诸种问题不论其最终定论如何,但问题提出本身就已经在一定程度上反映出社会、历史变迁的脉动。

其次,刑罚的种类随时代而变。"生产资料所有制变更的历史,也就是生产劳动和劳动者的地位不断上升的历史。这种情况必然影响刑罚。"①在人类社会早期,以残废肢体、残害肌肤为内容的肉刑充斥于刑罚体系,这与当时部落之间战事频仍、处置战俘不无关系,肉刑的起源便追溯至对战俘的处置。随着封建王朝的建立与不断稳固,统治者开始逐步将发展生产、休养生息奉为治国理念,于是在生理上会妨碍人们劳作、繁衍的肉刑在刑罚体系中的比重变得越来越低。

再次,刑法的理念也随时代而变。据蔡枢衡先生的考证,商周时期便已实行罪刑法定主义。"有旨无简不听"(《礼记·王制》)、"无简不听,具严天威"(《尚书·吕刑》),无简即法无罪名,无简不听即下级虽已定罪,如果法无罪名,便不批准定罪。从形式上看,那时的罪刑法定主义似乎已有萌芽,然而从本质上看,囿于所处社会阶段及其生产关系的限制,农业社会的罪刑法定主义与近代以来的罪刑法定主义显然有着不同的内核。前者是君权对官权的限制,后者才是人权对公权的胜利,名同而实不同,这归根结底由社会发展阶段决定。

总而言之,刑法规范及其理念是社会与时代的产物,对其展开的研究离不开我们对其所处社会及时代的明察与洞悉。受世界第三次浪潮的裹挟,在网络时代背景下,不但几乎所有的传统犯罪皆可利用信息网络实施,并且那些仅能发生于网络上的犯罪也开始崭露头角。网络平台、网络空间与犯罪的勾连也愈加多元而复杂,新问题层出不穷。不但在中国,世界各国的刑法学界也都正遭遇着有关网络时代背景下刑法应对的难题,"网络化和电子化交流已经深入到我们生活

---

① 蔡枢衡.中国刑法史[M].北京:中国法制出版社,2005:序.

和日常工作的方方面面……但现在许多现行法和将来法的问题几乎还不清楚"①,由此愈加凸显出用以指导刑事立法与司法的刑法理念变革问题的重要性与紧迫性。

二、网络犯罪的类型化透视

2016 年 1 月 22 日,中国互联网络信息中心(CNNIC)第 37 次《中国互联网络发展状况统计报告》显示,截至 2015 年 12 月,中国网民规模达 6.88 亿,互联网普及率达到 50.3%,半数中国人已接入互联网。在如此庞大的网络用户规模下,网络犯罪的对象与类型也愈加多元化和复杂化。

(一)网络犯罪类型的传统划分

德国犯罪学家汉斯·约阿希姆·施奈德在其《犯罪学》一书中最早提出人们广为沿用的关于"计算机犯罪"的定义:"利用电子数据处理设备作为作案工具的犯罪行为或是把数据处理设备作为对象的犯罪行为。"②随后,人们借鉴这一定义方法,将网络犯罪大致分为两类:一是将信息网络作为对象的犯罪行为;二是利用信息网络作为作案工具的犯罪行为。近年来,有学者结合日益发展的云技术与网络平台思维,提出了网络犯罪的第三种类型:以网络作为犯罪空间的犯罪,如开设网络赌场、提供犯罪网络平台等。③ 这主要是根据网络在网络犯罪中的地位与作用所做的划分。其中,第三类空间型网络犯罪被视为对传统刑法冲击最大的犯罪。有学者曾将作为犯罪场所的网络空间比作"一个与现实世界有些相似的世界,是一个既存在于现实世界,又存在于现实世界之外的无法界定的地方"④,这成为当下刑法学界将要涉足或正在涉足的重要研究领域。

除了学理上的分类外,现行法律、法规或司法解释也曾尝试对网络犯罪进行划分。2000 年 12 月 28 日全国人大常委会《关于维护互联网安全的决定》奠定了规制网络犯罪的基本框架,该决定将网络犯罪归为如下几种类型:(1)涉及互联网运行安全的网络犯罪;(2)涉及国家安全和社会稳定的网络犯罪;(3)涉及社会

---

① 埃里克·希尔根多夫.德国刑法学:从传统到现代[M].江溯,黄笑岩译.北京:北京大学出版社,2015:373.

② 黄泽林.网络犯罪的刑法适用[M].重庆:重庆出版社,2005:9.

③ 于志刚.网络思维的演变与网络犯罪的制裁思路[J].中外法学,2014(4).

④ 劳拉·昆兰蒂罗.赛博犯罪——如何防范计算机犯罪[M].王涌译.南昌:江西教育出版社,1999:1.

主义市场经济秩序和社会管理秩序的网络犯罪;(4)涉及个人、法人和其他组织的人身、财产等合法权利的网络犯罪;(5)利用互联网实施其他构成犯罪的行为。显然,该决定对网络犯罪的分类主要是根据网络犯罪侵害法益的类型所做的划分。2014 年 5 月 4 日,最高人民法院、最高人民检察院、公安部《关于办理网络犯罪案件适用刑事诉讼程序若干问题的意见》将网络犯罪定义为主要犯罪行为在网络上实施的犯罪,从而将未在网络上实施主要犯罪行为而只是因上网而诱发的犯罪排除在外,如与网友聊天相约见面进而实施强奸,未成年人沉迷网络挥霍无度而实施抢劫等。在此基础上,该司法解释将网络犯罪案件归纳为四类:危害计算机信息系统安全犯罪案件;通过危害计算机信息系统安全实施的盗窃、诈骗、敲诈勒索等犯罪案件;在网络上发布信息或者设立主要用于实施犯罪活动的网站、通讯群组,针对或者组织、教唆、帮助不特定多数人实施的犯罪案件;主要犯罪行为在网络上实施的其他案件等。

上述对网络犯罪的传统划分标准,有些是从网络犯罪行为方式纵向发展的维度出发,有些则是从网络犯罪所侵害的横向法益角度出发。一纵一横,构成了目前人们对网络犯罪的类型化认识。然而,不论是从纵向发展的维度抑或从横向法益的角度,这些分类方式都仅仅停留在有助于使人们更好地认识和解释网络犯罪类型上,却不能为我们打击不同类型网络犯罪提供具有方向性、针对性的思路。譬如在应然层面上,何种网络犯罪的刑事打击力度应当更严?何种应当宽松?抑或何种应当既不松也不严而与传统犯罪相等?马克思先生的墓志铭仍然回响在耳,"哲学家们总是用不同的方式解释世界,而问题在于改造世界"。如果不能从根本上挖掘网络犯罪与传统犯罪的本质异同,进而就各网络犯罪类型提出针对性的刑法规制理念与思路,那么不论提出看似多么精妙的划分标准,恐怕也着实如"隔靴搔痒",无法解决实际问题,甚至还可能会使人陷入一些认识上的误区。

(二)网络犯罪类型的重新划分

正如互联网金融的本质是金融一样,网络犯罪的本质也仍然是犯罪。网络犯罪不过是犯罪发展到一定程度的新生样态,它属于网络时代的新生事物。新事物与旧事物之间的关系从来不是"一刀两断"的,而是"藕断丝连"的。对于网络犯罪的研究恐怕还需要"返璞归真",我们的关注点需要不断地往返于现代与传统之间,并且注重以传统犯罪为立足点和切入点。

目前,理论界尤其是研究网络犯罪的学者们"都在强调网络犯罪的严重性,例如,网络犯罪的侵害领域、侵害对象、侵害结果都具有广泛性"①。在网络犯罪与传统犯罪的关系上,学者们普遍将网络犯罪视为传统犯罪的升级版,从而得出要对网络犯罪一律从重打击、从严治理的结论。理论上,有学者也曾在此基础上明确提出他对网络犯罪刑法规制思路的几点看法:第一,"尤其要注重将利用网络实施的侵害行为予以犯罪化";第二,"网络犯罪的特点,决定了必须实行法益保护的早期化";第三,"当今社会比以往更加依赖刑罚……刑法谦抑性的具体内容会随着社会的发展而变化"。② 应该看到,这些观点虽具有一定的前瞻性,却难掩其实际存在的片面性。在此我们需要提出的问题是:在立法和司法上,是否对所有的网络犯罪都应当从严、从重、从早打击?结论恐怕并非尽然。依笔者之见,未对网络犯罪进行细致的类型化分析,可能是有些学者得出上述如此笼统且绝对的定论的症结所在。

网络犯罪与传统犯罪的关系模式并非只是前者乃后者的升级版如此简单。若以传统犯罪为参照标准,我们完全可以对网络犯罪做以下分类。

1. 与传统犯罪本质无异的网络犯罪

所谓与传统犯罪本质"无异"的网络犯罪,是指同一犯罪行为由线下转至线上后,该行为本身的社会危害性既未发生"量"的变化,也未发生"质"的改变。比如在网络敲诈勒索案中,行为人利用 QQ、微信等社交软件向熟人发起视频对话,在视频对话中采用"恫吓、威胁"的手段令对方心生恐惧,进而向被害人敲诈勒索;又如在网络盗窃案中,行为人事先设立淘宝商户,趁网购买家点击商品图片时将木马病毒植入买家的电脑,然后向木马病毒发出指令,使被害人在使用网上银行支付时,目标收款账户被修改为指定的账号,或者行为人以方便买家购物为由,将该虚假淘宝网链接通过阿里旺旺聊天工具发送给买家,买家误以为是淘宝网链接而点击该链接进行购物、付款,并认为所付货款会汇入支付宝公司为担保交易而设立的公用账户,而实际上该货款通过预设程序转入了行为人账户。再如在网络诈骗案中,行为人与网友聊天时播放事先下载好的美女视频,使对方误以为自己真在与美女聊天,此时行为人假借进一步"视频裸聊"的名义骗取他人钱财;还有在非法行医案中,未取得医生执业资格的行为人通过网上视频为病人在线诊断病情,等等。

---

① 张明楷.网络时代的刑法理念:以刑法的谦抑性为中心[J].人民检察,2014(9).
② 张明楷.网络时代的刑法理念:以刑法的谦抑性为中心[J].人民检察,2014(9).

前述犯罪的实行行为虽然主要在信息网络上实施,但其与线下面对面的敲诈勒索、盗窃、诈骗、非法行医其实并无本质上的不同。在这里,网络不过是行为人实施犯罪所借助的工具而已,如同行为人故意杀人时所使用的枪支、木棍、菜刀等工具一样。在致死人数相同的情况下,人们不会因为一个人挥舞菜刀杀人而认为其刑事责任要比以木棍杀人者更重。菜刀固然比木棍锋利得多,从而使得犯罪更为迅捷或既遂成功率更高,但这些都并不能成为衡量某一行为社会危害性大小的指标。一般情况下,行为最终导致的实际危害结果,才是犯罪严重程度的真正体现,使用工具本身并不起着决定性作用。譬如,在挥舞菜刀砍掉他人手指与使用木棒打死他人之间,恐怕没有人会认为前者的严重程度甚于后者。在网络犯罪是否必定就比传统犯罪危害更甚这一问题上,我们不能陷入"工具决定论"的认识误区,还是应当具体问题具体分析。当犯罪行为只是借助网络的"羽翼"而更频繁、更便利地向更广泛的被害人实施时,我们完全可将其视为是行为人实施多个犯罪行为,即构成连续犯或徐行犯的情形予以全面评价;当在网络上持续实施同一犯罪行为而使犯罪所得额更大时,如明知他人享有某网络游戏的著作权,而擅自对该网络游戏程序的非关键性程序进行修改,架设仿原游戏的私服程序,在互联网上为多个网络游戏玩家提供上述游戏,通过出售会员资格、出售游戏装备、为玩家调整级别等方式获取非法所得,我们也完全可以将犯罪所得额的大小作为量刑依据。

总之,与传统犯罪本质无异的网络犯罪的"无异"其实是针对包括持续犯在内的每一次单独行为而言的,而非将连续实施的多次行为作为一个整体,即从微观视角入手,而非从宏观层面出发。从本质上看,此类网络犯罪与传统犯罪的刑法规制思路并无二致。

2. 较传统犯罪呈危害"量变"的网络犯罪

所谓较传统犯罪呈危害"量变"的网络犯罪,是指同一犯罪行为由线下搬至线上后,其社会危害性发生了显著增长的"量变",传统犯罪的现行规制力度并不足以应对此种变化,这主要是指信息散布型犯罪。

信息散布型犯罪,是指在信息网络上散布违法犯罪信息,或者非法散布不应公开的信息的犯罪行为。将此类犯罪行为单独抽离出来自成一类,既与信息的特殊属性相关,也由我们身处的这个信息时代决定。在现代社会,"与实体空间的争斗不同,未来的争执正呈现出一种向信息空间延伸的趋势,也就是从对土地的索求,向经济领域推进,再到对信息空间的控制"①。如果将不应公开、不能公开的信息在网络上予以散布,可能会严重侵害个人或单位的人身、财产权益,并且接触信息的人越多,对被害人的威胁便越大,在互联网如此普及的今天,其所导致的个人精神损害与财产损失可能无法估量;而如果在信息网络上散布违法犯罪信息,毫不夸张地说,其所带来的社会负面效应将无异于一场灾难性的动荡。由于信息可即时复制、接力传播的特性,即便行为人意欲中止信息的继续扩散,恐怕也回天乏术。同一信息散布型犯罪行为,在线下实施与在线上操作,其所具有的社会危害性存在天壤之别,因为其社会危害性直接取决于受众的多寡与中止信息扩散的可能性。由于信息散布型犯罪在线上、线下的社会危害性表现出如此巨大的差异,我们有必要对此类网络犯罪引起足够重视。

刑法中可归入信息散布型犯罪的罪名主要涉及刑法分则 7 个章节,18 个罪名:第一章危害国家安全罪中的煽动分裂国家罪,煽动颠覆国家政权罪;第二章危害公共安全罪中的宣扬恐怖主义、极端主义、煽动实施恐怖活动罪;第三章破坏社会主义市场经济秩序罪中的泄露内幕信息罪,编造并传播证券、期货交易虚假信息罪,侵犯商业秘密罪,损害商业信誉、商品声誉罪;第四章侵犯公民人身权利、民主权利罪中的诽谤罪,煽动民族仇恨、民族歧视罪,侵犯公民个人信息罪;第六章妨害社会管理秩序罪中的非法利用信息网络罪,编造、故意传播虚假恐怖信息罪,编造、故意传播虚假信息罪,传授犯罪方法罪,泄露不应公开的案件信息罪,披露、报道不应公开的案件信息罪;第九章渎职罪中的故意泄露国家秘密罪;第十章军人违反职责罪中的故意泄露军事秘密罪。

3. 较传统犯罪呈危害"质变"的网络犯罪

所谓较传统犯罪呈危害"质变"的网络犯罪,是指线下的传统犯罪被搬至线上后,反而不构成犯罪的情形。当然,这种情况一般发生于特殊领域、特殊时期,具有一定的空间、时间上的特殊性。互联网金融便是这一特殊领域、特殊时期的产物,必然会在这一时期引起刑法的关注。

2015 年 7 月 14 日,中国人民银行、工业和信息化部、公安部等国务院十部委《关于促进互联网金融健康发展的指导意见》(以下简称《指导意见》)指出:"促进互联网金融健康发展,有利于提升金融服务质量和效率,深化金融改革,促进金融创新发展,扩大金融业对内对外开放,构建多层次金融体系。作为新生事物,

---

① 信息社会 50 人论坛.信息经济:中国转型新思维[M].上海:上海远东出版社,2015:9.

互联网金融既需要市场驱动,鼓励创新,也需要政策助力,促进发展。"这是党中央、国务院在金融战略决策层面上的部署,表明了国家鼓励创新、支持互联网金融健康发展的态度。由此,互联网支付、网络借贷、股权众筹融资、金融机构创新型互联网平台等成为《指导意见》所划分出的主要金融业态。其中,网络借贷中的 P2P 借贷,以及股权众筹融资这两种金融业态极具特殊性,两者可同时发生于线上或线下,但受到的法律评价迥然不同。

网络借贷包括个体网络借贷(即 P2P 网络借贷)和网络小额贷款。其中,P2P 网络借贷是指个体和个体之间通过互联网平台实现的直接借贷,即在互联网平台上,同一人向社会不特定多人(即"一对多")的借贷是被《指导意见》所认可的。然而,同样发生在线下的针对不特定人的"一对多"借贷,当行为人吸收存款数额 20 万元以上的,或存款者超过 30 人的,便可能涉嫌构成非法吸收公众存款罪。可见在 P2P 网络借贷问题上,同一集资行为在线上与在线下实施,直接决定着行为的合法与否。

同样,对于股权众筹融资也存在线上与线下不同的评价。根据 2010 年最高人民法院《关于审理非法集资刑事案件具体应用法律若干问题的解释》,未经国家有关主管部门批准,向社会不特定对象发行、以转让股权等方式变相发行股票或者公司、企业债券,或者向特定对象发行、变相发行股票或者公司、企业债券累计超过 200 人的,可能构成擅自发行股票、公司、企业债券罪。而将同样行为搬至互联网,在股权众筹网络平台上实施时,该行为则转化为一种被《指导意见》所认可并鼓励的互联网金融业态。股权众筹融资是指通过互联网形式进行公开小额股权融资的活动。目前国内股权众筹融资平台的普遍运营模式是项目发起人于股权众筹平台事先设定募集时间与募集金额,向社会不特定公众筹集资金,若筹资成功,投资者与项目发起人将对该项目共享收益、共担风险;若筹资失败,已筹得款项全部退还投资人。其本质是以股权回报形式筹集资金,这在外观上与公开发行证券无异。由此可见,近年来,线下传统犯罪行为被搬至互联网后反而不构成犯罪的情形确实客观存在。我们在研究网络犯罪时,当然不能忽略此种现象的存在。

三、规制网络犯罪的刑法理念

笔者认为,部分网络犯罪具有超越以往传统犯罪的严重社会危害性,但它们却也并非都属于"徘徊在虚拟空间的幽灵"。对它们一律从严、从重、从早的"一刀切"式打击,似乎并非是网络时代最妥适的刑法理念。只有对所有网络犯罪进行如前文所述的类型化分析并且在此基础之上"分而治之",才不失为是最周全、最合理的做法。具体而言,对于与传统犯罪本质无异且危害相当的网络犯罪,刑事立法与司法遵循既有规制传统犯罪的思路即可;对于较传统犯罪呈危害"量变"的网络犯罪,我们应探索建立更具网络属性的刑法规范,达成更恰当打击的目的;而对于线下传统犯罪行为被搬上互联网后反而不构成犯罪的行为,刑事立法与司法则应保持审慎与克制。

(一)对信息散布型网络犯罪的刑法规制应突出从严理念

在现实生活中,信息散布型网络犯罪日益多发,屡见报端。鉴于信息的特殊属性,以及信息散布型犯罪的社会危害性随受众增加而增大的特性,笔者认为,从应然层面看,刑法对信息散布型网络犯罪的刑事打击应当更严。

事实上,《刑法修正案(九)》(以下简称《刑修九》)也意识到了这个问题。《刑修九》对信息散布型犯罪做了能动性的回应。《刑修九》新增 4 个网络犯罪专有罪名,分别是第 286 条之一的拒不履行信息网络安全管理义务罪、第 287 条之一的非法利用信息网络罪、第 287 条之二的帮助信息网络犯罪活动罪、第 291 条之一的编造、故意传播虚假信息罪。其中,编造、故意传播虚假信息罪便是典型的信息散布型网络犯罪,可见《刑修九》十分重视对此类网络犯罪的规制。此外,学界还普遍关注并热议新增罪名体现出来的"准备行为实行化""帮助行为正犯化"的立法倾向。然而,仔细分析这些新增罪名的构成要件便会发现,前述立法倾向并非体现在所有网络犯罪上,而仅仅只是体现在信息散布型网络犯罪上。例如,非法利用信息网络罪仅处罚设立用于实施违法犯罪活动的网站、通讯群组,发布违法犯罪信息,以及为实施违法犯罪活动而发布信息的行为。"设立用于实施违法犯罪活动的网站",是为了向不特定多数人发布信息,以便为继续实施犯罪做铺垫,如行为人制作假医院网页,利用"跳转"技术将假医院网址链接在真医院网站上,同时利用提高关键词价格的手段将假医院网站在百度、搜狗网络上推广,从而获取患者信息、宣传假药疗效。"设立用于实施违法犯罪活动的……通讯群组"则是为了向更多的特定人发布信息,如通过微信群纠集具有共同犯意的人入群,或是号召可能成为潜在犯罪对象的人入群等,从而在群内传递消息、发布信息。由此可见,此处的"发布信息"始终是非法利用信息网络罪处罚的关键及围绕的中心。这说明立法者已经充分意识到信息的特殊属性,而信息散布型网络犯罪确实有别于一般的网络犯罪,故而立法者才有意增设第 287 条之一,作为第 287 条的补充。而《刑法》第 287 条则规定,"利用计算机实施金融诈骗、盗窃、贪污、挪用公款、窃取国家秘密或者其他犯罪的,依照本法有关规定定罪处罚"。两者加以比较,我们不难发现,第 287 条明确表达出对此类网络犯罪按照传统犯罪的规定定罪处罚的思路,而第 287 条之一则专门指向信息散布型网络犯罪,对其不再完全按照传统犯罪的规定定罪处罚,并且特别强调或注重对这类行为侵犯法益刑法保护的早期化。

再比如《刑法》第 287 条之二的帮助信息网络犯罪活动罪,罪状为"明知他人利用信息网络实施犯罪,为其犯罪提供互联网接入、服务器托管、网络存储、通信传输等技术支持,或者提供广告推广、支付结算等帮助"。这里的"通信传输""广告推广"即属于帮助他人发布信息,而"互联网接入""服务器托管""网络存储"通常也多与发布信息行为紧密相关。第 286 条之一的拒不履行信息网络安全管理义务罪亦是如此,其明确规定,网络服务提供者不履行法律、行政法规规定的信息网络安全管理义务,有下列四种情形之一,经监管部门责令采取改正措施而拒不改正的,构成本罪:"致使违法信息大量传播的""致使用户信息泄露,造成严重后果的""致使刑事案件证据灭失,情节严重的""有其他严重情节的"。其中前两种就是典型的不作为导致信息在互联网上散布的情形。

总体而言,在信息散布型犯罪问题上,《刑修九》所做的改动不可谓不大。这些改动既包括新增了 1 个专有的信息散布型犯罪罪名,并且在另 3 个新增罪名中体现出了鲜明的"准备行为实行化"(从早打击)、"帮助行为正犯化"(从重打击)、"不作为行为犯罪化"(从严打击)的立法倾向。这些立法倾向都与"信息散布"这一行为或特征紧密关联。也正是鉴于信息的传播属性以及信息散布型犯罪的特殊性,《刑法》才有对此类网络犯罪与一般网络犯罪有明显不同的规制思路,并体现了从早、从重、从严打击的必要性。毋庸置疑,《刑修九》之网络犯罪新规,是网络时代背景下刑事立法对信息散布型网络犯罪的能动性回应。

然而,此种回应在程度上似乎还不够。笔者认为,现有的信息散布型犯罪也还存在着调整构成要件与量刑基点的必要与空间,以便达成更妥当刑法打击之目的。具体可以有以下思考。

其一,扩大信息散布型犯罪"对象"的广度。应该看到,在实然层面,我国刑法有关信息散布型犯罪"对象"规定的范围还不够广。比如,当行为人在信息网络上向不特定公众编造或传播信息,只有当该信息属于特定内容时,其才能进入刑法的视野。这些特定信息主要包括证券、期货交易虚假信息,颠覆政权、分裂国家信息,煽动民族仇恨、民族歧视信息,虚假恐怖信息,虚假的险情、疫情、灾情、警情等。而对于前述特定信息之外其他信息,因不能被现行刑法规定的相关罪名所涵括而缺乏刑法规制的依据。但是,有些现行刑法无法涵括、无所适从的信息散布行为所具有的社会危害性已经达到了十分严重的地步,如果刑法不对其加以规制,不仅与刑法规制严重危害社会行为的宗旨相悖,而且与刑法规制前述特定信息散布行为的规定不相平衡。比如令人记忆犹新且不堪回首的 2008 年四川柑橘蛆虫事件,一条内容为"今年广元的橘子在剥了皮后的白须上发现小蛆状的病虫。四川埋了一大批,还撒了石灰……"的虚假信息在网络上大肆传播,导致了仅次于苹果的中国第二大水果柑橘的严重滞销。在湖北省,大约七成柑橘无人问津,造成直接经济损失或达 15 亿元。[①] 由于受人们的习惯思路影响,这些虚假信息往往具有特别严重的社会危害性,即对于与食品安全相关的信息,公众总是宁可信其有不可信其无,这就导致此类信息一旦传播便会给食品生产企业或某类行业造成毁灭性的打击。因此,笔者建议将编造、故意传播虚假食品安全信息等社会危害性相当的行为纳入刑法规制范畴。具体而言,笔者认为,可在编造、故意传播虚假信息罪中"虚假的险情、疫情、灾情、警情"后加一"等"字,即将《刑法》第 291 条之一第 2 款的罪状修改为:"编造虚假的险情、疫情、灾情、警情等信息,在信息网络或者其他媒体上传播,或者明知是上述虚假信息,故意在信息网络或者其他媒体上传播,情节严重的……"

其二,扩大信息散布型犯罪"行为方式"的广度。《刑法》第 181 条第 1 款规定的编造并传播证券、期货交易虚假信息罪,是指编造并传播影响证券、期货交易的虚假信息,扰乱证券、期货交易市场,造成严重后果的行为。从该罪的行为方式来看,其要求行为人必须同时实施"编造"与"传播"行为,两者缺一不可。换言之,无论是行为人仅实施"编造"行为而未实施"传播"行为(尽管这种情况实际不可能存在,因为造谣者一定是传谣者),抑或仅实施"传播"行为而未实施"编造"行为(这种情况大量存在,因为传谣者未必是造谣者),均不构成该罪。然而笔者倾向于认为将"编造并传播证券、期货交易虚假信息罪"修改为"编造、传播证券、期货交易虚假信息罪"更为妥当,即将传谣而不造谣者也纳入该罪的规制

---

① 2014 年十大网络谣言案例[EB/OL].[2016-02-01]. http://www.66law.cn/topic2010/1995cdjs/143058.shtml.

范围从而严密法网。因为通过横向比较可以发现,除本罪外,我国《刑法》还有另外两个与编造、传播虚假信息相关的罪名,分别为编造、故意传播虚假恐怖信息罪和编造、故意传播虚假信息罪。从立法机关的同类立法方式看,立法机关对于虚假信息的编造和传播行为,一般都采用了"编造、传播"的择一方式,而不是"编造并传播"的并合方式。特别是从"编造""传播"的内容看,证券、期货交易虚假信息所导致的危害,往往会引起全国或全球证券、期货市场的波动,甚至可能阻碍或影响金融、经济的改革与发展,加之一旦此类虚假信息在网络上传播,危害势必会成倍升级。相形之下,虚假的险情、疫情、灾情、警情所带来的危害,往往是区域性或者局部性的,危害的波及面通常都是有限的,两者的危害不可同日而语。可见,现行刑事立法在打击"编造""传播"内容上的厚"此"薄"彼"现象似乎并不妥当,理应予以避免。

其三,增强信息散布型犯罪刑法规制的"力度"。一是应提高诽谤罪的法定最高刑,以加强遏制网络诽谤犯罪行为。诽谤者好比刺客,诽谤行为好比刺刀,这柄刺刀的社会危害性取决于挥舞刺刀的幅度以及随之引动的风声。诽谤行为一旦借助网络就好比刺刀加长了臂膀,刺入的深度、挥舞的力度、风声的响度都势必成倍增长。网络诽谤信息一旦发出,即便有救济措施,其负面效应也很难消除。法定最高刑仅为 3 年有期徒刑的诽谤罪,已不足以应对具有严重社会危害性的网络诽谤行为。为此,笔者建议,将诽谤罪的法定最高刑适度提升至 5 年。

二是应提高编造并传播证券、期货交易虚假信息罪的法定最高刑。目前该罪的法定最高刑仅为 5 年有期徒刑,但以网络造谣、传谣形式编造并传播证券、期货交易虚假信息,其所导致的经济损失却完全可能达数亿元甚至更高。对比同样破坏金融管理秩序的泄露内幕信息罪,根据 2012 年 3 月 29 日最高人民法院、最高人民检察院《关于办理内幕交易、泄露内幕信息刑事案件具体应用法律若干问题的解释》第 7 条的规定,泄露内幕信息,从中获利或者避免损失数额在75 万元以上的,即视为"情节特别严重",处 5 年以上 10 年以下有期徒刑。在信息网络上编造并传播证券、期货交易虚假信息造成同样或更重后果的,却最多仅能处 5 年以下有期徒刑。相形之下,可见对后者规制力度之薄弱,不利于遏制日益严重的通过信息网络编造并传播证券、期货交易虚假信息的现象。为此,笔者建议将编造并传播证券、期货交易虚假信息罪的法定最高刑提升至 10 年。

三是应提高损害商业信誉、商品声誉罪的法定最高刑。对比侵犯商业秘密罪,根据 2004 年 12 月 8 日最高人民法院、最高人民检察院《关于办理侵犯知识产权刑事案件具体应用法律若干问题的解释》第 7 条的规定,给商业秘密的权利人造成损失数额 250 万元以上的,属于"造成特别严重后果",应当以侵犯商业秘密罪判处 3 年以上 7 年以下有期徒刑。而在信息网络上传播有损他人商业信誉、商品声誉行为,造成同样损失或更严重后果的,最多只能判处 2 年有期徒刑,这未免存在一定程度的罪刑失衡。为此,笔者建议将损害商业信誉、商品声誉罪的法定最高刑提升至 5 年。

(二)对互联网金融领域内网络犯罪的刑法规制应保持克制理念

笔者认为,相较于对信息散布型网络犯罪的"该严则严",刑法对互联网金融领域内的网络犯罪的规制则应做到"该宽则宽"。互联网金融是金融机构与互联网企业利用互联网技术和信息通信技术实现资金融通、支付、投资和信息中介服务的新型金融业务模式。其主要金融业态有第三方支付、网络借贷、众筹、互联网金融门户、大数据金融以及金融机构信息化。金融机构的信息化,即传统金融业务的互联网化,"传统金融业务依靠互联网技术对业务流程进行升级甚至重构、对服务模式进行完善优化、对风险模块强化专业管理"[①],其本质是传统金融的网络升级版,并不能对中国金融体系造成实质性冲击。第三方支付亦是如此,第三方支付机构通过在不同银行开设中间账户的方式代替客户与银行建立关联,其在本质上依然尚未脱离传统的支付清算体系。

显然,不论是金融机构的互联网化还是第三方支付,这两种金融业态所依托的主要是互联网技术,而非互联网思维。理论上认为,只有互联网思维才可能引发突破性的创新。互联网思维的精髓在于"互联",最大限度地减少环节、剔除中介,实现"点对点"的对接,在形式上"去中心化",在规模上聚沙成塔。最值得"玩味"的、最充分运用互联网思维的互联网金融业态当属 P2P 与股权众筹。它们创造性地将信息时代"点对点"的交互模式运用到了金融领域。通过 P2P 网络平台,贷款人可以"一对多"地向不特定多数人借款。正如经济学家郎咸平教授曾在《财经郎眼》节目中指出的,P2P 的最精妙之处在于以"线上销售、线下抵押"的方式,将 4000 万小微企业的"垃圾"信贷转变为可投资信贷,降低了融资门槛,拓宽了投资渠道,又在一定程度上盘活了不动产,可谓多方共赢,是一项巨大的金融创新。

不论是 P2P 还是股权众筹,都成功打破了传统金融机构向来在资金融通环

---

① 郑联盛.中国互联网金融:本质、模式、影响与风险[J].国际经济评论,2014(5).

节中处于核心地位的传统格局,贷款人与借款人之间、筹资者与投资者之间不必经传统金融机构"牵线"也能快速对接。这对于促进小微企业发展和扩大就业将发挥着现有金融机构难以替代的积极作用。具有小微金融、普惠金融属性的互联网金融,实际上扮演着"倒逼"金融改革的角色,推进并配合着当前的利率市场化改革与股票发行注册制改革。在金融改革的征程中,刑法不应是横亘于前的"拦路虎",而应成为伫立于后的"护航人"。为此,笔者认为,集资行为被搬至互联网并在网络平台上实施,刑法对其的评价标准与评价体系也应与行政法保持一致,即有别于传统线下集资行为,这是为回应时代要求所做的能动性努力。具体可以从以下几方面入手。

其一,规制集资者,"过时"罪名应审慎适用。笔者曾在论及互联网金融刑法规制的"两面性"时指出:"一个新兴的行业或者经营模式在成长的路途上时常会经历种种法律风险,其中落后的行政监管是屏障之一,而刑法中的一些'过时'的条文规定则是更为致命的威胁,很多经济上的创新活动往往就是因'过时'的刑法条文频频干预而受到阻滞甚至扼杀。"①在互联网金融领域,《刑法》第176条规定的非法吸收公众存款罪与第179条的擅自发行股票罪在一定程度上就属于此类"过时"罪名。

"过时"罪名被历史淘汰只是时间问题,但刑法的谦抑性原则却永远不会过时,它是刑法的固有品格。刑法的谦抑性,就是指刑法介入、干预社会生活应以维护和扩大自由为目的,不应过多地干预社会。德国学者耶林的名言道出了刑法谦抑性原则的深层次由来:"刑罚是柄双刃剑,用之不得其当,则国家与个人两受其害。"为避免国家与个人深受其害,刑法谦抑性集中表现为刑法的紧缩性。"尽管中西法律文化类型有所不同,法律发展的道路存在区别,但从历史演进过程来看,可以看到一个共同的趋势,就是刑法在整个法律体系中所占比重的逐渐降低。"②正因为如此,当社会每出现一样新事物时,我们不应在第一时间就想到动用刑法,最为妥适的做法应当是从新事物的属性与规律入手,努力先从民法、行政法甚至是技术的层面去规范新事物的发展。2016年《政府工作报告》就重点提到了"规范发展",其对互联网金融这项新生事物的发展口径发生了不同于以往的变化,即由以往的"促进健康发展"转变为"规范发展"。在笔者看来,"规范

---

① 刘宪权.论互联网金融刑法规制的"两面性"[J].法学家,2014(5).

② 陈兴良.刑法的价值构造[M].北京:中国人民大学出版社,2006:300.

发展"主要是指行政监管层面的创新与前置性规范的完善。对于金融诈骗、集资诈骗等披着互联网金融"外衣"而实施的犯罪，刑法当然要坚决予以打击；但对于非法吸收公众存款罪、擅自发行股票罪这些稍显"过时"的罪名而言，其在互联网金融领域仍然要审慎适用，在司法上可适当降低入罪门槛，在立法上则择机将其废除，从而在防范金融风险与鼓励金融创新之间寻求平衡。

另外，我们还应对非法吸收公众存款的用途做一定限制，以提高该罪的入罪门槛。具体做法是，在最高人民检察院、公安部《关于公安机关管辖的刑事案件立案追诉标准的规定（二）》的基础上，将非法吸收公众存款罪的"集资款项用途"限定为用于货币、资本经营或投资于证券、期货、地产等高风险领域，即将最终用于实体经济的集资行为排除在本罪构成要件之外。同时，我们还应对擅自发行股票罪中的"擅自"做一定的限制，对于在经合法登记的股权众筹网络平台上实施的正当募集资金行为，考虑是否可以将其排除在擅自发行股票罪中的"擅自"之外。

其二，规制互联网金融平台，限缩中性业务帮助行为的入罪范围。笔者认为，互联网金融领域内"该宽则宽"的刑事规制理念还应体现在限缩中性业务帮助行为的入罪范围上。所谓中性业务帮助行为，是指经济生活中的日常经营性业务行为在客观上为他人实施犯罪提供了帮助。比如，出租车司机明知乘客欲前往某地实施犯罪而仍将其运送至目的地；餐馆明知顾客在屋内非法拘禁他人仍为其送外卖等。中性业务帮助行为的显著特征在于其无差别地向不特定对象提供商品或服务。中性业务帮助行为人不但缺乏与犯罪实行行为人的通谋，也不存在促进犯罪的意思，其既非通谋共犯，亦非片面共犯，因而难以被纳入到传统共犯结构之中。鉴于此，刑法理论上才有了此类行为是否要刑事处罚，以及如何划定处罚界限的争论。

《刑修九》回应了这场争论："明知他人利用信息网络实施犯罪，为其犯罪提供互联网接入、服务器托管、网络存储、通讯传输等技术支持，或者提供广告推广、支付结算等帮助，情节严重的，处三年以下有期徒刑或者拘役，并处或者单处罚金。单位犯前款罪的，对单位判处罚金，并对其直接负责的主管人员和其他直接责任人员，依照第1款的规定处罚。有前两款行为，同时构成其他犯罪的，依照处罚较重的规定定罪处罚。"这被视为是中性业务帮助行为的正犯化。

应该看到，互联网金融领域大量存在类似的中性业务帮助行为，如P2P平台明知贷款人实施集资诈骗犯罪，股权众筹平台明知筹资者所发起的项目已严重侵犯他人知识产权,而仍为贷款人、筹资者提供广告推广、支付结算等服务,这是否构成《刑修九》新增的帮助信息网络犯罪活动罪呢? 笔者认为,互联网金融平台是互联网金融领域最为重要的参与方与市场环节,互联网金融的最显著外观就是金融平台的构建。贷款人与借款人,筹资者与投资者经由平台撮合、配对,整个资金融通过程都发生于平台。可以说,互联网金融平台为资金融通双方提供服务的行为是典型的具有反复继续性、业务交易性、日常生活性的中立行为,只有当其造成了法律所不允许的风险时,其才具备刑事处罚的客观依据。而衡量平台是否造成了法律所不允许的风险,着重应看发生于该平台上的合法活动与非法活动各自所占的比例。当某个互联网金融平台上超过半数的贷款人、筹资者都在实施集资诈骗、侵犯知识产权等犯罪,或者超过半数的借款人、投资者都在实施洗钱等犯罪时,该互联网金融平台便失去了中性业务的抗辩资格,应当构成帮助信息网络犯罪活动罪。相反,假如互联网金融平台上所发生的非法活动尚不满足"大于半数"标准,那么其中性业务帮助行为便不宜贸然入罪。"大于半数"标准有助于我们在防范法律所不允许的金融风险与鼓励金融创新之间找到一个平衡点。

四、结　语

任何事物都并非只有一个剖面,它们更像是一个个多面体,总是将多元的样态呈现在人们面前。网络犯罪同样具有类型上的多元性,我们不能"只见树木,不见森林",不细致区分网络犯罪的类型便得出对网络犯罪应一律从严、从重、从早打击的结论。笔者认为,在网络犯罪中,只有信息散布型网络犯罪才具备对其从严、从重、从早打击的必要;而对于互联网金融领域内的网络犯罪(不包括假借互联网金融"外衣"实施的犯罪),刑法应当保持一定程度的审慎与克制,力戒成为阻滞金融创新的力量。刑法理念的探讨,不是形而上的坐而论道,人们最终会选择信奉什么样的刑法理念与应对策略,在某种程度上由人们所身处的时代与社会决定。深入研究网络时代犯罪的属性、类型、规律,及时把握时代的脉搏,在立法和司法上做区别对待而不做"一刀切"式的论断,尤其重要。

以数据治理创新社会治安防控体系[*]

◎单　勇[**]

摘　要：数据治理是"以信息化为引领"的社会治安防控工作"关键的具体"。在防控实践中，数据治理面临数据文化未落地生根、缺乏标准化分析模式、数据孤岛问题凸显等困境。对此，在迈向大数据时代的关键时刻，数据治理不仅要向前看，借大数据东风；还要向后看，重视小数据与大数据的联系，从小数据治理传统中汲取智慧。只有向后看，重视小数据，注重基于相关性的风险评估、基于科学实验的量化分析、基于地理信息系统的可视化分析、基于犯罪数据的防控决策，才能更好地向前看，把握大数据带来的历史机遇，以大数据技术夯实治安防控的文化基础、数据基础、技术基础及理论基础。

关键词：数据治理　社会治安防控　小数据传统　大数据技术　犯罪治理

党的十八大以来，创新社会治安防控体系是"创新社会治理体制、提高社会治理水平"在治安及综治领域的具体体现，也是当前社会建设的重要着力点。正所谓"没有信息化就没有现代化"[①]，2015年4月，中共中央办公厅、国务院办公厅印发的《关于加强社会治安防控体系建设的意见》将"以信息化为引领"作为加强治安防控工作的指导思想。"数据是信息的载体，信息是有背景的数据；进入信息时代，数据成为信息的代名词，两者可以交替使用。"[②]"在信息化时代，数据

---

　　*　基金项目：本文系2014年度国家社科基金青年项目"基于犯罪热点制图的城市防卫空间研究"（项目编号：14CFX016）的阶段性研究成果。

　**　单勇，同济大学法学院副教授。

　　①　习近平主持召开中央网络安全和信息化领导小组第一次会议[EB/OL].[2014-02-27]. http://cpc.people.com.cn/n/2014/0227/c64094-24486402.html.

　　②　涂子沛.数据之巅：大数据革命，历史，现实与未来[M].北京：中信出版社，2014：256.

随时随地与我们相伴而行,'用数据说话'已成为认知世界的一种方法。"①因此,数据治理构成创新治安防控的有益尝试。

一、数据治理:社会治安防控创新中"关键的具体"

黄仁宇先生提出过一个非常著名的论断,即近代中国动荡局势的原因是"中国未能像西方那样实行数目字管理的现代治国手段"。② 本文无意对近代中国衰落原因做历史考据,但上述观点映射出的掌握及运用数据对治国理政具有重要价值的道理却不容忽视。

数据(data)一词出现于 13 世纪,源自拉丁语,有寄予的含义。数据的概念是在量的基础上建立起来的,量成为数据的基本单位。③ 数据不仅代表"真正的事实",经由统计工作、系统化收集的成片数据,除代表事实,还蕴藏着事物的发展规律;这种规律支配着整个社会的发展,一旦掌握,就可把握社会的脉搏甚至预测未来。④ "作为社会管理和公共服务的提供部门,收集数据、使用数据,是自古以来各国政府普遍采用的做法。"⑤

所谓数据治理,是指运用数据科学的技术手段,采集、清洗、整理、利用数据,用数据说话、用数据决策的问题分析及解决机制。数据治理具有如下特征。第一,数据治理以量化分析减少不确定性和降低风险,弥补个体经验、直觉及智慧的不足。随着世界的数据化,"我们不再将世界看作是一连串或是自然或是社会现象的事件,我们会意识到本质上世界是由信息构成的,量化一切成为可能"⑥。第二,数据治理主张相关比因果更重要,通过量化不同事物之间的数理关系,以相关关系捕捉现在和预测未来。第三,数据治理以数据科学为基础,以统计软件和数学模型为分析工具。第四,数据治理认为政府处于数据化的环境中,政府的治理活动应以数据为依据,数据化决策,即采集及整理数据—量化分析—相关性

---

① 刘红,胡新和.数据革命:从数到大数据的历史考察[J].自然辩证法通讯,2013(6).

② 黄仁宇.万历十五年[M].北京:生活·读书·新知三联书店,1997:231.

③ 郭奕玲,沈慧君.物理学史[M].北京:清华大学出版社,1993:448.

④ 涂子沛.数据之巅:大数据革命、历史、现实与未来[M].北京:中信出版社,2014:85.

⑤ 涂子沛.大数据[M].桂林:广西师范大学出版社,2013:40.

⑥ 维克托·迈尔-舍恩伯格,肯尼思·库克耶.大数据时代[M].盛杨燕,周涛译.杭州:浙江人民出版社,2013:125—126.

测算—预测或决策。第五,数据治理尊重事实、推崇理性、强调数据创新,倡导一种数据治国的数据文化。

当前,针对治安防控的创新问题,研讨较为活跃,视角颇为丰富。有的从地域出发,关注中心城市、老城区、城乡接合部、边境城市、农村等地的防控创新;有的从防控主体出发,关注公安机关、社区、民间组织、志愿者的工作机制创新;有的从防控手段出发,关注人防、技防、物防等手段的改进;有的从系统论出发,研讨治安防控各模块之间的体系创新。实际上,上述研讨基于社会控制、社会失范、系统论、社会冲突、社会结构、科际整合等理论学说进行了充分的逻辑推演、理论思辨、经验归纳及比较分析;但仅凭这些理论及方法还远远不够,各类防控创新举措最终能否成功还离不开数据治理。

首先,各类防控创新均需根植于犯罪数据与社会事实,用数据说话,用数据创新。针对不同地域、防控主体、防控手段及防控体系的创新举措,均离不开对特定空间中的特定因素及犯罪大数据的精确测量。

其次,各类防控创新离不开数据科学中量化方法的运用。比如,针对城乡接合部的治安防控问题,需根据历史数据、运用数学模型评估出城乡接合部空间中哪些因素存在较强的犯罪吸引力。BBC纪录片《地平线:大数据时代》讲述了数据治理及数学方法、数据分析技术改进犯罪防控的实例,即数学家帮助洛杉矶警察局建立犯罪时空预测模型,以数学模型设计犯罪预测软件,以预测软件规划警察每天的巡逻路线,从而大大降低犯罪率且被美国多个警察机构予以采用。

最后,防控创新举措是否成功离不开数据的检验与评估。声名显赫的破窗理论、情景预防及防卫空间学说、犯罪制图方案均通过了各种实验性项目的严格检测,在实践中取得了显著效果。各类治安防控创新举措如未经现实检验,则仍处于理论设想和方案计划阶段。

正如孟建柱同志2015年1月在中央政法工作会议上强调的,政法机关要"善于抓住关键的具体"[①]。作为关键性基础环节,数据治理就是创新社会治安防控体系的"关键的具体"。此外,虽然数据治理描绘出非常美好的未来,但在治安防控中实现数据治理难度极大,系统反思开展数据治理的现实困境构成了创新治安防控的起点。

---

① 孟建柱.主动适应形势新变化　坚持以法治为引领[N].检察日报,2015-03-18.

二、数据治理在治安防控中的现实困境

"伴随新一轮信息技术革命浪潮的出现,信息技术在静悄悄的革命中重塑了国家治理的生态,大数据时代的中国国家治理面临一系列全新的机遇和挑战,国家治理能力建设的路径优化成为迫在眉睫的时代命题。"①数据治理已成为国家治理在各个领域均要面对的机遇和挑战。依靠数据的犯罪治理源自犯罪统计,但又汲取了犯罪社会学、犯罪地理学、犯罪心理学、犯罪经济学等犯罪学分支学科中的量化分析、犯罪制图、心理评估、数学建模等科学方法。对于治安防控来说,数据治理并非新问题,但在理论上却相当薄弱,在实践中亦困难重重。数据治理在治安防控中具体有以下困境。

第一,在观念上,治安防控中的数据文化尚未落地生根。在多年的综治工作中,政法委、公安、监狱、法院等防控机构的案卷、档案、报表、文件中积累了大量的犯罪和治安数据。随着办公信息化进程的加速,在公安机关等机构的局域网中,形成了所在辖区的全样本、长时段、标准化、实时性、交互式的刑事案件、治安案件、人口户籍、城市管理等数据。因此,在治安防控中并不缺数据,但缺乏重视数据的意识和观念。正如胡适在《差不多先生传》中指出国人具有"凡事差不多"的习惯,"回望历史,中国是个数据文化匮乏的国家;就现状而言,有些数据的公信力弱、质量低,数据定义的一致性差也是不争的事实。过去深入群众、实地考察的工作方法虽仍然有效,但对决策而言,系统采集的数据、科学分析的结果更重要"②。防控部门对习惯和经验过于依赖、犯罪数据深层分析有限、对犯罪风险评估不够精确、各项防控决策的量化支持不足、重视犯罪原因忽视犯罪影响条件、重视犯罪预防忽视犯罪预测等现状,均反映出数据文化尚未落地生根。

第二,在机制上,缺乏标准化的犯罪数据分析及应用模式。当前,犯罪数据获取不是问题,问题在于如何分析和应用。在分析环节上,以往对犯罪数据的分析多限于宏观层面的描述性统计,犯罪与周边环境、人口、空间特征、经济社会因素的相关性分析匮乏,基于相关性分析的数学建模及犯罪预测鲜见;针对微观地理单位及较长历史周期的犯罪时空风险分析有限;基于地理信息系统的犯罪数

---

① 唐皇凤,陶建武.大数据时代的中国国家治理能力建设[J].探索与争鸣,2014(10).
② 涂子沛.数据之巅:大数据革命,历史、现实与未来[M].北京:中信出版社,2014:257.

据可视化分析仍处于探索阶段；对犯罪原因的分析在很多情况下还处于经验描述层面。在应用环节上，由于常态化的犯罪风险评估匮乏，犯罪数据的针对性、实用性、可操作性较为有限，尤其是基于犯罪数据的犯罪预测落后。实际上，基于统计建模、具有数往知来功效的犯罪预测对防控资源的调配和防控布局优化具有重大价值。在操作环节上，各地各级防控部门的犯罪数据分析及应用在目标界定、分析策略、数据标准、数据库建设、分析工具选择、分析报告设计、报表自动化、数据分析师培训等领域尚无统一、规范且经过实践检验的标准模式。

第三，在结构上，"数据孤岛"问题凸显，各部门的数据缺乏共享与整合。2015 年 5 月，全国多家媒体报道了河南信阳市发生的一起儿童走失案，父母在一个派出所报案后，儿童被同属一个分局的另一个派出所接走后送当地福利院，而后走失儿童病逝于福利院。① 该案反映出各个公安机关之间在数据联网共享与信息管理方面存在一定问题。尽管公安机关等机构掌握所在辖区内的犯罪及治安数据，但各级、各地公安机关之间，公安机关与其他防控机构之间的数据缺乏有效兼容与整合。这种现象又被称为"数据孤岛"或"信息孤岛"。"信息孤岛在我国当前政府部门的信息化系统之间是一种普遍现象，这从国际上公认衡量各国信息化发展水平的全球电子政务发展指数上也能体现。近 10 年，我国该指数排名先升后降，从 2003 年第 74 位升至 2005 年第 57 位，2012 年跌至第 78 位。"② 准确地说，"数据孤岛"不是技术性问题，而是体制性问题。该问题导致治安防控体系难以形成全国一盘棋的特点，阻碍着上下互通、左右互动、情报共享、实时更新的数据治理的实现。

第四，在开放性上，犯罪数据对社会开放的水平和程度有限。开放犯罪数据不仅是为了保障公民知情权，更重要的是通过数据公开实现用数据制衡政府公权力运用的目标。以往我国犯罪数据公开仅限于《中国法律年鉴》《中国统计年鉴》对全国公安机关每年刑事案件立案总数和主要几类案件立案数，以及两高报告、个别省份公安年鉴的总体数据。随着包括刑事判决书在内的裁判文书在网上公开，全样本的刑事案件信息（未成年人犯罪等案件除外）已实现全国公开，但基于此的刑事司法统计未获同步公布。毕竟，通过单份判决书获取结论，未免管

---

① 河南饿死男童被曝受虐 福利院长死活不认谁来负责[EB/OL].[2015-05-02].http://zj.china.com.cn/html/2015/shms_0502/18685_3.html.

② 唐皇凤,陶建武.大数据时代的中国国家治理能力建设[J].探索与争鸣,2014(10).

中窥豹,只有基于全部判决书的刑事司法统计才能准确反映犯罪态势。由于刑事判决书并未被进一步数据化整理,基于判决书的数据抽取仅能靠人工筛选,即通过人工阅读每份判决书,将 Web 文本中如罪名、犯罪时间、犯罪地点、刑期等信息进行抽取并转成 Excel 或 SPSS 格式表格;而依靠机器的智能数据抽取与清洗尚无法真正落实。同时,二审判决书并未与一审判决书形成有效链接,这给人工刑事司法统计带来数据源重复的障碍。此外,治安案件未能被纳入公开范围,鉴于犯罪黑数的漏斗效应,比犯罪数据更为庞大的治安案件数据更有参考价值。犯罪数据开放性的上述局限致使独立第三方的专业犯罪风险评估难以出现,普通民众难以根据犯罪数据有针对性地开展被害预防。

三、源自小数据治理传统的防控创新

针对数据治理遭遇的问题,当前流行的应对思路是从大数据的运用上寻找突破口和改进路径,甚至某些治理对策研究已到了言必称大数据的地步。实际上,"1998 年《科学》杂志刊登论文《大数据的处理程序》才第一次使用大数据(big data)一词;2008 年《自然》杂志刊登'big data'专刊,使'大数据'在学术界得到认可和广泛使用"[1]。在中国,信息产业界公认的"大数据元年"是 2013 年[2];欧美等国的大数据发展计划是近年陆续出现的。理论界建议政府借大数据东风,利用后发优势实现"弯道超车"固然正确,但切不可忽视人类长久以来利用小数据所积淀的治理传统,忽视小数据与大数据之间的内在关联。

从数据可用性上看,大数据的价值主要体现在传统的小数据和结构化数据上。当前人类的数据约 75% 是非结构化数据,大记录的表现形式就是非结构化数据,而大记录、非结构化数据要体现出价值,当前主要的处理方法还是把它们转化为有严整结构的数据,即传统的小数据。[3] 源自记录的非结构化大数据只有转换为能够测量的结构化小数据才有数据治理意义。对于治安防控来说,多数情况下使用的犯罪信息仍系小数据,数据量尚达不到"太字节"(2^{40})这一大数据量级。

---

① 涂子沛.数据之巅:大数据革命,历史、现实与未来[M].北京:中信出版社,2014:265.
② 王世伟.大数据时代信息安全的新挑战[J].社会科学报,2013(9).
③ 涂子沛.数据之巅:大数据革命,历史、现实与未来[M].北京:中信出版社,2014:81.

从治理传统上看,东、西方国家依靠复杂的文官治理系统拥有丰富的小数据治国经验。在我国历史上有商鞅提出"强国知十三数",《孙子兵法》中"算则胜、不算则不胜,多算胜、少算则不胜"等传统。循数治理在欧美国家更是大放异彩,20世纪八九十年代,源自美国纽约的"Comp Stat"警务模式实现了将数据分析引入治安防控的标志性创举。"从20世纪90年代起,全美有1/3的警察机构陆续复制了这种基于犯罪地图和数据的警务模式。"①随着地理信息系统(GIS)的大发展和桌面GIS的普及,"Comp Stat"模式的数据可视化分析水平获得跨越性提升,基于犯罪制图的地点警务成为美国21世纪的主流防控模式。"Comp Stat"模式及地点警务主要运用的仍是911报警信息、犯罪及越轨行为时空信息、警力配置信息等小数据。

在迈向大数据时代的关键时刻,数据治理不仅要向前看,沐浴大数据的阳光;还要向后看,重视小数据与大数据的联系,从小数据治理传统中汲取智慧、挖掘资源。在某种程度上,只有向后看,重视小数据传统,才能更好地向前看,真正把握大数据带来的历史机遇。具体来说,下述小数据治理传统对防控创新甚为重要。

第一,基于相关性的犯罪风险评估。因过于专注因果关系,在传统的"现象—原因—对策"犯罪学研究模式中,注重犯罪与各因素相关性的犯罪风险理论几乎无立足之地。如何科学评估不同区域、不同犯罪类型、不同罪犯群体、不同时空层级的犯罪风险,离不开始于小数据时代的相关性分析。"在日常生活中,我们习惯性地用因果关系来考虑事情,所以会认为因果关系浅显易寻,但事实却并非如此。因果关系被完全证实的可能性几乎没有。不像因果关系,证明相关关系的实验耗资少,费时也少。与之相比,分析相关关系,我们既有数学方法,也有统计学方法。"②在此意义上,"相关比因果更重要"③。实际上,只要能将特定因素予以数据化,就可运用统计分析方法和数学模型测算犯罪数量与特定因素的相关关系。这种相关性分析揭示出哪些因素的犯罪吸引力更大、哪些因素的增减与犯罪的增减关系紧密,从而构成研判犯罪风险的主要思路。

第二,基于数理逻辑和科学实验的犯罪量化分析。自小数据时代,量化分析

---

① 涂子沛.大数据[M].桂林:广西师范大学出版社,2013:139.
② 涂子沛.数据之巅:大数据革命,历史、现实与未来[M].北京:中信出版社,2014:255.
③ 冯启思.数据统治世界[M].曲玉彬译.北京:中国人民大学出版社,2013:35.

就备受重视。对于各类防控举措受何种因素影响、是否有效、在多大程度上有效等问题,只有通过量化分析才能找到答案。比如,针对地点警务的有效性问题,美国学者威斯伯德(2010年斯德哥尔摩犯罪学奖获得者)研究团队联合警察部门设计实验组(实验区)和对照组(不实施地点警务的毗邻对照区)开展实验性研究,将地点警务实施效果在实验组和对照组中对比分析,从而发现犯罪溢出效应和犯罪转移效应两种犯罪分布规律。[①] 数理逻辑和科学实验构成了数据治理的基础性量化方案,以往常见的描述性统计不过是量化分析的"皮毛"。基于个人经验的防控方案或创新理念,必须被数据实证所检验,而不是仅在价值或主观上"认为应该是对的",数理逻辑和科学实验完全能超越基于个人经历的智慧。这种量化分析对创新社会治安防控体系,尤其是各地开展防控创新实验具有特别的启示价值。

第三,基于地理信息系统的犯罪数据可视化分析。"数据可视化技术是利用计算机图形学和图像处理技术,将数据转换成图形或图像在屏幕上显示出来,并进行交互处理的理论、方法和技术。"[②]在治安防控领域,数据可视化的典范就是犯罪制图。正所谓"一图胜千言",利用地理信息系统对违法犯罪时空信息及相关警务问题进行空间分析的犯罪制图在欧美国家开展得如火如荼;随着我国"金盾工程"二期的建设,警用地理信息系统平台(PGIS)被投入使用。这种寓数于图的犯罪时空数据分析方式不仅能直观展示特定犯罪的空间分布状况,探测犯罪热点,诠释犯罪与空间环境诸因素的相关性,前瞻犯罪在未来的空间分布趋势,还能为防控资源的优化配置(如调整警察巡逻的频度和密度、防卫空间策略如何设计等)提供针对性方案。

第四,基于犯罪数据的防控决策。数据治理最终要为决策服务,量化分析、相关性分析及可视化分析构成数据决策的基础。耶鲁大学法学院丹尼尔·埃斯蒂教授指出:"数据驱动的决策方法,使政府将更有效率、更加开放、更加负责,引导政府前进的将是'基于实证的事实'。"[③]对治安防控决策来说,经验和智慧不能代替科学,直觉和习惯不能取代事实;各种犯罪专项治理和日常治理的科学开展更离不开犯罪数据的精准支持。比如,基于犯罪制图探测犯罪热点,针对热点布

---

① Weisburd D., Wyckoff L. A., Ready J., et al. Does Crime Just Move Around Corner? A Controlled Study of Spatial Displacement and Diffusion of Crime Control Benefits [J]. Criminology, 2006(3).

② 刘勘,周晓静,周洞汝.数据可视化的研究与发展[J].计算机工程,2002(8).

③ 李志刚.大数据:大价值、大机遇、大变革[M].北京:电子工业出版社,2012:53.

置高清摄像头和警务室,针对热点路段安排警察定时巡逻等;又如在特大型犯罪团伙的侦破中,将已知信息输入社会网络分析软件,破解团伙中众多成员的真实关系,寻找集团首脑和关键性主犯。

四、大数据对防控创新的推动

"大数据是指那些大小已经超出了传统意义上的尺度,一般的软件工具难以捕捉、存储、管理和分析的数据。"[①]大数据包括自然环境数据、商务过程数据、人的行为数据、物理实体的数据,还可分为结构化、半结构化、非结构化数据。从数据产生上看,传统的小数据源于测量,现代的大数据源于记录;不同于小数据的结构化数据,大数据更多的是非结构化数据。摩尔定律奠定了大数据的物理基础,社交媒体使每个人都变成潜在的数据生成器,数据挖掘技术增强了人类使用数据的能力,大数据时代就是大计算的时代,大数据时代标志着计算型社会的兴起。[②] "大数据的出现为危机或风险信息的全面掌握提供了充分的可能。通过收集、处理海量的数据信息,能提升危机决策者的认知与判断能力,并以过去根本不可能的方式做出决策。"[③]大数据对治安防控创新形成了强大的推动力,为数据治理的困境提供解决思路。

第一,大数据浪潮催生计算型社会的兴起,为数据文化在治安防控中生根发芽提供契机,防控创新的文化基础逐渐形成。大数据的出现使各种社会问题变得可以被计算,数据治国、循数管理、数据决策的呼声日益高涨且深入人心。如果说之前数据文化对治安防控的影响还是涓涓细流滋润人心的话,那么大数据浪潮下的数据文化俨然成为震耳欲聋的时代强音。以往凭借经验、直觉、传统知识进行防控决策的做法愈发受到质疑,凭借数据治理改进治安防控、实施平安建设的规划开始受重视。数据治理逐渐成为决策者、执行者在进行治安防控管理中无法忽视的"前理解"。

第二,大数据技术为犯罪数据库的准备和共享提供支持,防控创新的数据基础日臻完善。运用大数据技术分析犯罪问题首先要加强数据库建设,没有数据

---

① 涂子沛.大数据[M].桂林:广西师范大学出版社,2013:57.
② 涂子沛.数据之巅:大数据革命,历史、现实与未来[M].北京:中信出版社,2014:270.
③ 刘润生.大数据对政府的大影响[J].科学中国人,2013(11).

库就无从开展数据分析。数据库建设要求不仅要在各部门局域网中实现既有数据的结构化整理及数据集建设,更要打通"数据孤岛",实现各部门犯罪防控基础数据的对接和共享,外接各类行政管理数据库,并在互联网及物联网层面进行有效延伸和覆盖(即与超级数据对接),从而实现全方位、实时性、系统化、多角度、互动式的数据抓取。

第三,大数据技术为犯罪数据分析提供了工业化控制模式,治安防控决策支持系统的技术基础逐渐成熟。犯罪数据分析是数据治理的关键环节,也是当前治安防控信息化建设中的瓶颈所在。对此,大数据技术提供了两种不同层次的工业化技术路线。一是将犯罪大数据与防控者的先验知识相结合,人工建模分析数据,如以空间滞后模型分析犯罪空间分布规律,以时间序列模型分析犯罪时间规律等。此种模式的优点是数据分析的目的性和针对性强,分析思路可检验,分析过程可复制;缺点是因数学模型的选择不同,可能导致分析结果不一致。二是设计人工智能系统,用大量数据对计算机智能系统进行喂养和训练,使计算机获得从数据中自动提取知识的能力,从而实现机器学习。"机器学习主要研究如何使用计算机模拟和实现人类获取知识过程,创新、重构已有的知识,提升自身处理问题的能力。机器学习的最终目的是从数据中获取知识,实现人工智能。"[1]此种模式代表了未来智能型社会的发展方向,通过不断调试的参数及不断优化的设计方案,计算机智能分析犯罪数据将极大提升犯罪分析的计算能力,扩展犯罪分析的应用范围。当前,美国很多警察局使用的警务自动简报生成系统就是机器学习在治安防控中的初级应用。实际上,上述两种技术路线均是通过标准化的数学模型挖掘犯罪与其他因素之间的相关关系,揭示隐藏于纷繁芜杂表象下的犯罪规律,为防控决策提供隐性知识和预测方案。上述技术路线与推崇智能制造的"工业4.0"有异曲同工之处,即基于海量犯罪数据,输入拟解决的问题,依靠标准化的智能制造程序,获得相关结论。因此,在本质上,大数据分析是一种工业化的犯罪分析及决策支持模式。

第四,大数据的兴起并不意味着"理论的终结",大数据技术要求不断提升治安防控的理论基础。《连线》杂志主编克里斯·安德森指出:数据爆炸使得科学的研究方法都落伍了。大量的数据从某种程度上意味着"理论的终结",用一系列的因果关系来验证各种猜想的传统研究范式已不实用,如今它已被无须理论

---

① 陈康,向勇,喻超.大数据时代机器学习的新趋势[J].电信科学,2012(12).

指导的相关性研究所取代。① 这种观点反映了当前对数据过于迷信的心态。实际上,大数据只能告知与治安防控有关的信息和提供参考答案,但解释及正确使用信息则离不开犯罪分析师。相反,随着犯罪大数据的刺激和冲击,如何梳理、解读、分析、反思大数据对治安防控的影响,如何将数据治理理论、数据挖掘技术和数学建模方法引入犯罪学,如何量化犯罪现象以揭示犯罪规律等问题,均要求治安防控理论推陈出新。

　　总之,在小数据传统与大数据技术的滋养下,以数据治理创新社会治安防控体系适逢其会。预测未来最好的办法就是创造未来,当前,我们迫切期待通过数据治理的实验性项目进行更多的探索。

---

　　① 大数据,改变人类探索世界的方法[EB/OL]. [2015-01-08]. http://www.hke123.com/pxzx/13/new_4081.html.

论电子商务第三方平台刑事责任的边界

——以《刑法》第 286 条之一为视角

◎王文华*

摘　要:《刑法修正案(九)》新增了"拒不履行信息网络安全管理义务罪",在其他相关立法对"信息网络安全管理义务"的规定不甚完备的情况下,从处罚范围看,这显示了刑法应有的扩张性。然而,刑事司法应当通过目的性限缩解释保持适度的谦抑,审慎界定"信息网络安全管理义务""监管部门""责令""拒不改正""违法信息""致使刑事案件证据灭失"等,从而切实贯彻罪刑法定原则,在保护信息网络监管秩序的同时保障各方主体的合法权益,促进互联网与经济的融合发展。

关键词:拒不履行信息网络安全管理义务罪　司法目的性限缩　罪刑法定

2016 年 12 月 27 日,《中华人民共和国电子商务法(草案)》结束了首次审议[以下简称《电子商务法(草案)》]并通过全国人大常委会官方网站公布,面向全社会公开征求意见。在电子商务活动中,电子商务第三方平台起着主导作用,对于平台责任,各界也均予以高度关注。最严厉的平台责任自然是刑事责任,《电子商务法(草案)》第 93 条明确规定:"违反本法规定,构成犯罪的,依法追究刑事责任。"然而,由于我国没有真正意义上的附属刑法,非刑法的法律中有关刑事责任的规定都是指引性的,即指向刑法的规定,因此,在促进电子商务行业健康可持续发展同时予以规范的目的下,亟待厘清电子商务第三方平台的刑事责任的边界。这一方面需要看刑法的具体罪名、罪状的规定;另一方面对于空白罪状等情形,要结合前置法规定的义务内容展开。

---

　*　王文华,北京外国语大学法学院副院长,教授,法学博士,博士后。

以"拒不履行信息网络安全管理义务罪"为例,《刑法修正案(九)》新增了此罪,规定在第 286 条之一——"网络服务提供者不履行法律、行政法规规定的信息网络安全管理义务,经监管部门责令采取改正措施而拒不改正,有下列情形之一的,处三年以下有期徒刑、拘役或者管制,并处或者单处罚金:(一)致使违法信息大量传播的;(二)致使用户信息泄露,造成严重后果的;(三)致使刑事案件证据灭失,情节严重的;(四)有其他严重情节的。单位犯前款罪的,对单位判处罚金,并对其直接负责的主管人员和其他直接责任人员,依照前款的规定处罚。有前两款行为,同时构成其他犯罪的,依照处罚较重的规定定罪处罚。"立法作此规定主要是由于近年来我国的互联网技术、网络金融、电子商务等发展日新月异,其"副产品"——网络违法犯罪也迅速蔓延,一些企业的合规性意识不强,立法却又相对滞后,包括刑法在内的现有法律存在相当的空白之处,给国家安全、社会秩序、公民隐私等合法权益以及社会风尚都带来很大威胁。

从刑事处罚范围看,"拒不履行信息网络安全管理义务罪"的增设无疑是立法的必要扩张,是一种犯罪化的表现,将情节较为严重的网络服务提供者拒不履行信息网络安全管理义务的行为纳入刑法的视野。所谓"扩张",具体表现是在处罚的行为、处罚的对象上都扩大了刑事处罚的范围。同时,刑法也表现出在国家相关立法体系中一定的超前性——在个人信息保护法、网络安全法、电子商务法等相关法律尚未全面规定不履行信息网络安全管理义务行政责任的情况下,刑法先行规定了拒不履行信息网络安全管理义务的刑事责任。然而,这是迫于现实的犯罪态势不得已的反应——面对汹涌而来、"野蛮生长"的网络犯罪,刑法不可能等其他法律都出台了再做规定,各项相关法律也很难实现完全的"联动立法或修订",在同一时间一起出台。此外,我国也没有严格意义上的附属刑法,无论是电子商务法还是个人信息保护法等都不可能规定具体的罪名、罪状与法定刑,所有涉及罪、刑的规定都只存在于刑法之中。

然而,在相关立法规定尚不明晰之时,稳妥也是保障人权的题中之意。通过司法的限缩,采用目的性限缩解释方法解释第 286 条之一,有利于准确定罪、限制重刑的适用,也可谓"严而不厉"——立法的法网"严密",司法的处罚不过于"苛厉"。通过立法与司法之间的一扩一限,实现法律制定与适用的动态平衡,在实践中实现"罪刑法定"。这里的"限缩"不是指限制解释,而是指"以立法目的为根据,限缩法律条文的适用范围,将一些模棱两可的情形排除在该条适用范围之外[①]。具体需要严格依照罪刑法定原则进行解释,对属于其他法律进行填补、规范的内容,例如"违法信息""责令改正"等规定,没有成熟依据的,或者相关立法尚未出台的,刑法要根据法益保护的需要,进行条文适用的适当限缩,不轻易介入,不轻易定罪处刑。不能认为刑法规定了罪名就是拿来用的,可以无顾忌、不考虑其他法律的前置性就予以适用。本文关于拒不履行信息网络安全管理义务罪主要涉及以下几方面。

一、什么是"信息网络安全管理义务"？

《刑法》第 286 条之一明确规定,网络服务提供者所违反的"信息网络安全管理义务"是"法律、行政法规规定的信息网络安全管理义务",这是针对网络服务提供者的信息网络安全管理的义务性规定。具体有哪些义务呢？国务院《计算机信息网络国际联网安全保护管理办法》第 10 条明确规定:"互联单位、接入单位及使用计算机信息网络国际联网的法人和其他组织应当履行下列安全保护职责:(一)负责本网络的安全保护管理工作,建立健全安全保护管理制度;(二)落实安全保护技术措施,保障本网络的运行安全和信息安全;(三)负责对本网络用户的安全教育和培训;(四)对委托发布信息的单位和个人进行登记,并对所提供的信息内容按照本办法第 5 条进行审核[②];(五)建立计算机信息网络电子公告系统的用户登记和信息管理制度;(六)发现有本办法第 4 条、第 5 条、第 6 条、第 7 条所列情形之一的,应当保留有关原始记录,并在 24 小时内向当地公安机关报告;(七)按照国家有关规定,删除本网络中含有本办法第 5 条内容的地址、目录或者关闭服务器。"可见,"信息网络安全"主要是指信息内容的安全,也包括信息系统本身的安全。[③] 而"信息网络安全的管理"则包括网络营运监管、网络内容监管、网络版权监管、网络经营监管、网络安全监管、网络经营许可监管等。

此外,全国人大常委会《关于加强网络信息保护的决定》《消费者权益保护法》、国务院《电信条例》、工信部《电信和互联网用户个人信息保护规定》也都包

---

① 梁慧星.裁判的方法(第 2 版)[M].北京:法律出版社,2012:18.

② 《计算机信息网络国际联网安全保护管理办法》第 5 条是有关"违法信息"的 9 项规定,本文在第五部分将专门论述。

③ 法工委解读《刑法修正案(九)》涉网络条款[N].民主与法制时报,2015-11-18.

含对网络服务提供者的网络信息管理义务的要求。《网络安全法》《电子商务法》《个人信息保护法》等也会涉及网络服务提供者的网络信息管理义务。

问题是，"信息网络安全管理义务"是否包括来自国新办、网信办、公安部、工信部、国家新闻出版总署等部门制定的规章等规范性文件？这些部门都是对网络负有重要的监管职责的部门。对此应该严格按照罪刑法定原则进行解释，既然《刑法》第286条之一明确规定网络服务提供者不履行的是"法律、行政法规规定的信息网络安全管理义务"，国新办等部门制定的规章等规范性文件就不应被包括其中。然而，这些部门各自在自己的职责范围内依法推进、落实网络服务提供者履行信息网络安全管理义务，当这些部门发现具体问题或接到举报、要求网络服务提供者进行改正时，网络服务提供者负有及时改正的义务。

需要注意的是，本条设置的违反法定义务的犯罪属于纯正不作为犯，前提必须有基本的法律和法规，而且规定义务明确。刑事责任的设置是以民事责任、行政责任的前置为基础的，法律责任有其递进性，刑事责任是最重的法律责任，前提必须是行为人负有某项具体义务、有条件履行却违反了该义务，那么这里的义务就必须明确、合理、可行。就目前情况看，网络服务提供者的权利义务和法律责任将随着立法的增加而不断增加。在大数据时代，网络服务提供者面临的最大问题之一是监管部门的协调、数据共享与产业的发展、促进"互联网＋"的要求还有距离，未来需要在强化对网络信息安全监督管理的同时，突出政府的服务功能，减少不必要的政府干预乃至实现"政府的最小干预"，尽可能少给企业增加负担。

刑法是最后一道防线，是其他法律的保障法。遏制网络犯罪迫切需要有效的行政监管，未来在网络安全法、电子商务法、个人信息保护法等法律出台后，对网络服务提供者的"信息网络安全管理义务"规定会更加完备，届时对《刑法》第286条之一的适用要更好地发挥行政法律规定的作用。反之，如果前置义务尚不明确，则应慎重追责，特别是应当慎重追究刑事责任。

二、"监管部门"包括哪些部门？

我国对网络服务提供者有权进行监管的部门包括国信办、工商行政管理部门、工信部和地方通信主管部门、新闻出版部门、教育部门、卫生部门、药品监督管理部门、公安部门和国家安全等，且存在职能交叉现象。若不加以限制，所有监管部门的各层级都属于条文规定的"监管部门",会导致"责令"出自多门,甚至有时可能互相矛盾,使得互联网企业承担很重的信息安全管理压力。

从法益保护角度看,本条的立法目的主要是保护信息网络安全,因此,在司法实践中最好对"经监管部门责令"的"监管部门"进行目的性限缩解释,通过列举的方式将其限定为"网络安全监管部门",从而明确本条所指的法律、行政法规系那些规范国家安全、社会秩序的相关规定。不作为犯罪成立的前提是具有明确的法定义务,对于本法条规定的信息安全管理义务首先应当明确法律、法规的范围。

三、"责令"的内容、形式有无要求?

这个问题有两个方面:责令的内容、责令的形式。

一是责令的内容。在此有一个聚讼不休的平台责任的边界问题。就网络安全监管而言,当然是国家的监管部门负有监管职责。然而,互联网的出现在很大程度上改变了社会治理方式,将过往的政府一元式治理变成"政府+社会"的二元式治理,这里的"社会"首先是指网络平台企业,由于其直接面对用户,因此部分承担了网络安全监管的职责,同时也可以说,网络平台企业具有了部分的网络安全监管的职权,而权、责从来就是紧密相关、不可分割的。然而,网络经济、电子商务、电子金融的发展速度远超过网络监管的发展速度,在一定程度上,网络监管跟不上网络经济的发展步伐。另外,我国自古以来一直行政权大于民间权、公权大于私权,但罕见地出现了政府不得不与网络服务提供者共同对信息网络进行"联手治理"的现象。然而,平台责任的边界在哪里,与国家网络监管部门的监管职责究竟如何划分?

当一向习惯于公权治理的领域引入私权治理(笔者对两者的治理关系在此不予赘述),司法裁判者绕不开的是——对于都担负着不同监管职责的行政主管部门、网络服务提供者来说,他们执行过程中都可能会有过错——即使主观上不是故意的,而这种过错,不能都归责于网络服务提供者。换言之,若要追究网络服务提供者的刑事责任,首先就需要确认"监管部门责令采取改正措施"中的"措施"是合法的、正当的、可行的、合理的,才能对"拒不改正"追究刑事责任。因而,司法实践中需要对"责令改正"的内容做实质性判断,而不能只是形式性判断。如果认为只要监管部门对网络服务提供者发布有关采取改正措施的"责令",后者拒不改正导致严重后果的,就追究其刑事责任,未免过于严苛。

二是责令的性质与形式。此处涉及一个问题："经监管部门责令采取改正措施而拒不改正"中的"责令"是否包括"口头"责令？① 《行政处罚法》第 8 条将行政处罚种类划分为警告、罚款、没收违法所得和非法财物、责令停业、暂扣或吊销许可证或执照、行政拘留等六种，其中并无责令改正。责令改正的性质，不是一种行政处罚，而只是一种行政措施。然而，对于发出责令是否必须采用书面形式，法律没有专门规定。实践中，监管部门的日常监管一般也不必采用书面形式。而且，监管部门的不同级别的人都有可能通过电话、口头通知发布"责令"，如果将这种非正式的通知包含在"责令"之内，则会给企业履行义务带来困扰，导致入罪的风险过大。例如，若企业必须执行口头的删帖、屏蔽、净网"责令"，则可能"致使刑事犯罪证据灭失"，在口头通知者拒不承认的情况下，互联网企业仍可能构成犯罪。结果是，不执行口头责令会构成犯罪，执行了也可能构成犯罪，这使得企业无所适从。

四、对"拒不改正"的界定

作为纯正的不作为犯罪，与《刑法》第 286 条之一类似的规定还有拒不执行判决、裁定罪。然而，这两个罪的不同之处在于，拒不执行判决、裁定罪中的"判决、裁定"内容是确定的，而拒不履行信息网络安全管理义务罪中的"义务"却是庞杂的，且是随着相关立法的出台而不断增加的，其空白罪状的特征非常明显。因而，对网络服务提供者的"拒不改正"的认定不可以"一刀切"，而要视具体情况进行具体分析。

所谓"改正"就是把错误的改为正确的，而"拒不改正"既包含"不采取改正措施"行为要素，也包含"采取了改正措施但仍然没有达到预期目的"的结果要素。对拒不履行信息网络安全管理义务罪的认定，应当注意对行为人的主观方面，特别是注意对行为人主观恶性的判断，如行为人对"责令改正"的内容是否明了、改正的可能性与难度、拒不改正的次数等。如果监管部门提出的只有目标没有具

---

① 工商行政管理机关所适用的责令改正可以分四类：(1)属于监管措施的责令改正，可以书面做出，也可以口头做出；(2)属于程序性的责令改正。不能用口头形式，而必须用书面形式，而且应当有法律法规的明确规定，这是为下一步的处罚留下证据，也是做出行政处罚的法定前置程序；(3)属于附加罚的责令改正，属于行政处罚的附加罚，但不能单独适用；(4)属于强制措施类的责令改正，应当书面做出决定。参见浅谈责令改正的法律属性及适用[N].中国工商报,2010-06-19.

体改正措施,或者改正目标在当前技术无法实现,则缺乏期待可能性,不宜定罪。事实上,随着网络技术的飞快发展,针对信息网络服务者实施的破坏计算机信息系统、非法控制计算机信息系统、非法获取公民个人信息等犯罪也越来越猖獗,且手段多变、防不胜防,有时即使服务提供者在接到改正通知后已经尽到了注意义务或者采取了防范措施,仍不足以防止后果发生。由于网络跨地域、传播快等特点,有时即便是穷尽所有的技术救济手段,也无法完全避免违法信息的传播。因而,对是否"改正"、是否属于"拒不改正"都不能仅仅看效果,而要结合网络服务提供者的主观心态、客观所做的努力进行综合判断,否则将陷入"客观归罪"。

五、什么是"违法信息"?

国务院《互联网信息服务管理办法》第 15 条以及修订后的国务院《电信条例》第 56 条所严禁的九类违法信息内容是一致的:"任何组织或者个人不得利用电信网络制作、复制、发布、传播含有下列内容的信息:(一)反对宪法所确定的基本原则的;(二)危害国家安全,泄露国家秘密,颠覆国家政权,破坏国家统一的;(三)损害国家荣誉和利益的;(四)煽动民族仇恨、民族歧视,破坏民族团结的;(五)破坏国家宗教政策,宣扬邪教和封建迷信的;(六)散布谣言,扰乱社会秩序,破坏社会稳定的;(七)散布淫秽、色情、赌博、暴力、凶杀、恐怖或者教唆犯罪的;(八)侮辱或者诽谤他人,侵害他人合法权益的;(九)含有法律、行政法规禁止的其他内容的。"

那么,《刑法》第 286 条之一中的"致使违法信息大量传播"是否涵盖上述九种违法信息?该罪的保护法益是国家安全、公共安全、社会秩序及公民个人信息,上述前八种违法信息的内容都十分明确,不会产生太大的异议,主要是第九种,"含有法律、行政法规禁止的其他内容的",这种兜底式的规定可能被任意解释、扩大适用,违背刑法谦抑性的基本原则。例如,发放垃圾广告、夸大宣传、诽谤他人、侵犯商业信誉等行为也属于"法律、行政法规禁止的其他内容",本来通过行政法规将其进行制裁即可,若被解释成上述违法信息的"(九)含有法律、行政法规禁止的其他内容的",则处罚范围被不当扩大。从异域立法经验看[①],追究

---

① Frank P. Andreano. Evolution of Federal Computer Crime Policy: The Ad Hoc Approach to an Ever-Changing Problem[J]. American Journal of Crime Law, 1999(81).

信息网络服务提供者的罪责一般只针对仇恨言论、侵犯著作权、淫秽物品、毒品、诽谤等,而不是对一切违法信息负责。

六、对"灭失"如何界定?

《刑法》第286条之一规定的第三种情形是"致使刑事案件证据灭失,情节严重的",此处的"灭失"如何界定,对确定行为人的刑事责任至关重要。通常说来,"灭失"可以是信息被删除但仍可恢复的情形,也包括信息被删除带来的信息不可恢复、永久消失的情形。笔者认为,必须将"灭失"与"情节严重"相联系进行解释,即这种"灭失"既然要达到"情节严重"的程度,那就不应当将那些仍可恢复的证据"灭失"包括在内。当然,如果在找回的过程中,由于司法机关工作人员的失误造成了信息的不可恢复、永久消失,则不应将这种后果归责于网络服务提供者。

七、第1项与第3项是否存在矛盾?

有人认为,《刑法》第286条之一所列举的四种情形中,第1项和第3项在逻辑和实践层面是互相冲突的,第1项规定的情形是"致使违法信息大量传播",第3项则是"致使刑事案件证据灭失",于是为了防止违法信息的大量传播,行为人就会赶快删除,而删除又导致刑事证据的灭失,亦即,如果不删除"违法信息",可能"致使违法信息大量传播",符合了第1项的规定;如果删除"违法信息",可能"致使刑事犯罪证据灭失,严重妨害司法机关依法追究犯罪",符合了第3项的规定。[①] 笔者认为,第1项与第3项其实并不矛盾。对这种貌似冲突、矛盾规定的解释,需要依据国务院《互联网信息服务管理办法》第16条的规定,"互联网信息服务提供者发现其网站传输的信息明显属于本办法第15条所列内容之一的,应当立即停止传输,保存有关记录,并向国家有关机关报告"。此外,《网络安全法(草案)》第40条拟规定,"网络运营者应当加强对其用户发布的信息的管理,发

---

① 例如,网络服务提供者的平台出现涉黄、涉恐等信息,根据《互联网信息服务管理办法》第15条规定,互联网信息服务提供者不得传播含有散布淫秽、色情、赌博、暴力、凶杀、恐怖或者教唆犯罪的信息。因此,为履行上述义务,网络服务提供者应当对这些信息予以删除。然而,这些包含有淫秽、色情、赌博、暴力、凶杀、恐怖或者教唆犯罪的信息同时也可能是某些重要的刑事犯罪证据,公安机关等部门要求予以保存,对此予以删除,有可能致使刑事犯罪证据灭失,严重妨害司法机关追究犯罪。

现法律、行政法规禁止发布或者传输的信息的,应当立即停止传输该信息,采取消除等处置措施,防止信息扩散,保存有关记录,并向有关主管部门报告"这表达了同样的含义。

其实有可能出现矛盾的却是"(二)致使用户信息泄露,造成严重后果的""(三)致使刑事案件证据灭失,情节严重的"这两项内容。在第2项规定中,"用户信息"是指互联网信息服务提供者在提供服务的过程中收集的用户姓名、出生日期、身份证件号码、住址、电话号码、银行卡卡号、密码等能够单独或者与其他信息结合识别用户的信息,以及用户使用服务的时间、地点等信息。实践中,有的监管部门未采取严格的调取证据的程序,就要求网络信息服务提供者提供用户的个人信息。网络服务提供者如果提供这些用户信息,则可能"致使用户信息泄露,造成严重后果",符合第2项的规定;如果不提供这些用户信息,则可能"致使刑事犯罪证据灭失,严重妨害司法机关依法追究犯罪",符合第3项的规定。这会使得网络服务提供者在履行不同的信息网络安全管理义务时,陷入两难的窘境。显然,这再次说明,信息网络监督管理部门执法的规范与否将对网络服务提供者的配合效果直至刑事责任的认定产生重大影响。因此,在具体办案过程中,应当引入期待可能性理论,对网络服务提供者的行为所造成的后果进行目的性限缩解释。

八、如何把握"其他严重情节"?

《刑法》第286条之一所列举的第四种情形是"有其他严重情节的"。之所以如此规定,主要在于网络发展之快超出立法者的预料,对拒不履行信息网络安全管理义务的还会造成何种严重后果、具备何种严重情节,单纯采用列举式恐怕不能涵盖、穷尽,为免得挂一漏万,才做此规定。

然而罪状规定的明确性是罪刑法定原则的必然要求,立法应当尽量避免"其他严重情节"这样开放式、兜底性的规定,因为它给法官留下了较大的解释空间,如果适用不当,容易使司法裁量权过大,损害被告人的合法权益。笔者认为,这里的"其他严重情节"应当是与前三项——(一)致使违法信息大量传播,(二)致使用户信息泄露,造成严重后果,(三)致使刑事案件证据灭失,情节严重——危害性相当的情节,而不应做扩大解释。而且,本罪保护的法益是"信息网络安全",因此,对"其他严重情节"的法益判断既包括信息内容安全,也包括信息网络系统的安全。

九、慎用"单位犯罪"条款

《刑法修正案(九)》对网络犯罪的修订,不仅对《刑法》第 286 条之一拒不履行信息网络安全管理义务罪规定了单位犯罪,而且对第 253 条之一出售、非法提供公民个人信息罪、非法获取公民个人信息罪、第 287 条之一非法利用信息网络罪、第 287 条之二为他人利用信息网络实施犯罪提供帮助罪都规定了单位犯罪,都采用双罚制,即除了对单位判处罚金,对直接负责的主管人员和其他直接责任人员也依照前款的规定处罚。对实施网络犯罪的企业进行刑事处罚,其必要性毋庸赘言,但是也需要慎用该规定。在互联网行政立法越来越多的情形下,加在互联网企业身上的信息网络安全管理义务会越来越多,如果企业的管理者刑事风险很高,将严重影响互联网行业的快速发展。由于不少互联网企业已经上市,如果单位受到刑罚处罚,必然导致股票下跌,牺牲投资人利益,影响经济发展和社会稳定。

十、结　语

对要解决刑事责任的问题必然首先要进行定性分析,但是,在相关法律缺失,实践中操作方式五花八门,甚至监管部门做法不一、要求不一,对被监管企业或个人的要求甚至相互矛盾、冲突的情况下,要准确判断行为人行为的违法性及其程度,对电子商务第三方平台刑事责任边界进行界定,就离不开对电子商务行业特点、平台性质与特点的界定。目前我国还没有任何一部法律来确定第三方平台的法律地位、性质、责任,因而,在司法实践中,当考虑对电子商务第三方平台适用《刑法》第 286 条之一"拒不履行信息网络安全管理义务罪"时,有必要采取目的性限缩解释。能够用侵权法等法律规定的民事责任、行政责任解决的,就不要轻易动用刑法,因为不少犯罪行为本身就是侵权行为、违约行为或行政违法行为,只是违法程度严重、达到一定情节才构成犯罪。刑法的适用应当尽可能地审慎。正如德国刑法学家耶林(R. von Jhering)所言:"刑法如同双刃之剑,用之不当,则国家与个人两受其害。"立法在网络犯罪方面的扩张规定有其不得已之处,但是司法就需要适当地限缩,防止给互联网产业的发展创新带来不应有的危害。不相称的法律风险将损害网络服务提供者的投入,最终损害的还是消费者的权益,影响了社会的进步。

互联网平台经济治理中合作模式的生成*

◎魏小雨**

摘　要：互联网平台经济是"市场"借助互联网技术具化的新型经济形态。目前,互联网平台经济已出现了大量的垄断、信息不对称、负外部性等市场失灵现象。面对这些问题,传统的政府规制与自我规制模式在治理这种新型经济形态时具有不可克服的困难。在市场经济逐步现代化、信息化的今天,一种以"合作"为特征的新型模式正逐渐彰显出其在互联网平台经济治理中的独特价值。合作模式符合现代化国家治理体系建设的需要,有利于整合主体资源、提升治理效果,并且是协商民主的重要组成部分。

关键词：互联网　平台经济　治理　合作　政府规制

伴随着互联网技术的发展,平台经济逐渐成为一种新型经济形态,不仅在市场中占据着重要地位,更成为人们经济生活的主流方式。平台经济学认为,平台是经济学中抽象的"市场"概念的具化:它既是买卖双方交易的空间或场所,更具备着抽象市场利润实现与价值创造的功能。换句话说,平台是市场显性化的表现:经济活动的参与者们将不仅仅能够通过传统的供求交易方式获取利润,还可以通过构建市场(平台)本身来获取利润。[①]因此,平台经济的内容包含着在这种经济形态下平台主体的组织结构、平台间的竞争与演化、平台的发展模式、平台与社会的关系及相互的影响、平台的管理方法等一系列问题。而互联网平台经济则是架构于互联网技术之上的一种显性市场形式。因为互联网本身就是一种

---

　*　基金项目:国家社科基金重大项目(14ZDC012);国家"2011计划"司法文明协同创新中心的研究成果。

**　魏小雨,中共河南省委党校法学教研部讲师。

①　徐晋.平台经济学[M].上海:上海交通大学出版社,2007:4.

平台,因此在泛化的意义上,互联网平台经济可以等同于互联网经济。本文之所以强调平台,正是因为互联网经济的迅速发展和其"平台性"息息相关,互联网平台经济中已出现的种种问题,很大程度上是出于目前对平台作为独立主体的责任与权利构造不完备的原因。对互联网平台经济实施有效治理,政府需要全面转变旧的规制理念与方式,积极创新与突破,寻求契合互联网平台经济特点的治理模式。

一、问题的缘起:互联网平台经济中的市场失灵

通常而言,经济效率被界定为"帕累托最优"或"帕累托改进",意味着在没有人受到损害的前提下,至少有一个人的境况将变得更好。① 而"帕累托最优"产生于一个完全竞争的市场,在该市场中每个参与者都是理性的,每笔交易的成本为零,信息完全对称,市场主体可以自由地进入或退出,所有的社会成本与收益均被认为是私人成本与收益。由于交易是自愿的,买家和卖家被假设为均在这笔交易中提升了效益。② 然而,这种理想的情况在现实中几乎是不存在的。由于经济人"理性""自利"的天性,一个自由放任的市场往往是非常脆弱的,不公平、无效率的市场失灵现象随之出现。③ 市场失灵可以分为垄断、信息不对称、负外部性等类别,目前这些现象均已在互联网平台经济的运行中出现,且市场本身及政府主体为对其进行矫正做出了大量努力。在矫正失灵的过程中,我们发现一种以"合作"为特征的新型模式正逐渐彰显出其在互联网平台经济治理过程中的独特价值。

(一)垄断现象

"腾讯诉奇虎不正当竞争纠纷案"被视为"中国互联网反垄断第一案"。本案中,最高人民法院提出,互联网平台企业竞争的实质是"在各自的应用平台上开展增值服务和广告业务的竞争",说明了互联网平台经济具有不可忽视的外部性与复杂的网络效应。同时本案一审法院在判决中首次援引了工信部发布的《规范互联网信息服务市场秩序若干规定》和互联网协会发布的《互联网终端软件服

---

① 帕累托最优意味着没有可进行帕累托改进余地的状态。参见理查德·波斯纳.法律的经济分析(第七版)[M].蒋兆康译.北京:法律出版社,2012:15—16.

② 理查德·波斯纳.法律的经济分析(第七版)[M].蒋兆康译.北京:法律出版社,2012:15—16.

③ Richard A. Posner. Theories of Economic Regulation[J]. Bell Journal of Economics 1974(5).

务行业自律公约》,将其作为"认定行业惯常行为标准和公认商业道德的事实依据",初步表现出行业协会主体拥有着参与治理的能力,应重视其发挥的重要作用。

本案的判决预示着在互联网平台经济中,一种以多主体参与为特征的"合作"模式正式进入人们视野,原因有三。其一,尽管互联网平台经济市场看似进入门槛低、可替代性高,但由于其呈现明显的网络外部性特征,比其他行业更有可能出现垄断现象与垄断主体。对互联网行业垄断的判断因素比其他行业更为复杂,应在实践中逐渐发展出符合互联网特点的法则。其二,互联网平台经济的治理不仅是政府的责任,还应重视互联网平台主体本身的权利与义务,以及用户即社会公众的作用。其三,在案件起诉之前,工信部分别对两公司进行约谈,以行政命令的方式要求其向社会公众公开道歉。在行政的压力下,奇虎公司于2010年11月10日宣布恢复360软件与QQ的兼容,及时地维护了广大用户使用两家公司旗下软件的正当权利。该事实使我们思索,在互联网平台经济的治理中,政府、平台、公众的角色与功能势必发生重构。如何平衡各主体之间的关系,使其在具体问题上发挥各自的力量,如何对合作模式进行定位,正是研究互联网平台经济治理的关键所在。

(二)信息不对称现象

互联网平台经济的最大特征就是拥有海量数据的支持,这使得它相比传统的市场主体可以更快速、更廉价地获取更多的信息。因此,有学者将互联网平台经济中的双方假定为"完全的信息拥有者"[①]。然而人们往往忽略了,无论是数据还是作为数据表现形式的信息,并非降低交易风险的真正原因,获取信息的真正目的是对其进行分析并得出结论,以此来预测交易对象的未来行动、扩大对交易结果的认知规模。在分析总结的过程中,极其容易出现认知偏差,造成结论与事实不符。而互联网的海量数据更是加大了选取有效信息的难度,这使得互联网平台经济的信息不对称现象不仅并未消除,交易风险反而成倍增长了。[②]

以互联网金融为例。2015年12月,作为经营业绩最突出的P2P平台之一的"e租宝"因涉嫌违法经营开始接受有关部门调查。2016年8月,北京市人民

---

① 孙宝文.互联网经济:中国经济发展的新形态[M].北京:经济科学出版社,2014:42—43.
② 杨东.互联网金融的法律规制——基于信息工具的视角[J].中国社会科学,2015(4).

检察院发布公告,认定"e租宝"相关人员涉嫌集资诈骗罪与非法吸收公众存款罪。[①] 该事件对整个互联网金融行业造成巨大冲击。据统计,2013年P2P平台为800家,倒闭、跑路和资金周转困难的问题平台为76家;2014年P2P平台为1575家,问题平台为275家;2015年,新上线的网贷平台超过1500家,全年问题平台达到896家。[②] 平台出现的问题各异,包括虚假标、高息标、拆标、老赖、自融资、虚设担保等。以上事实反映出,一方面互联网金融尽管将以海量信息为特点的互联网技术作为依托,其信息不对称现象反而比传统的金融行业更加严重。我国现有的对互联网金融的治理方式以管制型立法为主,因而市场主体的运营思路多为对"原有法律解决信息不对称和信用风险问题的思路的规避"[③];另一方面这提示了我们需要对互联网金融乃至平台经济的监管提出更高的要求。需要多主体之间相互配合,"通过部门联动、综合施策、分类监管,有效震慑违法违规行为、引导合法合规行为"[④]。

(三)负外部性现象

在互联网平台经济中,负外部性主要指各个市场主体在通过网络参与市场经济活动的过程中,给其他主体带来的危害即额外的成本负担。[⑤] 竞价排名指的是搜索引擎平台提供的一种网络营销服务,在该服务中,客户向平台支付一定费用,以换取在关键词搜索结果中的优先排名顺序。[⑥] 2016年4月,西安电子科技大学在读学生魏则西因患"滑膜肉瘤"病逝。其生前曾在网上留言,称其病情恶化的直接原因是其在病情治疗过程中使用国内最大搜索引擎"百度"搜索滑膜肉瘤的治疗方法,并相信了其信息搜索的排序结果,选择前往排在搜索结果首位的医院进行"生物免疫疗法"。然而在病情恶化后,各方信息已证实该疗法对滑膜肉瘤并无效果。魏则西事件使人们开始重视互联网带来的负外部性现象。一方面,搜索引擎服务商有义务为用户提供真实的、最具有相关性的信息;另一方面,搜索引擎服务商目前还未创造出比竞价排名更好的盈利模式。这使得在提供搜

---

① 犯罪嫌疑单位钰诚国际控股集团有限公司及犯罪嫌疑人丁宁等人非法集资犯罪一案被害人告权公告.[EB/OL].[2016-11-15].http://www.bjjc.gov.cn/bjoweb/gsgg/89278.jhtml.

② 2015年中国网络借贷行业年报[EB/OL].[2016-11-15].http://www.wdzj.com/news/baogao/25661.html.

③ 杨东.互联网金融的法律规制——基于信息工具的视角[J].中国社会科学,2015(4).

④ 倪弋.互联网金融风险防治,检察机关能做什么[N].人民日报,2016-10-12.

⑤ 高鸿业.西方经济学[M].北京:中国人民大学出版社,2012:293.

⑥ 李明伟.论搜索引擎竞价排名的广告属性及其法律规范[J].新闻与传播研究,2009(16).

索服务时,搜索引擎平台本身与平台连接的双方产生出大量矛盾。"魏则西事件"发生后,国家互联网信息办公室会同国家工商总局、国家卫生计生委对百度公司与互联网企业依法经营事项展开全面调查,调查结论提出,互联网平台经济中的风险是巨大的,尤其是对于类似医疗健康的高风险的领域,必须对平台主体提出更高的责任标准与要求,迫使其承担更多的社会责任。

二、政府规制模式在互联网平台经济治理中的局限

根据新古典主义的福利经济学,市场活动的调节通常有两种途径:一是政府规制;二是自我规制,通常以资源私有化的工具完成,注重自由市场本身的调节能力。① 然而在市场经济逐步现代化、信息化的今天,政府和市场之间的关系逐渐变得微妙,任何偏向其中一种规制路径的极端主义都显得力不从心。② 互联网平台经济的出现不仅创新着商业模式与经济形态,更呼唤着新型治理模式的形成。

其中,政府规制是对市场失灵现象最直接的回应,其主要包括 4 种手段。(1)通过《反垄断法》反对、干预垄断活动。例如,2008 年唐山市人人信息服务有限公司指控百度公司干预搜索结果、滥用市场支配地位。该公司首先向国家工商总局递交反垄断调查申请书,后通过司法机关进行起诉。北京市第一中级人民法院运用《反垄断法》相关条文对本案进行了判决。③ (2)提供公共产品。公共产品在消费或使用上具有非竞争性,在受益上具有非排他性,这决定了很难通过市场机制保证公共产品的生产与供给。在互联网平台经济中,政府在提供、建设信息基础设施上起着关键作用。④ 而随着传统基础设施领域的全面网络化,信息基础设施安全风险外溢的边界在极速扩张,政府有必要设计专门的立法与监管制度,最大限度地预防风险。目前,美国与欧盟针对信息基础设施的规制核心是

---

① Garrett Hardin. The Tragedy of the Commons[J]. Science Citation Index,1968(162).共同所有权机制在一定情形下被认为是第 3 条解决道路,参见 Abraham Bell,Gideon Parchomovsky. Of Property and Antiproperty[J]. Michigan Law Review,2003(102).

② 沈岿.行政自我规制与行政法治:一个初步考察[J].行政法学研究,2011(3).

③ 我院公开宣判北京首起反垄断诉讼案[EB/OL]. [2016-11-20]. http://bj1zy. chinacourt. org/article/detail/2009/12/id/1445499. shtml.

④ 严格来说基础设施属于准公共产品而非纯粹公共产品,仅具备公共产品的部分特征。

"使关键信息基础设施的所有者或者运营者承担相应的社会责任和法律义务,并通过组织保障、风险预警、公私伙伴关系、技术准备、应急反应、国际执法合作等全方位措施,形成多元主体共同参与安全治理的格局"①。(3)外部性内部化。常见手段包括使用税收、津贴的形式平衡经济活动主体的成本与收益、采取划定产权的形式使外部性内化,等等。从这个意义上讲,自我规制也属于政府规制的一种。②(4)信息公开。政府将依据自己所处的优势地位自身或要求相关主体提供信息,或建立产品质量标准、以事先审查的方式发放行政许可,以改善供需双方的信息不对称现象。③

在互联网平台经济中政府规制通常具有以下优势:其一,政府具有较高的民主正当性,因而在一种新经济形态出现时,其初始的规制主体必然是有能力、有资质的政府机构。其二,政府规制必须在法律的框架内行事,它不仅仅注重规制目标的达成,更要求规制模式的选择、架构等必须处于宪法、行政法等规范的控制之内。④ 其三,政府拥有强有力的执行手段,更便于克服集体行动难题⑤,互联网平台经济由于涉及多方主体,其产生的问题往往带有多重的、重大的利益冲突,协调主体以政府为优;其四,随着互联网带来的全球化经济加深,政府更具有代表性和权威性,从而组织大规模的经济协作。

同时,政府在规制互联网平台经济时的缺陷也是显而易见的。其一,政府规制的成本较高,政策制定、实施的线程较长,无法满足互联网平台经济高速发展中的灵活、弹性、动态变通等要求。其二,政府在规制中具有绝对支配地位,往往缺乏与相关利害关系人的沟通、论证与协商。其三,政府对新经济形态的把握不足,与市场之间也存在严重的信息不对称现象,容易产生"规制悖论"⑥。

以"行政许可"为例。《行政许可法》规定,行政机关有权对一些行业设置市场准入机制。然而该机制却在规制互联网平台经济时举步维艰。一方面,大量前所未有的平台经济形式使行政机关无法类比原有行业给予行政许可。网约车

---

① 周汉华.论互联网法[J].中国法学,2015(3).
② Eric T. Freyfogle. The Land We Share[J]. Environmental History,2004(3).
③ 胡税根.论新时期我国政府规制的改革[J].政治学研究,2001(4).
④ 宋华琳.政府规制中的合作治理[J].政治与法律,2016(8).
⑤ 李洪雷.论互联网的规制体制——在政府规制与自我规制之间[J].环球法律评论,2014(1).
⑥ 指规制的目的本身虽然是正当的,却由于规制方法或策略不当导致目的无法实现。参见凯斯·R.桑斯坦.权利革命之后:重塑规制国[M].李洪雷,钟瑞华译.北京:中国人民大学出版社,2008:120.

的性质如何认定至今尚存争议。美国加利福尼亚州公共事业委员会(CPUC)曾认为,网约车企业应属于"交通网络公司(TNC)",其和传统出租车企业不同,不应采取相同的规制策略。① 在我国,2016年7月27日出台的《网络预约出租汽车经营服务管理暂行办法》规定,网约车的性质是"预约出租客运",与先前征求意见稿中要求的"车辆使用性质登记为出租客运",虽只有两字之差,却意味着我国政府也倾向于在规制网约车时采取不同的策略。另一方面,未经许可的业务大量泛滥,不仅损害着政府的权威,也不利于互联网平台经济的创新与发展。例如《互联网视听节目服务管理规定》(广电总局、信息产业部令第56号)中,要求从事互联网视听节目服务的企业,应当取得行政许可。然而随着互联网视听平台的发展,存在着大量未取得相关许可仍在从事有关业务的网站。② 为此,国家新闻出版广电总局不得不针对新型视听平台追加许可规定,如《关于加强网络视听节目直播服务管理有关问题的通知》等。可见,在互联网平台经济中,行政许可制度常常遭遇尴尬局面,互联网企业进入门槛低、数量大,行政部门监管中小企业常力不能及。而大型的互联网平台企业,又往往有向综合性业务发展的趋势,经营边界的模糊给政府监管带来了新的困难。

三、自我规制模式在互联网平台经济治理中的局限

经济自由主义者们认为,在自由的市场上,各主体依据自身对经济利益的追求表达自我偏好、远离政府干涉,"看不见的手"将协调和引导个体的经济活动并最终达到社会福利的最大化。"如果政府企图指导私人应如何运用他们的资本……这种规制几乎毫不例外地必定是无用的或有害的。"③

然而,纯粹的自我规制也有其局限性。根据规制对象及方式的不同,自我规制可以分为个体解决与市场解决两种进路。前者指的是通过明确划分产权的方式将某种资源指定给个体,从而使全部外部性降为零,即该财产所有者活动的全部成本与收益均归于该所有者。后者指的是,市场上所有将被外部性影响的个体通过相互间的讨价还价来消除或降低交易成本(外部性)以达成规制共识,从

---

① 王军.美国管理网约车:先给"名分"再监管[N].人民邮电,2015-10-25.
② 马骏,殷秦,李海英,等.中国的互联网治理[M].北京:中国发展出版社,2011:21—22.
③ 亚当·斯密.国民财富的性质和原因的研究(上卷)[M].北京:商务印书馆,1974:27—28.

而实现经济效率(福利最大化),其原理是科斯定理。① 在个体解决进路中,由于产权被清晰地划归于个人,为使自己的资源得到可持续的发展与利用,私主体的成本—效益分析将趋向于社会福利最大化与个人利益的促进之间的平衡。然而,现实中这种完美的情形似乎是很难达到的:只要产权划分无法包含一个完整的生产—消费系统,必然将产生外部性残留。正因如此,有学者提出个体解决的进路仅仅适用于"纯粹消费"问题,即市场失灵的原因仅仅在于有使用者消费了资源并减少了其他人可以消费资源的机会。由于外部性的范围单纯的限定于一种法律安排下,因此,该问题可以通过个体的方式解决(其他人有权消费的产品)。一旦这种法律安排因产权边界变更而变更,产品消费的影响则收缩至每一份被划定的财产中。② 然而在互联网平台经济中,外部性的范围往往并非单纯的法律安排能决定的。在全球范围内接入互联网的任何用户都可以访问服务器处于任一国家的网站,并依据自己所获得的信息做出行动安排。而这些行动安排通过互联网的传播将影响任意国家、地区内的其他用户,政府很难通过划定产权的方式来限定互联网中的空间维度,从而使外部性内化。

与个体解决不同的是,市场解决作为自我规制的另一条进路,承认外部性不可能消除的问题;但是认为通过市场中各主体相互间的讨价还价,外部性可以被降低至最优的水准。科斯定理认为,一个完美的市场是没有交易成本的,所有受到外部性影响的主体参与讨价还价以求降低其他各方的不利影响,以此达到经济的最优效率,并且这种结果不考虑初始权利被如何安排。③ 在市场中没有交易成本意味着,经济活动的各个参与者都拥有完全的信息。同时,各个参与者通过讨价还价制定规制政策的过程也是无成本的,不会受到集体行动问题的影响。④可以看出,市场解决进路和个体进路有一些相似,在两种进路下某一经济活动的参与者被强制要求考虑该活动将会产生的全部社会成本和收益。显然,在互联网平台经济已全面渗透人们生活的今天,任何活动产生的影响都是不可估量的,市场活动参与者承担"全部的"社会成本与收益,几乎是不可能实现的。

---

① Amy Sinden. The Tragedy of the Commons and the Myth of a Private Property Solution[J]. University of Colorado Law Review,2007(78).

② Amy Sinden. The Tragedy of the Commons and the Myth of a Private Property Solution[J]. University of Colorado Law Review,2007(78).

③ Ronald Coase. The Problem of Social Cost[J]. Journal of Law & Economics,1960(3).

④ 曼瑟尔·奥尔森.集体行动的逻辑[M].陈郁译.上海:上海人民出版社,1995:2—3.

四、合作模式在互联网平台经济治理中的价值

(一)合作模式是现代化国家治理体系建设的需要

在政府规制与自我规制面对愈发复杂的市场失灵问题而显得力不从心时，治理理论进入人们的视野，该理论认为在市场与政府均存在失效的情况下，必须在涉及复杂利益的公共问题中由多个不同主体联合行动，以弥补市场与政府的不足。[①] 党的十八届三中全会通过的《中共中央关于全面深化改革若干重大问题的决定》指出，我国全面深化改革的总目标是"完善和发展中国特色社会主义制度，推进国家治理体系和治理能力现代化"。而治理指"各种公共的或私人的个人和机构管理其共同事务的诸多方式的总和。它是使相互冲突的或不同的利益得以调和并且采取联合行动的持续的过程。这既包括有权迫使人们服从的正式制度和规则，也包括各种人们同意或以为符合其利益的非正式的制度安排。它有4个特征：治理不是一整套规则也不是一种活动，而是一个过程；治理过程的基础不是控制，而是协调；治理既涉及公共部门，也包括私人部门；治理不是一种正式的制度，而是持续的互动"[②]。从中可以看出，治理要求脱离单一主体规制的传统思路，是一个多主体之间互动的过程，在这个过程中应灵活运用对话、协商、谈判、妥协等方式建立相互间的伙伴关系以更好地达成规制目的——促进社会总福利的增长。[③]

2004年，联合国秘书长根据信息社会世界首脑会议的授权设立互联网工作组，提出互联网治理指的是"政府、私营部门和民间社会根据各自的作用制定和实施旨在规范互联网发展和使用的共同原则、准则、规则、决策程序和方案"。目前，种种互联网平台经济中的市场失灵现象的出现，已初步显现出平台经济的治理不再是单一主体的责任，而需来自多方主体的共同力量。既然需要多方的努力，则必然无法再依靠传统的、带有强制色彩的单向行政命令模式，而应更多地依靠协商、沟通、协议等方式，张弛有度、收放结合，既发挥互联网平台经济中各

---

① 詹姆斯·N.罗西瑙.没有政府的治理[M].张胜军,刘小林,等译.南昌:江西人民出版社,2001;格里·斯托克.作为理论的治理五个论点[J].国际社会科学杂志(中文版),1999(1).

② Commission on Global Governance. Our Global Neighborhood: The Report of the Commission on Global Governance[R]. Boston: Oxford University Press, 1995.

③ 俞可平.治理与善治[M].北京:社会科学文献出版社,2000:5—6.

个参与者自身的力量,又以政府的强制力保证新经济的健康发展。对互联网平台经济进行治理,需将每一个环节、每一个个体连接起来,其本质就是使各方共同受益、协作共赢。因此,采取一种新型的以"合作"为主要特征的治理模式已成为互联网平台经济发展的必然要求。

(二)合作模式有利于整合主体资源、提升治理效果

资源依赖理论认为,任何部门所拥有的资源均是有限的,而部门的权力来源于资源的取得情形,出于对自身权力扩增的需要,任何部门都必须与其他部门相互合作以弥补资源的不足,促进自身的发展。① 在资源依赖理论中,这种组织间的依赖既可以是单方的,也可以是相互的。由此萨德尔提出,政府与非政府组织之间正是这样一种相互依赖关系,而非单方的领导与服从,其根本原因是它们都掌握着另一方无法轻易获取的重要资源。② 显然,在经济活动的实际运行中,除了政府、非营利组织,还有营利组织、服务接受者等多种主体。③ 例如,服务接受者(通常是普通公众)寻求服务,而政府则对这种服务需求予以回应。在回应的过程中,政府为降低成本、提高效率,往往借助于政府之外的力量,但这绝不意味着任务的完全下放。非政府主体受困于资金、组织体系、活动许可等限制,向政府提出请求,与政府的资源相互补足,以共同解决服务接受者的需求。

如前所述,面对互联网平台经济中的失灵问题,政府规制与自我规制常常力所不逮,其根本原因是政府规制部门与私主体各自掌握的资源有限而无法独立支撑整个规制过程。在互联网平台经济中,政府以公权力来保障执行的有效性,可在协调各种重大利益冲突时发挥较大的作用。虽然政府自身也有其利益追求,但其性质决定了其主要目标是为促进公共利益而服务。对于私主体而言,其相对于政府的优势是拥有本行业的内部信息、了解行业的发展动向,但囿于资金、影响力、约束力等条件,在规制中无法解决外部性的问题。并且,私主体的首要目标是获取利益,这使其在进行自我规制时缺乏足够的动力,必须配套以强有力的激励与监督机制,而对私主体的激励与监督难度远远高于对公主体的,这无

---

① Benson J. K., Pfeffer J., Salancik G. R. The External Control of Organizations [J]. Administrative Science Quarterly, 1978(2).

② Judith R. Saidel. Resource Interdependence: The Relationship Between State Agencies and Nonprofit Organizations[J]. Public Administrative Review, 1991(51).

③ Sungsook Cho, David F. Gillespie. A Conceptual Exploring the Dynamics of Government—Nonprofit Service Delivery[J]. Nonprofit and Voluntary Sector Quarterly, 2006(35).

形中又增加了自我规制的成本。因而正是这样相互的资源缺乏,构成了公私之间合作的基本动力。互联网平台经济中的企业往往具备以下特征:数量多,大部分企业规模较小、发展时间不长;技术人员在企业内的作用较大,企业发展主要依赖于技术开发和模式创新;平台经济业务的发展呈现综合性的趋势,如电子商务平台大多与第三方支付平台相连接、即时通信平台大多附属有网络社交平台等,这给单一业务的企业带来挑战与压力;产品形式更新换代迅速,使得大部分创新结果游荡于法律的"灰色地带",随时可能受到政府的调控且无法预测具体的监管措施,导致发展的风险较高,等等。以上原因决定了私主体之间的合作也将带来种种优势,如与本行业内的其他相关企业合作,有助于增强创新能力、发展综合业务、降低生产风险;与用户合作,有助于匹配消费需求,调整业务方向,并加强外界监督,等等。

(三)合作模式是协商民主的重要组成部分

治理中的民主价值主要指各类治理主体、治理手段等的安排是否合理,这直接影响着治理的实效。民主理论的发展经历了从直接民主到间接民主的变化历程。其中,直接民主指的是公民作为国家的主人,直接参与社会各类事物的管理过程而不假手于其他代理人。[1] 间接民主指由全体公民"通过由他们定期选出的代表行使最后的控制权"。[2] 然而,间接民主虽具有可操作的现实性,却易为"精英"阶层所操控,使间接民主产生专制倾向。此时,协商民主理论应运而生,要求"凡生活受到某项决策影响的人,都应该参加这些决策的制定过程"[3]。在管理社会事务的过程中,平等主体之间的对话、沟通、协商构成了管理的正当性。"民主的意见形成和意志形成过程的程序和交往预设的作用,是为一个受法律和法规约束的行政部门的决策提供商谈合理化的最重要渠道。"[4]由此可见,合作模式正是符合这种合理商谈的机制之一。在合作模式中,各方主体将通过平等基础上的协商共同制定治理规则,无论该规则的质量如何,因其产生的途径符合协商民主的标准,势必将具有较高的正当性收益,即为相关利害关系人与社会公众的接受程度更高。而这种正当性收益也将促使政府治理理念的转型,使政府角色向

---

① 刘军宁,王焱.直接民主与间接民主[M].北京:生活·读书·新知三联书店,1998:37.

② 约翰·密尔.代议制政府[M].汪瑄译.北京:商务印书馆,1982:68.

③ 约翰·奈特比斯.大趋势——改变我们生活的十个新方向[M].北京:中国社会科学出版社,1984:161.

④ 哈贝马斯.在事实与规范之间:关于法律和民主法治国的商谈理论[M].童世骏译.北京:生活·读书·新知三联书店,2003:373.

"服务型政府"迈进。

2013年,习近平曾在《关于〈中共中央关于全面深化改革若干重大问题的决定〉的说明》中指出:"在党的领导下,以经济社会发展重大问题和涉及群众切身利益的实际问题为内容,在全社会开展广泛协商,坚持协商于决策之前和决策实施之中。"可见我国广泛重视协商民主的价值与其在治理具体领域内的运用。然而在目前针对互联网平台经济的治理中,虽然政府已显示出较强烈的"参与"倾向,重视吸收来自普通公众的意见,但是这种参与距离合作模式中的协商尚有距离。协商不仅需要各个参与者尤其是社会私主体参与决策制定过程,更需要各参与者对决策结果负责,即裁量权与责任的真正共担。①

---

① Chris Ansell, Alison Gash. Collaborative Governance in Theory and Practice[J]. Journal of Public Administration Research and Theory, 2008(18).

"互联网＋"时代下网络数据刑事司法问题研究

◎周朝阳*

摘　要:刑法规制网络数据(虚拟财产)犯罪出现路径依赖倾向,将网络数据单纯归入传统法益或新类型法益而毕其功于一役的做法,严重忽视了网络数据社会属性的不同侧面,使理论和实践都产生了很多混乱。对于网络数据的正确认识必须还原网络数据不同社会属性,以网络数据与现实社会是否具有映射关系为切入点,对数据进行恰当类型化归纳与分类;使与现实社会存在映射关系的网络数据回归到传统刑法法益,而与现实社会不存在映射关系的,应被归入新类型法益,以此类型化为基础再选择恰当的刑法罪名。

关键词: 网络数据　虚拟财产　法益　类型化　罪名

一、问题提出

立法和司法都承认网络数据(以下简称为数据)是值得刑法保护的法益,但究竟这种法益是什么,主要代表刑法中哪一种或几种类罪中的法益,人们并不是很明确。有观点将数据解释为刑法中的财物,把数据置于传统法益类型中进行总结归纳,也有观点将数据定义为一种不同于传统财物的新型法益,两种路径都是想将数据问题一网打尽,但事与愿违,斩不断、理还乱,面对个案法律适用时,仍是捉襟见肘、疲惫不堪。即使认定数据具有财物属性,是否就可以直接认定其构成财产犯罪呢? 立法中也已规定了非法获取计算机信息系统数据罪,是否所有的非法获取数据的案件又都可以被认定为非法获取计算机信息系统数据罪

---

　*　周朝阳,南京市雨花台区人民检察院知识产权科科长。

呢？两个问题的答案都是否定的。以盗窃为例，盗窃财物行为在《刑法》中除了第 201 条规定的盗窃罪以外，还有 10 个以上可以选择适用的罪名，如盗窃枪支、弹药罪，职务侵占罪，盗窃侮辱尸体罪，盗掘古文化遗址罪，盗伐林木罪，贪污罪等。这些罪名都可以包含盗窃行为，除去《刑法》第 285 条规定了非法获取计算机信息系统数据罪外，犯罪对象都属于财物，大都没有争议，但刑法却为盗窃财物规定了不同罪名。盗窃行为能否定性为盗窃罪，不单纯在于盗窃对象是不是财物，因为财物法益类型在刑法中可能具有不同社会属性。比如，盗窃森林中的林木可能构成盗伐林木罪，盗窃放在仓库里的林木可能构成盗窃罪，林木物理属性一般无异，但其社会属性会发生了变化。而盗取数据也可能会因为数据的不同社会属性而构成不同犯罪。在此，不是认为盗窃数据不能被直接定性为盗窃罪，就否认了数据的财物属性；也不是认为否认定性为非法获取计算机信息系统数据罪，就承认数据不是新型法益。罪名选择往往不是非此即彼的关系，更不是直接相互否定关系。由于各罪法益侧重不同，往往即使是相同的犯罪对象也会构成不同的罪名，犯罪对象相同但承载的主要法益不同，就会造成罪名相异。

二、网络数据关涉的法益类型

网络数据具有物理属性与社会属性的双重特点。数据存储于网络或计算机信息系统设备中，物理属性一般不会变化，但人们如何利用数据的社会属性则是日新月异的。互联网之所以壮大，虽然与互联网技术发展密切相关，但爆炸式的发展则是人们巧妙地利用互联网而促成的，要么打造新的产业领域如通信产业（网络设备终端等）、文化产业（网络游戏等），要么就是传统领域利用互联网打造新商业模式（实体店转为网店），还有就是新产业加上新商业模式。数据虽然在存储设备中都表现为电磁记录，但在不同产业和商业模式中作用却是不同。网络已经普及至科技、经济、生活等各个领域，数据也伴随着网络推广海量产生，特别是在"大数据"时代，基于数据统合与分析所产生信息情报的价值与作用日益重要。互联网技术大的发展及其运用领域在广度和深度上的拓展，都离不开数据的应用。这不仅是网络技术发展的结果，还是产业、商业模式的发展所推动的结果，如从实体店向网店的转变，更是一种网络商业模式成功转型的结果。因此，分析数据所能代表的法益类型，必须关注社会中人们如何利用数据、不同产业领域和商业模式会导致数据具有何种不同的社会属性。

（一）网络数据关涉法益具体分类

法律之所以保护某类财产，在于其中存在法律必须保护的社会关系。法律之所以保护数据，也在于数据中存在法律必须保护的社会关系。基于数据与现实社会的关系，从社会属性角度出发，可以将数据分为两大类型。一种是映射性数据，即这种数据是现实社会在互联网中的直接反映，如同人与自己影子的关系一样。影子是人在光的照映投射之下的产物，而映射性数据即是现实社会映射在网络中的存在形态。另一种是拟制性数据，即这个数据与现实社会没有一一对应关系，是单纯在网络中以代码拟制的数据，这种数据虽然可以是以现实社会为模型或是模仿现实社会，但在网络外的现实社会中并不存在。

1. 映射性数据

（1）计量数据。现实生活中切实存在的物质财富和精神财富，可以用数据的形式在网络中存储，主要表现为对财物、财产性利益、有价服务等进行计量。这些数据大量存在于银行、金融、证券等领域，是针对货币、有价证券进行计量，后扩展到生活领域的水、电、气的计量，手机充值卡等，以上的数据主要直接体现为对社会中物质、货币、有价服务的计量。同时，伴随"互联网＋"的发展，一些以往客观存在，但却难以测算计量的精神财富也能在互联网上以客观可见的形式计算，如淘宝网上商家信誉度评价。在非互联网时代，对信誉度的评价往往没办法做到计量可视化，都是口口相传、互相介绍，但互联网技术特征使得商家信誉度可以用点击量、好差评量体现出来，信誉在很大程度上可以通过数字量化形式表现出来。上述数据主要是现实物质社会或经济交往中物质财富和精神财富等社会客观存在映射进网络中所形成的。

（2）身份性数据。这类数据以网络通信账号为主要代表，在工作生活中，特别是社交网络中人们通过注册账号使用网络资源。有些网络账号注册必须进行实名认证，而有些网络账号并不必须进行实名认证。但无论是否实名认证，账号和密码组合使得账号具有唯一性，一般不会发生重复，如手机号、QQ 账号、电子邮箱账号等。账号使用一般不能共享，这决定了账号的秘密性。账号可以赋予人们多种属性来合法使用网络。以微信账号为代表，其既代表了可以使用微信进行通信权利，又代表了可以使用微信支付权利，还代表了能够参加微信旗下各种网络游戏。这些账号本质上代表一种资格与权利，是网络服务商对人们使用网络服务的资格确认，具有强烈的身份性特点。而基于身份性的特点，账号可以体现多种传统法益。客户使用微信账号进行通信代表了言论通信自由的权利，而使用微信账号支付又代表了财产权的支配,这是账号在不同层面意义上所代表的权利。但无论是对于客户还是服务提供商而言,账号最基本的社会属性是网络安全服务保障,即通过账号设置,服务商可以为客户提供安全的网络服务。这种服务与人们的安全感相联系。传统生活中的安全感是通过锁上一扇门或者是保持适当距离感体现的,而网络社会中安全感则是通过账号的安全性体现的。如果门被打开了,那么房间内的人和物都处于不安全的状态。而网络账号则是网上的门,与人们的网络安全等法益密切联系。因此网络账号等身份性数据是人们言论通信自由、财产权、网络信息安全等各种法益的复合体现。

(3)中介币性数据。所谓中介币是指以法币购买的,用于网络平台内交易各种服务的等价物。这种中介币多存在于社交和网络游戏中,最为典型的是腾讯旗下的"Q币"、多玩旗下的"Y币"。中介币本质是法定流通货币(法币)在网络这个特定环境中的变身存在,类似于现实社会中游戏机店以法币换取的投币等,使用该种投币可以参加场所内各种类型的游戏活动。中介币虽然仅能在特定场合发挥作用,但仍主要代表现实社会持有法币数量变化,因为在网络平台中仅能以数据为载体运行,不能以法币为载体进行交易,所以必须以数据来体现法币变化,数据的变动体现了法币持有量的变化,此中的中介币性数据就是代表了现实社会中的法币。虽然现在很多网络平台将中介币自定义为"虚拟货币",但该定义属于网络商家基于平台与现实区分而进行的自定义,而非法律意义上的界定,必须对两者适当区分。此种"虚拟货币"实际属于中介币而不能被称为虚拟财产,下文将会专门对此进行论述。目前,"比特币"、国家发行的"数字货币"仅是货币形态不同,货币规模仍然受控制与约束,代表的仍然是现实社会中的流通货币,仅仅以电子数据形态体现,本质上与第一种计量属性相近,无论是数字货币或是现实货币,仍然要按照货币发行规律进行发行,发挥现实社会中介流通物的作用。

(4)具有知识产权属性的数据。计算机软件源代码和目标程序代码等程序都以数据形式保存和运行于网络信息系统中,但计算机软件源代码和目标程序代码的价值不是在于保存,而是通过代码的运行实现一定的功能,其权利属性的本质是计算机软件著作权。再如,影视剧都可以通过数据形式存储并播放,虽然在物理层面属于数据,但这些数据在应用层面表现的版权和传播权等,如果采取适当保密措施,还可能构成商业秘密。这些数据在物理层面表现为数据,但在社会层面都是以知识产权权利形态出现,法益本质是知识产权社会属性。

2. 拟制性数据

（1）"拟人"身份数据。"拟人"身份数据最典型的是网络游戏中的人物，该网游人物具有相关的角色、级别、血量等。拟人指现实社会中并不存在的人，是虚拟的。即使这些拟制人物可以具有现实社会中"人"的色彩，甚至能找到现实社会中的模型，但都是可以重复设立的，也不是现实社会中的人的客观映射，与现实社会不存在一一对应关系。

（2）"拟物"性数据。最为典型的是网络游戏中的虚拟道具、虚拟装备等，这一类型的数据产生于网络内部，一般无法与现实社会生活产生对应关系，是纯粹基于程序设计、激发一定代码而产生的道具，虽然这种道具在网络游戏中可以实现一定的游戏功能，但无法直接与现实社会存在相对应。也许有人会认为拟制的东西也是一种存在，但拟制的存在仅能存在网络之中，拟制存在的变化不会如同映射存在那样与现实世界变化发生对应关系。

（3）"拟币"性数据。在网络游戏中存在着所谓"金币""银币""铜币"等，这一类型的"拟币"仅能运用于网络游戏之中，而且这种"金币""银币""铜币"是程序运行的结果，与现实社会之间不存在直接联系。

（二）映射性数据与拟制性数据的交织——以"币"为代表的数据属性的明晰

"币"在不同领域、不同阶段有不同性质，但综合起来都有交换属性。在网络上出现的所有"币"都在一定程度上和范围内体现交换的作用，拟制货币、虚拟货币等词汇中的"货币"只是象征词汇，旨在体现兑换功能，并非都能指代现实社会中的货币，一般其发生作用的领域受到不同限制。譬如，在 QQ 上法币通过 1∶1 的形式购买 Q 币，而 Q 币在腾讯游戏中又可以购买旗下某个游戏产品中的"金币""银币""铜币"等拟币以及虚拟人物、道具、装备等，这时候映射性数据 Q 币与"金币""银币""铜币"等拟币以及虚拟人物、道具、装备等拟制性数据通过网络程序发生了买卖关系。虽然 Q 币与游戏中"金币""银币""铜币"都被称为"币"，但是这两种币的在交易中属性并不相同。Q 币属于映射性数据，系中介币；而游戏中的"金币""银币""铜币"则是属于拟制性数据，系拟币。一种"币"属于中介币还是拟币，主要看"币"在商业运作模式如何产生、如何运用等。

（1）"币"的产生过程，是否由法币直接兑换产生。之所以强调直接兑换，主要原因在于判断"币"是否发挥着现实社会与网络社会直接交互的作用。如果"币"由法币直接兑换，那么"币"体现为法币在网络中的映射，属于中介币。中介币可以再购买只能在网络游戏中出现的"金币""银币""铜币"等拟币以及虚拟装备等拟物,网游拟币数据本质与虚拟装备等拟物数据具有一致性,皆仅是发挥者网络游戏内部道具功能。如果法币不是购买中介币,而是直接购买最终产品即"拟物"数据的话,该拟物因没有发挥流通交换作用,不能被称作任何一种形式的"币"。

(2)"币"能否发挥中介流通作用。中介作用的发挥一般仅是单向的,即"法币→中介币→拟币(拟物)"的兑换过程,中介币在法币与拟币之间发挥中介作用。中介作用另一种模式表现在逆向兑换模式,即"拟币(拟物)→中介币→法币",逆向过程在商业运作中较少,因为网络游戏运营商是以营利为目的,就是为了赚取玩家法币,即使玩家不玩游戏了,游戏内的中介币一般也不会再转化为法币,仅能沉寂在账户中。但在特殊商业模式中,中介币需要逆向兑换,如在多玩平台下的"YY"音乐频道中,玩家使用多玩Y币可以购买平台旗下音乐频道内的道具(如鲜花、豪车、靓装等),再将道具赠送给频道主持人,该道具在主持人系统中会自动转化为蓝钻,而主持人可以凭借蓝钻向多玩公司兑换法币,这就是一个逆向的兑换,即"道具(拟物)→蓝钻(中介币)→法币"。在蓝钻兑换法币的过程中,多玩公司会抽取一定的佣金。在此兑换过程中,平台设计了针对不同群体的两个独立的商业运作模式:Y币主要针对普通消费者在平台上的消费,对于普通消费者而言是法币的消费过程;而蓝钻主要用于频道的主持人等工作者。多玩公司的利润来源于"Y币(中介币)→道具(拟物)→蓝钻(中介币)→法币"过程中的佣金折算。但如果从不同使用主体而言,这种兑换过程仍然是单向的,对于消费者而言Y币是中介币,而对于频道主持人而言蓝钻是中介币。

(3)"币"的购买力强弱或使用范围大小不同。游戏中的绝大部分道具包括"金币""银币""铜币"等拟币以及虚拟装备等拟物都可以用中介币来购买,中介币的使用范围广泛,购买力更强。而拟币虽然在网络游戏内可以购买一定的道具,但其使用范围一般较中介币低很多,特别有些高级别的道具不能使用拟币购买,因此拟币虽然在网络游戏内发挥购买作用,但其流通能力要受到很多限制。而之所以受到限制,本质是还是由游戏的商业运营模式所决定的。

(4)当前网游中出现中介币和拟币融合的趋势。网络游戏运营台商往往赋予"币"映射性数据与拟制性数据的双重属性,一方面玩家可以通过法币购买游戏中的"币";另一方面随着游戏商业运营模式的变化,为了吸引玩家,游戏开发商会通过一定的任务、活动等形式赠送玩家"币",如果是大量赠送"币",将大大稀释法币与中介币的映射关系,会导致中介币逐渐演化为拟币。如果一种"币"

仅有少部分通过运营商以拟制性数据给予玩家的话,那么绝大多数"币"仍然通过法币购买,则此时的"币"的主要属性仍然是对现实社会法币的反映,则数据仍然属于映射性数据。如果绝大多数"币"是程序产生的话,该"币"已经丧失了对现实社会法币的反映,不再具有映射性的特点,该"币"属于拟币。

(三)网络数据与虚拟财产的联系与区分

网络数据与虚拟财产两者系在不同层面上使用的术语。数据是从物理意义上的描述,而"虚拟财产"则是从经济价值意义上的描述。"我国学者在对虚拟财产的界定上,几乎都是从法律属性入手,抱着进行法律保护的目的分析其特点。实际上,'虚拟财产'并非法律概念,其实质是虚拟数据带来的经济价值,准确来说,应称作'虚拟财产价值'。"①虚拟财产中所阐述的是数据的经济价值属性,即社会属性。但因为"虚拟财产"本身的内涵就没有明晰一个问题:是否所有的数据都可以称为"虚拟财产"? 答案肯定不是,数据的价值要么体现在数据背后所代表的客观存在现实社会中的经济价值,要么体现在数据本身在现实社会中的经济价值。对于前者而言,其本身就不是虚拟的,而是客观存在的,对现实社会的计量,仅是以数据的形式保存于网络中;对于后者而言,则可以属于"虚拟财产",因为现实社会中其根本不存在,但又具有一定的经济价值,因此属于"虚拟财产"。对数据与虚拟财产必须进行清楚的界限辨析,数据可以涵盖"虚拟财产",但虚拟财产不能涵盖数据。不能因为"虚拟财产"具有经济属性就认为所有具有经济属性的数据都属于"虚拟财产",有些具有经济属性的数据是来源于现实社会的直接映射,准确地说是现实社会中的经济属性在网络社会中的映射。对于虚拟财产应该进行狭义定义,因为广义定义根本无法体现区分功能,丧失了对类型定义的本来目的。任何一种数据都有其价值,虚拟财产应该仅限于拟制性的具有价值的数据,主要应该指上述第二类数据,即拟制性数据所体现的价值。而对于第一类映射性数据,其从本质上并未体现出拟制性,而是体现为现实社会的映射关系,其价值是非虚拟的,而是现实切实存在的。此点上的区分对于法益类型的归纳总结以及罪名的选择具有十分重要的意义。

综上归纳,以社会属性为标准,对数据可以在大类上进行划分:一种是现实社会在网络空间直接映射所形成的映射性数据,如同人与影子的关系一样;另外一种则是现实社会所不存在,由软件代码直接拟制的数据,这种拟制数据既可以

---

① 李威.论网络虚拟货币的财产属性[J].河北法学,2015(8).

是通过想象杜撰进行拟制,也可以是以现实社会为"模型"进行拟制。如同小说、影视剧的内容一样,它们完全可以是杜撰的,也完全可以是来源于生活的,更多则是"来源于生活,高于生活"。但也正是因为这些数据具有了生活色彩的表象,我们无法分析哪些数据是现实生活的真实映射,而哪些数据是拟制的。但无论从价值、使用价值或是交换价值属性看,上述的各种数据都具有法益上的可保护性。应该注意的是,数据社会属性的指代性是不同的,计量性数据、身份性数据,以及中介币数据是直接体现现实物质社会中各种财产、身份、商誉的属性,这些数据主要用于指代现实社会特定客观存在。而游戏内部的非指代性的数据,如网络游戏内部的"拟币"、网络游戏虚拟装备等道具数据,则不是指代现实社会物质社会中各种财产、身份、商誉。虽然这两种大类型的数据都是值得保护的法益,但其本质体现的法益类型并不同:对于映射性数据而言,其本身仍代表了传统法益类型,在法益归类和定罪中,应按数据所映射的传统法益进行定罪;而代码直接拟制的数据则应该被归为新型法益定罪。

三、恰当的罪名选择——对两起案例^①的案解分析

2015 年《人民司法》刊登两起盗窃虚拟财产案,虽然两案均是盗窃虚拟财产案,但两案在定性、说理上却截然相反,以此两案定性推理过程为分析进路会对我们有所启发,可以证明上述数据类型化的意义所在。

一是流量包案。被告人孙某利用联通公司内部网络系统漏洞,使用其他员工工号登录单位内部网络系统非法办理上网流量包并倒卖给他人,造成联通公司经济损失共计 60648.91 元。一、二审法院均认定其构成盗窃罪。

二是金币案。被告人岳某等人收购 8.2 万余个游戏账号及密码,窃得账号内游戏金币 7.9 亿个,通过其他交易平台以 1 万个游戏金币 9～16 元不等价格进行销售,得款 72 万元。检察机关以盗窃罪提起公诉,一、二审法院均认定其构成非法获取计算机信息系统数据罪。

在两个案件的定性分析思路中,法院最先都认为涉案犯罪对象属于虚拟财产,但后来在认定虚拟财产可否构成刑法上的财物时发生了分歧。在流量包案中,法院认为上网流量具有经济价值,具备可管理性,窃取流量会造成他人损失,

---

① 金币案刊载于《人民司法》2015 年第 6 期,流量包案刊载于《人民司法》2015 年第 18 期,均略有改动。

同传统财物并无本质区别,应扩大解释刑法中的财产,认定虚拟财产为财产,因此盗窃虚拟财产可以构成盗窃罪。在金币案中,法院虽然认为游戏金币是虚拟财产,但其本身不过是一组数据、电磁信息,这些数据本质是光电物质媒介所支撑的数据,其形成一定的图像或者应用形式,满足玩家特定需要,即精神上的娱乐或者物质上的追求,故虚拟财产不具有法律意义上的财产属性,不具有法律财产中管理、自由交易可能性,不能独立存在。同时虚拟财产价值难以确定,也难以被普遍接受和流通,因此不宜将该案中的盗窃虚拟财产认定为盗窃罪。此案中,盗窃虚拟财产更多地影响了个人计算机信息系统的正常运转,故应以危害计算机信息系统安全罪进行定罪。

同样是盗窃虚拟财产,两案为何定性不同?从表面看是刑法定性分歧,然而本质是法益类型归纳路径不同造成的。笔者认为两案定性结论都是正确的,但对数据法益类型的归纳和论证部分有误,特别是虚拟财产内涵、外延不明,虚拟财产与网络数据定义混同,导致人们对数据的法益类型及刑法定性更加迷茫。焦点问题是,犯罪对象是否都是数据、是否都可以归入虚拟财产。

首先,流量包不同于网络流量,流量包是网络流量的计量结果,是映射性数据。一个物体或是客观存在的东西,可以在不同层面与人们发生社会关系。以水为例,水的量以 L、kg 表示,L、kg 则表示不同量的水在衡量时的区分,因此 1L 水、7kg 水表达了水的不同量,但 1L 水≠水,7kg 水≠水。同理,网络流量如同水可以用 L、kg 等单位进行控制和计量一样,我们以字节数 Bit 为单位计算、控制和计量网络流量,并以数据的方式将其存储下来成为流量包,流量包就是网络流量在网络中的映射。在流量包案中,流量包应被归入映射性数据,而非拟制性数据。映射性数据应回归其社会属性网络流量本身。那么网络流量的社会属性究竟是什么呢?网络流量如同电信业务时长一样,都是可以计量的有偿财产性利益或服务,都可以成为盗窃罪的对象。根据最高人民法院 2000 年颁布的《关于扰乱电信市场管理秩序案件具体应用法律若干问题的解释》,盗用他人公共信息网络上网账号、密码上网,造成他人电信资费损失数额较大的,以盗窃罪定罪,电信资费损失以电信业务的总时长(分钟数)乘以结算单价进行计算。网络流量在一定程度上就如同上述文件中的电信业务时长,其本身就是盗窃罪适用对象,处于财物广义解释范围内,而流量包仅是这种财物在网络中的计量体现。

其次,在金币案中,游戏金币是拟币,属于拟制性数据,与现实社会不存在对应关系。通过上文所提出的中介币和拟币的分析判断方法,可以知道金币案中的金币非属于中介币,仅是道具属性拟币,该金币与现实生活不存在映射关系,应当将其归入拟制性数据行列,该金币属于虚拟财产。在流量包案中,将网络流量归入虚拟财产的做法是错误的,它忽视了网络流量是对数据容量客观大小计量方式,是一种现实客观形态的映射数据。在金币案中,将金币归入拟币而不是虚拟财产的做法则是正确的。

最后,虚拟财产价值计算是否容易的问题不能成为刑法罪名定性理由。在金币案的罪名论证中,法院认为虚拟财产价值难以确定,因此不宜将其认定为盗窃罪,这种推理是认为价值计算难易程度与定性有因果关系,但该逻辑明显属于情感逻辑。即使在传统盗窃罪中也存在财物金额难以计算的问题。国家发改委2014年颁布了《被盗财物价格认定规则(试行)》来解决财物价格认定疑难问题,因此价格是否容易计算与是否能定盗窃罪并无推理上的因果联系。而且,即使以非法获取计算机信息系统数据定罪也仍然存在经济损失难于计算问题。《关于办理危害计算机信息系统安全刑事案件应用法律若干问题的解释》中规定,经济损失包括计算机信息系统犯罪行为给用户直接造成的经济损失,以及用户为恢复数据、功能而支出的必要费用;其中,何谓直接造成的经济损失,何谓必要费用,在理论和实践中已经产生很多争议。关于对数据犯罪定性,不能以价格是否容易计算作为论证此罪与彼罪的论证依据。

四、结语——超越与自我超越

在"互联网+"时代,数据的价值早已超越了物理存在层面意义,大数据被收集、统合与分析成为信息,并为各产业、行业、商业运作提供情报支撑。人类社会对数据利用已经超越其物理属性,但法律人似乎仍在努力将其归入传统财物的某种形态之中。因此,我们必须实现认识的自我超越。"在探讨虚拟财产法律纠纷时,应当正视虚拟社会关系与现实社会关系的交叉性,让应该保留在虚拟世界的问题回归到虚拟世界的规则中进行解决,而对于溢出、具有现实法律关系的问题做出应有的回应。"[①]如同对商业秘密保护的理论进程,人们在初期试图将商业秘密纳入法律体系中已经存在的权利形态,从侵权理论到债权理论到物权理论都提出过各种解决方案,但最终都未能达成夙愿,而现在将商业秘密归入了知识

---

① 江波.虚拟财产司法保护研究[D].长春:吉林大学,2013:65.

产权的形态之中,较好地解决了商业秘密基础理论问题。[①] 数据的法益具有复合性的特点,互联网线下、线上之间具有互动性,现实世界的变化在互联网中会有记录或者体现,而互联网的变化又是现实世界发生变化的组成部分,网络世界与现实世界的边界正在"模糊",但法律适用不应模糊,刑法更应清楚地反映数据社会属性的不同侧面,选择适用恰当的罪名。

---

① 我国早在 1994 年最高人民检察院和国家科学技术委员会颁布的《关于办理科技活动中经济犯罪案件的意见》(高检会〔1994〕26 号)中,不仅规定非法窃取技术秘密、情节严重的,以盗窃罪追究刑事责任,还规定国家工作人员利用职务便利,非法获取单位技术成果构成贪污罪。而根据 1997 年《刑法》,窃取商业秘密并不以盗窃罪,而是以侵犯商业秘密罪定罪。

第四部分
互联网金融法律研究

互联网金融监管法治化研究*

◎李有星　要瑞琪**

摘　要：在实践中，互联网金融监管困境不断凸显：互联网金融监管的法律制度缺失，正规金融的分业监管体制弊端突出，不能适应互联网金融的混业经营发展趋势；同时监管总是陷入与互联网金融创新相生相克的矛盾中。为促进互联网金融的规范化发展，必须实现互联网金融监管的法治化：首先，要完善互联网金融监管的法律体系；其次，确立一套不同于正规金融分业监管体制的监管协调机制；最后，需要构建法治监管的相关必要制度，包括全国征信系统共享机制、信息披露制度、第三方资金存管制度以及风险补偿制度。

关键词：互联网金融　监管困境　法治化　协调监管

一、互联网金融的监管法治化历程

互联网金融自起步到野蛮生长到逐渐受到正规的监管，如过山车般地经历了很多变化。对互联网金融的法治化监管一共经历了五个发展历程。

第一，开端。2011 年银监会发布了《关于人人贷有关风险提示的通知》；2012—2013 年，随着互联网信息技术的进步，商业模式的创新，互联网金融行业呈现出井喷式的爆发。作为"互联网金融元年"，2013 年是互联网金融监管拉开

＊　基金项目：国家哲学社会科学基金重点项目"互联网融资法律制度创新构建研究"（15AFX020），浙江省哲学社会科学规划优势学科重大项目"我国民间金融市场治理的法律制度构建及完善"（14YSXK01ZD），国家马克思主义理论研究和建设工程重大项目"全面推进依法治国重大现实问题研究"（2015MZD042）子课题：互联网法治化研究。

＊＊　李有星，浙江大学光华法学院教授，博士生导师；要瑞琪，浙江大学光华法学院硕士研究生。

序幕的一年。这一年余额宝的成功引发了很多的争议。① 互联网的合法性问题首次受到质疑，为此，周小川、潘功胜等央行高官做出回应：鼓励互联网创新发展，也要完善和规范监管，实施交叉性监管，明确了央行不会取缔余额宝的态度。② 自此，互联网金融的监管问题进入人们的视野。

第二，立原则。2014 年 4 月 29 日，中国人民银行发布的《中国金融稳定报告（2014）》指出互联网发展处于观察期，确立了互联网金融监管应当遵循的五大原则：一是互联网金融创新必须坚持金融服务实体经济的本质要求，合理把握创新的界限和力度；二是互联网金融创新应服从宏观调控和金融稳定的总体要求；三是要切实维护消费者法合法权益；四是维护公平竞争的市场秩序；五是要处理好政府监管和自律管理的关系，充分发挥行业自律的作用。③

第三，定机制。2015 年 7 月 14 日，中国人民银行、工业和信息化部、公安部等联合发布了《关于促进互联网金融健康发展的指导意见》，对互联网金融业态进行了分类，并采用分业监管的机制——"谁的孩子谁抱走"。其中，互联网支付业务由人民银行负责监管，网络借贷由银监会负责监管，股权众筹融资与互联网基金销售由证监会负责监管，互联网保险由保监会负责监管，互联网信托业务和互联网消费金融业务由银监会负责监管。

第四，专项整治。自 2015 年年底以来，互联网金融行业爆发了最大规模的平台跑路或非法集资事件，e 租宝、大大集团等给投资者造成了严重的损失④，互联网金融遭受了有史以来最为严重的信任危机。2016 年 4 月，国务院组织 14 部委召开会议，在全国范围内启动了为期一年的专项整治，分为 7 个分项整治方案，按照"谁家孩子谁抱走"原则，央行、证监会、银监会、保监会分别对网络支付、

---

① 2014 年 2 月 21 日，央视证券资讯频道执行总编辑兼首席新闻评论员钮文新发博文《取缔余额宝！》，称"余额宝是趴在银行身上的'吸血鬼'，典型的'金融寄生虫'"。见 http://baike. baidu. com/link? url = YNqtBNDb _ UmueWYJX4UYeTFwBh1URcpA1cIQmFFR68KhDh0peRoEXzQjYb57cX91846oTvdvLcCpV_ftuwf_ba。

② 不会取缔余额宝 将完善金融产品监管政策[EB/OL]. [2014-03-04]. http://tech. 163. com/15/0305/09/AJUEDQ39000915BF. html.

③ 参见 http://www. pbc. gov. cn/eportal/fileDir/image_public/UserFiles/goutongjiaoliu/uploadFile%E4%B8%AD%E5%9B%BD%E9%87%91%E8%9E%8D%E7%A8%B3%E5%AE%9A%E6%8A%A5%E5%91%8A2014. pdf.

④ 2016 年 1 月 31 日，官方通报 e 租宝一年半内非法吸收资金 500 多亿元，受害投资人遍布全国 31 个省市区，e 租宝涉及投资者约 90 万人，累计充值 581. 75 亿元，累计投资 745. 11 亿元。参见 http://www. southmoney. com/shidian/201608/692842. html.

股权众筹、网络借贷、互联网保险等领域进行专项整治，个别部委负责 2 个分项整治方案，公安机关也密切配合和参与打击非法集资等各类违法犯罪活动。2016 年是对互联网金融企业进行全面专项整治清理的一年，被称为是最强监管风暴。

第五，立法律。2016 年 8 月 24 日，银监会联合工信部、公安部、网信办发布了《网络借贷信息中介机构业务活动管理暂行办法》（以下简称《暂行办法》），首次以部门规章的法律形式对网络借贷领域做出了全面的规范，《暂行办法》的颁布肯定了网络借贷的合法性地位，构建了"备案＋负面清单＋第三方资金存管＋强制信息披露＋投资者保护"的监管思路，强调对网贷平台的事中和事后监管，建立了"银监会行为监管＋地方金融办机构监管"的双向监管机制。作为第一部规范互联网金融的立法，《暂行办法》对其他互联网金融业态的监管机制设计提供了借鉴方向。

综上所述，从互联网金融的法治监管历程可以看出，有关部门对互联网金融的监管一直秉承传统的分业监管逻辑，监管的基本态度是鼓励创新、健康发展，在严守非法集资底线的前提下防范区域性风险和系统性金融风险。

二、互联网金融监管法治化的困境

（一）互联网金融监管法律制度缺失

互联网金融监管法律制度缺失是互联网金融平台发展乱想丛生、良莠不齐的根源。据零壹财经数据报告统计，截至 2016 年 8 月 31 日，零壹研究院数据中心检测到的 P2P 网贷平台一共 4668 家（仅包括有线上业务的平台，不含港、澳、台地区），其中正常运营的仅有 2023 家，占 43.3%，问题平台共有 2644 家，占平台总量的比例高达 56.7%，歇业停业的平台的比例超过了 30%。数据表明，2016 年 8 月份新上线的平台仅 10 家（其中一家是国资平台），创下了自 2013 年 3 月以来的新低，正常运营的平台较同年 7 月下降 3.4%，据统计 2016 年 8 月就有 82 家平台出问题，较上月增加 31 家。① 截至 2016 年 7 月 31 日，我国互联网众筹平台大约有 448 家，其中已转型或倒闭的平台至少有 156 家，约占 34.8%。② 平台倒闭和跑路的直接原因一般是平台脱离信息中介的定位而主动或被动地演变为信用中介，从而脱离合规运营的轨道，到最后无法有效地保护金融消费者。退出制度以及信息

① 参见零壹财经数据统计报告，http://www.01caijing.com/article/10573.htm.
② 参见零壹财经数据统计报告，http://www.01caijing.com/article/5275.htm.

披露制度的缺失导致平台的违法成本很低，道德风险很高，从而造成跑路的常态。图1、图2分别是2015年8月—2016年8月平台数量走势及问题平台数量走势。

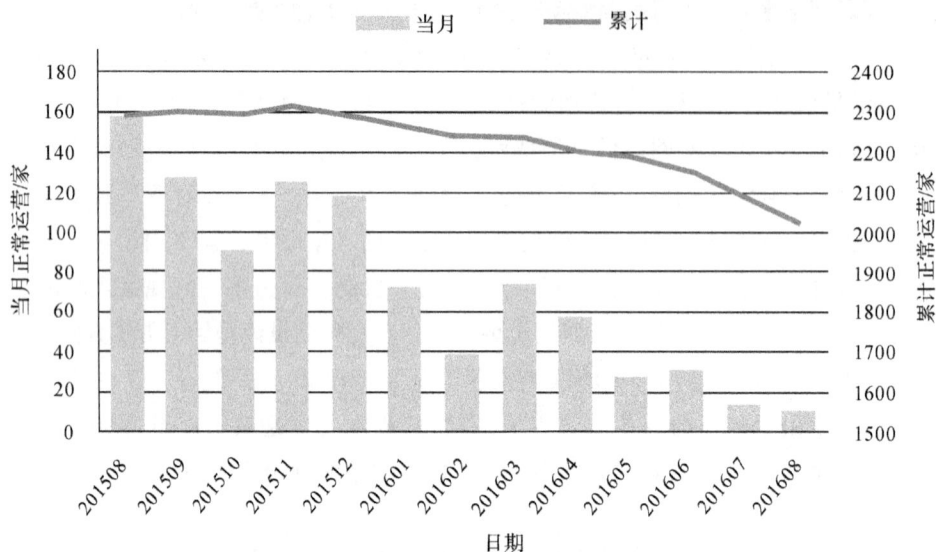

图1　2015年8月—2016年8月平台数量走势

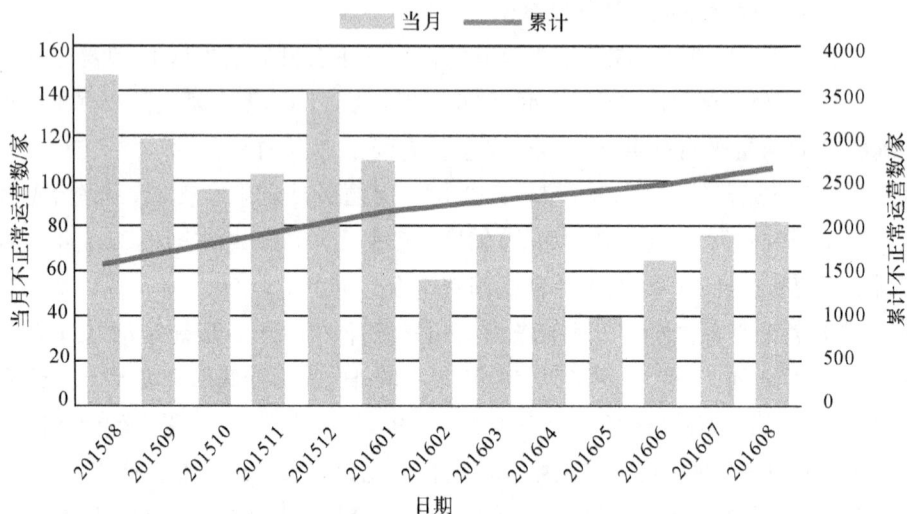

图2　2015年8月—2016年8月问题平台数量走势

数据来源：零壹财经数据报告。

互联网金融监管的法律制度缺失主要表现在:其一,法律具有滞后性和局限性,立法的时机总是在出现诸多问题的情况下产生,而互联网金融的发展速度过快,虽然本质上属于金融范畴,但由于其结合了互联网的特性使得整体变得具有复杂性和很大的不确定性,正规金融的现有法律制度无法适用互联网金融,导致法律依据过少而使监管真空。其二,监管理念陈旧,标准过严,门槛过高,互联网金融是对正规金融的有益补充,是金融创新,但是起步晚、基础薄弱,如果一开始就适用严标准,势必会被扼杀于摇篮。其三,互联网金融监管的基础设施缺乏,一方面缺乏互联网金融文化认同感,社会上存在诸多不看好、批评的言论;另一方面监管人才缺少,且对互联网金融认识不多,专业度不够。而基础设施的建设是互联网金融健康发展的土壤,是监管制度建设的基础。

(二)分业监管体制不适应互联网金融混业发展趋势

金融脱媒的加快与互联网金融的创新,使得我国金融业混业经营趋势进一步深化。① 互联网金融和传统的金融模式相比,具有综合性的特征,互联网金融业务内部细化可以分为互联网支付、网络借贷、互联网众筹、互联网基金、互联网信托、互联网保险、消费金融等,这几乎涵盖了所有传统金融的外延。比如"一站式理财平台"——京东金融,平台经营模式涵盖有票据理财、众筹、京东白条(P2P网络借贷)、互联网保险等,再比如以余额宝为代表的"第三方支付+货币市场基金"合作产品同时涉足基金业和支付行业。互联网金融的综合性和跨界经营就造成了主体的多样性和行为的复杂性,涉及多个监管机构和多层监管职权问题,这给传统的分业监管模式带来了重大挑战:第一,容易造成监管真空或监管重复,分业监管只适用于单一金融行为模式的监管,在混业经营下,基于各监管部门对监管范围的认识,各部门会互相推诿,造成监管真空,或者监管重合,浪费监管资源,影响互联网金融的健康发展;第二,监管对象不明,互联金融存在对象多元化和行为综合性的特点,在确定监管的标准上,即以金融主体确认监管对象还是以行为的性质确定监管对象和监管归属,面临较大的困难;第三,互联网金融中涉及的主体不具有金融机构的身份性质,属于非金融机构主体,不能适用监管正规金融的统一规则和标准,互联网金融作为互联网和民间金融②的结合体,本

---

① 何剑锋.论我国互联网金融监管的法律路径[J].暨南学报,2016(1).

② 民间金融的概念引用2013年11月22日浙江省人民代表大会常务委员会通过的《温州市民间融资管理条例》第2条中关于民间融资的定义:本条例所称民间融资,是指自然人、非金融企业和其他组织之间,依照本条例的规定,通过民间借贷、定向债券融资或者定向集合资金的方式进行资金融通的行为。

质上虽然仍是金融①,但是互联网的广泛传递性使得互联网金融发生结构性变化,完全异于正规金融的结构,因此面临无法可依,难以被纳入法律监管界限的困境;第四,分业监管机制下,各部门缺少有效的沟通和配合,缺乏协调机制,监管的效率低下。

(三)互联网金融创新与监管的衡平困难

金融创新是金融经营主体为获得金融市场的潜在利益而采取的变革,往往会创造出引起金融领域结构性变化的新的金融工具、新的金融服务、新的金融市场和新的金融体制。② 互联网金融作为一种新兴的金融业态,在金融脱媒和去中介化的背景下,互联网信息技术促进其不断发展和创新,为中小企业提供了宝贵的融资机会,融资成本降低,效率大大提升。

金融创新与金融监管之间的关系其实就是"安全"与"效率"、"自由"与"秩序"这些基本价值之间的动态博弈,两者总是呈现出"金融创新—金融风险—金融监管—金融再创新"的不断循环。③ 创新在于积极发挥"看不见的手"——市场机制的作用,尊重市场竞争规律,结果必然会提高金融效率;安全就是发挥"看得见的手"——政府的宏观调控手段,通过行政力量介入,以预防市场失灵,严格防范金融风险,从而构建良好的监管秩序。过于注重监管必然会压抑创新的积极性,过于强调创新的空间必然会造成监管的缺位,引发风险。若要处理好二者的关系,一方面要把握创新的界限和力度,另一方面要适度监管,为创新留足空间。监管应该为互联网金融提供必要的创新空间,不能用行政力量取缔和阻碍互联网金融的创新发展,同时在监管的实践中不断培育和引导创新。

互联网金融发展必须在这一对相生相克的矛盾体中寻求平衡:首先,互联网金融作为一种全新的金融业态,金融监管不宜过早、过严,否则会抑制创新;其次,监管应当体现适当的风险容忍度,给予互联网金融这一"新事物"一定的试错空间。再次,互联网金融应当坚持鼓励和规范并重、培育和防范风险并举,维护良好的竞争秩序,促进公平竞争,构建包括市场自律、司法干预和外部监管在内

---

① 2015 年 7 月 14 日,中国人民银行、工业和信息化部、公安部等部门联合发布的《中国人民银行、工业和信息化部、公安部等关于促进互联网金融健康发展的指导意见》中第的二部分指出,互联网金融本质仍属于金融,没有改变金融风险隐蔽性、传染性、广泛性和突发性的特点。

② 戚颖.金融创新与金融监管[J].当代法学,2003(10).转引自汪振江,张弛.互联网金融创新与法律监管[J].兰州大学学报(社会科学版),2014(5).

③ 汪振江,张弛.互联网金融创新与法律监管[J].兰州大学学报(社会科学版),2014(5).

的三位一体的安全网,鼓励创新,规范发展,既避免过度监管,又防范重大风险,维护金融体系稳健运行。① 最后,应当在尽量在保持二者平衡的前提下坚持创新优先,也就是在安全和效率的价值位阶博弈中,坚持效率优先。

三、互联网金融监管法治化解决方案

互联网金融发展的本质目的就是让互联网金融更好地服务实体经济。互联网金融的监管,必须坚持"鼓励创新、防范风险、趋利避害、健康发展"总体要求,做到适度监管,促进互联网金融持续、健康、稳步发展,更好地服务实体经济。互联网金融发展实现法治化的前提是各项制度基础以及法治化思维。

(一)完善互联网金融监管的法律体系

当前 P2P 领域、股权众筹、第三方支付、互联网基金、互联网保险等领域处于法律规则混杂不统一、实质法律制度缺乏、法律体系不成型的状态。以网贷为例,最早有 2011 年 8 月 25 日印发的《人人贷有关风险提示的通知》,明确揭示了网贷存在的风险;2015 年 7 月 14 日,中国人民银行、工业和信息化部、公安部等联合发布了《关于促进互联网金融健康发展的指导意见》,提出分业监管的体制;2015 年最高人民法院《关于审理民间借贷案件适用法律若干问题的规定》第 22 条指出网贷平台不得承担担保责任;2015 年 8 月 12 日的《非存款类放贷组织条例(征求意见稿)》以及《融资担保公司管理条例(征求意见稿)》进一步确立了不同模式的 P2P 业务;2016 年 8 月 24 日,银监会联合工信部、公安部、网信办发布了《网络借贷信息中介机构业务活动管理暂行办法》,首次以部门规章的法律形式对网络借贷领域做出了全面的规范,办法的颁布肯定了网络借贷的合法性地位,明确了"银监会＋地方金融监管部门"的双向监管制度。综合来看,颁布的规则数量虽然很多,但是缺乏统一的监管体系,并不能从根本上规范网贷的发展。

完善互联网金融监管的法律体系十分必要。首先,应提高对互联网金融监管的立法层级,建议以国务院为立法主体,以行政法规的形式进行立法,统一规范;其次,尊重和服从现有法律规则,因为现有法律规则的形成是互联网金融发展和创新的结果,是进一步完善的中间阶段,在发展中适用现有法律,方能在进步后发现规则的不足或不适用之处,由此进一步更新立法,完善监管体系;最后,

---

① 张晓朴.互联网金融监管的原则:探索新金融监管范式[J].互联网金融与法律,2014(1).

重视互联网金融监管的底线思维,从刑法的角度完善互联网金融不得非法集资犯罪的底线,同时从行政法和民法角度完善互联网金融的法律体系,形成多方一体的法律体系。

(二)建立完善的协调监管机制

首先,监管和法律规则的统一和协调。亚里士多德说过,法治应包含两种含义:"已成立的法律获得普遍的服从,大家所服从的法律本身又应该是制定良好的法律。"在现行监管体制下,互联网金融监管最关键的问题不是体制是否统一,而是如何保障监管的协调,而监管协调的基本条件是法律规则体系的统一和协调。① 在互联网金融监管中,为保障法律规则的统一和协调,建议设立专门的互联网金融协调机构,专门负责协调监管规则的制定、实施和争议解决。对互联网金融的监管应当全面分析现有法律规则及其适用情况,认真厘清和分析现有法律规则与互联网金融的内在联系,优化现有法律制度的结构与功能:一是对不再适用于互联网金融监管的法律可以不再适用;二是考虑到立法的成本,对有的互联网金融问题,可以采用扩大解释的方式满足监管的需要,如消费者保护、准备金的交纳、信息披露等问题,可以通过法律解释明确法律的适用;三是对于阻碍互联网金融发展的现行法律规则,可以通过限制其适用、尽快修改、废除等方式,消除法律与互联网金融发展的矛盾;四是对于存在矛盾或不一致的现行法律规则,应当尽快通过清理等方式确保法律规则的统一与协调。② 对于法律滞后给互联网金融带来的法律制度的缺失风险,应及时根据互联网金融本身的特征进行相关立法及法律修订,这样才能保证互联网金融法治化,进而使其健康、稳定地发展。③

其次,中央机关和地方政府的协调监管。中央机关和地方金融监管部门的协调机制,能有效防止监管空白和监管套利行为。互联网金融从产生和发展历程来看,起源于民间,根植于地方,呈多元化发展态势,因此为了因地制宜,较好地规范和促进互联网金融的发展,互联网金融监管不宜采取类似对传统金融机构的集中式统一监管模式,应当赋予地方政府相应的金融监管权限。④ 2016 年 8 月 24 日公布的《网络借贷信息中介机构业务活动管理》,将对 P2P 网络借贷的监

---

① 岳彩申. 互联网金融监管的法律难题及其对策[J]. 中国法律,2014(3).
② 岳彩申. 互联网金融监管的法律难题及其对策[J]. 中国法律,2014(3).
③ 李爱君. 互联网金融的法治路径[J]. 法学杂志,2016(2).
④ 李有星,陈飞,金幼芳. 互联网金融监管的探析[J]. 浙江大学学报(人文社会科学版),2014(4).

管权限归于中央银监会和地方金融监管机构,这对互联网金融的监管制度造成很大的启发。银监会和地方政府的协调合作可以为互联网金融其他行业提供借鉴:比如对于股权众筹、第三方支付、互联网基金、互联网保险等,由证监会、中国人民银行、证监会、保监会等和地方金融监管部门协调监管。

再次,监管部门和司法部门的协调。要加强金融监管部门和司法机关的协调和合作,构建监管部门和公安机关、法院、检察院的联动机制,对利用互联网金融平台进行的非法集资、洗钱、金融诈骗等金融违法犯罪活动予以严厉打击。

最后,监管层次的协调。金融监管可以分为 4 个层次,从松到严依次为:第一层次是自律管理,由企业和互联网金融协会发布自律准则并采取自愿实施的方式;第二层次是注册或备案,通过注册相关部门可以及时掌握相关机关的信息;第三层次是监督,持续监测市场或机构的运行,如非必要不采取直接监管措施;第四层次是最严格的审慎监管,对相关机关提出资本、流动性等监管要求,并有权进行现场检查。① 根据监管部门对不同类型金融平台的风险和社会影响力评估,依次适用不同程度的监管。对于风险系数比较高、影响比较大的,必须将其纳入监管范围;对于风险系数较小、影响力较小的可以采取协会自律管理等,同时要对互联网金融平台定期评估,定期调整。一是行业自律监管是互联网金融监管的重要组成部分,是政府监管的有益补充,应该积极发挥行业自律管理的作用;二是建议借鉴《暂行办法》对 P2P 网贷采取地方金融办进行备案管理的方法,对互联网金融企业摒弃行政许可的事前监督,采用备案制度和信息披露配套,强化对互联网金融的事中监管;三是监管原则上采用非审慎性监管,不同于正规金融的审慎监管原则②,由于互联网金融发展还不够成熟,市场规模比较小,审慎监管"防患于未然"的思想会阻碍互联网金融的创新。在金融脱媒的趋势下,金融的创新发展要求越来越高,审慎监管会给互联网金融带来过于严厉的金融约束,反而会给互联网金融带来负面效应。美国对互联网金融采取的就是审慎监管模式,对 P2P 网贷行业归于"证券"的概念属于证券类的集合资产,即基

---

① 张晓朴.互联网金融监管的原则:探索新金融监管范式[J].互联网金融与法律,2014(1).

② 审慎性监管原则是巴塞尔委员会 1997 年《银行业有效监管核心原则》所确立的核心原则,这项原则的目标是保持金融机构的清偿能力,防范金融风险。审慎监管对金融机构监管的内容是资本充足率、资产质量、贷款损失准备金、风险集中度、关联交易、资产流动性、风险管理、内部控制等审慎经营的监管指标和要求,并组织现场检查、监测、评估其风险状况,及时进行风险预警和处置,以规范金融机构风险承担行为。

金,由美国证券交易委员会监管[①],对于股权众筹,超过小额豁免的额度就要主动向 SEC 登记注册[②],从而赋予互联网金融和正规金融相同的地位并适用相同的监管标准,严重打击互联网金融行业的积极性。同时在监管模式上,逐步推动由传统的机构监管向行为监管[③]或者功能监管转变,将互联网金融的具体金融行为作为确定监管对象的标准,减少监管空白。

(三)互联网金融法治化监管须设立相应的制度

1.建立互联网金融征信系统共享机制,减少信用风险

互联网金融所面临的最大风险就是信用风险,信用风险是制约互联网金融发展的最大障碍,信用风险的控制是一项技术问题。推动征信系统的建设,是解决信用风险的良策。信用信息共享平台的设立,有助于打通线上线下、新型金融与传统金融的信息壁垒,让互联网企业共享借款逾期客户名单和存量客户借款名单,建立起风险信息共享机制,成功地打破各平台各机构的"信息孤岛"的局面,实现信息的有效整合,降低机构和借款人之间的信息不对称,提高互联网金融行业整体的风险治理水平。

2016 年 9 月 9 日,中国互联网金融信息共享平台开通,开通当日就与 17 家会员单位签约接入,分别是蚂蚁金服、京东金融、陆金所、网信集团、宜人贷、德众金融、掌众金融、东方汇、挖财、玖富、开鑫贷、马上消费金融、人人贷、拍拍贷、分期乐、合拍在线、搜易贷。[④]

---

① 美国的 P2P,投资者和借款人并不是直接债权债务关系,投资人购买的是 P2P 平台按美国证券法注册发行的收益权凭证,要向美国证券交易委员会申请严格和完整的注册登记,提交包括平台运作模式、经营状况、潜在风险、管理团队及公司财务状况等信息,而且每天要将贷款列表提交给证券交易委员会,持续披露出售收益权凭证的信息和贷款的风险揭示,以保证投资者可以在证券交易委员会的数据系统和网站查到这些数据,并作为诉讼证据。其实,自从美国证券交易委员会监管 P2P 之后,大部分 P2P 平台在一两年之内破产倒闭了。

② 根据美国 JOBS 法案,对投资者进行适当性监管,众筹平台需要向证券交易委员会申请注册登记,提交信息披露文件,如果筹资额超过 50 万美元,必须披露包括审计的财务报表在内的财务信息。

③ 行为监管是监管机构为了保护消费者的安全权、知悉权、选择权、公平交易权、索赔权、受教育权等各项合法权益,制定公平交易、反欺诈误导、个人隐私信息保护、充分信息披露、消费争端解决、反不正当竞争、弱势群体保护、广告行为、合同规范、债务催收等规定或指引,要求金融机构必须遵守,并对金融机构保护消费者的总体情况定期组织现场检查、评估、披露和处置。行为监管一方面可以规范金融机构的经营行为,确保合适的金融产品卖给合适的金融消费者,降低金融给消费者的违约率,确保金融机构的围观审慎监管的各项指标;另一方面,有效的行为监管,可以提高金融消费者的行为理性,纠正其系统性行为偏差,提高其金融素养和风险防范意识及能力,增强其对金融市场信息的解读。

④ 参见互联网金融业协会官网,http://www.nifa.org.cnnifa2955675/2955761/2960360/index.html.

对于征信信息共享系统的建立,互联网金融协会应当充当信息传递和连接枢纽的角色,当互金协会建立的系统收到查询请求,立刻将查询请求发送到与系统相连的介入企业,介入企业内部的信用数据自动反馈回查询请求平台,实现信息的快捷共享。平台与平台之间通过互联网金融协会建立的系统查询的数据可以包括:有不良还款记录的客户信息、逾期或违约还款的客户信息、正常履约状态的客户信息等。信息的共享交流,有效降低平台对借款人信用评估评级的经济成本。

2. 构建强制信息披露制度,减少信息不对称

互联网金融市场也是一个基于信息做出决策的市场。投资者基于对披露信息的信赖而做出投资,表现为一种信赖关系。[①] 互联网金融自起步就一直存在"三无"问题,平台道德风险较大,跑路事件频发,发展已经严重地偏离正轨,违背了满足中小企业融资需求的初衷,造成人们对互联网金融模式的合法性存疑。跑路等风险事件的发生,主要原因就是资产端信息披露不到位,处于信息弱势一方的投资者没有能力辨别资产端信息,做出非理性投资决策,严重损害投资者的利益。因此,建立强制信息披露制度尤为重要。

首先,确定承担强制信息披露义务的主体是融资方和互联网金融平台。平台跑路事件的发生,造成了整个互联网金融行业的信任危机,危及整个互联网金融行业的声誉,投资者将自己的投资损失归于平台的欺骗。由于对平台承担信息披露义务的呼应非常高,造成对融资方义务的忽略。实际上,融资者有天生的欺诈动机,利用信息不对称的现状,欺诈融资。而在追究法律责任中,司法机关过于关注平台的问题而忽略融资者的责任。因此,融资者和平台都应该作为信息披露的义务主体。

其次,明确融资方和互联网金融平台承担的信息披露义务以及信息披露方式等。借鉴《暂行办法》第 9 条和第 12 条的规定,互联网金融中融资方的信息披露义务应该包括但不限于:提供真实、准确、完整、及时的用户信息和融资信息;提供在所有互联网平台违约的融资信息;保证融资项目真实、合法,并按照约定的用途使用出借人的资金,不得用于其他目的或者用于出借等;按照约定向投资方如实报告影响或者可能影响投资方权益的重大信息;确保自身具有与融资金额相匹配的还款能力并按照合同约定履行还款等;履行合同约定的其他义务。对互联网金融平台而言,一方面要披露自身运营的基本信息;另一方面要披露融

① 石一峰.违反信息披露义务责任中的交易因果关系认定[J].政治与法律,2015(9).

资方的基本信息,并对融资方融资信息承担形式审核义务,确保信息披露的真实、准确、完整。互联网平台应当履行以下义务:依照法律法规以及合同约定,为投融资双方提供直接借贷信息的采集整理、甄别筛选、网上发布,以及资信评估、投融资撮合、咨询、在线争议解决等;对融资方的资格条件、信息的真实、完整、准确、合法进行必要性审核;监督欺诈行为,发现欺诈行为或损害投资者利益的情形,及时公告并终止相关的活动;持续加强信息披露工作,开展互联网金融知识普及和风险教育活动,确保投资者充分知悉投资风险;定期报送相关信息;妥善保管投融资双方的资料和交易信息,不得删除、篡改,不得非法买卖、泄露基本信息和交易信息;依法履行客户身份识别、可疑交易报告、客户身份资料和交易记录保存等反洗钱和反恐怖融资义务;配合相关部门做好防范查处金融违法犯罪相关工作;按照要求做好互联网信息内容管理、网络与信息安全相关工作;银监会和注册地省级政府规定的其他义务。平台信息披露应该以定期公告的形式及时发布在官方网站。

最后,构建信息披露的责任制度。不履行义务的法律后果自然是承担法律责任。触犯刑事责任底线必须承担刑事责任,这自不必多说,刑事领域有比较完善的法律体系规范刑事责任。承担行政责任的前提是违反《行政处罚法》等相关的行政实体法和行政程序法。关于民事责任领域,目前没有明确的法律依据定性法律责任性质,违反信息披露的民事责任非常复杂,确立融资方和平台承担责任模式需要非常谨慎,一方面要考虑对融资者和平台的惩罚性和对投资者的充分补偿性,另一方面又不能赋予平台过重的责任负担,加重平台的生存成本,打击平台的生存能力。《暂行办法》第 9 条和第 12 条只规定了网贷平台和借款人的信息披露义务,并没有规定违反义务相对应的责任。建议构建融资者和互联网金融平台的责任分担机制:第一,平台和用资人承担连带责任的情形:平台和融资者具有共同故意,相互勾结欺诈融资,运用侵权法的共同侵权理论,两者承担连带赔偿责任。第二,融资方单独承担违约责任:互联网金融平台已经尽了合理的审核义务,确保了信息的真实、准确与完整,但是由于融资者违约还款造成投资者损失,应当由融资者单独承担违约责任,赔偿损失。第三,平台承担补充赔偿责任:在互联金融平台与融资者没有意思联络,不构成共同侵权的情况下,平台仅仅是疏于履行信息披露的审核义务,使得融资者欺诈融资,在这种情形下融资方应当承担主要的赔偿责任,在赔偿能力不足的情况下,由平台承担补充责任,这样在不会使平台负过重的情况下对平台起到应有的惩戒作用,并能充分地保护投资者的利益。第四,平台单独承担赔偿责任的情形:在平台存在虚假标的或者平台自融的情形下,投融资关系中末端融资方实际不存在,平台非法集资的责任就应当由平台单独承担赔偿责任,例如 e 租宝案件,应当由平台对投资者进行赔偿。第五,引入"董监高"的连带赔偿责任:"董监高"基于其身份的特殊性,对企业经营决策的重大影响,直接或间接地会影响到平台信息披露责任的履行问题,因此有必要将其纳入承担责任的范畴,在没有对平台信息披露尽到审慎监督义务时,对平台的赔偿责任予以连带。

3. 建立第三方资金存管制度,保障资金交易安全

第三方资金存管制度的建立,能够有效避免资金池问题,防止平台自融或者变相归集投资者资金,大大降低投资者被欺诈的可能性。互联网金融平台在账户设置上应遵循账户分离的原则,用户资金和平台运营资金分账管理和使用。《暂行办法》第 28 条:网络借贷信息中介机构应当实行自身资金与出借人和借款人资金的隔离管理,并选择符合条件的银行业金融机构作为出借人与借款人的资金存管机构。因此,互联网金融企业应当与银行业进行合作,签订资金存管协议,明确双方的权利、义务和责任,存管银行应当对客户资金的使用情况进行实时监督,客户资金的收付完全由独立的第三方机构直接管理,借款人的资金进出根据用户指令发出,而且每笔资金的流动都有实时的记录,防止平台以任何形式挪用资金或者携款潜逃的风险事件发生,实现平台资金和投融资方的资金隔离,同时也防范了平台非法吸收公众存款和集资诈骗的犯罪行为。但是,目前由于介入第三方存管机构成本过高,一些银行为了规避风险,内部设立存管门槛,致使一些互联网金融行业只能"望银行兴叹",建议政府予以政策引导,为银行的资金存管提供政策性支持,鼓励银行放低存管门槛。

4. 明确设立风险补偿制度,为投资者保护设置防线

风险补偿金制度是保护投资者的一道有效防线。风险补偿制度就是在约定还款期限或者约定发放效益产品到期,对于融资者不履行还款义务或不发放效益产品的,由互联网平台设立的风险补偿金等先行进行垫付。风险补偿制度的措施包括但不限于:(1)设立风险备付金,风险备付金的收取方式为从融资额中按比例向融资者抽取或者平台从第三方引入,在融资项目不能按时兑付时,先行偿付给投资者。(2)引入第三方担保,《暂行办法》第 10 条负面清单规定严禁自我担保的增信措施,但并没有禁止引入第三方担保,并且从安全的角度来说,引入第三方担保能够有效地保护投资者。(3)引入保险制度等。《暂行办法》对 P2P 网贷风险补偿制度采取了默许态度,根据"法无禁止皆自由"的基本理念,在严格遵守第 10 条负面清单的同时,还是可以在非禁止的空间内自由选择。

互联网时代惩治侵犯公民个人信息犯罪的困境与出路

◎胡　江*

摘　要:在互联网时代的大背景下,侵犯公民个人信息犯罪呈现出诸多新情况、新特征,主要表现为犯罪案件的高发性、犯罪实施的便利性、犯罪主体的多元性、犯罪行为的智能性、犯罪危害的广泛性等方面。而受互联网信息技术的影响,侵犯公民个人信息犯罪以前所未有的速度升级,对侦查、惩治、防控提出了更高的要求,加之我国缺乏统一的《公民个人信息保护法》,《刑法》的相关规定也还存在不足,从而导致侵犯公民个人信息犯罪的惩治面临着诸多现实困难。为了应对严峻的公民个人信息犯罪,应当确立适应互联网时代要求的刑事政策,完善保护公民个人信息的立法规定,明确公民个人信息犯罪的司法适用标准,加强对侵犯公民个人信息行为的法律监管与执行,加强惩治公民个人信息犯罪的国(区)际合作。

关键词:互联网　公民个人信息　公民个人信息犯罪　困境　对策

随着社会发展与公民权利意识的增强,公民个人信息越来越成为关乎公民个人权益的重要对象。为了应对实践中严重侵犯公民个人信息的行为,《刑法修正案(七)》针对1997年《刑法》规定的不足,在《刑法》第253条之一规定了出售、非法提供公民个人信息罪与非法获取公民个人信息罪这两个罪名,并在2015年通过的《刑法修正案(九)》中做了进一步的修正。在实践层面,为严厉打击侵害

---

* 胡江,西南政法大学法学院副教授,硕士生导师,刑法教研室副主任,法学博士。

公民个人信息的犯罪活动,公安部 2012—2015 年已三次开展全国范围的集中行动。[①] 但是,在网络化的社会大背景下,个人信息已经成为"人的信息化的存在方式","对于个人信息的犯罪就相当于对物理的人的犯罪",[②]但立法的新增规定以及实践中的严厉打击,并未遏制侵犯公民个人信息犯罪的滋长和蔓延。特别是2013 年下半年发生的"2000 万开房数据泄露事件"[③],进一步引发了社会公众对公民个人信息安全的关注。因此,考察互联网时代的新特征及其对惩治侵犯公民个人信息犯罪所带来的挑战,对于提升公民个人信息的保护水平、维护公民的合法权益具有极大的现实意义。

一、网络化背景下侵犯公民个人信息犯罪的基本态势

侵犯公民个人信息的行为虽然一直存在,但它作为一种社会现象,却受到技术革新特别是信息技术发展的深刻影响。中国互联网络信息中心(CNNIC)发布的第 37 次《中国互联网络发展状况统计报告》显示,截至 2015 年 12 月,中国网民规模达 6.88 亿,互联网普及率达到 50.3%,半数中国人已接入互联网。[④] 这意味着我们已经进入了一个新的时代,即互联网时代,互联网已经把我们和这个时代紧紧绑在一起。但互联网是一把双刃剑,它在为现代社会的人们带来便利的同时,也为公民个人信息犯罪提供了极大的便利。在互联网时代的大背景下,侵犯公民个人信息犯罪呈现出诸多新情况、新特征,这是我们在思考惩治公民个人信息犯罪时必须首先要考察的一个现实问题。

(一)犯罪案件的高发性

得益于网络的迅猛发展,受不法利益的驱使,侵犯公民个人信息犯罪行为近年来呈现出高发、多发的态势,且呈现出不断增长的趋势。据统计,2013 年,全国公安机关共抓获侵犯公民个人信息的犯罪嫌疑人 2100 余名,查获被盗取的各类

---

① 公安部打击侵害公民个人信息犯罪 1213 人落网[EB/OL].[2013-12-30]. http://news. sina. com. cn/c/2013-08-12/070027924111. shtml.

② 马改然. 个人信息犯罪研究[M]. 北京:法律出版社,2015:1—2.

③ 2013 年 10 月,某网络论坛流出大批酒店住客的开房名单,名为"某酒店 2000W 数据"的压缩文件可以自由下载,体积达 1.71GB,解压后更是超过 8GB,泄漏了 2000 万个受害人包含姓名、身份证号、性别、出生日期、手机号及注册邮箱在内的详细个人信息。该下载名单迅速被各种渠道转发,下载量也不断猛增。

④ CNNIC 发布第 37 次《中国互联网络发展状况统计报告》[EB/OL].[2016-02-15]. http://cnnic. cngywmxwzxrdxw2015/201601/t20160122_53283. htm.

公民个人信息近 40 亿条,破获出售、非法提供和非法获取公民个人信息案件 1300 余起,打掉利用非法获取的公民信息实施犯罪的团伙 600 个。① 无论是侵犯公民个人信息犯罪的数量还是犯罪的人数都较多,部分地方的数据也印证了这一事实。例如,北京市朝阳区检察院 2009—2013 年共受理侵犯公民个人信息犯罪案件 20 件 41 人,其中 2012—2013 年的案件占到了 5 年全部案件的 90%, 2013 年的犯罪嫌疑人人数是前 4 年的总和②,犯罪的增长趋势十分明显。与公民个人信息犯罪高发相伴的是公民个人信息被相应的犯罪行为严重侵犯,导致大量的公民个人信息被泄露或非法获取。据 360 互联网安全中心统计,2011 年至 2014 年年底,已被公开并被证实已经泄漏的中国公民个人信息多达 11.27 亿条,内容包括账号密码、电子邮件、电话号码、通信录、家庭住址,甚至是身份证号码等信息。③

(二)犯罪实施的便利性

借助于互联网的便利,公民个人信息犯罪的实施也变得越来越便利。例如, 重庆警方抓获的被告人张某,大学毕业后利用木马程序盗窃他人信息,开通 8 个 QQ 账号在网络空间将所盗窃的他人信息予以贩卖,两年赚了 20 余万元。④ 借助于互联网技术,犯罪人可以非常便利地获得他人的个人信息并实施相应的个人信息犯罪行为,犯罪的实施具有极大的便利性,这主要表现在以下两个方面。

1. 获取公民个人信息的便利性

在互联网时代,通过互联网参与社会生活已经成为人们最主要的行为方式, 人们通过互联网处理工作事务,进行人际交往,就学、工作、饮食、旅游、购物、交友等都可以通过互联网实施。在这个过程中,几乎都要使用公民个人信息,如提供个人信息进行注册后才能购物,提供个人信息获得相应账号后才能交友等。因此,公民的个人信息随时都在互联网空间使用。借助于信息技术,犯罪人可以较为便利地获得他人的个人信息并实施相应的违法犯罪行为。

2. 实施公民个人信息犯罪行为的便利性

与传统的犯罪相比,侵犯公民个人信息犯罪所针对的对象是他人的个人信

---

① 严厉打击侵害公民个人信息犯罪活动[EB/OL].[2014-01-03]. http://www.jcrb.com/xztpd/ 2014zt/201401/zfgzhy/pazg/gmxx/201401/t20140103_1298137.html.

② 杨新京,叶萍,黄成.侵犯公民个人信息犯罪实证研究[J].中国检察官,2015(2).

③ 北京网络安全反诈骗联盟.2015 年第一季度网络犯罪数据研究报告[R/OL].[2016-2-15]. http://hy.cebnet.com.cn/20150504/101173514.html.

④ 8 个 QQ 全天在线接业务,宅男生意好忙[N].重庆晨报,2013-03-14(26).

息,而个人信息有别于传统的犯罪对象,即人或物,它总是以一定的数据、程序等为载体展现出来,犯罪人在实施侵犯个人信息的犯罪时,不再需要像传统犯罪那样直接针对具体的人或物实施,而往往是通过信息网络技术实施侵犯公民个人信息的犯罪行为,犯罪人与被害人可能相距万里,但犯罪人利用互联网却可以非常便利地获取他人的个人信息。导致的后果就是,犯罪人只需要简单地进行网络操作即可完成犯罪行为,可谓"鼠标一点,危害一片","键盘一敲,犯罪就好"。因此,互联网技术的发展为公民个人信息犯罪提供了极大的便利,也极大地降低了公民个人信息犯罪的成本,在一定意义上催生了侵犯公民个人信息犯罪行为的大量滋长。

(三)犯罪主体的多元性

侵犯公民个人信息犯罪的犯罪主体呈现出多元性,具体表现在以下两个方面。

1.犯罪主体既包括自然人,也包括单位。单位或者法人能否构成侵犯公民个人信息犯罪虽然在理论上有争议,但不可否认的客观事实是,在实践中,侵犯公民个人信息犯罪既可以由自然人实施,也可以由单位实施,我国刑法也明文规定单位可以构成侵犯公民个人信息罪的主体。其中,实施或者可能实施侵犯公民个人信息犯罪的单位主要有以下类型:(1)国家机关等公共管理机构;(2)金融机构;(3)学校等教育培训机构;(4)医院等社会服务机构;(5)商业机构或者单位。这些机构或者单位由于在履行职责或者提供服务时往往会获取大量的公民个人信息,因而成为实施侵犯公民个人信息犯罪的高危主体。

2.犯罪主体既可以是个人,也可以是多人,还可以是团伙。侵犯公民个人信息的犯罪行为可以由自然人个人实施,也可以由多人共同实施,还可以以犯罪团伙的形式实施。特别是近年来,部分地方出现了一些专门收集或买卖公民个人信息的非法团伙,他们利用互联网的便利条件,分工合作,在 QQ 群等网络空间进行有关犯罪行为的沟通、交流,并实施侵犯公民个人信息的犯罪行为,其犯罪的危害性较个人实施的犯罪危害性更大。

在侵犯公民个人信息的犯罪主体方面,有两类主体特别值得关注:一是互联网运营机构的人员,他们由于直接从事互联网运行技术方面的工作,能够直接接触和获得大量的公民个人信息,在不法利益的驱使下,他们将获得的公民个人信息予以出售或者非法提供给他人;二是其他有关机构或者单位里面的人员,他们在履行职责或者提供服务的过程中,通过正当合法的方式获得了他人的个人信息,但却与工作单位之外的人里应外合,将获得的信息出售或者非法提供给他人,这类主体俗称"内鬼",他们为侵犯公民个人信息犯罪的实施提供了便利。

(四)犯罪行为的智能性

从我国刑法规定的情况来看,侵犯公民个人信息犯罪的行为方式主要有非法获取、出售、非法提供等,但无论哪一种行为方式,其在实施过程中都受到互联网的深刻影响,呈现出明显的智能性。具体表现为以下几个方面。

1.行为手段的技术性高

互联网是现代信息技术发展的结晶,它在为现代社会带来便利的同时,也为犯罪行为的实施提供了极大的便利。在互联网时代的大背景下,侵犯公民个人信息犯罪在利用现代信息技术方面表现得尤为明显,呈现出较高的技术性。例如,在获取信息的方式上,犯罪人很少像传统的信息犯罪那样通过直接复制、拍照等方式窃取他人信息,而是通过木马程序、钓鱼软件等技术手段非常便利地获取;在信息的出售或者非法提供方面,其洽谈、支付等都可以通过互联网完成。因此,正如有学者所说:"在信息社会中,典型的个人信息犯罪基本都依赖于无处不在的互联网等现代化电子通信设备。"[①]

2.行为手段的隐蔽性强

借助于互联网技术,侵犯公民个人信息犯罪行为的实施具有极强的隐蔽性。一方面,公民个人信息被他人非法获取或者出售后,如果没有造成相应的财产损失等直接危害结果,被害人很难及时发现;另一方面,对于公安机关等国家主管部门而言,也很难在事前及时发现犯罪行为并采取相应的预防措施,往往都是在犯罪行为发生后才被动地启动侦查追诉程序。特别是有的犯罪人为了逃避法律处罚,利用互联网的便利条件实施反侦查行为,采用各种手段对其犯罪行为进行掩饰、隐瞒,如租用境外服务器实施窃取他人信息的行为,使用虚假的身份信息在网上注册然后实施侵犯公民个人信息犯罪行为等,极大地增加了公安司法机关查处的难度,使得很多侵犯公民个人信息犯罪行为没有得到及时发现和惩处。正因为侵犯公民个人信息犯罪的隐蔽性较强,所以其犯罪黑数在网络犯罪乃至整个刑事犯罪中都是相当高的。

3.行为手段的协作性高

为了顺利实施侵犯公民个人信息犯罪行为,犯罪人特别注重分工协作,如通

---

① 吴苌弘.个人信息的刑法保护研究[M].上海:上海社会科学院出版社,2014:117.

过共同犯罪的形式或者建立犯罪团伙的形式实施。目前,已经形成了侵犯公民个人信息的地下非法产业链,在这个"产业链"中,主要包括3个方面的环节(如图1所示):一是信息的直接获取者,他们通过各种方式向信息权利人获得公民个人信息,并将所获取的公民个人信息出售或者非法提供给他人;二是信息的中介转让者,他们从信息的直接获取者那里购买或者无偿取得他人信息后,在互联网空间建立起公民个人信息交易平台,将公民个人信息高价出售、转让给他人;三是信息的直接使用者,他们将购买或者通过其他非法途径获得的公民个人信息直接用于其他犯罪行为之中,如将他人信息用于实施诈骗、敲诈勒索、盗窃等具体犯罪行为。无论是信息的直接获取者,还是信息的中间转让者与信息的直接使用者,都直接或者间接地侵犯了信息权利人的合法权利。这种非法产业链条的形成,一方面催生了巨额的经济利益,从而直接驱使犯罪人在经济利益的诱惑之下实施侵犯公民个人信息犯罪行为;另一方面也直接导致侵犯公民个人信息犯罪行为的复杂化,极大地增加了公安司法机关查处的难度。

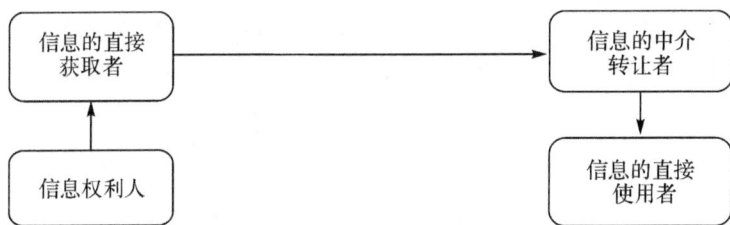

图1 公民个人信息犯罪非法产业链

(五)犯罪危害的广泛性

侵犯公民个人信息犯罪不仅直接导致他人的个人信息被泄露,严重侵犯他人的隐私、名誉和人格,还会导致他人的个人信息被用于实施诈骗等其他犯罪行为,造成信息权利人的人身或财产损害,因此,这类犯罪具有严重的危害性。在互联网时代,由于犯罪人可以便利地使用互联网技术实施公民个人信息犯罪行为,其危害性更大,其所造成的危害更为广泛。具体表现在以下两点。

1. 危害后果的扩散广泛

互联网空间是开放、共享的虚拟世界,网络信息可以在网络空间被迅捷地传播和分享。对于侵犯公民个人信息犯罪而言,犯罪行为实施后,他人的个人信息一旦被传入网络空间,就会在非常短的时间里为全世界各地的网民所知晓、使用,"就可能在全球范围广为传播并被个人无休止地转载、复制"①,犯罪行为所造成的危害后果会在互联网空间迅速蔓延、扩散。例如,在前述"百万开放数据泄露"案中,2000万个受害人的详细个人信息被上传至网络后,迅速在网络空间被各种渠道转发,下载量也不断猛增。因此,在网络空间实施的侵犯公民个人信息犯罪虽然可能只是一个犯罪行为,侵害的也只是一个犯罪对象,但其危害后果却绝不限于犯罪人与被害人之间的一对一关系,而是一对多的关系。这种危害后果的广泛性,是互联网之外的传统犯罪所不具备的,从而也增加了侵犯公民个人信息犯罪的危害程度。

2.潜在的侵害对象广泛

身处互联网时代,我们每个人的生活都与互联网紧密联系在一起。在互联网空间,人们随时都在提供个人信息,如注册网络账户、使用网络服务等,如果不提供个人信息,将无法享受互联网技术带来的便利甚至根本无法使用互联网,由此导致的后果就是,人们的个人信息被广泛地运用于互联网空间。即使是从不使用网络的人,其个人信息也都会在接受服务时被有关机构或者个人所掌握,因而可以被他人非常便利地泄露或传至互联网空间。因此,在互联网时代的大背景下,侵犯公民个人信息犯罪行为侵犯或可能侵犯的对象是非常广泛的,几乎每个人都是侵犯公民个人信息犯罪的潜在受害人,几乎每个人的个人信息都处于被侵犯的危险中,几乎每个人都难以在不断蔓延的侵犯公民个人信息犯罪面前置身事外。

二、中国惩治侵犯公民个人信息犯罪的罪刑规范发展历程

刑法能够明确侵犯公民个人信息犯罪的成立标准和刑事责任,是惩治公民个人信息犯罪和保护公民个人信息最为重要的法律之一。1997年《刑法》没有明确规定侵犯公民个人信息犯罪,只是通过相关罪名的规定体现了对公民个人信息的间接保护。此后,全国人大常委会通过发布决定或进行刑法修正等方式,对我国惩治侵犯公民个人信息犯罪的法律规范进行完善,其中包括1个决定和3个刑法修正案。

---

① 杨正鸣.网络犯罪研究[M].上海:上海交通大学出版社,2004:54.

(一)1997 年《刑法》的规定

1997 年《刑法》在第 219 条规定了侵犯商业秘密罪,在第 246 条规定了侮辱罪和诽谤罪、在第 252 条规定了侵犯公信自由罪,在第 253 条规定了私自开拆、隐匿、毁弃邮件、电报罪,在第 284 条规定了非法使用窃听、窃照专用器材罪,在第 286 条规定了破坏计算机信息系统最等,这些罪名是对公民个人信息的一种间接保护,但 1997 年《刑法》并未就惩治侵犯公民个人信息犯罪做出明确的专门性规定,对于侵犯公民个人信息的行为,如果其行为手段、方式符合上述其他罪名如诽谤罪、侮辱罪等犯罪的构成要件,可以按照这些犯罪进行定罪处罚。

(二)《关于维护互联网安全的决定》的规定

1997 年《刑法》没有关于公民个人信息犯罪的专门性规定,这种规定上的缺陷随着侵犯公民个人信息犯罪的越演越烈而变得日趋明显,特别是随着互联网信息技术的发展,保护公民个人信息日益变得重要。为此,2000 年 12 月 28 日,全国人大常委会通过了《关于维护互联网安全的决定》。该决定规定:"为了保护个人、法人和其他组织的人身、财产等合法权利,对有下列行为之一,构成犯罪的,依照刑法有关规定追究刑事责任:(一)利用互联网侮辱他人或者捏造事实诽谤他人;(二)非法截获、篡改、删除他人电子邮件或者其他数据资料,侵犯公民通信自由和通信秘密;(三)利用互联网进行盗窃、诈骗、敲诈勒索。"因此,对于侵犯他人电子邮件或其他数据资料的,可以依照刑法关于侵犯公民通信自由和通信秘密的犯罪的相关规定进行处理。

(三)《刑法修正案(五)》的规定

2005 年 2 月 28 日,全国人大常委会通过的《刑法修正案(五)》增设了《刑法》第 177 条之一,相应地增加了妨害信用卡管理罪和窃取、收买、非法提供信用卡信息罪。其中,窃取、收买、非法提供信用卡信息罪,系专门针对他人信息所做出的具体规定,其所针对的是公民个人信息中的信用卡信息资料。该规定在我国侵犯公民个人信息犯罪的刑事立法进程中具有重要意义,标志着刑法已经开始就侵犯公民个人信息的行为做出专门性规定。

(四)《刑法修正案(七)》的规定

全国人大常委会于 2009 年 2 月 28 日通过的《刑法修正案(七)》,在《刑法》第 253 条之后增加一条作为第 253 条之一,规定了出售、非法提供公民个人信息罪和非法获取公民个人信息罪。其中,出售、非法提供公民个人信息罪,是指国家机关或者金融、电信、交通、教育、医疗等单位及其工作人员,违反国家规定,将本单位在履行职责或者提供服务过程中获得的公民个人信息,出售或者非法提供给他人,情节严重的行为;非法获取公民个人信息罪,是指窃取或者以其他方法非法获取公民个人信息,情节严重的行为。

《刑法修正案(七)》就惩治侵犯公民个人信息犯罪新增的这两个罪名,虽然为惩治侵犯公民个人信息犯罪提供了较为明确的法律依据,但是,其规定本身存在一些不合理和有待完善的问题,难以应对侵犯公民个人信息犯罪发展的新情况,与保护公民个人信息的要求还有较大的差距。这个问题主要表现在出售、非法提供公民个人信息罪的成立要求上。按照《刑法修正案(七)》的规定,出售、非法提供公民个人信息罪,必须是有关单位或者个人将其在履行职责或者提供服务的过程中获得的公民个人信息予以出售、非法提供给他人的,才可以成立;如果出售、非法提供的不是在履行职责或者提供服务的过程中获得的公民个人信息,则不能构成本罪。这就导致实践中很多针对非基于履行职责或者提供服务获得的公民个人信息犯罪难以得到刑法惩处。

此外,《刑法修正案(七)》在第 285 条增设了"非法获取计算机信息系统数据、非法控制计算机信息系统罪",也间接地体现了对公民个人信息的保护。

(五)《刑法修正案(九)》的规定

为了解决《刑法修正案(七)》关于惩治公民个人信息犯罪规定的不足,全国人大常委会 2015 年 8 月 29 日通过的《刑法修正案(九)》对我国的公民个人信息犯罪做了再次修正。这次修正的内容主要体现在以下几个方面。

一是罪名的调整。将原来的出售、非法提供公民个人信息罪和非法获取公民个人信息罪 2 个罪名,调整为 1 个罪名,即侵犯公民个人信息罪。此外,还增设了 3 个新的罪名对公民个人信息进行间接保护:(1)增设第 286 条,新增"拒不履行信息网络安全管理义务罪",对"致使用户信息泄露,造成严重后果"的行为进行专门规制;(2)增设第 108 条之一,新增"泄露不应公开的案件信息罪"和"披露、报道不应公开的案件信息罪",对不应公开的案件信息进行刑法保护。

二是行为方式的扩大。由于侵犯公民个人信息罪系整合原有的两个罪名而来,其行为方式相应地较原来的罪名有所扩大。具体包括了以下几种行为:(1)违反国家有关规定,向他人出售、提供公民个人信息的行为;(2)窃取或者以其他方法非法获取公民个人信息的行为。其中,有别于《刑法修正案(七)》的规定,对于提供公民个人信息的行为,只要违反国家有关规定即可,不再有"非法提供"的限制性要求。对于新增的 3 个罪名而言,由于其系此次刑法所新增,其行为方式在原刑法中不构成犯罪,此次作为独立的罪名予以规定,同样体现了对侵犯公民个人信息犯罪行为方式予以扩大的立法精神。

三是犯罪标准的降低。取消了在履行职责或者提供服务的过程中获得的公民个人信息这一犯罪成立要求,而是将其作为一个从重处罚的法定情节予以规定。这就意味着,对于侵犯公民个人信息罪而言,其成立不再要求是针对在履行职责或者提供服务的过程中获得的公民个人信息,即使是基于其他事由而获得他人的个人信息,只要实施了法定的行为,就可以构成犯罪。

四是惩罚力度的增大。《刑法修正案(九)》加大了侵犯公民个人信息犯罪的惩罚力度,主要表现在以下几个方面:(1)从重处罚情节的增加,将针对在履行职责或者提供服务过程中获得的公民个人信息实施的犯罪调整为法定从重处罚情节,明确规定具备此种情节的要从重处罚;(2)法定刑的调整,《刑法修正案(九)》在原有的"情节严重"情节之外,增加规定了"情节特别严重"的法定刑升格条件,明确规定此种情形的法定刑为3年以上7年以下有期徒刑,并处罚金,从而使我国刑法中侵犯公民个人信息犯罪的法定最高刑从原来的3年有期徒刑增加到了7年有期徒刑。

三、网络化背景下惩治侵犯公民个人信息犯罪的现实困难

虽然我国刑法已经对惩治侵犯公民个人信息犯罪做出明确规定,并在2015年通过的《刑法修正案(九)》中做了进一步的修改完善,但是我们应该理性地看到,侵犯公民个人信息犯罪是一种非常复杂的社会现象,特别是由于它深受互联网技术的影响,因而在惩治和防控方面存在着比较大的困难。

(一)犯罪升级带来的应对困难

如前所述,受互联网技术的影响,侵犯公民个人信息犯罪呈现出诸多新的特征,其中最核心的问题在于,犯罪人充分运用互联网技术的便利性,将其用于实施侵犯公民个人信息的犯罪行为中。因此,在互联网时代的大背景下,侵犯公民个人信息犯罪无论是犯罪手段、方式还是侵害对象、危害后果等都以前所未有的速度升级,其犯罪的影响更大。由于互联网的影响,公民个人信息犯罪不受时间、地点的限制,而且犯罪实施后也不存在所谓的犯罪现场,所以,个人信息犯罪

行为不容易被发现,因而被有学者认为是一种"无形犯罪"①,这对犯罪的侦查、惩治、防控提出了更高的要求。所谓"魔高一尺、道高一丈",面对日益升级的侵犯公民个人信息犯罪,公安司法机关原本应该以更高的技术水准去应对,但现实却是,由于受人力、物力等方面的限制,公安司法机关面对不断升级的侵犯公民个人信息犯罪显得力不从心甚至无能为力。其中,公安司法机关面临的主要困难在于对互联网技术的最新发展关注不够,对新技术的运用不积极,对原有侦查手段、技术的更新升级不及时,在运用新兴技术查处犯罪方面还不够,熟练掌握互联网新兴技术的高层次人才比较欠缺。这些都严重制约了惩治公民个人信息犯罪的效果,成为惩治和防控公民个人信息犯罪的重要困难。

(二)统一公民个人信息保护法的缺失

对公民个人信息的保护离不开全面、系统、完善的立法规定。我国目前关于公民个人信息保护的立法规定主要散见于刑法、民法等法律法规中,而没有系统的《公民个人信息保护法》。为了制定《公民个人信息保护法》,2003 年,国务院委托有关专家学者就公民个人信息保护进行专题调研和立法起草工作;2005 年,《公民个人信息保护法(专家建议稿)》完成;2008 年,《个人信息保护法(专家建议稿)》被提交至国务院,但至今尚未出台。《公民个人信息保护法》的缺位,导致对公民个人信息的法律保护不到位,对公民个人信息保护的法律认定及程序存在不少问题,严重制约了我国公民个人信息保护的水平,也给惩治侵犯公民个人信息犯罪带来了诸多困难。例如,对公民个人信息范围的界定,由民事法律特别是《公民个人信息保护法》来做出规定显然是不二选择,但由于目前这部法律尚未出台,导致在刑法认定中对公民个人信息的理解存在不同认识,使得部分侵犯公民个人信息的违法犯罪行为得不到法律的惩处。

(三)刑事责任与行政责任、民事责任的衔接不够

刑法是应对和规制犯罪的一种方式,但并不是唯一的方式,甚至不是最主要的方式。其原因在于,刑法作为规定犯罪与刑罚的法律,其主要是面向已经发生的犯罪行为,是一种事后法,其功能主要在于对已经发生的犯罪行为予以惩治。虽然刑法的适用也可以实现预防犯罪的功能,但犯罪的发生是受多方面因素综合影响的结果,刑法在预防犯罪方面所能发挥的作用是有限的。在刑法之外,还需要行政、民事等法律发挥预防犯罪的作用,从而与刑法一起形成一套严密的规

---

① 马改然.个人信息犯罪研究[M].北京:法律出版社,2015:38.

范体系。因此,在公民个人信息犯罪的规制体系中,除了刑法之外,还应包括行政法、民事法等非刑事法律。为了有效惩治和预防公民个人信息犯罪,我们除了需要加强和完善刑法的适用以外,还需要注重刑法与行政法、民事法的配合,注重刑事责任与行政责任、民事责任的衔接。但是,在我国现行的法律规范体系中,由于在相当长的一段时间内对公民个人信息保护的重要性缺乏认识,因此在立法层面缺乏对公民个人信息保护的全面、系统规定。刑法虽然针对侵犯公民个人信息的行为规定了相应的犯罪行为,对于构成犯罪的行为当然可以依法追究刑事责任,但在刑法之外,对于侵犯公民个人信息的行为却缺乏相关的明确规定。刑法原本是规制社会行为的最后手段,其对犯罪行为的认定和处罚在很大程度上以非刑事法律的规定为基础,但在公民个人信息犯罪中却没有这样的配套性规定。无论是在行政法还是民事法中都缺乏相应的配套规定,由此出现了立法应对侵犯公民个人信息犯罪时只有刑法单打独斗的局面,不利于形成惩治公民个人信息犯罪的合力。对此,我国有学者曾一针见血地指出:"对侵犯公民个人信息之行为,我国尚未确立统一、完备的行政法律制裁体系与刑事制裁相衔接。连《治安管理处罚法》都未将侵犯公民个人信息的行为作为行政违法行为规定处罚的措施。这就使得我国《刑法典》第 253 条之一所规定的两种犯罪成为非典型的行政犯,也使得《刑法修正案(七)》第 7 条的规定成为一种法定犯时代之下颇为尴尬的立法。"[①]

(四)刑法规定本身存在不足

在惩治和防控公民个人信息犯罪方面,刑法发挥着不可替代的作用。但是,1997 年《刑法》制定时,互联网技术尚未像如今这样深刻地影响着社会生活,当时的立法对信息技术发展的预见不足,因而这部法典无论是在理念还是内容上都对互联网技术以及由此带来的网络犯罪关注不够,导致在面对网络犯罪时显得力不从心。正如有些学者所说,面对汹涌而来的网络犯罪,"传统刑事法律制度已经显得有些无能为力"[②]。在应对侵犯公民个人信息犯罪方面,这种状况虽然随着两次刑法修正而稍有改观,但即便如此,刑法规定本身仍然存在很多不足之处,与惩治公民个人信息犯罪的新要求还有比较大的差距,在一定程度上影响了惩治公民个人信息犯罪的效果。

---

① 赵秉志.公民个人信息刑法保护问题研究[J].华东政法大学学报,2014(1).

② 杨正鸣.网络犯罪研究[M].上海:上海交通大学出版社,2004:79.

1.公民个人信息的范围不明

对于侵犯公民个人信息犯罪而言,公民个人信息是其直接侵害的对象,也是信息权利人合法权利的载体。准确界定"公民个人信息"的内容和范围,是认定侵犯公民个人信息犯罪的前提。但是,刑法只是笼统地规定了"公民个人信息"这个概念,对其内涵和范围却并未给出明确界定。在理论上,关于公民个人信息的争议比较大,主要有以下几种代表性观点。

(1)广义说。该说将与公民有关的一切信息均界定为"公民个人信息"。例如,有论者认为,可将公民个人信息界定为"与公民个人相关的一切信息的总和",凡是符合这一定义的,即可成为本罪的犯罪对象。① 还有的论者认为,在非法获取公民个人信息罪中,所有的公民个人信息均属于保护范围,不考虑其来源的特殊性,而仅考虑在实质上是否属于公民个人信息。②

(2)身份识别说。该说认为,只有能够识别公民身份的信息才属于"公民个人信息"。例如,有论者认为,"个人信息是指个人姓名、住址、出生日期、身份证号码、医疗记录、人事记录、照片等单独或与其他信息对照可以识别特定的个人的信息"③。还有论者明确指出,在界定个人信息时,需要从个人信息的本质特征即识别的角度出发,能够识别信息主体的信息或者数据都属于个人信息。④

(3)价值重要性说。该说认为,在与公民有关的个人信息中,只有那些具有重要价值的信息才属于"公民个人信息"。例如,有论者指出,个人信息具有两个特征:一是个人的专属性,二是信息的重要性,即公民的诸多个人信息关乎公民人的人格、尊严,甚至影响其人身权利、财产权利。⑤ 还有论者认为,作为保护对象的个人信息必须具有刑法保护的价值,对于姓名、年龄、身高、体重等单纯的数据性信息,其虽然能起到识别公民个人身份的作用,但是否值得运用刑罚还值得商榷。⑥

(4)隐私权利说。该说认为,公民个人信息体现的是个人隐私权,所以只有

① 卫斌.公民个人信息范围应重新界定[N].检察日报,2013-01-14(3).
② 潘度文.如何认定侵犯公民个人信息犯罪[J].人民检察,2012(16).
③ 周汉华.中华人民共和国个人信息保护法(专家建议稿)及立法研究报告[M].北京:法律出版社,2006:3.
④ 翁孙哲.个人信息的刑法保护探析[J].犯罪研究,2012(1).
⑤ 赵秉志.公民个人信息刑法保护问题研究[J].华东政法大学学报,2014(1).
⑥ 王昭武,肖凯.侵犯公民个人信息犯罪中的若干问题[J].法学,2009(12).

体现个人隐私权的信息才属于公民个人信息。例如,有论者认为:"并非所有的个人信息都是刑法调整的对象,只有个人信息中体现着个人隐私权的那一部分信息才属于刑法保障的范围。"①

在上述代表性观点中,广义说虽然从保护公民个人信息不受侵犯的角度而言具有其积极意义,但这种不加限定的界定,其结果是导致犯罪认定上的困难,反而不利于公民个人信息的保护。身份识别说、重要价值说、隐私权利说从其实质上来讲都是从不同角度对个人信息的范围进行限制,从而更有针对性地体现对公民个人信息的保护,但是,这些观点都很难说已经非常完整、准确地对公民个人信息做出了界定,它们都不同程度地存在一些不完善的地方。例如,对于身份识别说而言,有的个人信息虽然不能识别他人身份,但却事关他人的名誉、人格或者人身、财产安全,如他人的网上支付密码,其本身并不是为了识别他人身份,但它却影响着权利人的财产安全;对于重要价值说而言,哪些信息具有重要价值,哪些信息值得刑法保护,重要性的判断标准是什么等问题都存在认定上的困难;对于隐私权利说而言,有的个人信息本身并不涉及他人的隐私,甚至就是他人公开的信息,如公众人物的照片、签名等本身是公开的,但却同样可以被他人非法使用或侵犯。所有这些问题的症结在于:我国缺乏对于公民个人信息内涵和范围的明确法律规定,这已经成为制约我国惩治公民个人信息犯罪的重要因素。

2."情节严重"的认定难以把握

按照《刑法》第253条之一的规定,构成侵犯公民个人信息罪要求达到"情节严重"的标准。但是,究竟哪些情形属于"情节严重",立法并未予以明确规定,司法解释也没有这方面的规定。虽然刑法不可能事无巨细地将所有情节规定得一清二楚,刑法的适用也离不开司法人员的解释,对"情节严重"的认定离不开司法人员的具体判断,但是我们应该看到,立法上这种笼统的规定,加之我国司法人员的整体素养还不够高,导致在面对复杂的公民个人信息犯罪时,对"情节严重"的认定就成为横亘在司法人员面前的一道难题。例如,是以侵犯的信息数量还是以信息传播的范围进行判断,是否需要考虑信息权利人的实际情况,同样的信息数量对不同的人的危害性是否相同,等等,对这些问题都存在认定上的困难。对此,理论上就"情节严重"的理解形成了三因素说、四因素说、五因素说、六因素

---

① 蔡军.侵犯个人信息犯罪立法的理性分析[J].现代法学,2010(4).

说等几种代表性观点,如何理解和认定本罪中的"情节严重",已经成为当前制约本罪司法适用的瓶颈。[①]

3.行为方式的认定存在困难

根据《刑法修正案(九)》的最新修正,侵犯公民个人信息罪的行为方式主要有以下几种:一是向他人出售或者提供公民个人信息的行为;二是窃取或者以其他方法非法获取公民个人信息的行为。但是,这两种行为方式在认定中存在如下困难:(1)出售或者提供公民个人信息的行为要求以"违反国家有关规定"为前提,但由于我国有关公民个人信息保护方面的法律规定不够完善,有的侵犯他人公民个人信息的行为并未在其他法律法规中做出明确规定,因此对于部分出售或者提供公民个人信息的行为找不到相应的违法依据,因此难以将其认定为侵犯公民个人信息罪。(2)对于获取公民个人信息的行为,《刑法》明确规定了"窃取"这种行为方式,同时笼统地规定了"其他方法",这种概括性的规定有助于严密刑事法网,但也给犯罪认定带来了相应的困难,特别是在互联网的大背景下,有的行为人利用互联网的技术优势实施获取他人信息的行为,但其行为本身很难直接被认定为非法,如根据他人浏览网页的相关记录推测出他人的兴趣爱好、根据他人的行踪推测出他人的社交关系等,这些行为能否被认定为非法获取公民个人信息存在较大的争议。

4.犯罪的界限标准不够明晰

实践中,犯罪人实施侵犯他人信息的行为之后,往往还会实施其他侵犯公民人身权利或财产权利的犯罪,纯粹只是侵犯他人信息的行为反倒相对少见。在这个意义上,侵犯公民个人信息的行为属于上游犯罪,其他犯罪行为属于下游犯罪,因此,侵犯公民个人信息犯罪与侮辱罪、诽谤罪、诈骗罪、敲诈勒索罪等犯罪之间存在密切的联系。但是,侵犯公民个人信息的行为与其他犯罪行为之间的界限在何处,这些犯罪之间区分的标准是什么,对于同时触犯公民个人信息犯罪和其他犯罪的行为是按照数罪并罚的原则处理还是只按照一罪处理,尚无明确的规定,导致司法机关实践中在处理类似问题时存在不同的认识和处理方法,影响了惩治侵犯公民个人信息犯罪的实践效果。

(五)秩序和权利价值难以平衡

公民个人信息具有双重属性,一方面它是公民个人隐私权等权利的载体,另

---

① 利子平,周建达.非法获取公民个人信息罪"情节严重"初论[J].法学评论,2012(5).

一方面它又是公共利益的载体。因此,在法律的框架内,有的公民个人信息是需要给予严格保护的,他人不能实施非法获取或泄露等行为,但也有一些公民个人信息体现的是公民个人的权利,但这种权利受到一定的限制,如对于公众人物、政府公务人员、犯罪嫌疑人等人而言,其照片、教育经历、工作经历等就因为涉及公共利益而可以公开,有的信息甚至是依法必须公开,对这些信息自然谈不上非法获取或者泄露的问题。其中,为了保护公民个人信息体现的是法律对权利的保护,而为了公共利益等而不得不牺牲部分公民的个人信息则体现的是法律对秩序的维护。相应地,在惩治侵犯公民个人信息犯罪时,就不得不面对秩序和权利这两个法律价值之间的平衡问题,刑法所规定的公民个人信息犯罪,其并非针对所有的个人信息,而仅仅只限于那些需要法律保护的个人信息。正因为如此,有的学者明确提出:"不能将个人信息的保护绝对化。就法律所要保护的个人信息而言,首先要排除事关公共生活的信息。"①但问题的关键在于,在维护秩序和保障权利之间如何实现平衡是法学理论上的难题。对于公民个人信息犯罪而言,究竟哪些信息是不能公开的,哪些信息是可以公开的;哪些信息是需要法律保护的,哪些信息不需要法律保护;针对哪些信息的行为构成犯罪,针对哪些信息的行为不构成犯罪,其界限并没有一个明确的标准,这就给犯罪的认定带来了困难,同时也成为惩治侵犯公民个人信息犯罪所面临的一个现实难题。

(六)法律执行与监管存在困难

公民个人信息犯罪的惩治和预防是一项实践性非常强的问题,所有关于这方面的立法规定和理论设想都必须切实地得到执行了方能体现其价值。但是,我国虽然也制定了不少保护公民个人信息的规定,但这些规定的执行效果却并不理想。究其原因,一方面是受侵犯公民个人信息犯罪行为实际情况的影响,由于这类犯罪行为具有高度的隐蔽性,因而在查处和惩治方面存在困难,特别是在互联网的大背景下,公民个人信息随时都在互联网空间被广泛传递或者使用,对于那些侵犯公民个人信息的犯罪行为,司法机关难以及时发现和惩处,这使得法律的很多规定没有得到切实执行。另一方面是由于在公民个人信息犯罪中存在着一种非常特别的现象,那就是对于履行职责或者提供服务的人员而言,他们有更多的机会接触或者获取他人的个人信息,在不法利益的驱使下,他们往往充当"内鬼"把公民个人信息泄露或者提供给他人,其中不乏大量的政府工作人员。

---

① 王昭武,肖凯.侵犯公民个人信息犯罪中的若干问题[J].法学,2009(12).

由此就会产生一种悖论,原本应当是承担保护公民个人信息职责的政府工作人员或者其他履行职责的人员,却充当了公民个人信息犯罪的帮凶甚至自己直接实施侵犯公民个人信息犯罪行为,法律监管成为一句空话。

四、网络化背景下惩治侵犯公民个人信息犯罪的应对之策

在互联网时代的大背景下,为了应对严峻的侵犯公民个人信息犯罪,必须结合侵犯公民个人信息犯罪的实际,着眼于互联网信息技术发展的新要求,从政策调整、立法完善、司法跟进、社会协同等方面入手,形成惩治和预防侵犯公民个人信息犯罪的科学体系。

(一)确立适应互联网时代要求的刑事政策

刑事政策是国家关于预防、控制犯罪的各种方针、策略的总称。刑事政策反映了一个国家应对犯罪的基本立场和态度,关于预防、控制犯罪的立法、司法、执法都要体现刑事政策的要求。因此,确立了相应的刑事政策,也就为犯罪的预防和控制确立了基本的指导原则。侵犯公民个人信息的危害行为虽然一直存在,但在1997年《刑法》制定时,其尚未成为立法规制的重点,所以当时的刑事立法在应对犯罪时主要还是立足于传统的犯罪行为和犯罪态势,相关的策略、措施等也没有将公民个人信息犯罪作为重点针对的犯罪类型。这种传统的刑事政策在飞速发展的互联网技术和不断更新的网络犯罪面前,日益显得捉襟见肘,导致了司法机关在应对侵犯公民个人信息犯罪等网络犯罪时显得力不从心。如今,互联网已经成为我们这个时代的特征,并且还将高速发展,其必然会对犯罪产生深刻的影响。相应的,刑事政策必须着眼互联网时代的新特征做出调整,从而确立适应互联网时代新要求的刑事政策。这一刑事政策的核心应当是体现科学主义的要求。所谓科学主义,是指刑事政策的制定、实施、调整应当反映犯罪发生与发展的实际,符合犯罪防控的客观规律。遵循了科学主义,才能使刑事政策体现针对性,从而保证犯罪防控的实效性,因而科学主义被视为"现代刑事政策学的第一基本原则"①。具体而言,在互联网时代应对侵犯公民个人信息犯罪的刑事政策应当从以下几个方面体现科学主义的要求。

1. 在犯罪圈的划定上,要随着互联网时代犯罪发展的新态势,及时将新的犯

---

① 大谷实.刑事政策学[M].黎宏译.北京:法律出版社,2000:15.

罪类型补充到刑法规定中,以应对犯罪行为不断更新升级的态势。传统的刑事立法主要是面向传统社会中的犯罪行为进行规定的,对于信息技术推动的犯罪发展态势预见性不够,由此导致传统刑事立法在新的社会大背景下难以有效应对新的犯罪行为。因此,调整犯罪圈,将新的犯罪行为纳入刑法规制的范围就成为一种必然的选择。

2.在法律后果的设定上,要充分注重刑法与其他法律规范的协调配合。刑法的法律后果以严厉性著称,其对犯罪的惩治能够起到立竿见影的效果,但是刑法只是整个法律体系中的一环,刑法对犯罪的惩治所能发挥的作用是有限的。因此,除了在刑法上完善相应的法律后果之外,还要注重在刑法之外寻求规制犯罪的有效方法。就公民个人信息犯罪而言,刑法上的惩处固然非常重要,但更应该通过民事、行政等手段,建立起严密的法律规制体系。如此,即使侵犯公民个人信息的行为没有达到构成犯罪的程度,也能够在民事、行政等非刑事法律规范中得到有效的规制。

3.在防控措施的设定上,要密切关注信息技术发展的最新动态,用科学的方法解决科学带来的新问题。互联网时代的犯罪行为,深受互联网时代信息技术发展的影响,无论是犯罪的手段方式还是犯罪的对象、后果等都带有明显的信息技术烙印。由此带来的问题是,无论是在查证、追责还是在预防、控制方面都面临着前所未有的困难。以侵犯公民个人信息犯罪为例,互联网的发展使得其犯罪的手段、方法变得极为隐蔽,因而发现、侦查、取证非常困难,加之公安司法机关在人力、物力、技术等方面的限制,这一困难显得更为明显。要应对这样的问题,必须深刻认识到犯罪行为所带有的技术性特征,认识到这是科学技术带来的新问题,科学技术既可以给犯罪行为带来便利,也可以给犯罪的防控带来便利,因而必须充分发挥科学技术的积极作用,将先进的科学技术运用到犯罪的发现、侦查、防控过程中,提高应对犯罪的科学水平。对此,有学者提出,在应对网络犯罪时,应当坚持"以技术对抗技术"的刑事政策[①],其实质是着眼于犯罪发展的新态势,运用科学技术应对科学技术带来的犯罪问题。

(二)完善保护公民个人信息的立法规定

完善的立法规定是保护公民个人信息的重要保障,为了加强对侵犯公民个

---

① 张凌,袁林.国家治理现代化与犯罪防控——中国犯罪学学会年会论文集(2014年)[C].北京:中国检察出版社,2014:433.

人信息犯罪的惩治和预防,应当对刑事、民事、行政等方面的立法规定进行完善。

1.完善公民个人信息保护的刑法规定

刑法关于公民个人信息犯罪的规定虽然在《刑法修正案(九)》中已经做了较大的修改,但是,目前我国刑法关于公民个人信息犯罪的规定还有进一步完善的空间,具体可以从以下3个方面入手。

(1)增设"过失泄露公民个人信息罪"。在现有刑法中,侵犯公民个人信息罪只针对故意行为,而对于过失泄露公民个人信息的行为,如果所泄露的信息不是国家秘密,将难以定罪处罚,这不利于保护公民个人信息,因此,有必要设立这样一个独立的罪名来追究侵犯公民个人信息的过失行为。本罪主要适用于对公民个人信息负有保管、维护职责的人员,他们在履行职责或者提供服务的过程中获取了公民个人信息之后,就负有保管、维护这些个人信息的职责,如果他们未能认真履行这项职责,导致公民个人信息泄露或者被他人非法获取,应当以"过失泄露公民个人信息罪"定罪处罚。

(2)明确罪数适用标准。行为人实施非法获取等侵犯公民个人信息的行为后,又将所获得的公民个人信息用于实施其他犯罪的,究竟是只定一罪还是进行数罪并罚,在理论上存在争议。对此,有学者指出:"行为人通过非法获取他人个人信息实施其他犯罪,那么非法获取他人个人信息的行为就属于其他犯罪的手段行为。虽然在实质上行为人实施了两个行为,但是我国现行刑法理论和司法实务中都是按照牵连犯的理论加以处理的。"①但是,笔者认为,即使是对于牵连犯,虽然原则上是从一重罪处罚,但也例外地存在牵连犯按照数罪并罚进行处理的情形。因此,基于保护公民个人信息的目的,考虑到侵犯公民个人信息犯罪行为的严重危害性,为了更好地发挥刑法对公民个人信息犯罪的规制作用,有必要在《刑法》第253条之一中增加一款,明确规定"实施侵犯公民个人信息犯罪,又触犯其他犯罪的,依照数罪并罚的规定处罚"。

(3)完善犯罪行为方式。现行刑法规定的侵犯公民个人信息罪,其行为方式主要包括出售、提供和非法获取。但是,对于将他人的信息直接非法公开在互联网空间的行为没有明确规定,但这种行为会导致他人信息的传播或者为不特定的人所知悉,因而会侵害到信息所有人的权利。不过,这种仅仅只是非法公开他人信息的行为,却难以将其评价为是向他人出售或者提供信息的行为。为了解

---

① 同振魁,肖进.侵犯公民个人信息犯罪若干问题研究[J].云南大学学报(法学版),2011(6).

决这个问题,建议在刑法中增加本罪的行为方式,明确将非法公开公民个人信息的行为作为本罪的行为方式。

2. 制定统一的《公民个人信息保护法》

我国应当借鉴当今世界主要国家的通行做法,制定统一的《公民个人信息保护法》,为公民个人信息保护提供坚强的法律保障。目前,制定《公民个人信息保护法》的呼声较高,有关学者也提出了较为明确的立法建议,加之公民个人信息的保护已经具有非常紧迫的现实必要性,因此制定这样一部统一的法律可以已经成为社会共识,立法机关应当尽快启动该法的制定进程。在这部法律中,应该明确公民个人信息的内涵和范围,公民个人信息保护的机构职责,公民个人信息搜集、使用、保护的程序和要求,公民个人信息保护的法律责任等方面的内容,使其成为我国保护公民个人信息方面的基本法律。如此,也为侵犯公民个人信息罪中的"违反国家规定"提供了明确的法律依据,保证了侵犯公民个人信息犯罪的准确认定和适用。

3. 完善侵犯公民个人信息的行政责任

刑法固然是惩治犯罪的重要法律,但对于社会行为的规制,不能仅仅寄希望于刑法,因为刑法所惩罚的犯罪都是社会危害性非常严重的行为,对于尚不构成犯罪但具有社会危害的行为,我们要积极寻求刑法之外的措施进行规制。这是刑法最后手段性的体现,反映了刑法与其他法律之间的关系,对于一个社会行为,如果通过民事、行政等非刑事法律手段能够进行规制时,刑法就不进行规制。所以,强调对公民个人信息的保护,并不意味着肆意扩大刑法的适用,更不意味着只注重刑法的惩治。由于涉及侵犯公民个人信息的民事责任在有关民事法律中已有部分规定,而且在统一的《公民个人信息保护法》中也会有相关规定,所以这里只就完善侵犯公民个人信息的行政责任进行探讨。在我国目前的《治安管理处罚法》中,只是在第 42 条有"偷窥、偷拍、窃听、散布他人隐私"要承担行政责任的规定,这一规定虽然体现了对公民个人信息的保护,但主要侧重于对隐私权的保护,而对于不涉及隐私的公民个人信息,《治安管理处罚法》显然未能进行有效保护。为此,建议在《治安管理处罚法》增加规定,对于非法获取、出售、提供、公开等侵犯公民个人信息的行为,尚不构成犯罪的,依法承担相应的行政责任,从而实现刑事责任与行政责任的衔接,建立起有效惩治侵犯公民个人信息行为的法律机制。

(三)明确侵犯公民个人信息犯罪的司法适用标准

侵犯公民个人信息犯罪在刑法中做出明确规定以来,最高司法机关并未就本罪的适用问题发布专门的司法解释,只是在 2013 年时由最高人民法院、最高人民检察院、公安部联合发布了《关于依法惩处侵害公民个人信息犯罪活动的通知》,但是该通知并不是具有法定效力的司法解释,而且通知的内容并未完全解决公民个人信息犯罪司法认定中的难题。所以,要在完善刑事立法的基础上,通过制定司法解释的方式,明确侵犯公民个人信息犯罪的定罪量刑标准。具体而言,以下几个问题应该由司法解释予以明确。

1. 明确"情节严重""情节特别严重"的标准

依照刑法规定,侵犯公民个人信息的行为,只有达到"情节严重"的程度才能构成犯罪,所以"情节严重"是侵犯公民个人信息罪的入罪标准。相应地,"情节严重"和"情节特别严重"所对应的法定刑也不同,前者的法定刑为 3 年以下有期徒刑、拘役,并处或者单处罚金;后者的法定刑为 3 年以上 7 年以下有期徒刑,并处罚金。但究竟哪些情形属于"情节严重",哪些情形属于"特别严重",这不是刑法能够明确规定的内容,只能交由司法机关根据具体案件的实际情况予以具体判断。为了让司法人员能够准确理解和适用刑法,应当制定司法解释对此予以明确规定,如对于侵犯公民个人信息的数量、违法所得数额、造成的经济损失等方面的内容,都需要做出较为明确的规定。

2. 明确"其他方法"的范围

《刑法》第 253 条之一第 3 款在"窃取"行为之外,规定了非法获取公民个人信息的"其他方法",对于"其他方法"的范围,应当由司法解释根据实践中此类犯罪的表现形式,做出较为明确的规定。当然,为了保证刑法适用能够应对复杂的犯罪态势,在具体规定时,可以采用"列举+概括"的形式,一方面明确规定哪些行为属于本罪中的"其他方法",另一方面从行为性质上对"其他方法"的范围做出概括性的规定。

(四)加强对侵犯公民个人信息行为的法律监管与执行

徒法不足以自行。侵犯公民个人信息犯罪现如今之所越来越猖獗,其中一个很重要的因素就是法律的监管和执行不到位,导致其违法犯罪成本非常低。实践中,侵犯公民个人信息的行为时有发生,对公民个人信息保护不到位的情形随处可见,但真正为此承担法律责任甚至被定罪处罚的则少之又少,其犯罪黑数之大在所有犯罪类型中都是相当严重的。因此,法律虽然存在关于侵犯公民个人信息犯罪的规定,但其预期收益大且违法成本低,以至于侵犯公民个人信息犯罪行为屡禁不绝。解决这个问题,最根本的是要通过加强法律的监管和执行,让侵犯公民个人信息行为得到及时追究,从而降低犯罪黑数、提高犯罪成本,实现对侵犯公民个人信息犯罪的有效防控。对此,贝卡里亚早已指出:"对于犯罪最强有力的约束力量不是刑罚的严酷性,而是刑罚的必定性。"[①]具体而言,要建立起违法行为的发现和追究机制,尤其是政府职能部门要主动履行其监管职责,对侵犯公民个人信息的行为做到早发现、早处理,从而使社会形成一种违法必有责的氛围。同时,要完善公民投诉、举报机制,鼓励公民及时反映侵犯公民个人信息的行为,特别是在公民在收到诈骗、虚假信息后,可以通过及时提供信息、反映线索等方式,帮助政府部门查清信息来源,顺藤摸瓜地追查犯罪人,从而保证法律关于惩治侵犯公民个人信息犯罪的规定落到实处。

(五)加强惩治侵犯公民个人信息犯罪的国(区)际合作

借助于互联网信息技术提供的便利,侵犯公民个人信息犯罪行为得以跨地域地顺利实施。它和其他网络犯罪一样,突破了传统犯罪的地域观念,其网络服务提供者可能在某一个国家或者地区,而犯罪后果却可能发生在全球,每一个国家或地区都可能是犯罪人的隐藏之所,每一个国家或地区都可能成为犯罪的受害者。因此,在互联网的大背景下,面对侵犯公民个人信息犯罪等犯罪行为,没有哪一个国家或地区能够置身事外。事实上,侵犯公民个人信息犯罪行为以及其他网络犯罪行为之所以能够得以顺利实施,一个很重要的因素就是其能够借助境外的网络技术,而这就导致打击和惩治犯罪面对着法律追诉、证据收集等方面诸多困难。所以,必须加强国际或者区际合作,消除惩治侵犯公民个人信息犯罪的国际或者区际法律障碍,通过缔结条约或者建立司法合作机制等方式,在证据的收集、犯罪人的抓捕和遣送、司法文书的送达等方面开展合作,从而提高惩治侵犯公民个人信息犯罪的实效。

---

① 贝卡里亚.论犯罪与刑罚[M].黄风译.北京:中国法制出版社,2002:68.

P2P 网络借贷行为的刑事风险与应对策略

◎胡增瑞*

摘　要:P2P 网络借贷在推动金融创新的同时,也带来了金融风险,网络借贷中的资金池、投资担保、期限错配等会导致非法吸收公众存款、集资诈骗的发生。在金融创新举措与金融犯罪之间应保持平衡,对于构成犯罪的严格适用刑法规制,对于合法的金融创新应积极鼓励。刑法是治理 P2P 网络借贷违法行为的最后防线,前置措施如行政监管、行政处罚等是防治该类违反犯罪行为的治本手段。

关键词:P2P　网络借贷　非法吸收公众存款罪　集资诈骗罪　行政监管

自 2005 年以来,以 Zopa 为代表的 P2P 网络借贷模式在欧美兴起,之后迅速在世界范围内推广开来。该模式被广泛复制,虽然市场总体规模不大,但表现出了旺盛的生命力和持续的创新能力。据 Lending Club 官网 2013 年 12 月最新数据,成立 6 年来,其通过平台共促成借贷金额达 11 亿美金,其主要竞争者 Prosper 则共促成了 4.33 亿美金借贷。据保守估计,两者占据了美国 P2P 市场 80%以上的份额。①

在我国,P2P 网贷模式发展速度很快,截至 2016 年年末,全国 P2P 借贷行业累计交易额保守估计在 3.36 万亿元以上。其中,2016 年交易额为 19544 亿元,同比增幅为 100.4%;2016 年 12 月交易额约 2070 亿元,环比增长 2.6%。据零壹研究院数据中心统计,2013—2016 4 年间,网贷年成交额增速惊人,年均同

＊　胡增瑞,华东政法大学刑法学博士生。

①　柳立.完善 P2P 网络借贷的法律监管体系[N].金融时报,2013-07-08.

比增幅高达 237%,预计 2017 年交易规模有望达到 4 万亿。[①] 其发展原因主要是国内现行金融体制对小微客户的"排斥"现象使得市场上对小额贷款和短期周转的资金需求尤其旺盛。同时,国内的网贷借贷平台在业务经营中还演化出多种模式,一些模式运作有突破法律边界的嫌疑,并呈愈演愈烈之势:2015 年 6 月份,125 家平台相继爆雷离去,2016 年 1—11 月,已经有 1397 家平台出事。对此,有学者指出:"近年来,互联网金融业快速发展,在降低交易成本、激活民间投资等方面发挥了一定作用。同时,一些网络借贷平台存在较大风险。有的不法分子利用网络借贷、网上理财等名义,以高息回报为诱饵,大肆进行非法集资等违法犯罪活动,涉及人数多、金额大、极易引发社会风险。"[②] 由此,可以窥见 P2P 网络借贷隐含的法律风险,其刑事法律风险尤其值得关注。本文根据刑法教义学分析 P2P 网络借贷带来的创新和风险,对其中的刑事边界进行划定,以达到为网络金融创新保驾护航的目的。

一、P2P 网络借贷的刑事法律风险评析

P2P 网络借贷平台,是 P2P 借贷与网络借贷相结合的金融服务网站,是一种将小额资金聚集起来借贷给有资金需求人群的一种民间小额借贷模式。该金融模式主要是指,个人通过第三方平台在收取一定费用的前提下向其他个人提供小额借贷的金融模式。在 P2P 网络借贷关系中,主要有投资主体、平台主体和借贷主体。

根据法律规定与交易习惯,借贷平台是独立于借贷关系之外的中介主体,不实质参与到借贷关系中,只为网络借贷进行提供平台服务,并根据借贷规模和合同约定收取中介费用。从 P2P 网络借贷模式的发展看,其是基于缓解中小微企业的资金需求与银行资金信贷收紧之间的张力而出现的,也为沿海发达地区规模化民间资本构建了便利的投资通道。由此,P2P 网络借贷模式符合了资本投资与网络创新的发展规律,对弥补银行业信贷覆盖率不足、中小企业资金匮乏提供了便利渠道,这也是短短几年 P2P 网络借贷模式就从沿海扩展至内地、并迅速

---

① 2016 年 P2P 平台交易额百强榜[EB/OL]. [2017-01-18]. http://master. 10jqka. com. cn/20170104/c595872947. shtml.

② 密集严厉监管下的互联网金融何去何从?[EB/OL]. [2016-01-26]. http://bjgusheng. blog. sohu. com.

蔓延成长的重要因素。一如硬币的两面,P2P 网络借贷平台在推动金融业发展的同时,其蕴含的风险因素也暗流涌动,导致诸多违法犯罪发生,严重危及了社会秩序安定,并对社会民众的财产安全与金融稳定产生严重的负面效应。由此,在给 P2P 网络借贷平台诸多赞誉的同时,也不能忽略该平台隐含的法律风险,并需对之加以教义学分析,在为该借贷模式顺利发展提供规范标准的同时,严格约束执法主体、司法主体处理类似案件时的权力空间。就类别而言,网络借贷活动可能产生的犯罪行为包括三类:一是互联网金融平台实施的犯罪行为,比如洗钱罪、非法吸收公众存款罪、集资诈骗罪等;二是互联网金融业参与者实施的犯罪,比如诈骗、侵犯商业秘密等[1];三是以互联网为对象实施的扰乱金融秩序犯罪。下文重点论述第一类和第二类,即互联网金融平台与参与者可能实施的犯罪行为。

第一,P2P 网络参与主体的法律风险。在 P2P 网络借贷关系中,投资主体通过网络借贷平台寻找合适的投资领域,借贷主体从网络借贷平台获得经营资金。从这个意义上看,P2P 网络借贷平台的积极意义不言而喻,不过,网络借贷平台也为违法犯罪提供了便利。

一是 P2P 网络借贷会刺激高利转贷行为发生。投资主体通过 P2P 网络平台提供资金给需求方,通过收取利率获得回报。根据最高人民法院的司法解释,民间资本借贷利率不得高于银行同期利率的四倍。实践上看,由于 P2P 网络借贷平台并没有严格遵守这个界限,利率还会更高,就会衍生出违法的高利贷情形。高利率差的刺激,会推动行为人通过向金融机构套取贷款,然后通过网络借贷平台进行高利借贷,并获取高额回报,这就构成了金融领域的高利转贷行为。那么,刑法理论是如何认识高利转贷罪中的高利呢?从刑法教义学上看,对高利转贷中的"高利"应从本质上正确把握。具体来说,只要行为人以转贷牟利为目的,将所套取金融机构信贷资金转贷他人,并在支付金融机构利息后仍有盈余报酬的,即属于"高利"转贷行为。如果该盈余报酬金额达到法定追诉标准,则应当以高利转贷罪追究刑事责任。由此,行为人通过套取金融机构信贷资金,再通过 P2P 网络借贷平台转贷给他人获取利益差额,违法所得数额符合刑法规定的,就构成高利转贷罪。

二是 P2P 网络借贷会导致诈骗罪发生。网络借贷平台对借贷主体的审察义

---

① 顾鑫.加快立法让互联网金融告别"裸奔"[N].中国证券报,2014-03-11.

务、审察能力及审查意愿都比较有限,导致网络平台对借贷主体的单位资质、个人信用、客户信息及偿债能力等内容的了解严重不足。基于此,借贷主体往往会以借贷之名行诈骗之实,即以非法占有为目的,通过虚构事实、隐瞒真相的方式通过网络借贷平台非法获取投资主体的资金,如果非法所得金额达到法定标准的,就构成诈骗罪。正如有的学者所言:一些互联网金融业务均突破了传统受理终端的业务模式,且在落实客户身份识别义务、保障客户信息安全等方面并没有建立起行之有效的程序和制度。由此,势必会发生一些互联网金融参与者在获取他人信息后冒充他人进行交易而涉嫌构成诈骗罪的情况。①

第二,P2P 网络借贷平台的法律风险。在 P2P 网络借贷的法律关系中,网络借贷平台的法律风险也客观存在。鉴于在法律上对 P2P 网络借贷平台还没有专门的法律条文予以规范,需借助于民法、合同法等文本中的条文进行规制,致使在法律层面上规范缺位,进而导致法律监管不足。于是,法律缺位与监管不足导致的法律风险随之显现。

一是容易导致挪用资金罪和职务侵占罪发生。根据法律规定,P2P 网络借贷平台应该严格遵循 4 个标准:坚持中介的性质;不得设置资金池;不得为投资主体提供担保;不得非法吸收公众存款。P2P 网络借贷平台需坚守上述 4 个标准,才能在资金借贷关系中保持第三方地位,不会实质性参与借贷关系。不过,在实践中,P2P 网络借贷平台突破上述 4 个标准的行为时有发生,尤其是通过吸收投资不入平台账户的方式形成资金池,或者投入自己资金形成资金池。"目前,有些 P2P 网贷平台将自己的账户用作贷款人与借款人转账的中间账户,这使得网络平台经营者能随意挪用平台内的大部分滞留资金。"②资金池的出现为公司职工挪用资金或者侵占公司资金提供了可能,于是,实践中会出现网络借贷公司资金池的资金被挪用或侵占的情况,进而构成挪用资金罪和职务侵占罪。这部分资金若被挪用到证券市场、期货市场或房地产市场等高风险领域进行投资,则会导致严重的资金亏损风险。"如果其将这些沉淀资金用于较高风险的投资活动,因此可能引发的信用风险和操作风险是不言而喻的。"③

二是会导致非法吸收公众存款罪或集资诈骗罪发生。P2P 网络借贷平台设

---

① 刘宪权.论互联网金融刑法规制的"两面性"[J].法学家,2014(5).

② 我国 P2P 网贷平台的法律风险及防范对策[EB/OL].[2015-04-24].http://www.weiyangx.com/128372.html.

③ 郭姗姗.论我国 P2P 网络借贷平台的法律规制[D].上海:华东政法大学,2013.

立资金池具有抵御资金风险、利益最大化之目的,客观上会有拆标、期限错配、时间错配等违规行为的发生,这些违规行为往往与非法吸收公众存款罪密切相关。有些 P2P 网络借贷平台为了吸引投资,会为投资主体提供本金与利益担保,弱化或消除投资主体的资本风险。就 P2P 网络借贷平台而言,其本质上是独立的中介主体,不应该实质性介入借贷关系,只需为借贷双方提供服务即可。当 P2P 网络借贷平台为投资方提供本金和利息担保时,网络借贷平台不再是独立的第三方,而已经实质介入到借贷关系当中,并且开始触碰非法吸收公众存款犯罪的边界。当然,如果网络借贷平台客观上有非法吸收公众存款行为,主观上具有非法占有目的,并且在数额上符合刑法规定的标准,则会符合集资诈骗罪的构成要件,从而构成集资诈骗罪。

就 P2P 网络借贷的法律风险而言,网络借贷平台对投资主体的资金来源与资金安全进行评估,避免高利转贷行为和洗钱行为的发生。鉴于法律规范缺位,P2P 网络借贷平台自身的调查权力与能力有限,并且也没有足够意愿和能力做资金安全性调查,因此,希望 P2P 网络借贷平台控制诈骗行为和高利转贷行为并不具有太大意义。不管是高利转贷或者是诈骗行为,其危害对象都是金融管理秩序,并不涉及公共财产安全,带来的社会影响非常有限。与此类似,网络借贷平台可能发生的挪用资金罪与职务侵占罪,侵害对象首先是网络平台的合法利益而非公众利益,不会对社会秩序稳定造成严重影响。因此,上述几种刑事法律风险并不是本文关注的重点对象。

通过 P2P 网络借贷平台实施的非法吸收公共存款罪和集资诈骗罪,不但是法律规范明文禁止的行为,也与社会秩序稳定具有密切的关系,如果处理不当,会对网络金融创新、社会秩序稳定和金融秩序安全造成极大危害。因此,网络金融创新行为与非法集资行为之间的界限需要把握,既不能因为网络金融创新放纵犯罪,也不能因为刑法介入过早损害到金融创新。"我们在制定相应司法解释时,应充分考虑当前国家有关民间金融的政策立场,提高非法吸收公众存款罪的入罪门槛,以免以刑法阻碍民间金融的健康发展。唯有如此,才能在有效防范互联网金融风险之同时,使互联网金融得到持续、稳定、健康的发展,成为大众化的普惠金融。"①总而言之,在刑法理论上,对网络借贷平台引发的非法集资行为应给予充分关注,既要保障网络借贷中合法的经营行为,又要防治网络借贷引发的

---

① 姜涛.互联网金融所涉犯罪的刑事政策分析[J].华东政法大学学报,2014(5).

非法集资行为,这也是下文将重点分析和诠释的内容。

二、P2P 网络借贷平台非法集资的刑法教义学分析

当下,规范 P2P 网络借贷平台的法律制度并不完善,致使 P2P 网络借贷义务生存的法制环境有限。另外,由于行政监管缺位,P2P 网络借贷活动极易突破法律界限,并触碰刑事法律的高压线。不过,民间金融的发展不仅是个体与国家行动者理性行动作用下的产物,而是源于市场需求。在此背景下,应尽快从教义学上明确非法吸收公众存款罪、集资诈骗罪与互联网金融之间的关系。

第一,非法吸收公众存款罪构成要素分析。《刑法》第 176 条规定的非法吸收公众存款罪是指,违反国家金融管理法规非法吸收公众存款或变相吸收公众存款,扰乱金融秩序的行为。对于非法吸收公众存款,2011 年 1 月 4 日起施行的《关于审理非法集资刑事案件具体应用法律若干问题的解释》第 1 条做出了详细规定:违反国家金融管理法律规定,向社会公众(包括单位和个人)吸收资金的行为,同时具备下列 4 个条件的,除刑法另有规定的以外,应当认定为《刑法》第 176 条规定的"非法吸收公众存款或者变相吸收公众存款":(一)未经有关部门依法批准或者借用合法经营的形式吸收资金;(二)通过媒体、推介会、传单、手机短信等途径向社会公开宣传;(三)承诺在一定期限内以货币、实物、股权等方式还本付息或者给付回报;(四)向社会公众即社会不特定对象吸收资金。未向社会公开宣传,在亲友或者单位内部针对特定对象吸收资金的,不属于非法吸收或者变相吸收公众存款。就 P2P 网络借贷平台而言,如果能够严格履行中介平台的职责,为投资主体与借贷主体提供中立性服务,而非实质参与到借贷关系当中,不会构成非法吸收公众存款罪。不过,当 P2P 网络借贷平台私设资金池,实行期限错、拆标等违规行为时,P2P 网络借贷平台就具备了向社会不特定对象吸收资金、出具凭证及承诺在一定期限内还本付息的特征,而这就可能符合非法吸收公众存款的罪的犯罪构成。在实践上,就非法吸收存款罪而言,以下两个特征需认真把握。

一是行为对象是否具有不特定性。非法吸收公众存款罪的行为对象是社会不特定对象,有熟悉的人,更多的是不认识的人,借款范围非常广。通过网路借贷平台实施的非法吸收公众存款行为,该特征就更为明显。正如于志刚教授所言:"从加害者与受害者的关系看,现实社会中的传统犯罪主要是'一对一'的侵

害方式,网络空间中的传统犯罪则多表现为'一对多'的侵害方式,侵害对象具有不特定性的特点,其侵害后果具有很强的叠加性。"①2014 年 3 月 25 日,最高人民法院、最高人民检察院、公安部印发《关于办理非法集资刑事案件适用法律若干问题的意见》第 2 条规定:"《最高人民法院关于审理非法集资刑事案件具体应用法律若干问题的解释》第 1 条第 1 款第 2 项中的'向社会公开宣传',包括以各种途径向社会公众传播吸收资金的信息,以及明知吸收资金的信息向社会公众扩散而予以放任等情形。"此处规定的"以各种途径向社会公众传播吸收资金的信息"或"明知吸收资金的信息向社会公众扩散而予以放任",就包含以网络方式进行的社会公开宣传。该文件第 3 条规定:"下列情形不属于《最高人民法院关于审理非法集资刑事案件具体应用法律若干问题的解释》第 1 条第 2 款规定的'针对特定对象吸收资金'的行为,应当认定为向社会公众吸收资金:(一)在向亲友或者单位内部人员吸收资金的过程中,明知亲友或者单位内部人员向不特定对象吸收资金而予以放任的;(二)以吸收资金为目的,将社会人员吸收为单位内部人员,并向其吸收资金的。"由此,该司法解释进一步明确了非法吸收公众存款中不特定对象的范围,对如何认定不特定对象的范围也进行了限定。

二是行为人是否有还本付息的承诺。为了能顺利吸收到公众存款,行为人往往会对对存款主体给予承诺,许诺资金到期会还本付息。不管是 P2P 网络借贷平台设立资金池,还是资金错配和期限错配,抑或是拆标,都是 P2P 网络借贷方式多元化的体现,如果仅限于此,只能表明 P2P 网络借贷平台违法金融法规与政策精神,违背 P2P 网络借贷平台主体的法律义务,但还没有触犯刑事法律。不过,如果网络平台不但有上述违规行为,而且还有对投资主体还本付息的承诺,其行为的法律性质就发生了改变,如果其他要素也符合犯罪构成,其行为就会从违法行为上升为刑事犯罪。在 P2P 网络借贷关系中,并不限制投资主体的数量,也往往避讳局限于亲戚朋友的特殊范围,换言之,P2P 网络平台是开放式的,投资人都可以根据资金数量、金融情况及网络平台的信誉状况进行投资,平台没有人数和范围的限制,所以在网络借贷平台的范畴下,一般不存在特定的投资主体。由此,只要是行为人背离网络借贷对借款人许诺到期还本付息的,都有触犯非法吸收公众存款罪的可能。当然,在这个过程中,如果借贷平台只对特定范围的借款人承诺还本付息,尤其是犯罪对象、犯罪数额、造成的损失没有达到法律

① 于志刚.网络犯罪与中国刑法应对[J].中国社会科学,2010(3).

规定的,则不能援引刑法规范进行处理。对此,2010 年最高人民法院《关于审理非法集资刑事案件具有应用法律若干问题的解释》有明文规定:非法吸收或者变相吸收公众存款,具有下列情形之一的,应当依法追究刑事责任:(一)个人非法吸收或者变相吸收公众存款,数额在 20 万元以上的,单位非法吸收或者变相吸收公众存款,数额在 100 万元以上的;(二)个人非法吸收或者变相吸收公众存款对象 30 人以上的,单位非法吸收或者变相吸收公众存款对象 150 人以上的;(三)个人非法吸收或者变相吸收公众存款,给存款人造成直接经济损失数额在 10 万元以上的,单位非法吸收或者变相吸收公众存款,给存款人造成直接经济损失数额在 50 万元以上的。

第二,集资诈骗罪的构成要素分析。集资诈骗罪是指以非法占有为目的,违反有关金融法律、法规的规定,使用诈骗方法进行非法集资,扰乱国家正常金融秩序,侵犯公私财产所有权,且数额较大的行为。非法集资通过诈骗方法实施,是指行为人以非法占有为目的,编造谎言,捏造或者隐瞒事实真相,骗取他人的资金的行为。在实践中,犯罪分子使用诈骗方法非法集资主要是利用公众缺乏投资知识、盲目进行投资的心理,钻市场经济条件下经济活动纷繁复杂、法制不健全的漏洞进行的。由此,只要行为人采用了隐瞒真相或虚构事实的方法进行集资的,均属于使用欺骗方法的非法集资行为。

与非法吸收公众存款罪相比,集资诈骗罪的构成要件中加入了以非法占有为目的的主观要件,其他客观要素与非法吸收存款罪相似。以 P2P 网贷借贷为例,个别 P2P 网络借贷平台发布虚假的、包庇借款标的募集资金,采取"借新还旧"的庞氏骗局模式,短期募集大量资金,然后直接卷款潜逃。①因此,在司法实践中,对行为人是否构成集资诈骗罪需要从主观层面进行分析。以非法占有为目的是主观要素,在实践中如何判断行为人具有该主观要素,需从客观方面进行推定即客观行为是主观层面的反映,主观层面指导客观方面。换言之,行为人是否具有非法占有的目的,从其实施的客观行为可以进行相应的推理和判断。对此,司法解释也有明确阐述:"使用诈骗方法非法集资,具有下列情形之一的,可以认定为'以非法占有为目的':(一)集资后不用于生产经营活动或者用于生产经营活动与筹集资金规模明显不成比例,致使集资款不能返还的;(二)肆意挥霍集资款,致使集资款不能返还的;(三)携带集资款逃匿的;(四)将集资款用于违法犯

---

① 张年亮、林笛.非法集资呈现六类典型手法[N].人民公安报,2014-04-22.

罪活动的;(五)抽逃、转移资金、隐匿财产,逃避返还资金的;(六)隐匿、销毁账目,或者搞假破产、假倒闭,逃避返还资金的;(七)拒不交代资金去向,逃避返还资金的;(八)其他可以认定非法占有目的的情形。"不过,在实践中对集资诈骗罪中的非法占有目的,还应当区分情形进行具体认定,不能实行一刀切的办法进行判断。比如,行为人仅对部分非法集资行为具有非法占有目的的,则仅需对该部分非法集资行为所涉集资款以集资诈骗罪定罪处罚;行为人实施了非法吸收公众存款行为,但由于资金链断裂,不能归还投资人的本金和利息的,不能认定具有非法占有的目的;行为人将非法吸收的公众存款小部分用于挥霍导致不能归还的,也不宜被认定为具有非法占有为目的,等等。详言之,根据集资款用途的比例,至少应当在行为人将集资款用于个人消费或挥霍的比例超过其用于投资或生产经营活动的比例时,才能考虑认定行为人具有非法占有的目的,而不应仅依据存在将集资款用于个人消费或挥霍的事实,就武断判定其"以非法占有为目的",继而认定其构成集资诈骗罪。①

就 P2P 网络借贷活动而言,其只是借助网络平台实施的民间借贷行为,因此,在分析行为的法律属性时,不能脱离传统的刑法理论与既定的刑法规范。就非法吸收公众存款罪而言,其关注的是客观层面上借贷主体的非特定性和还本付息的承诺,从集资诈骗罪来看,其关键之处在于主观层面上的非法占有目的,这两个方面对于不论是线下的民间借贷还是线上的网络借贷来说,都是犯罪能否构成的关键,需要给予充分的关注。

三、P2P 网络借贷平台的行政规制构建

据统计,2015 年百亿元级别的非法集资案件就包括涉案约 700 亿元的 e 租宝事件、涉案约 430 亿元的泛亚贵金属事件、涉案约 100 亿元的河北卓达事件等。为了规范网络借贷平台的经营行为,银监会为 P2P 网络平台业务划出 4 条红线,不过,4 条红线显得宏观且抽象,还需从微观层面进行细化和设计,对网络借贷行为予以行政规制和监管。

(一)合理界定 P2P 网络借贷平台的法律性质

近年来,尽管 P2P 网络借贷业务在我国发展迅猛,但对其法律性质一直没有

---

① 刘宪权.刑法严惩非法集资行为之反思[J].法商研究,2012(4).

明确定位。有地方政府出台了政策,如广州市政府为了鼓励互联网金融的发展,制定了《广州市支持互联网金融创新发展试行办法(征求意见稿)》,试行办法对广州互联网金融企业的设立、租赁办公用房、业务创新、提供融资服务以及人才引入方面均给予一定的奖励补贴。但该办法只是地方的法律规定,而不是全国性的立法文件。实际上,P2P 网络借贷属于民间借贷范畴,是提供中介服务的中间人。但是,随着 P2P 网络借贷模式在我国的发展和演变,运营模式逐渐多元化,其法律性质也因此有了根本变化。比如,有的 P2P 网络借贷仍恪守传统的网络借贷模式;有的则演变为从事金融理财业务的准金融机构,如线上加线下模式、专业放贷人与债权转让模式等;有的 P2P 网络借贷则演变为非法集资的性质。因此,应根据 P2P 网络借贷的不同性质对其实行分类监管。"随着行业的演变,过度的金融创新使得 P2P 网络借贷与银行业、证券业的界限日益模糊,它已经不仅仅是借贷双反之间的一个中介,而实质上成了向投资者提供的一种金融理财服务或是传统银行借贷的异化。"①具体而言,对从事非法集资的 P2P 网络借贷平台,有关部门应坚决予以取缔。对从事金融理财业务的 P2P 网络借贷平台,因具备准金融机构的性质,无疑应由金融监管部门加以监管。换言之,由于 P2P 网络借贷平台发布的是金融信息,从事的是金融业务的中介服务,其执业行为是否规范对金融业的发展会产生比较大的影响,应被纳入金融监管部门的监管范畴。

(二)与第三方存管机构合作

P2P 网络借贷是通过网络平台实现资金往来的,在这一过程中会产生大量的在途资金,所以应将监管重点放在 P2P 网络借贷平台的资金管理方面。对于投资者资金的管理,可以借鉴证券业客户交易结算资金所采用的第三方存管制度。客户资金第三方存管不仅可以有效防止网络平台或个人非法挪用客户资金,确保资金的安全性,同时也有利于实现 P2P 平台破产的隔离。"随着互联网金融监管各类细则的逐步出台,现有的 P2P 的资金存管模式将发生较大的变化。在银行进入存管市场之前,P2P 的资金存管业务主要由第三方支付企业完成,根据新规②,银行将取代第三方支付成为 P2P 的资金托管方。"③也即,P2P 网络借

---

① 陈磊.中央政法工作会议部署开展互联网金融领域专项整治[N].法制日报,2016-01-27.
② 2015 年 7 月 18 日十部门联合发布了联合印发了《关于促进互联网金融健康发展的指导意见》(银发〔2015〕221 号)。
③ 韩雪,周玉池.让互联网金融回归法律框架[J].中国民商,2014(4).

贷平台应加强与商业银行的合作,在银行设立资金托管账户。这样既可以避免第三方支付给不熟悉该业务的投资人带来的不便,也可降低因第三方支付平台的迟延支付而产生的违约率。"经过托管银行这样一个程序,可以对存放在本账户内的投资金使用情况进行监督,增强银监会对网贷资金量的掌控度,既可以减少网络借贷平台的非法揽存风险和挪用资金风险,也可以将平台系统风险与银行隔开,还可以使洗钱、转贷等问题得到控制。"① 其实,2015 年 12 月份银监会会同工业和信息化部、公安部、国家互联网信息办公室等部门起草的《网络借贷信息中介机构业务活动管理暂行办法》②明确要求,实行客户资金由银行业金融机构第三方存管制度及控制信贷集中度风险等,以达到防范平台道德风险、保障客户资金安全的目的。

总之,平台要坚持"不吸收存款、不发放贷款、不做担保保证"的"三不原则",不经手客户资金,坚持平台的"中介"地位。③ 第三方支付机构如发现异常资金流入或流出,有义务或责任通知有关方面,以保证客户的权益和资金安全;同时监管部门可以通过掌控流动性资金的来源、归属等动向,对非法集资、集资诈骗及洗钱等违法犯罪现象加以遏制。

(三)建立并完善监管和行业自律框架

首先,加强针对 P2P 网络借贷活动的制度建设。根据监管职责,对越界经营的 P2P 网络借贷平台及时依法予以规范。对于 P2P 网络借贷平台跨业参与多类金融业务的混业风险监管,必须加强中国人民银行牵头的跨部委协调机制,适当鼓励并完善相应的混业监管合作框架,在不引起局部性、区域性系统风险的底线基础上,加快促进金融创新,为实体经济服务。其次,推进行业自律,以市场化方式提高市场出清效率。组建行业自律组织,建立自律规范和约束惩戒机制,在经营资格、业务运转、信息披露、资金管理等方面制定明确的行业自律规则,建立市场认可的机构信誉机制,充分发挥外部独立审计的信息披露作用,促进 P2P 网络借贷平台接受公众监督。同时,大力促进政府及行业资源在征信体系及信用环境基础设施建设上的投入与共享,形成以行业自律促进 P2P 平台良性发展的市场化道路。2012 年 12 月 20 日,国内首家网络信贷服务业企业联盟在上海成立,

---

① 谭冰梅.互联网金融监管新规出台:第三方支付成资金通道[N].南方日报,2015-08-10.

② 《网络借贷信息中介机构业务活动管理暂行办法》于 2015 年 12 月 28 日起开始向社会公开征求意见,目前,意见征集已经结束。

③ 李爱君.民间借贷网络平台法律制度的完善[J].福州大学学报,2011(6).

但尚未形成全国统一的、正规的行业协会,而 P2P 业务性质却是全国性的。因此,应着手建立全国性的 P2P 网络借贷行业协会,更好地协调、监督行业的行为,促进行业的健康发展。"行业协会专业性强,熟悉金融市场规律与金融活动的运作,与政府监管相比,其监管方式更加灵活,更贴近市场经济规律,更能发挥其独特的作用。"①再次,加强对平台主体的监管。制定行业准入标准,对 P2P 网络借贷平台的信息技术水平、业务流程、风险控制等方面设定准入要求。"或者参照我国政府对于小额贷款公司的监管方式,将监管权下放到地方政府,由地方金融监管部门对网络借贷平台实施监管等。"②另外,对 P2P 网络借贷平台的业务范围做一定限制,不得违规开展关联交易和进行利益输送,如不得参与借款人与投资者之间的交易等,杜绝"自融资"行为。对于如何完善 P2P 网络借贷平台的行政监管,《网络借贷信息中介机构业务活动管理暂行办法》已经做出明确规定。该办法以负面清单形式划定了网络借贷平台业务边界,明确提出不得吸收公众存款、不得归集资金设立资金池、不得自身为出借人提供任何形式的担保等 12 项禁止性行为,对打着网贷旗号从事非法集资等违法违规行为,要坚决实施市场退出,按照相关法律和工作机制予以打击和取缔,净化市场环境,保护投资人等合法权益。

四、结　语

P2P 网络借贷平台涉及市场、行业、机构等 3 个方面,刑事介入与行业监管可以相对维护金融稳定,防止市场风险,却有可能扼杀创新;但宽松的行业监管又无法达到政府及社会公众对控制风险的要求,不利于金融稳定。因此,实现 P2P 网络借贷平台监管目标需要政府、市场、消费者多方参与,需要从立法、监管、政策等方面进行协调,在刑事处罚、行政监管之间进行权衡,需要在市场、行业、机构之间找到一个循序渐进且恰到好处的利益平衡点,才能有效应对 P2P 网络借贷平台的违法犯罪情形,积极顺利推动该借贷形式的发展。

---

① 吴弘,李有星.金融法[M].上海:上海人民出版社,2010:161.
② 王艳,陈小辉,邢增艺.网络借贷中的监管空白及完善[J].当代经济,2009(12).

互联网金融的刑事风险分析与规制

◎黄　敏　郭大磊*

　　摘　要：随着我国互联网金融的迅猛发展，其所面临的刑事风险正日益增长。互联网金融面临的刑事风险包括严峻的洗钱风险，非法集资风险，擅自设立金融机构及非法经营风险等。在对互联网金融的刑事风险进行防范与规制时，应明确刑法作为救济法的地位，避免刑法干预的过度和泛化。同时，应强调综合治理，构建各部门有效协同，形成民事、行政、刑事手段并举的整体性解决架构，以推动互联网金融的健康、有序发展。

　　关键词：互联网金融　刑事风险　分析与规制

　　近年来，在互联网技术的推动下，传统金融领域迎来了重大变革。网络第三方支付、P2P网络借贷、众筹融资等金融创新业务正蓬勃发展，互联网技术、电子商务、金融服务深度融合，我国经济金融正加速进入信息化时代。然而，在迅猛发展的同时，互联网金融平台也面临着各种风险和挑战。尤其是随着互联网技术的日新月异，利用互联网金融平台实施的违法犯罪活动手段不断翻新、行为日益严重、社会危害性也越来越大并且有愈演愈烈的趋势，这对市场交易安全和金融秩序产生了严重的不良影响。因此，对互联网金融的研究特别是对其刑事风险防范与规制的考察论证亟待进一步深化。本文立足司法实践，着重对互联网金融所面临的犯罪问题及刑事风险进行分析考察，并提出防范与规制的系统建议，以期能够有助于有效打击、防范相关犯罪，保障互联网金融的健康有序发展。

---

　　*　黄敏，上海市杨浦区人民检察院金融检察科副科长，华东政法大学刑法学博士生；郭大磊，上海市杨浦区人民检察院检察官助理，华东政法大学刑法学博士生。

一、逻辑起点：互联网金融的兴起及快速发展

互联网金融是互联网与金融的结合，是借助网络信息技术实现资金融通、支付和信息中介功能的新兴金融模式。[①] 互联网金融于 1996 年发端于美国，其标志性事件是美国嘉信理财集团（Charles Schwab Corporation）建立网上交易平台，开展网上股票交易业务。随后，在互联网技术的推动下，经过多年的迅猛发展，互联网金融在规模、范围、影响上急速扩张，涌现出了一大批优秀的互联网金融企业，对优化金融资源配置、推动电子商务发展、提高金融体系包容性、改善小微企业融资环境、发展普惠金融发挥了重要作用。

我国互联网金融的兴起始于 2005 年左右，此时互联网与金融的结合主要体现为互联网为金融机构提供技术支持，帮助银行"把业务搬到网上"，还没有出现真正意义的互联网金融业态。此后，随着互联网技术的发展与普及，第三方支付机构逐渐成长起来，网络借贷开始在我国萌芽，互联网与金融的结合开始从技术领域深入到金融业务领域。2012 年以来，我国互联网金融得到迅猛发展，网络第三方支付规模显著增长，P2P 网络借贷平台快速发展，众筹融资平台开始起步，互联网金融进入了新的发展阶段。总的来说，我国互联网金融目前仍处于发展初期，但发展速度迅猛。除了得益于信息和互联网技术的进步外，我国金融体系中长期存在的一些低效率或不足的因素，如正规金融对小微企业服务不足、普通投资者投资理财渠道匮乏、股权融资渠道不顺畅等也为互联网金融的发展提供了空间。在上述因素的共同作用下，我国互联网金融的参与人数不断增加、规模不断增大，业务范围也在不断扩展，相较于欧美国家互联网金融的业态模式，又有了自己的创新与发展。

我国互联网金融在迅猛发展的过程中演化出了丰富的商业模式和业态。具体来说，根据互联网金融各种业态的业务功能不同，可以将互联网金融的主要业态归为四类：一是互联网支付；二是 P2P 网络借贷；三是众筹融资；四是基于互联网的基金销售。[②] 互联网支付是指通过计算机、智能手机等网络终端设备，依托

[①] 中国人民银行金融稳定分析小组.中国金融稳定报告(2014)[R].北京：中国金融出版社,2014:145.

[②] 上述四类业态是目前业界及学术界普遍认可的互联网金融主要业态。除上述业态外，还存在非 P2P 的网络小额贷款，如阿里小贷；金融机构创新性互联网平台，如建设银行"善融商务"、交通银行"交博汇"、招商银行"非常 e 购"等业态。

互联网发起支付指令、转移资金的服务,典型的互联网支付机构如支付宝。P2P网络借贷是指以互联网为媒介,撮合借款人和投资人通过网络借贷平台进行借贷交易的融资服务模式。典型的P2P网贷平台如宜信和人人贷。众筹融资则是指通过网络平台为项目发起人筹集从事某项创业或活动的资金,并由项目发起人向投资人提供一定回报的融资模式。典型的众筹融资平台如"天使汇"和"点名时间"。基于互联网的基金销售可分为两类,一是传统基金销售渠道的互联网化;二是基金销售机构借助其他互联网机构平台开展的基金销售行为,如基于第三方支付平台的基金销售模式以"余额宝"和"理财通"为代表。

就互联网金融的本质而言,金融仍是它的本质属性,互联网只是它的手段和媒介。互联网为金融发展提供了更好的技术手段,特别是提供了更高效的信息获取和处理、风险识别和定价的工具。互联网改变了金融交易的渠道、手段、工具、范围、人数等,改变了金融产品和服务的实现方式,但互联网金融的核心功能、对象、法律关系等并没有发生根本性的变化,最终交易的还是金融契约,金融的产品和服务只是形式解构而非异化解构,其本质并没有发生变化。

二、核心问题:互联网金融的刑事风险分析

随着我国互联网金融市场的迅猛发展,互联网金融在现行法律的框架下可能面临的各种风险也随之而来,互联网金融所引发的刑事风险正日益增长。下文中,笔者将对互联网金融所面临的主要刑事风险分别进行阐释分析。

(一)互联网金融面临的洗钱风险

随着互联网金融的不断发展,互联网支付、网络银行、电子商务等产品和服务推陈出新,传统洗钱方式开始与网络技术相结合,洗钱的方式、途径进一步多样化、隐蔽化、专业化,利用互联网金融平台进行洗钱的犯罪活动日趋频繁。2010年第三方支付平台"快钱"公司的高级管理人员梅某与境外赌博集团勾结,协助境外赌博集团流转资金达30余亿元,"快钱"公司从中获利1700余万元。[①]这一事件凸显了互联网金融所面临的严峻的洗钱风险。

利用互联网金融平台进行洗钱犯罪活动的一般流程是行为人将自己的非法所得经过互联网支付平台转换成虚拟资金,然后再通过网络交易的"过滤净化",

---

① 张芬,吴江.国外互联网金融的监管经验及对我国的启示[J].金融与经济,2013(11).

将虚拟资金转化成现实的财产,实现由"黑钱"向合法财产的转变。由于互联网金融企业往往对用户的身份审查及交易真实性的核实缺少有效手段,不法分子完全可以通过在互联网支付平台上注册虚拟账户,并通过虚构交易等形式,完成洗钱、套现等非法行为。在上述过程中,原本银行了如指掌的交易过程被割裂成两个看起来毫无联系的交易:客户的支付指令由互联网支付平台掌握,银行按照互联网支付平台的指令将资金由客户账户划入支付中介的账户并最终划入目标账户。在整个结算过程中,互联网支付平台充当买方的"卖方"和卖方的"买方"。即使这两个交易过程发生在同一银行系统,银行也无法确定这两项交易的因果关系。[①] 从这个意义上讲,互联网支付平台可以屏蔽银行对资金流向的识别,干扰交易的可追溯性,使得监管者很难确认交易的真实背景。这也使得银行对交易信息资料的获取、资金活动的监测分析、客户身份和可疑交易识别等日常反洗钱工作难以得到有效落实,无法对资金流向真正有效跟踪,极易引发洗钱风险。此外,当前互联网支付行业法律体系尚未健全,尤其是监管体制并不完善,特别是《反洗钱法》及《金融机构反洗钱规定》等法律规章重点规制的是金融机构的反洗钱行为,对于互联网支付机构的反洗钱行为并未有相应的规范和约束。这也在一定程度上为犯罪分子实施洗钱犯罪提供了可乘之机。

利用互联网金融平台实施的洗钱犯罪活动必须要通过互联网支付渠道完成,而互联网支付是互联网金融的基础,互联网金融的其他业态均依赖于互联网支付渠道,从这个角度上讲,互联网金融所面临的洗钱风险可能发生在互联网金融的所有业态之中。无论是在互联网支付业务、P2P网络借贷或是众筹融资过程中,只要所涉及的互联网支付机构的经营者明知是相关上游犯罪的所得及其产生的收益,仍然通过互联网支付平台而掩饰、隐瞒其来源和性质的,便涉嫌构成洗钱罪。

(二)互联网金融面临的非法集资风险

非法集资行为并非刑法中的一个独立罪名,根据刑法及相关司法解释的规定,非法集资行为涉及刑法中的3个罪名,即非法吸收公众存款罪,集资诈骗罪及擅自发行股票、公司、企业债券罪。互联网金融面临的非法集资风险近来成为学界及实务界热议的话题。目前来看,互联网金融面临的非法集资风险主要发生在P2P网络借贷及众筹融资领域中。

---

① 王振,刘颖.防范第三方支付业务的洗钱风险[J].中国金融,2011(4).

1. P2P 网络借贷主要面临非法吸收公众存款和集资诈骗的风险。当前,有些网络平台打着"民间借贷"旗号进行非法集资,风险正日渐凸显。据相关统计,全国累计已有 119 家 P2P 平台在集资后"倒闭"或"跑路",涉及资金共计 21 亿元左右①,导致投资者损失惨重,引发了许多刑事和民事案件。

传统 P2P 网络借贷平台的主要功能是为借贷双方提供信息互通、撮合、资信评估、投资咨询等中介服务,其本身并不参与到借贷的实际交易中。然而,目前我国部分 P2P 平台却跨越中介的定位,直接介入借款人和贷款人之间的交易中,P2P 平台的性质也随之发生了根本性的变化。最典型的就是部分 P2P 平台采用了资金池经营模式。所谓资金池模式是指 P2P 平台先从投资人处获得资金,再直接决定投资行为和进行资金支配,即平台先归集资金后再进行项目匹配。② 此外,目前许多 P2P 平台为了满足投资者的资金安全性要求,往往通过引入担保或是提取风险准备金的方式对投资者承诺投资回报。这样一来,根据最高人民法院《关于审理非法集资刑事案件具体应用法律若干问题的解释》(以下简称《非法集资解释》)第 1 条的相关规定,P2P 网络借贷平台在未经依法批准的情况下③,通过互联网等途径向社会公开宣传并面向不特定对象吸收资金,同时承诺在一定期限内还本付息或者给付回报的行为可能构成非法吸收公众存款罪。如果平台以非法占有为目的吸收投资者资金,形成资金池后,肆意挥霍集资款,致使集资款不能返还或者将集资款用于违法犯罪活动的,则有可能构成集资诈骗罪。

在网络借贷中还存在许多自融平台。所谓自融平台是指部分 P2P 平台发布虚假借款标的,在吸收资金后,资金并没有流向借款人,而是由平台经营者等借款自用,用于其自有企业经营、投资或偿还债务等。目前,学界主流观点认为,我国立法者设立非法吸收公众存款罪所要规制的非法集资行为仅指属于商业银行业务的吸收存款行为——一种以资本、货币经营为目的的间接融资行为。行为人将集资款用于商业、生产运营的直接融资行为不应被纳入非法吸收公众存款

---

① 席大伟.百度下线 800 家 P2P 平台 审查后出黑白名单[N].每日经济新闻,2014-04-29.

② 目前,实践中常见的资金池模式有 3 种:一是平台先归集资金、再寻找借款对象;二是平台把借款需求打包成理财项目,再把投资人的资金归集到平台账户,然后进行资金的匹配;三是债权转让模式,即借贷双方不直接签订债权债务合同,而是由平台经营者先行放款给资金需求者获得债权,再由该经营者将债权拆分组合后转让给投资者。

③ P2P 网络借贷平台的资质问题及其可能面临的刑事风险下文中将做详细说明。

罪的规制范围中。^① 因此,自融平台的经营者将集资款用于生产、经营的行为能否以非法吸收公众存款罪认定便成为问题。笔者认为,对此种情形应以非法吸收公众存款罪认定。理由在于自融平台的经营者虽然将集资款用于生产、经营活动,但从集资的过程来看,出借人并不是直接将资金交给自融平台的经营者进行生产、经营活动,而是在一定条件下将资金交给作为中介机构的自融平台,再由自融平台将资金交给资金需求方,这种运作方式本质上属于间接融资模式。之所以资金最终由平台经营者等自用,是因为自融平台发布了虚假的借款标的,欺骗了出借人,这对于上述行为属于间接融资模式的性质没有影响。因此,对于P2P网络借贷平台的经营者虚构借款标的,将集资款用于生产、经营的行为能够以非法吸收公众存款罪认定。

2.众筹融资中商品众筹主要面临非法吸收公众存款、集资诈骗风险,股权众筹主要面临的是擅自发行股票的风险。按照回报方式不同,众筹融资可分为两类,一是商品众筹,二是股权众筹。所谓商品众筹,是以投资对象的产品或服务作为回报,主要面向创业者和艺术家,帮助其筹集研发、创作或生产资金的众筹形式。目前,我国的商品众筹平台大多采用"预售"形式对众筹程序进行规范。众筹项目上线后,项目发起人的支持请求与回报承诺构成要约,该要约向不特定对象发出,一旦支持者接受该要约并支付了资金,其就将获得一份商品预购订单,届时项目发起人与支持者之间形成商品买卖合同关系。在上述过程中,资金从支持者向项目发起人的转移发生在项目上线之后,即先有特定的"预售"商品,才有"预购"行为,事前没有资金池,众筹平台就在一定程度上避开了非法集资的嫌疑。然而,如果众筹平台在无明确投资项目的情况下,事先归集投资者资金,并承诺给付回报后形成资金池,然后公开宣传,吸引项目上线,再对项目进行投资,则存在非法吸收公众存款的嫌疑;如果平台以非法占有的目的归集投资者资金,形成资金池后,携带资金逃匿或者抽逃、转移资金的,则有可能构成集资诈骗罪。

目前,众筹融资中存在较大争议的是股权众筹。股权众筹是以投资对象的股权或未来利润作为回报,投资人投入资金后,可获得公司的股权和股权收益。股权众筹主要面临擅自发行股票的风险。根据我国《证券法》第 10 条、《刑法》第

① 彭冰.非法集资活动规制研究[J].中国法学,2008(4);张明楷.刑法学(第四版)[M].北京:法律出版社,2011:687;刘宪权.刑法严惩非法集资行为之反思[J].法商研究,2012(4).

179 条以及相关司法解释的有关规定,向不特定对象发行股票或者向特定对象发行股票累计超过 200 人的均为公开发行,而公开发行股票的,必须依法报经有关部门核准,否则擅自发行股票,数额巨大的,可能构成擅自发行股票罪。一个典型的事例即 2013 年年初,美微传媒公司利用淘宝平台进行股权众筹融资的行为因涉嫌非法证券活动被证监会叫停①,其行为已涉嫌构成擅自发行股票罪。

此事件后,开展股权众筹的大部分平台为规避法律风险采用了"线上+线下"的运行模式。平台首先展示融资方的融资金额与股权转让比例等信息,吸引感兴趣的投资者。在意向投资人与意向投资金额达到预期后,所有的活动转入线下,意向投资人按照《公司法》等法律法规进行股权投资操作,股份的转让则采取投资者凑满融资额度后成立有限合伙企业,以有限合伙的名义入股公司的模式进行。如此一来,由于融资方并不直接发行股票而是采用转让股权的方式,并且名义上的股权受让者只有一家有限合伙企业,远未达到超过 200 人的标准;此外,根据上述流程,股权众筹平台主要承担线上信息披露的职责,股权的交割不在平台上进行,平台不是承销商,亦不直接介入股份转让过程。所以,从表面上看,融资方及股权众筹平台都避免了擅自发行股票的嫌疑。

然而,笔者认为,在此种模式下,融资方及股权众筹平台仍有可能构成擅自发行股票罪。首先,《非法集资解释》第 6 条规定,以转让股权方式变相发行股票的行为可以被认定为擅自发行股票的行为。其次,虽然名义上的股权受让者只有一家有限合伙企业,但该有限合伙企业并非真正的投资者,真正的投资者是成立有限合伙企业的若干合伙人。之所以采取以有限合伙的名义入股公司的方式无非是为了规避擅自发行股票的刑事风险,从根本上讲,这是一种"合法形式掩盖非法目的"的行为。因此,应当以有限合伙企业中合伙人的数量作为认定投资者数量的根据。此外,需要指出的是,在股权众筹中,股权众筹平台首先要在网络上向不特定对象展示融资方的融资金额与股权转让比例等信息,该行为显然属于公开发行的范畴,根据最高人民检察院、公安部《关于公安机关管辖的刑事案件立案追诉标准的规定(二)》第 34 条的规定,只要满足发行数额在 50 万元以上或者有 30 人以上的投资者购买了股票的情形,即涉嫌构成擅自发行股票罪。最后,在股权众筹中,项目在上线前须经过股权众筹平台的审核,平台对项目发起企业的基本情况包括是否经相关部门核准取得公开发行股票的资格应当有非

---

① 熊锦秋.为股权众筹留出适度发展空间很有必要[N].上海证券报,2014-04-03.

常清楚的了解。如果某项目发起企业并不具备公开发行股票的资格,但股权众筹平台仍然通过"线上"发布相关股权转让与融资金额信息,为该项目进行宣传,根据《非法集资解释》第 8 条第 2 款的相关规定①,除项目发起企业涉嫌构成擅自发行股票罪外,股权众筹平台也应以擅自发行股票罪的共犯论处。

(三)互联网金融面临的擅自设立金融机构及非法经营风险

当前,很多从事互联网金融业务的机构本身并没有从事金融业务的资格,也没有经过有关主管部门的批准设立,这使得相关从事互联网金融业务的机构面临擅自设立金融机构及非法经营的风险。

以 P2P 网络借贷平台为例,目前,多数 P2P 平台是以中介服务公司、贷款咨询公司的名义在工商机构注册,但其实际业务范围早已跨越了中介机构的职能定位,开展了吸储、放贷及理财等金融业务,已涉嫌构成擅自设立金融机构罪。对于 P2P 网络借贷平台成立后非法吸收公众存款行为的罪数认定问题,笔者认为,此种情形下,P2P 平台是为了非法吸收公众存款而擅自设立,其设立是非法吸收公众存款的一种手段,应以牵连犯择一重罪定罪从重处罚。根据《刑法》第174 条及第 176 条的规定,擅自设立金融机构罪与非法吸收公众存款罪的法定刑完全相同,无法从刑罚设置上区分重罪轻罪,在此种情形下,可以按照行为人的最终目的行为所涉嫌的罪名即非法吸收公众存款罪定罪并从重处罚。

此外,时下为了满足投资者的资金安全性要求,我国很多 P2P 平台都加入了变相"担保性"条款或者采取了一些含糊其辞的本金保障宣传,进而衍生出"类担保"模式,即当借款人逾期未还款时,P2P 网贷平台或其合作机构垫付全部或部分本金和利息。垫付资金的来源包括 P2P 平台的收入、担保公司提供的担保,或是从借款金额中扣留一部分资金形成的"风险储备金",此种行为属于融资性担保行为。根据相关规定,任何单位和个人未经监管部门批准并颁发经营许可证不得经营融资性担保业务。② 如果 P2P 网络借贷平台在未取得相关经营许可证

---

① 最高人民法院《关于审理非法集资刑事案件具体应用法律若干问题的解释》第 8 条第 2 款规定:"明知他人从事欺诈发行股票、债券,非法吸收公众存款,擅自发行股票、债券,集资诈骗或者组织、领导传销活动等集资犯罪活动,为其提供广告等宣传的,以相关犯罪的共犯论处。"

② 银监会等六部门《融资性担保公司管理暂行办法》第 8 条:设立融资性担保公司及其分支机构,应当经监管部门审查批准。经批准设立的融资性担保公司及其分支机构,由监管部门颁发经营许可证,并凭该许可证向工商行政管理部门申请注册登记。任何单位和个人未经监管部门批准不得经营融资性担保业务,不得在名称中使用融资性担保字样,法律、行政法规另有规定的除外。

的情况下,擅自从事融资性担保业务后发生"倒闭"或"跑路"情况,给投资者造成严重经济损失,严重扰乱市场秩序的,其行为则可能涉嫌构成非法经营罪。对P2P网络借贷平台既从事非法吸收公众存款行为又从事非法经营融资性担保业务的行为,笔者认为,上述两种行为之间既无手段行为与目的行为的牵连关系,也无特定的依附与被依附的吸收关系,应对该两种行为进行数罪并罚。

就当前基于互联网的基金销售的典型代表"余额宝"是否面临非法经营风险的问题,笔者认为,余额宝是支付宝公司与天弘基金合作的一项余额增值账户服务。支付宝的用户可以通过向余额宝账户充值,直接在线上购买天弘基金"增利宝"货币基金,且余额宝账户内的资金还能随时用于网上购物、支付宝转账、缴费等。自余额宝上线以来,其便面临着是否具有基金代销资格、是否非法经营的巨大争议。从客观情况来看,余额宝实际上是把基金公司的基金直销系统内置到支付宝网站中,用户将资金转入余额宝的过程中,支付宝和基金公司通过系统的对接一站式地为用户完成基金开户、购买货币基金的过程。就此观之,余额宝的本质是基金公司通过第三方支付平台的直销行为,而并非基金代销。同时,由于支付宝公司已获得了央行颁发的"支付业务许可证"和证监会颁发的基金第三方支付牌照。因此,可以认为,只要余额宝平台遵守支付业务的相关规定,就不会存在因无基金代销资格而产生的非法经营风险。

三、系统建议:互联网金融刑事风险的防范与规制

从前段时间监管层就互联网金融的表态来看,监管部门对打击互联网金融发展过程中产生的违法犯罪活动,尤其是打击在P2P网络借贷、众筹融资发展过程中产生的非法集资活动的态度十分坚决。然而,应当指出的是,互联网金融引发的相关犯罪有一个共同的特点,即均为法定犯,法定犯的最大特征是其"二次违法性"[①]。如果互联网金融引发的违法行为行为能用其他部门法调整,就不应动用刑法;如果互联网金融引发的违法行为未违反其他部门法,也就根本谈不上构成犯罪。因此,在对互联网金融的刑事风险进行防范与规制时,应明确刑法作为救济法的地位,避免刑法干预的过度和泛化。

---

① 所谓"二次违法性"是指刑法是在民事法、行政法等第一次法规范对正常社会关系进行调整的基础上,通过追究刑事责任以及执行刑罚等方式对第一次法调整无效的严重不法行为进行的第二次调整。

互联网金融相关犯罪的频繁发生与互联网金融发展尚不成熟、监管体制存在缺陷等存在极大关系,主要应当通过推进互联网金融规范发展、填补管理体制的漏洞来防止这些犯罪的发生,而不能简单地对其施以刑罚。因此,在遏制互联网金融引发的相关犯罪过程中,不能仅仅依靠刑事制裁,而应强调综合治理,科学有效地进行预防和控制,构建各部门有效协同,民事、行政、刑事手段并举的整体性解决架构,只有这样才能从根本上实现对互联网金融刑事风险的有效防范与规制,引导互联网金融健康持续发展。对于互联网金融刑事风险的防范与规制问题,笔者将从两方面提出观点,力求能对互联网金融刑事风险的防范与规制有所助益。

(一)互联网金融面临刑事风险的整体性解决方案

1.建立分工协作的多层次监管体系。首先,建立适应当前互联网金融发展态势及监管需要的多部门分工合作的分类监管体制。根据当前各金融监管机构的职责分工,互联网金融各业态的主要监管责任部门可做如下划分:首先,中国人民银行作为货币管理和发行的职能部门,肩负金融市场稳定的职责,可在统筹协调互联网金融监管工作的同时,主要负责互联网支付平台的监管,并将反洗钱工作延伸到互联网金融领域;对 P2P 网贷平台,因其业务与银行贷款业务性质一致而确定其由银监会监管;证监会主要负责对众筹融资业务和基于互联网的基金销售业务的监管。其次,进一步明确交叉性金融业务的监管职责和规则。从互联网金融有关企业的经营模式看,混业经营趋势愈发明显。因此,需要进一步明确交叉性金融业务的监管职责和规则,对互联网金融机构的市场准入、日常监管和风险处置责任等事项在不同监管部门之间的设置和安排设定合理规则。最后,应进一步推动互联网金融行业自律组织建设,充分发挥行业自律管理作用。日前,由中国人民银行牵头组建的、旨在对互联网金融行业进行自律管理的中国互联网金融协会已正式获得国务院批复,正上报民政部批筹。[①] 通过建立互联网金融行业协会等自律组织,可以加强行业自律管理,有效填补法律法规空白,规范和引导互联网金融机构行为,推动形成统一的行业服务标准和规则。

2.加强互联网金融投资者权益保护。一方面,健全投资者适当性制度,严格投资者适当性管理。监管机构有必要建立规范的投资者分类标准和统一的投资者适当性管理规范,同时,明确互联网金融企业的适当性管理责任。另一方面,

---

① 洪偌馨.中国互联网金融协会获国务院批复[N].第一财经日报,2014-04-03.

建立多元化的纠纷调处和解决机制。互联网金融的投资者中有许多中小投资者，其在金融知识、资金实力、法律专业能力等方面受到制约，往往难以及时、正确使用法律手段进行纠纷处理。因此监管机构有必要完善投诉处理机制，加强与司法机关的协调配合，建立、健全互联网金融投资者的维权渠道，并重视发挥行业自律组织作用，为互联网金融投资者权益保护提供专业咨询、服务和帮助。最后，强化投资者教育。互联网金融监管机构及企业主体应积极开展教育宣传，普及互联网金融知识，帮助互联网金融投资者增加金融知识，提高投资技巧，更全面、透彻地理解投资风险，更理智地做出决策，进一步提升其风险意识及自我保护能力。

3.完善互联网金融刑事案件办理工作机制。由于互联网金融刑事案件隐蔽性、技术性强，跨地域特征明显，涉及人数众多，案件在管辖、取证等方面有时会存在很大争议与问题。例如，与互联网金融刑事案件相关的人员（被害人、犯罪嫌疑人）以及相关的资源（银行账户、虚拟身份、网站）等基本要素分布在不同的地方，哪个地方具有管辖权缺乏明确的规定，致使一些案件在侦办过程中出现相互推诿或争抢案件的现象。由于案件属地管辖不明确，近年来很多地方只打击网络犯罪团伙本地的分支，而未追查位于异地的最上层犯罪团伙，给案件的侦查、起诉、审判工作带来了很大的影响。为此，两高一部联合发布了《关于办理网络犯罪案件适用刑事诉讼程序若干问题的意见》，对实践中迫切需要解决的案件管辖、证据收集等问题做出了规定，这对依法高效办理互联网金融刑事案件具有重要的指导意义。[①] 此外，互联网金融刑事案件涉及大量互联网、金融领域的专业知识和术语，这就要求司法人员不仅要具备丰富的法律知识，还要有上述相关领域的专业知识，才能有效地打击犯罪。因此，要依托专业化办案模式，有针对性地培养复合型司法办案人才，加强办案人员在互联网、金融领域的专业知识培训，使其具有与打击互联网金融刑事犯罪所匹配的知识储备。最后，司法机关应加强沟通、协调和配合机制，对实践中存在认识分歧的互联网金融犯罪案件认真进行研究，就案件定性等问题达成共识，并对司法解释没有规定定罪量刑标准的案件，研究、制定相应的规范文件，统一执法标准[②]；不断完善适时介入侦查、引导取证机制，着力破解相关犯罪侦查难、取证难的问题，提高打击实效。

---

① 吴孟栓.明晰诉讼程序 依法惩治网络犯罪[N].检察日报,2014-07-07.
② 田向红,孙华.检察机关打击网络犯罪情况调查[J].人民检察,2013(16).

(二)互联网金融面临刑事风险的针对性解决方案

1.互联网金融面临洗钱风险的防范与规制。一方面,要明确互联网支付机构的反洗钱主体地位。我国于 2007 年实施的《反洗钱法》规定了金融机构及特定非金融机构应当依法履行反洗钱义务,但该法中仅对金融机构的范围、应履行的义务进行了明确规定,对特定非金融机构的范围、应履行的义务则语焉不详,仅规定由国务院反洗钱行政主管部门会同国务院有关部门另行制定相关规定。因此,目前来看,互联网支付机构的反洗钱主体地位并不明确,这也在一定程度上制约了互联网金融平台反洗钱义务的履行。因此,有必要完善相关法律法规,明确互联网支付机构的反洗钱主体地位,推进相关反洗钱工作的开展。另一方面,互联网金融支付机构要同商业银行合作,对注册用户的身份资料进行严格审查,进一步强化客户身份识别,确保实名开户。此点在银监会和中国人民银行联合发布的《关于加强商业银行与第三方支付机构业务合作管理的通知》中已有明确规定,即客户银行账户与第三方支付机构首次建立业务关联时应经双重认证,客户在经过第三方支付机构认证的同时,还需通过商业银行的客户身份鉴别。此外,互联网支付机构应本着真实、完整的原则保存客户虚拟账户和互联网支付账户的交易记录,该记录应该直接再现资金的最初来源和最终去向,不得以批量处理信息代替具体交易记录,隐匿资金的真实因果关系。[①] 最后,互联网支付机构应设计相应监控程序,对支付交易实时监测;同时,可以参照中国人民银行2006 年制定的《金融机构大额交易和可疑交易报告管理办法》的相关规定,对不符合正常贸易的行为或涉嫌洗钱的交易采取相应措施,及时向监管部门上报大额可疑交易报告。

2.对 P2P 网络借贷平台及商品众筹平台面临非法吸收公众存款及集资诈骗风险的防范与规制。在主体定位方面,应明确 P2P 网络借贷平台"信息中介平台"的法律主体地位,明确规定平台本身不得直接参与借贷交易、不得建立资金池、不得提供平台担保、不允许向投资者提供投资建议或推荐,防止其由"信息中介"异化为"信用中介"。在监管方面,可以考虑对 P2P 网络借贷平台实行备案管理,要求 P2P 网络借贷平台在银监会备案后方能展业,同时应定期上报其经营状况及财务报表等资料,使监管机构能够及时掌握网络信贷资金规模及其真实发展状况。在资金方面,上述平台需严格隔离自有资金与客户资金,防止出现资金

---

① 王振,刘颖.防范第三方支付业务的洗钱风险[J].中国金融,2011(4).

挪用、混用情况。同时,引入第三方机构负责资金托管,代理 P2P 网络借贷及商品众筹平台在各方账户之间进行资金划转,保证资金的安全性。在信息方面,上述平台要如实披露信息,及时公布平台的运营状况,履行风险告知义务,不得虚构或篡改信息,或对投资者做出误导陈述和虚假宣传,保障客户的知情权和选择权。

3. 对股权众筹平台面临擅自发行股票风险进行防范与规制。最重要的一点便是解决其合法性问题。目前,我国股权众筹平台在融资过程中,一直在为随时可能触及法律红线而困扰,始终无法回避"向社会不特定对象发行"以及项目宣传方式上的公开性问题。因此,股权众筹发展的首要前提就是要在一定条件下给予其相应的法律地位,承认其在特定情形下,可以通过公开的、面向不特定对象的方式进行项目推介。对此,立法部门已经有所回应,全国人大财经委副主任委员吴晓灵透露,在《证券法》修订过程中,希望给股权众筹留下一定的法律空间①,这对股权众筹的未来发展而言无疑是一个积极的信号。此外,监管机构或者行业协会可以出台相应的操作指引指导股权众筹平台进行规范运作,如第三方资金托管措施、经营状况及财务报表的定期上报制度、风险控制及提示举措、信息披露要求等。最后,关于投资人保护问题,目前许多国家对于股权众筹的投资人都有投资金额不能够超过其可支配财产一定比例的要求,以确保投资人能够承受投资失败带来的损失。然而,鉴于当前我国包括财产登记制度、征信体系在内的相关配套制度并不完善,难以获知投资人的真实财产状况,因此现阶段可以规定一个合理的投资绝对额,以保护投资人的利益,待时机成熟后再采用规定一定的财产比例的方式对投资人的投资额度进行限制。

---

① 周鹏峰,宋薇萍,秦风.证券法修订或给股权众筹留下空间[N].上海证券报,2014-06-30.

P2P 网络借贷的刑法规制

——以非法集资犯罪为切入点

◎袁珊珊　郭泽强*

摘　要：P2P 网络借贷是一种互联网金融创新模式，系伴随着 P2P 网络技术的快速发展应运而生。在当前市场经济环境下，这种模式对于满足个人和企业的融资投资需求有着积极作用，也利于推动相关互联网金融的创新发展。然而，我们不应忽视，网络环境本身的复杂性和虚拟性等特点易导致"异化"的金融活动滋生，这类行为可能严重扰乱市场经济秩序和金融管理秩序。对涉嫌非法吸收公众存款罪、集资诈骗罪及相关的非法集资类犯罪应进行必要的刑法规制，以期达到惩治金融犯罪与鼓励金融创新的衡平。

关键词：P2P 网络借贷　刑法规制　非法集资犯罪

在近年来逐渐兴起、发展迅速的互联网金融模式中，互联网技术与各金融产业的紧密结合促进了金融业的创新发展。P2P 网络借贷，也是其中一种以互联网信息技术为依托的借贷模式，它是对传统借贷模式的重大创新，其产生和发展对于丰富我国金融市场资金流动渠道、为我国市场经济注入新的活力具有积极作用。但是，作为一种"舶来品"，P2P 网络借贷在我国的运作也可能产生一系列不易管控的问题，特别是在复杂的网络环境下，易导致 P2P 网贷各主体受利益驱使做出"越界"行为，若这些行为的危害性达到一定程度，触及了我国刑法设置的底线，则须由刑法进行规制、管控。在此背景下，如何全面、正确地认识这一新兴金融形态及如何适当运用刑法对其加以规制便成为亟待研究和解决的问题。

---

　　*　袁珊珊，中南财经政法大学刑法学研究生；郭泽强，中南财经政法大学刑事司法学院教授，硕士生导师。

一、P2P 网络借贷概述

(一)P2P 网络借贷概念及特点

P2P,即 peer-to-peer,是"个人对个人""点对点"之意;P2P 网络借贷,即可理解为"个人对个人"借贷、"点对点"借贷,或称"人人贷"①。不同于传统的借贷概念,P2P 网络借贷依附于飞速发展的 P2P 网络技术应用,互联网使传统的"线下面对面"借贷变为新兴的"线上点对点"借贷,借款人与出借人可以直接通过 P2P 的点对点平台进行借贷活动。关于其定义,目前理论界尚未形成统一的权威定论。一般认为,P2P 网络借贷就是资金借款方和资金贷款方通过网络中介机构进行撮合,在网络上对借贷金额、借贷利息、借贷期限等方面形成约定,进而借助网络进行身份认证、记账、清算和资金交付等操作,最终完成信用借贷的一种模式。

P2P 网络借贷涉及三种主体:借款人、出借人以及网贷平台。借款人是指有借款需求的一方,通常是有借款需求的个人或者运营中有资金困难的小微企业;出借人即资金富余方,随着经济水平的提高及投资渠道的有限性,存在一些资金富余的主体;网贷平台即发布借款、贷款信息,促进借贷资金融通的中介平台。而关于 P2P 网贷平台的性质,学术界也存在着不同见解。"金融机构说"认为,P2P 网络借贷是随着互联网的普及和民间借贷的兴起而迅速发展起来,将现实中的资金借贷流程通过网络来实现的一种创新金融模式。②"中介机构说"认为,P2P 网贷平台是为资金提供方和需求方提供信息匹配,实现借贷双方的信息对接并完成交易的信贷模式的一个电子商务网络中介平台。③ 前者将网络借贷平台视作金融机构,则涉及金融机构的相关审批程序;后者将其视作单纯的中介机构,则无须涉及金融机构的审批程序问题,不用提供任何担保,不参与双方借贷间的实质交易。此外,还存有"复合说",该说认为,P2P 网络借贷平台实质上兼有互联网中介、小额信贷业务、理财产品业务和创新金融模式等多项功能。

(二)P2P 网络借贷的兴起及其在我国的发展

世界第一家网络借贷平台——Zopa,开创点对点的借贷平台,为出资者和资

---

① 参见《中国银监会办公厅关于人人贷有关风险提示的通知》,2011 年 8 月 30 日。

② 刘权. P2P 网络借贷犯罪及刑事治理研究[J]. 中国人民公安大学学报(社会科学版),2014(6).

③ 刘宇梅. P2P 网络借贷法律问题探讨[J]. 法治论坛,2013(1).

金需求者提供一个中介平台,提供信息发布、借贷撮合服务,随着互联网技术在全球范围内的广泛应用及迅猛发展,这种 P2P 网络借贷模式在世界范围内迅速发展、壮大。

P2P 网络借贷在我国的兴起也有其本土化因素。一方面,随着经济的高速增长,居民生活水平日益提高,个人收入和闲置资金增多,需要多样的投资渠道;另一方面,我国大量小微企业在进行扩张生产的过程中,面临资金缺乏、难以获取主流的金融支持困境,加之经济全球化及现代互联网信息技术的发展,P2P 网络借贷作为一种"舶来品"也迅速被运用至我国金融活动中。于 2007 年 6 月在上海成立的上海拍拍贷金融信息服务有限公司(拍拍贷),是我国第一家 P2P 网贷平台公司,拍拍贷运营的借贷平台即我国第一家 P2P 网贷平台;自此,国内 P2P 网贷平台相继产生兴起,其态势有如"雨后春笋"一般,在 2010 年以后,随着国内金融市场的发展,利率市场化、民间借贷发展火爆,这也为 P2P 网贷以及网贷平台的发展注入新的生机,平台数量和资金交易数额规模上升速度惊人。2012 年和 2013 年是 P2P 网贷金融模式的爆发期,如拍拍贷、红岭创投、宜人贷、微贷网等 P2P 网贷平台纷纷活跃在大众视野之中。截至 2016 年 9 月底,P2P 网贷行业历史累计成交量为 277762.26 亿元;2016 年 1—9 月累计成交量达到 14110.05 亿元,是 2015 年 1—9 月累计成交量的 2.37 倍。

(三)P2P 网络借贷显现诸问题及管控现状

P2P 网络借贷在我国发展迅速,这一互联网金融新形式为我国金融市场注入了巨大的活力;但作为"舶来品",该资金融通新模式在本土化的过程中也可能出现诸多"水土不服"的现象,实践中 P2P 网络借贷平台的运营可能存在着"异化"的现象。

结合实践中 P2P 网络借贷的运营情况来看,主要存在以下问题。第一,P2P 网贷平台准入门槛低,鱼目混珠。新生事物的出现及法律法规的滞后性导致无严格的统一的准入门槛设定,以爆发式增长的 P2P 网贷平台质量良莠不齐。第二,监管制度不尽严密,风险难以控制。互联网金融所涉范围、对象广泛,现有的监管制度难以顾及全面,而金融风险本身就具有不确定性、易发性,故可能造成监管失利而致金融受损。第三,借贷平台异化为非法金融机构。在实践运行中,有些借贷平台突破自身中介平台的定位,"越界"实施非法自融行为、虚构事实或者隐瞒真相发布虚假信息,则属于异化的行为,可能产生对行政法律法规甚至刑法的碰撞。第四,借贷质量低。从有资金需求的借款人的角度来看,P2P 网络借贷的低门槛、少成本、高效便捷等特点更容易吸引大量的公民和小微企业通过P2P网贷平台申请借贷,但也容易出现一些不良申请人,通过造假等方式伪造信用状况恶意借款,也可能滋生不良借款人利用P2P网贷平台进行"洗钱"、转贷获利等违法犯罪行为。据数据统计,截至2017年2月28日,停业及问题平台累计达3511家;2017年2月新增63家,其中"提现困难"23家,"经侦介入"0家,"停业"33家,"跑路"7家。①

从上述P2P网贷平台的现实问题来看,由于投资者的从众性、虚拟信息内在的"不实性"等原因,P2P网贷平台存在固有的金融风险。除由于网贷平台本身特点而可能存在的固有风险外,还可能因平台"异化"等产生一系列法律风险。

针对实践中产生的诸多问题,我国对P2P网络借贷的行政层面管控越来越明确和细化。在2014年3月的政府工作报告中,李克强总理强调"要促进互联网金融的健康发展",公开表示鼓励互联网金融创新;至2015年,随着"互联网＋"概念的提出,互联网金融发展有了进一步的推进,央行、工业和信息化部、公安部等十部委于2015年7月发布的《关于促进互联网金融健康发展的指导意见》明确了"借贷主体在P2P网贷平台上所发生的直接借贷行为属于民间借贷范畴",界定了P2P网贷平台的信息中介性质;2016年8月,中国银行业监督管理委员会等四部委发布《网络借贷信息中介机构业务活动管理暂行办法》(下文简称《办法》),《办法》共八章四十七条,明确对于网贷监管重点在于业务基本规则的制定和完善,而非机构和业务的准入审批,属着力加强事中事后行为监管。《办法》主要内容有以下几点。

第一,明确了网络借贷是指个体与个体之间通过互联网平台实现的直接借贷,也明确指出网贷平台的信息中介性质——网络借贷信息中介机构是指依法设立,专门从事网络借贷信息中介业务活动的金融信息中介公司。该类机构以互联网为主要渠道,为借款人与出借人实现直接借贷提供信息搜集、信息公布、资信评估、信息交互、信贷撮合等服务。第二,对P2P网络借贷采用备案制管理方式。第三,以负面清单形式划定了业务边界,明确提出网络借贷信息中介机构不得从事自融,不得为出借人提供担保或保本保息。不得将融资项目拆分,不得发售银行理财、券商管理、基金、保险或信托产品等金融产品。不得从事股权众筹或实物众筹等业务。不得吸收公众存款;不得归集资金设立资产池;网贷机构

---

① 网贷之家[EB/OL].[2017-02-28]. http://www.wdzj.com.

具体金额应当以小额为主。对打着网贷旗号从事非法集资等违法违规行为,坚决实施市场退出。第四,规定同一借款人在同一网贷机构及不同网贷机构的借款上限:单一自然人在一个平台的借款上限是 20 万元;单一自然人在多个平台的借款上限为 100 万元。第五,要求对客户资金实行第三方存管。规定对客户资金和网贷机构自身资金实行分账管理,由银行业金融机构对客户资金实行第三方存管,对客户资金进行管理和监督,资金存管机构与网贷机构应明确约定各方责任边界。

此外,针对严重异化的 P2P 网贷平台及其可能涉嫌的刑事风险,作为最后防线的刑法规制,也应当在适当的范围内伸出管控之手。如上文所述,P2P 网络借贷的发展态势如火如荼,这种资金融通的模式已经成为影响金融市场发展的一股不可小觑的力量,在实践中 P2P 网络借贷模式的运行各环节都可能产生触碰刑事规范底线的行为:P2P 网贷平台的设立环节,可能涉嫌擅自设立金融机构罪;发布信息环节,可能涉嫌诈骗罪、侵犯公民个人信息罪;在 P2P 网贷平台作为信息中介提供服务及运营的过程中,可能由于平台的不谨慎经营或异化而涉嫌非法吸收公众存款罪,擅自发行股票、公司、企业债券罪,集资诈骗罪、洗钱罪、非法经营罪、高利转贷罪、挪用资金罪、职务侵占罪等;此外,还可能因网贷平台的网络安全问题,伴随因平台泄露客户信息、侵害用户数据利益可能带来的刑法风险。本文重点探析 P2P 网络借贷中可能涉及的非法吸收公众存款罪、集资诈骗罪等非法集资类犯罪,以非法集资犯罪为切入点进行研究,以期对 P2P 网络借贷的刑法规制理论研究及司法实践能够有所裨益。

二、P2P 网络借贷的刑法规制

(一)P2P 网络借贷刑法规制之必要性分析

一方面,P2P 网络借贷在我国的迅速发展反映了其存在的合理性,其缓解了我国大批中小、小微企业面临的融资难的困境,为资金富余者提供了多渠道的投资模式,在一定程度上为我国金融市场的发展增添了活力,也促进了我国金融市场的创新发展;但是另一方面,对于 P2P 网络借贷交易的爆发式增长,我们也不得不以更加全面的角度加以审视,对其可能产生的风险隐患进行防控,特别是对相关网络金融犯罪有刑法规制之必要。

首先,基于 P2P 网络借贷涉及对象广泛性、公开性、准入门槛低、借贷活动网络化等固有特点,对 P2P 网络借贷有刑法规制之必要。P2P 网络借贷平台的参与者人数众多,对象参与的广泛性导致牵涉利益面广泛,网络技术的运用又使得借贷活动变得快速便捷,一旦出现心怀不轨的行为人利用 P2P 网贷平台进行诈骗等不法活动,则容易导致无数投资者的财产利益遭受损害,对市场经济甚至社会安定都可能产生不良影响,故刑法必须对可能产生的相关犯罪行为加以规制。

其次,观之在实践中对 P2P 网络借贷的管控现状,具有针对性的法律法规少之又少。在一定程度上,法律缺位、监管不全也是 P2P 网贷平台出现异化的诱因之一。由于行政监管的缺失、征信体系不健全以及投资者的羊群效应,P2P 网贷各经营模式往往会触犯刑事法律的边界,一些行为如"高杠杆"、私设资金池、非法集资已具备严重的社会危害性,对金融秩序及公众财产安全造成重大损害。这就需要刑法适当地介入。[①] 这样,作为最后防线的刑事法律规范更要发挥其应有的威慑力,对 P2P 网络借贷应尽到规制义务。

最后,近年来在 P2P 网络借贷金融模式运营中出现的平台异化催生诈骗、非法融资等问题是刑法须对 P2P 网络借贷进行规制的现实原因。在 2010 年之后,随着 P2P 网贷平台如雨后春笋般地出现,网贷交易量呈爆发式的增长,在众多网贷平台中,不乏低质量的和有异化倾向的 P2P 网贷平台,后期频频出现"跑路""提现困难""停业"等问题,为保障投资人的合法权益、维护正常金融秩序,刑法须进行正当介入,这便是刑法对 P2P 网贷平台加以严格管制惩罚的现实原因。

基于上述必要性原因,我国对 P2P 网络借贷须加以规制。维护金融安全需要刑法的适度干预,但是刑法干预必须谨慎、适当,不能以阻碍金融创新为代价。金融市场需要安全与效率两个价值之间的共生和平衡,而不应顾此失彼。[②] 这涉及后文将详述的刑法规制须遵循的谦抑性原则。

(二)P2P 网络借贷的刑事风险——涉嫌的非法集资犯罪

在互联网金融市场的风险控制中,互联网金融市场中由行为人制造的不允许的金融风险严重侵害金融安全与投资者权益,应当成为刑法介入的正当性基础。但是,只有在互联网金融市场犯罪行为对金融安全与投资者权益足以造成侵害风险的情况下,才能于风险生成之后运用刑法规范进行法律评价。[③] P2P 网

---

① 申畅.P2P 网络借贷平台的运营模式及刑事法律问题探析[J].新疆警察学院学报,2016(2).

② 冯果,袁康.社会变迁视野下金融法理论与实践[M].北京:北京大学出版社,2013:15.

③ 刘宪权.互联网金融市场的刑法保护[J].学术月刊,2015(7).

络借贷作为互联网金融的创新形式同样如此,在其运营过程中可能涉嫌的非法集资等犯罪是其潜在的法律风险,当风险生成后刑法有必要介入对其进行适当规制。

央行曾明确指出 3 类 P2P 的融资模式涉嫌非法集资。[①] 一是理财—资金池模式,即 P2P 平台将借款需求设计成理财产品销售给投资人,或者先归集资金池,再寻找借款对象。二是不合格借款人导致的非法集资,P2P 平台未尽必要的审查义务,默许、甚至帮助借款人以虚假借款人的名义在平台上发布假标(虚假项目)。三是旁氏骗局,即 P2P 平台本身发布假标,以旧还新,短期内募集资金用于自己生产经营,有的甚至卷款潜逃。处置非法集资部际联席会议办公室主任刘张君曾指出,P2P 网络借贷平台涉嫌非法集资的情况主要有 3 种[②]:一是资金池。二是经营者没有尽到借款人身份真实性的核查义务,未能及时发现甚至默许借款人在平台上以多个虚假借款人的名义发布大量虚假借款的信息。三是个别 P2P 网络借贷款平台发布虚假的、包庇借款标的募集资金,采取借新还旧的庞氏骗局模式,短期募集大量资金,有的用于自身生产资金,有的甚至卷款潜逃。这都反映出部分"异化"的 P2P 融资行为与非法集资罪名体系存在着些许紧张关系。

对于制裁非法集资行为,我国形成了较严密的刑法体系。非法集资犯罪,并非刑法上规定的具体罪名,而是对相关非法集资罪名的归类,学界一般将非法集资定义为:单位或者个人,违反法律、法规向社会公众募集资金的行为。根据最高人民法院审判委员会通过的《关于审理非法集资刑事案件具体应用法律若干问题的解释》(下文简称《解释》),涉及非法集资的罪名包括:非法吸收公众存款罪,集资诈骗罪,欺诈发行股票、债券罪,擅自发行股票、债券罪,组织、领导传销活动罪、非法经营罪、擅自设立金融机构罪。其中的非法吸收公众存款罪与集资诈骗罪为非法集资活动的基础罪名,其余为特殊罪名,本文拟对 P2P 网络借贷运营中涉嫌的以非法吸收公众存款罪和集资诈骗罪为主的相关非法集资犯罪进行梳理。

1. 擅自设立金融机构罪

根据我国《刑法》规定,擅自设立金融机构罪,是指未经国家有关主管部门批

准,擅自设立商业银行、证券交易所、期货交易所、证券公司、期货经纪公司、保险公司或者其他金融机构的行为。根据《办法》,明确网贷平台为信息中介机构,是专门从事网络借贷信息中介业务活动的金融信息中介公司,应以互联网为主要渠道,为借款人与出借人实现直接借贷提供信息搜集、信息公布、资信评估、信息交互、信贷撮合等服务。部分 P2P 网络借贷平台在设立阶段为扩大自身业务吸引投资者投资,越过"主要是发挥信息发布、撮合交易功能"的信息中介之限,承担实际上应由银行承担的吸收、发放贷款等金融业务而未经相关主管部门的批准,这样就可能涉嫌我国刑法规制的擅自设立金融机构的行为,构成擅自设立金融机构罪。

2. 非法经营罪

我国《刑法》中对非法经营行为加以规制:"违反国家规定,有下列非法经营行为之一,扰乱市场秩序,情节严重的,处五年以下有期徒刑或者拘役,并处或者单处违法所得一倍以上五倍以下罚金;情节特别严重的,处五年以上有期徒刑,并处违法所得一倍以上五倍以下罚金或者没收财产:(一)未经许可经营法律、行政法规规定的专营、专卖物品或者其他限制买卖的物品的……(四)其他严重扰乱市场秩序的非法经营行为。"根据上述规定,若 P2P 网贷平台超出法定的经营范围进行无权非法经营,如实质参与金融资金的运作、将融资项目拆分、归集资金设立资产池等行为,可能符合非法经营的行为特征而被纳入刑法规制的范围内。

3. 非法吸收公众存款罪

依据我国《刑法》的规定,非法吸收公众存款罪是指非法吸收公众存款或者变相吸收公众存款,扰乱金融秩序的行为。本罪客观的行为方式是非法吸收公众存款或者非法变相吸收公众存款。对该客观行为的认定,2011 年施行的最高人民法院《关于审理非法集资刑事案件具体应用法律若干问题的解释》规定:(一)未经有关部门依法批准或者借用合法经营的形式吸收资金;(二)通过媒体、推介会、传单、手机短信等途径向社会公开宣传;(三)承诺在一定期限内以货币、实物、股权等方式还本付息或者给付回报;(四)向社会公众即社会不特定对象吸收资金。根据上述规定,符合非法吸收公众存款罪须满足 4 个条件:一是资格的非法性;二是宣传的公开性;三是承诺的利诱性;四是对象的社会性。

资格的非法性,是指"未经有关部门依法批准或者借用合法经营的形式吸收资金"。由此可见,非法性可表现为主体的非法和行为方式的非法。主体的非法性就是指未经有关部门批准,在实践中某些 P2P 网贷公司越界从事吸收公众存款业务而未经有关部门的依法批准,可能构成因主体的非法性而涉嫌非法吸收公众存款罪。至于行为方式的违法性,在《解释》的第 2 条规定中,列举了常见的具体非法行为情形,包括通过房产销售、林权转让、开展种植业、销售商品、虚假发售债券、募集基金、销售保险、投资入股、委托理财、民间会社进行非法吸收资金。在 P2P 网络借贷的交易流程中,无论是出借人充值或者借款人还款,都必须将款项支付给网络平台,网络平台必然对该款项有完全的支配权①,这样,网络平台很容易超出信息服务中介的角色扮演而对客户的资金进行自由支配,即参与资金的实质流动,直接或者间接地接受、归集了出借人的资金,这时 P2P 网贷平台则可能涉嫌刑法规制的非法集资行为。资格的非法性是在认定 P2P 网贷平台构成非法集资罪与否过程中的重要因素。

宣传的公开性,指的是"通过媒体、推介会、传单、手机短信等途径向社会公开宣传"。根据 2014 年《关于办理非法集资刑事案件适用法律若干问题的意见》(后文简称《意见》),"向社会公开宣传"包括以各种途径向社会公众传播吸收资金的信息,以及明知吸收资金的信息向社会公众扩散而予以放任等情形,P2P 网络借贷平台因依托互联网技术,具有天然的信息传播的快捷、广泛的优势,其本身就是一种信息中介,故对涉及的借贷信息应具有基本的审核义务,若 P2P 网贷平台借助其便捷的信息发布平台,未尽基本的审核义务甚至倚靠自身优势进行隐瞒或者虚构事实发布虚假借贷信息进行虚假宣传,则可能造成危害极大的损害后果,其借助其信息中介地位及互联网信息传播优势进行公开宣传其不符合规范的借贷信息,便符合宣传的公开性这一条件。

承诺的利诱性,指"承诺在一定期限内以货币、实物、股权等方式还本付息或者给付回报"。由于利益的竞逐性、利率市场化,投资者将其富余资金投至 P2P 网贷渠道,主要原因是较之银行的低利率,P2P 网贷平台多发布借款利息回报高的利诱性信息,这让其具有了无可比拟的优势,加之其准入门槛低、快捷高效的优点,P2P 网贷平台吸引大量投资者将闲散资金投向网贷平台;以提高利率的方式吸收存款的行为会影响我国金融竞争秩序,仍然受行政、刑事法律规范的制约。若 P2P 网贷平台以不法提高利率的方式吸收存款,则符合此承诺的利诱性特征。

---

① 徐伟新. P2P 网络贷模式与非法集资[J]. 信息安全,2013(2).

对象的社会性,指的是"向社会公众即社会不特定对象吸收资金"。由于 P2P 网络借贷所依赖的互联网固有的特点,P2P 网贷宣传面积广,涉及的对象多为不特定的群体,故 P2P 网络借贷与对象的社会性这一特征具有天然的契合性。在 P2P 网络借贷的运行过程中,出借人和借款人一般都是互相不了解的,一旦异化的借贷平台实行不法借贷融资,其危害性可见一斑。在实践运用中如何理解和认定"不特定对象"显得尤为重要,需要注意的是,《意见》对特殊的"针对特定对象吸收资金"情形进行了"向社会公众吸收资金"的认定:在向亲友或者单位内部人员吸收资金的过程中,明知亲友或者单位内部人员向不特定对象吸收资金而予以放任的,应当认定为向社会公众吸收资金;以吸收资金为目的,将社会人员吸收为单位内部人员,并向其吸收资金的,应当认定为向社会公众吸收资金。

有学者指出:"目前刑法对非法吸收公众存款罪的认定,远落后于金融市场的网络化发展,这在一定程度上造成了互联网金融必然的'违法性'。"[①]虽然传统的金融垄断模式下的刑事立法使互联网金融与非法吸收公众存款犯罪具有一定的契合性,但笔者认为这种契合性并非必然,现有的刑法体系下,超出刑法规定范围的互联网金融交易行为仍然应该受到刑法的规制。

以 2014 年发生的"P2P 网络借贷行业第一案"——东方创投案为例,在实践中对 P2P 网贷平台构成非法吸收公众存款行为的认定、入罪考量以及刑罚的准确判定需要具体分析。东方创投为 2013 年于深圳成立的 P2P 网贷平台,其向社会公众推广其 P2P 信贷投资模式,以提供资金中介服务为名,承诺 3% ~ 4% 月息的高额回报,通过网上平台非法吸收公众存款。根据判决书显示,截至 2013 年 10 月,该平台吸收投资者资金约 1.27 亿元,其中已兑付 7471.96 万,实际未归还投资人本金 5250.32 万元。具体考察其客观行为:该平台在成立时,是由其运营总监李某通过红岭创投的原同事"在网上花了几十万整体买过来的",后取名为"东方创投"后上线,在实际资金用途平台为平台自融的情况下,东方创投这一P2P 网贷平台已经满足了资格的非法性特征。东方创投对投资者通过互联网平台长期以"本息保障""资金安全""账户安全"进行公开宣传,但实际上,平台募集资金都是投资人直接打款至负责人邓某的私人账号,或者打款至第三方支付平台后再转到邓某的私人账号,具体投资款均由邓某个人支配,投资人本息返还则相反,可以看出其完全符合"宣传的公开性"和"承诺的利诱性"特征;加上其宣传

---

① 崔志伟.互联网融资的法律风险与规制——以 P2P 网贷平台为分析视角[J].金融教育研究,2015(6).

也是针对不特定的社会大众,也满足"对象的社会性"特征;在东方创投运营后期,坏账率超过 6％ 不能按时收回,后又出现资金链断裂,汇款不及时导致投资人提现困难,其行为包括设立"资金池"模式,发布虚假借款信息向不特定人群募集资金用于其他投资,发布虚假高利借款信息,并通过"借新还旧"短期募集大量资金,最终导致资金链断裂,严重损害投资者的利益,构成非法吸收公众存款罪,应对其加以惩治。法院最终认为东方创投法人邓某是主犯,判处有期徒刑 3 年,并处罚金 30 万元;运营总监李某是从犯,判处有期徒刑 2 年,缓刑 3 年,并处罚金 5 万元。

4.集资诈骗罪

根据我国刑法及相关司法解释的规定,集资诈骗罪是指以非法占有为目的,违反金融管理法律法规的规定,使用诈骗的方法进行非法集资,扰乱国家正常金融秩序,侵犯公司财产所有权,且数额较大的行为。该罪较之非法吸收公众存款罪,同属于非法集资类犯罪,具有一定的相似之处,如都是面向不特定的社会公众进行非法集资,具有非法性、公开性、利诱性和社会性的特征;区分二者的关键在于判断行为人的主观目的。集资诈骗罪要求行为人在主观上具有非法占有集资资金的目的。而关于非法占有目的的认定,学界存在不同的观点:有部分学者认为,集资诈骗等犯罪所要求的非法占有目的需要专门加以证明,而证明的重要方法就是通过客观事实推定[①];也有学者认为,应当着重从行为本身的事实来认定行为人是否具有非法占有目的,而不能仅从集资行为事后的事实来进行推定[②];笔者认为,在实践中应当遵循主客观相统一的原则,结合行为人的诈骗行为手段与造成的损失结果事实等进行综合判断。此外,根据《解释》第 4 条的规定,使用诈骗方法非法集资,具有下列情形之一的,可以认定为非法占有为目的:(一)集资后不用于生产经营活动或者用于生产经营活动与筹集资金规模明显不成比例,致使集资款不能返还的;(二)肆意挥霍集资款,致使集资款不能返还的;(三)携带集资款逃匿的;(四)将集资款用于违法犯罪活动的;(五)抽逃、转移资金、隐匿财产,逃避返还资金的;(六)隐匿、销毁账目,或者搞假破产、假倒闭,逃避返还资金的;(七)拒不交代资金去向,逃避返还资金的;(八)其他可以认定非法占有目的的情形。上述规定也表明了对行为人非法占有目的的认定应结合其

---

① 陈兴良.论金融诈骗罪主观目的的认定[J].法治研究,2012(2).

② 张明楷.论诈骗罪与金融诈骗罪研究[M].北京:清华大学出版社,2006:505—507.

行为手段与事实结果进行主客观相统一的综合判断。

P2P 网络借贷的正常模式应当是出借人与借款人之间通过网贷平台直接进行的借贷，网贷平台实际上只能为借贷双方提供交流、撮合、评估等中介服务，而从我国现行的 P2P 网络借贷的运行来看，网贷平台的许多自融行为、"秒标"行为、恶意担保行为及发行理财产品行为都可能涉嫌构成集资诈骗罪。例如，在广东深圳网赢天下电子商务有限公司案中，行为人预谋通过网贷平台实施非法集资，为此专门成立了网赢天下公司，继而设立网络借贷平台，发布虚假投资标的，向社会公众进行公开宣传，并且承诺给予投资人高额利息和奖励。实际上，投资人通过网贷平台支付给网赢天下公司的资金大多数被其用于个人消费和挥霍，借贷平台上为投资提供保证的担保公司的实际控制人亦是行为人本人，且这些担保公司并无保证能力。其中，可能存在借款人与网贷平台构成此罪的共犯情形：如借款人与网贷平台事先合谋，形成了共同诈骗的合意，进而利用 P2P 网贷平台发布虚假借贷信息等套取投资者的资金自用，这样，可认定二者为集资诈骗罪的共同犯罪。

5. 其他非法集资犯罪

除上述 P2P 网络借贷在实际运行中可能涉嫌的非法集资犯罪以外，网贷平台诸如背离信息中介角色定位，在未经过相关金融管理机构批准的情况下，通过债权转让、理财产品出售的模式加入到借贷双方的债权债务关系中，擅自发行债券、理财产品或虚构或捏造事实进行欺诈发行股票债券或理财产品的行为，可能构成擅自发行股票，公司、企业债券罪和欺诈发行股票，公司、企业债券罪。但在司法实践中，最常见的是网贷平台通过上述手段进行非法吸收公众存款、集资诈骗和非法经营的行为，这完全符合牵连犯的构成特征，应依照牵连犯择一重的处罚原则对 P2P 网贷平台进行责任追究。

（三）P2P 网贷涉非法集资犯罪的刑法介入

针对实践中 P2P 网络借贷过程中可能产生的刑法风险，特别是 P2P 网络借贷在运营中可能产生的与刑法中非法集资犯罪体系的紧张关系，基于行为人制造的不被允许的风险严重侵害金融安全或投资者利益时，刑法应当有所作为，适时介入。现实中，刑法对 P2P 网贷出现的犯罪行为规制的重点和难点，结合宏观与微观的角度，秉持刑法规制的基本原则，做出具有针对性的应对。

1. 宏观角度刑法规制基本路径展望——刑法对 P2P 网络借贷规制的原则

尽管为了维护金融网贷市场的正常秩序和众多投资者的合法权益，对 P2P

网络借贷可能涉及的刑事犯罪行为应当进行严格惩治,但是为鼓励金融创新、保持金融市场发展的活力,防止"因噎废食",刑法对于 P2P 网络借贷的规制也应当在必要且适度的范围内进行,对其规范时主要应当遵循罪刑法定原则与刑法的谦抑制性原则。

其一,刑法的谦抑性原则。对于互联网金融,在国家鼓励互联网金融发展的背景下,刑法应保护合法互联网金融活动,宽宥对待互联网金融发展中轻微违法行为,严厉打击互联网金融犯罪,同时,对互联网金融的监管应首先考虑运用民商、行政等法律,只有在其难以有效发挥保障作用时,才需要刑法介入。[①] 在认定 P2P 网贷平台多涉及的法定犯罪行过程中,应当尽量以非刑事法律、法规的违法为规制前提,同时考虑网贷平台的偿还能力、造成的实际损害大小判定对其的刑事处罚,体现刑法的谦抑性原则。在司法实践中,存在对 P2P 网络借贷处罚畸重的问题。法院在对 P2P 网络借贷刑事案件的定罪和量刑上并未体现特殊之处,但在有的案件中,对 P2P 网络借贷处以较重的刑罚。[②]笔者认为,在司法实践中,应将鼓励创新与防范风险结合起来,对 P2P 网贷坚持以行政监管为主,以刑事打击为辅的方式更能达到对其规制之效果。

此外,理论与实践中对于限制非法吸收公众存款罪及集资诈骗罪等非法集资类犯罪适用的呼声此起彼伏。首先,随着互联网金融的不断发展,非法吸收公众存款罪存在的弊端突出,考虑到刑法稳定性的一贯要求,在目前形势下,为保障 P2P 网络借贷业务的健康发展,刑法有必要对非法吸收公众存款罪的适用做必要限制,提高该罪的入罪标准,对构成该罪的行为科处轻缓的刑罚。其次,在实践中对集资诈骗罪"非法占有目的"这一主观要件的认定较为宽松,使得大量正当的金融交易行为被纳入到集资诈骗罪的范围中去,使其遭受严厉打击,因此对"非法占有目的"的认定须谨慎。总之,由于非法吸收公众存款罪、集资诈骗罪等非法集资类犯罪的社会危害性较大,刑罚较为严厉,在实践中对于 P2P 网络借贷涉嫌的非法集资类犯罪应当严格依照法律规定,进行全面而谨慎的判定,限制对上述罪名的适用,以体现刑法的谦抑性原则。

其二,罪刑法定原则。该原则作为刑法的基本原则,是当今各国立法和司法都应当遵循的"帝王原则"。对 P2P 网络借贷过程中可能产生的违法犯罪行为,

---

① 皮勇,张启飞.论我国互联网金融发展的刑法保障[J].吉首大学学报(社会科学版),2016(2).
② 李永升,胡冬阳.P2P 网络借贷的刑法规制问题研究[J].政治与法律,2016(5).

应当遵循成文法主义,禁止类推原则、禁止溯及既往原则。

　　刑法为后盾法和保障法,应当避免刑法的扩张和泛化。在其他法律还未对 P2P 网络借贷中的违法行为进行规制前应保持应有的克制,而当行为的危害程度达到严重的程度闯入刑法规制的范围、涉嫌犯罪时,刑法作为最后的手段也将有所作为。对于 P2P 网络借贷犯罪的入罪应该严格坚持罪刑法定的原则。在鼓励 P2P 网络借贷平台发展创新的同时,也应保证其创新行为在所划定的业务边界、红线划定范围内。刑法介入 P2P 网路借贷时,应当保证:首先,罪名在罪刑法定范围内,即对 P2P 网络借贷犯罪人仍然应当严格使用已有的刑法罪名进行规制;其次,规制的行为也应当在罪刑法定的范围内,即刑法作为最后手段在 P2P 网络借贷中的适用应当以受到刑法评价的 P2P 网络借贷行为具有严重的社会危害性为前提,这也是罪刑法定主义的实质性要求。[1]

　　2.微观角度刑法规制具体路径展望——针对实践难点做出具体应对

　　(1)刑法规制的具体难点

　　由于 P2P 网络模式本身具备的虚拟性特点,在实践中对于 P2P 网络借贷平台的刑法规制,具体到涉及非法集资犯罪案件的侦查时,实际上存在一些难点和重点问题。[2] 第一,对犯罪分子抓捕难。犯罪嫌疑人在通过 P2P 网络借贷平台进行资金获取后或者出现资金链断裂情形后多会有跑路、进行变换身份和隐藏行为,案件一般在涉及嫌疑人较多的情况下很难对其进行准确的定位抓捕。第二,银行交易信息查询难。非法集资案件一般涉的账户极多,有时涉及上百、上千个账户,对涉案的银行交易凭证等信息存在查询难的情况。第三,追赃难。由于对犯罪嫌疑人的抓获难、银行交易信息查询难,加上 P2P 网络借贷涉嫌非法集资的案件时间跨度一般较大,故侦查机关在立案侦查后会出现只能追回少量赃款甚至追不回赃款的困境。

　　针对上述实践中的具体难点,本文就刑法对 P2P 网络借贷的规制具体路径做出几点展望。第一,就犯罪主体的规制方面,应加强对 P2P 网络借贷主体资格的事前审查、事中披露监督及事后的违法犯罪惩罚体系。互联网金融在事前审批环节削减政府权力对金融市场机制的干预,需要事中信息披露监管与事后违法犯罪惩罚予以补强。互联网金融刑事司法保护应当加强证券发行与持续财务

---

① 宣刚,王庆国.论 P2P 网络借贷犯罪的刑法适用[J].山东警察学院学报,2014(6).
② 刘坤.非法集资犯罪侦防对策研究——以 P2P 网络借贷平台为视角[J].中国刑警学院学报,2015(3).

报告环节的信息披露司法审查。① 优化信息披露司法审查机制有助于提升金融司法资源运作效率,在当下信息时代,诸如微信、微博等新媒体蓬勃发展,司法机关可利用各类新媒体加强对 P2P 网贷平台主体及运营过程的有效监督。第二,对于 P2P 网络借贷可能涉嫌非法集资犯罪金额的实际认定,可利用科技的发展,最后根据 P2P 后台提取的电子数据计算得出集资金额。在传统的非法集资案件中,集资金额往往是根据行为人供述与受害人证言的相互印证规则来进行判断,但在 P2P 网贷平台非法集资犯罪中,由于受害人涉及面广、地域分散,通过向受害人取证的方式来确定集资金额,既无效率,也缺乏现实可行性。② 利用电子数据记录计算得出的金额具有科学性,也更接近客观实际,对准确认定行为人的行为性质、量刑等都具有重要意义。第三,对 P2P 网络借贷的监管位阶,形成非法律规范、民商事法律规范、行政法律规范及刑事法律规范的多层次监管体系。非法律规范包括市场主体的行业自律规范、监管部门的积极正面引导和反面教育等;民商事法律规范主要是以《公司法》为主的法律规范对 P2P 网络借贷平台的监管;行政法律规范对 P2P 网络借贷的监管是整体监管体系的核心,从《办法》明确对网贷监管重点在于业务基本规则的制定和完善来看,行政方面的监管也在不断地完善;刑事法律规范对 P2P 网贷的监管则集中体现在对其涉嫌非法集资犯罪行为上。行政法律制度与刑事法律制度在 P2P 平台的监管上遵循的是"从行政法规到刑法"的阶梯式监管,两者监管内容的差异主要是体现在行为恶性的程度上,而不存在本质内容上的区别。此外,司法中行政监管与刑法规制的衔接上应注意"刑事优先"原则。

三、结　语

P2P 网络借贷这一创新形式的金融运行模式,产生于西方,后传至我国,其以互联网技术的迅速发展为依托,为我国金融借贷市场注入新的活力,对我国社会主义市场经济的发展具有积极意义。然而在 P2P 网络借贷爆发式增长的过程中,由于其自身传播范围广泛、信息更新迅速、经营模式多样的特点,加上对该新事物的监管不全、法律缺位等原因,也易产生诸如网贷平台背离其信息中介的定

---

① 刘宪权.互联网金融市场的刑法保护[J].学术月刊,2015(7).
② 林越坚,李俊.P2P 网贷平台犯罪及司法治理研究[J].河北法学,2016(10).

位,出现异化而实行涉嫌非法吸收公众存款、集资诈骗、非法经营等非法集资类犯罪行为和其他类型的犯罪行为,这都可能严重损害投资者的利益,不利于良好金融市场秩序的维护。面对实践中可能产生的对 P2P 网络借贷规制的问题和难点,应充分运用各项技术及新媒体的发展,利用非法律规范、民商事法律规范、行政法律规范及刑事法律规范的监管体系对其加以规制。我们应当保证 P2P 网络借贷模式在正常轨道上健康地运行,如何做到既对 P2P 网络借贷运行中产生的违法犯罪行为进行必要的规制,又能保证其在合法的范围内运行并发挥其应有的积极作用,也需在相关理论的发展、完善和司法实践中不断探索。

互联网法律大会纪实

互联网法律大会是浙江大学(光华法学院)、阿里巴巴集团、蚂蚁金服集团共同打造的高端学术品牌,旨在成为中外各界讨论互联网法律走向、出台行业标准、商讨国际规则、推动国际条约制定、形成全球共识的国际舞台。2016 年 11 月 19—20 日,首届互联网法律大会在浙江大学之江校区小礼堂顺利举办。

一、产生背景

2012 年,"互联网+"的概念在国内首次出现。到 2016 年,"互联网+"已渗透所有的传统行业。"互联网+传统行业"是利用现代信息技术和互联网平台,深度融合互联网与传统行业,创造出的经济发展新形态。在互联网技术迅速发展的同时,互联网违法犯罪行为也呈现出愈演愈烈的趋势,利用互联网技术实施账号盗窃、木马诈骗等不法行为的现象与日俱增。这些行为危害网络秩序和安全,给新兴的互联网产业造成了巨大损害,也给传统法律理论和实践带来了巨大的冲击。在这一背景下,2016 年 11 月,浙江大学(光华法学院)和阿里巴巴集团合作成立了互联网法律研究中心(前身为 2016 年 3 月成立的浙江大学光华法学院互联网刑事法律研究中心)。经过一年多的努力,互联网法律研究中心在互联网法律大讲堂、互联网法律论坛、互联网法律沙龙、互联网法学丛书、互联网全球案例库、课题研究、课程培训、公众号运营、云谷训练营等方面取得了重要成果。

二、会议概括

2016 年 11 月 19—20 日,浙江大学(光华法学院)和阿里巴巴集团在前期合作的基础上,共同举办了互联网法律大会,继续深化双方在互联网法学领域的合作,实现理论与实践的深度融合,将"互联网+"纳入法治化的轨道中。首届互联网法律大会在浙江大学之江校区召开,由浙江大学(光华法学院)和阿里巴巴集团主办,浙江大学(光华法学院)互联网法律研究中心("大数据+互联网法律"创新团队)承办,国家"2011计划"司法文明协同创新中心、浙江省高级人民法院、浙江省人民检察院和浙江省公安厅为大会召开提供支持,浙江腾智律师事务所和浙江泽大律师事务所担任协办单位;会议成果的后期整理及出版等受到"中央高校基本科研业务费专项资金"的支持。

本届大会的口号是"法网天下,浙里互联;让法律之光照亮互联世界",主题是"古典与现代"(在古典礼堂中讨论现代科技,用古典法律解决现代问题)。来自最高人民法院、北京大学、清华大学、上海交通大学、中国社会科学院、北京师范大学、浙江大学、阿里巴巴集团等单位的近200名嘉宾参加了本届大会。

11月19日上午,浙江大学光华法学院副院长周江洪教授主持了开幕式并发表了讲话,随后由浙江省人民检察院党组成员、副检察长、国家检察官学院浙江分院院长王祺国致开幕辞。王祺国副检察长提出:法治现代化离不开互联网的全方位融合,互联网世界的异军突起离不开法治全气候的保驾护航,浙江要努力在互联网司法实务中走在全国前列。

11月19日上午,本次论坛还举行了互联网法律研究中心的揭牌、聘任及签约仪式。仪式由浙江大学(光华法学院)互联网法律研究中心主任高艳东副教授主持,浙江大学副校长罗卫东教授和阿里巴巴集团副总裁余伟民先生共同为互联网法律研究中心揭牌。随后,罗卫东教授和余伟民先生分别致辞。

罗卫东副校长提出:互联网导致社会生活的深刻变革,令人有些猝不及防。对于"在网络时代如何维持民族国家的稳定,建立良好的社会秩序"这个时代命题,年轻学子一定要重视。

余伟民副总裁提出:学校和企业都是最具活力、最具创新精神的地方,一个以科技带动经济发展的地区,必定需要企业与名校的合作,科研与应用的碰撞会产生难以想象的创新力量。

11月20日上午,本次论坛举行了闭幕式,闭幕式由浙江大学光华法学院王钰老师主持。浙江大学光华法学院李世阳老师宣读了2016年互联网法律大会宣言;浙江大学光华法学院院长朱新力教授致闭幕词,他代表浙江大学光华法学院对本次会议的成功举办表示热烈的祝贺,向为本次会议的成功举办做出积极贡献的各位嘉宾表示衷心的感谢,对未来互联网法律大会以及互联网法律研究中心的发展提出美好的期许,最后宣布 2016 互联网法律大会·电子商务法律论坛闭幕。

三、会议内容

本次论坛历时一天半,分为 6 个单元,主题分别为"互联网法学理论""互联网法律前沿""互联网灰黑产业治理研究""互联网司法程序研究""电子商务新型法律问题研究""网络生态的综合治理",旨在形成互联互通的"互联网＋法律"系统,用前沿的理论,解决最新的问题。会议内容围绕两个方面展开:一方面,要优化提供法律服务的方式,重塑法律体系的结构,促进法律理论的发展;另一方面,要充分利用法律解释、法律推理和法律论证的方法,推动司法公正,完善立法,将"互联网＋"纳入法治化的轨道,推动"互联网＋传统行业"健康、有序发展。

重庆大学教授、中国刑法学研究会副会长陈忠林,北京大学教授、实证法务研究所主任白建军,北京大学法学院教授王新,中国人民公安大学教授王锐,清华大学法学院教授劳东燕,中国社会科学院法学研究所研究员邓子滨分别担任 6 个单元的主持人(以发言为序)。

北京大学教授、《中外法学》主编、中国刑法学研究会副会长梁根林,中国社会科学院法学研究所研究员、中国刑事诉讼法学会副会长王敏远,最高人民法院研究室法官喻海松,浙江大学教授、互联网金融研究院副院长李有星,中南财经政法大学教授、刑事政策教学与研究中心副主任郭泽强,最高人民法院中国应用法学研究所刑法室主任李玉萍,华东政法大学教授、《华东政法大学学报》副主编卢勤忠,浙江大学教授叶良芳,南京审计大学教授何邦武,《中国社会科学》编辑刘鹏,河南大学教授、欧洲法研究中心主任刘霜,扬州大学教授马荣春,浙江大学教授、中国比较法学研究会副会长钱弘道,阿里巴巴集团安全部总监连斌(以发言为序)等 50 余名专家学者进行了主题发言和讨论。

互联网法律大会作为浙江大学(光华法学院)与阿里巴巴集团合作的品牌性年度盛会,聚集了全国在本领域中最有影响力的学者和专家,吸引了十余家媒体现场采访。本次会议历时一天半,主题鲜明,内容充实,议程紧凑,成果丰硕。这次大会将是互联网时代法治社会建设的里程碑性事件,标志着浙江大学和阿里巴巴集团共同开启了"互联网＋法律"时代,"互联网＋法律"必将全面升级,由此,浙江大学光华法学院将全力打造互联网法学研究的高地。

四、2016 年互联网法律大会组委会（以姓氏拼音为序）

轮 值 主 席：罗卫东
组委会主任：余伟民　朱新力
组委会委员：高艳东　金　嬿　李世阳　连　斌　王　钰　谢虹燕
　　　　　　徐文涛
会 务 组：储灿林　高倩琳　蒋筱悦　刘　蓓　祁　拓　沈　莉
　　　　　　童岚冉　汪　颖　谢昕辰　徐　虹
志 愿 者：蔡文瑞　丁康宇　范懿之　李洁松　刘睿杰　楼　佳
　　　　　　马紫嫣　孟雍杰　戚华鑫　沈宏烈　沈　一　王焱敏
　　　　　　王益囡　赵　燕　郑　蕾

五、结　语

经济基础决定法律理论，互联网经济在中国的蓬勃发展为法律人带来了换道超车的契机。大时代当有大梦想，我们愿与有识之士一起，共建互联网法学、人工智能法学，推动中国从"向西方学习法律"变成"被西方学习法律"，从"国际规则的接受者"变成"国际规则的制定者"。

浙江大学（光华法学院）互联网法律研究中心

2017 年 8 月

图书在版编目（CIP）数据

互联网违法犯罪的法律规制：首届互联网法律大会
论文集／朱新力，余伟民主编. —杭州：浙江大学出版社，
2018.1（2023.5重印）
　　ISBN 978-7-308-17789-4

　　Ⅰ.①互… Ⅱ.①朱… ②余… Ⅲ.①互联网络—计
算机犯罪—文集 Ⅳ.①D914.04-53

中国版本图书馆CIP数据核字（2017）第329737号

互联网违法犯罪的法律规制——首届互联网法律大会论文集

主　编　朱新力　余伟民

副主编　高艳东　连　斌

责任编辑　吴伟伟 weiweiwu@zju.edu.cn

责任校对　杨利军　张培洁

封面设计　黄晓意

出版发行　浙江大学出版社
　　　　　（杭州市天目山路148号　邮政编码310007）
　　　　　（网址：http://www.zjupress.com）

排　　版　杭州隆盛图文制作有限公司

印　　刷　广东虎彩云印刷有限公司绍兴分公司

开　　本　787mm×1092mm　1/16

印　　张　23.25

字　　数　408千

版 印 次　2018年1月第1版　2023年5月第7次印刷

书　　号　ISBN 978-7-308-17789-4

定　　价　68.00元